The Future for Investors

株式投資の未来
永続する会社が本当の利益をもたらす

ジェレミー・シーゲル
瑞穂のりこ 訳

日経BP社

THE FUTURE FOR INVESTORS
by Jeremy J. Siegel

Copyright© 2005 by Jeremy J. Siegel. All rights reserved.
Japanese translation rights arranged with Leighco Inc., NJ, USA

わが師ポール・サミュエルソン、そして、

わが助言者、同僚、友人であるミルトン・フリードマンへ

目次

序文 ——— xi

第1部　「成長の罠」を暴く

第1章　成長の罠 ——— 3
技術革新の果実
成長の罠
だれが儲け、だれが損をする？
長期投資に最適の銘柄
　20世紀半ばの経済／IBMか、スタンダード・オイル・オブ・ニュージャージーか？／
　なぜスタンダード・オイルがIBMにまさるのか——バリュエーションと成長率
株式と長期的リターン
投資家の未来
人口動態から予想される危機
世界的解決
投資の新アプローチ
本書の構成

第2章　創造的な破壊か、創造の破壊か？ ——— 19
「買い持ち（バイ＆ホールド）するなら、どの銘柄か？」
創造的な破壊と株式市場
過去に答えを求める
Ｓ＆Ｐ500種株価指数の歴史
Ｓ＆Ｐ500当初銘柄のポートフォリオ3種
長期的リターン
実際のＳ＆Ｐ500のリターンが当初採用銘柄にかなわない理由
ヤフー
時価総額とリターンのちがい
　配当再投資の意味／時価総額が減少し、リターンが上昇するケース／
　時価総額が増加し、リターンが下落するケース
スピンオフ銘柄を保有するか、売却するか？
投資家のための教訓

第3章　時に裏打ちされた価値 ── 黄金銘柄(コーポレート・エルドラド)を探して ── 36

黄金銘柄(コーポレート・エルドラド) ── 運用成績ナンバーワン

企業にとっての悪材料が投資家にとって好材料になる理由

Ｓ＆Ｐ500生き残りの運用成績ナンバーワン

　　消費者ブランドの力／医薬品会社

黄金銘柄(コーポレート・エルドラド)を探して ── 投資家リターンの基本原則

　　バリュエーションは物を言う ── どんなときも／上位20銘柄の実績／

　　配当による増幅効果／PEGレシオと「成長株にはいくらでも払う」アプローチ／

　　黄金銘柄(コーポレート・エルドラド)に共通する特徴

過去の黄金銘柄(コーポレート・エルドラド) ── 1970年代の「素晴らしい50銘柄(ニフティ・フィフティ)」

投資家のための教訓

第4章　成長すなわちリターンにあらず ── 成長セクター投資に潜む罠 ── 55

世界産業分類基準（GICS）

セクター・バブル：石油セクター、ハイテク・セクター

　　エネルギー／ハイテク

金融とヘルスケア ── 成長産業

　　金融／ヘルスケア

消費者向けセクター ── 一般消費財と生活必需品

　　資本財／素材／電気通信／公益事業

セクター別構成比の推移とリターン

セクター戦略

投資家のための教訓

第2部　過大評価される成長株

第5章　バブルの罠 ── 市場の多幸症(ユーフォリア)をどう止め、どう避けるか ── 79

インターネット＆ハイテク・バブル

投資家は教訓を学んだか？

教訓その1：バリュエーションはいつも重要

　　アメリカ・オンライン

教訓その2：買った銘柄に惚れ込んではいけない

教訓その3：時価総額が大きく、知名度の低い銘柄は要注意

教訓その4：三桁のPERは避ける

大型ハイテク銘柄
ハイテク企業の増益率を予想する愚
教訓その5：バブルで空売りは禁物
投資家への奨め

第6章　新興の中の新興に投資する──新規公開株（IPO）──96
ＩＰＯ投資は儲かるか？
ＩＰＯ銘柄の長期的リターン
ＩＰＯの運用成績上位グループ
ＩＰＯポートフォリオのリターン
ＩＰＯのリスク
ＩＰＯ市場が高騰するとき
老舗と新興と創造的破壊
創業者、ベンチャーキャピタル、投資銀行
　　電気通信セクターをめぐる災難／ベンチャーキャピタル／投資銀行
利益を出さず、資産もない企業のＩＰＯ
常軌を逸した集団妄想と群集の狂気
　　南海バブル／ＮＥＴＪ・ドットコム、完璧なバブル会社／事後評
総括

第7章　資本を食う豚 ── テクノロジー：生産性の源泉にして価値の破壊者 ─117
「たのむから発明を止めてくれ」
合成の誤謬
節約家と浪費家
技術の進歩
競争激化
航空業界
経営陣と技術力

第8章　生産性と収益 ── 負け組業界の勝ち組経営陣 ───130
航空業界 ── サウスウエスト航空
小売業界 ── ウォルマート
ウォルマートの成功戦略
鉄鋼業界 ── ニューコア
勝ち組と負け組

v

第3部　株主価値の源泉

第9章　金をみせろ（ショー・ミー・ザ・マネー）── 配当とリターンと企業統治 ──143
全体像を眺める
配当利回りの低下
成長オプションと配当
ウォーレン・バフェットとバークシャー・ハザウェイ
配当と企業統治（コーポレート・ガバナンス）
配当赤字
配当課税
ストック・オプションと配当
オプション改革
まとめ

第10章　配当再投資 ── 下落相場のプロテクター、上昇相場のアクセル ──158
大恐慌時代
大恐慌がなかったなら
下落相場のプロテクター、上昇相場のアクセル
下落相場のプロテクター ── フィリップ・モリスのケース
配当と運用成績上位銘柄
配当利回りと投資戦略
Ｓ＆Ｐ10種
コア10種
アクセルのギアを調整する
自社株買い戻し
ドルコスト平均法
キャッシュを生む投資
まとめ

第11章　利益 ── 株主リターンの源泉 ──176
利益の測定
当期利益は本物か？
利益の定義
従業員ストック・オプション会計をめぐる論争
なぜストック・オプションの経費計上が必要なのか
　　オプション経費計上に対する反対意見／株主にとってのリスク／オプションを経費計上する企業

年金費用会計をめぐる論争
　　確定給付型と確定拠出型／確定給付プランの問題とリスク
スタンダード＆プアーズのコア利益
利益の質
利益のバイアス ── 押し上げ要因と押し下げ要因
終わりの一言と、将来の見通し

第4部　　高齢化をめぐる危機と世界経済の力学シフト

第12章　過去は未来のプロローグか？ ── 株式の過去と未来 ── 193
資産の長期的リターン
　シーゲルの一貫性 ── 株式の実質リターンは6.5〜7％
株式のリスク・プレミアム
株式リターンの平均回帰性
世界の株式リターン
過去は未来のプロローグか？
人口動態が突きつける課題

第13章　変えられない未来 ── 目前に迫る高齢化の波 ── 205
投資家にとってどんな意味がある？
高齢化する世界
労働者枯渇
出生率の上昇と下落
延びる寿命
退職年齢の低下
社会保障制度の危機
社会保障制度 ── 永続するマネー・マシーンか？
社会保障信託基金
投資家の対策 ── 高齢化の波に襲われたら

第14章　高齢化の波を乗り越える ── 役立つ政策、役立たない政策 ── 221
退職年齢をモデル化する
それでも早期退職するなら
生産性の伸びを加速する

生産性の伸びの源泉
　生産性の向上と高齢化の波
　社会保障税率引き上げ —— 解答にならない
　移民
　では、どうするか？

第15章　世界的解決(グローバル・ソリューション) —— 真のニューエコノミー —— 233
　　　発見の土壌と伝承／情報伝達の重要性／中国の興隆と衰退／産業革命の前触れ——印刷機／
　　　国家間の競争 —— 欧州と中国
　産業革命
　真のニューエコノミー
　　　イノベーションとインターネットの未来／中国とインド
　21世紀半ばの世界
　　　中国とインドだけではない／貿易赤字と新興国による欧米企業買収／雇用の喪失と創生／
　　　好機であって、脅威ではない
　わたしたちの未来

第5部　ポートフォリオ戦略

第16章　世界市場と国際ポートフォリオ —— 259
　中国とブラジル
　　　中国／ブラジル／評決
　一般通念はここでもまちがい
　成長とリターン
　国際ポートフォリオ
　国内株バイアス
　世界市場の相関性上昇
　セクターの分散と国の分散
　配分の推奨
　外国株に投資するなら
　上場投資信託（ETF）
　米国株インデックス・ファンド
　国際インデックス運用をポートフォリオのコアに

第17章　未来に向けた戦略　D-I-V指針 ──── 277
　　インデックス運用からD-I-V指針へ
　　配当
　　　　高配当戦略／高配当戦略の実行／不動産投資信託（REIT）
　　国際
　　バリュエーション
　　セクター戦略
　　　　石油／ヘルスケア、生活必需品／「低RER」戦略／「生き残り上位」戦略／
　　　　バークシャー・ハザウェイ
　　インデックス投資とリターン補完戦略
　　株式ポートフォリオ
　　結論

付録　S&P500当初構成企業の変遷とリターン ──── 295

各章の注釈一覧 ──── 331

主要企業名索引 ──── 342

序文

　わたしの初の著書『Stocks for the Long Run』が出版されたのは1994年のことで、当時、米国の株式市場は過去に例がないほど長く力強い上昇相場の真っ最中だった。この本でわたしは、独自の調査に基づく次の事実を紹介した。運用期間を長くとれば、株式は債券に比べてリターンが高いだけでなく、インフレを調整すると、リスクも債券より低くなる。そしてこれを理由として、長期的に投資するなら、株式をポートフォリオの中心にするべきだと結論した。

　本が好評だったおかげで、わたしは個人投資家やファンドマネジャーを前にして講演する機会に何度も恵まれた。講演後の質疑応答で、かならず訊かれる質問がふたつあった。「買い持ちするなら、**具体的に**、どの銘柄を買えばいいだろう？」と、「ベビーブーマ世代が退職して、株や債券を売りはじめたら、わたしの株や債券はどうなる？」のふたつだ。

　わたしが本書『株式投資の未来』を執筆したのは、このふたつの問いに答えるためだった。

1990年代の長期上昇相場

　前著『Stocks for the Long Run』でわたしは、株式で資産を運用するなら、幅広く市場をカバーするインデックスと連動させる方法がいちばんだと説いた。たとえばＳ＆Ｐ500種や、ウィルシャー5000種などだ。市場の先行きを占って、底値で拾って高値で売ろうと売り買いを繰り返す投資家をいやになるほどみてきたので、単純で節度あるインデックス投資にまさる方法はないと考えていた。本書では、インデックス運用のリターンを引き上げる方法としていくつか補完戦略を紹介しているが、それは本書のテーマではない。

1990年代、こうしたインデックス投資はかなり優秀な成績を残していた。だが1990年代も終盤に近づいた頃、わたしは一部の銘柄の株価評価(バリュエーション)に懸念を深めていた。わたしの大学院生時代の指導員で、米国人として初めてノーベル経済学賞を授賞したポール・サミュエルソンが、『Stocks for the Long Run』に寄せてくれた推薦文が何度も思い出された。

　　ジェレミー・シーゲルの本書を読めば、長期的な買い持ち戦略の強さを納得しないではいられない。読むがいい。そして儲けるがいい。手っ取り早く稼いだ誰かの話を聞いた日は、我が戦略の真っ当さをもういちど我が身に言い聞かせ、ぐっすり寝ることだ。ただしわたしのような経済学者には、次の問いにじっくり思いを巡らせてほしい。いつか、シーゲルの読者が市場という市場でその戦略を真似する日がくるなら、真っ当を旨とするこの新たな投資哲学が、我が身を滅ぼすのはいつのことだろう？

　サミュエルソンがこれを書いたのは1993年のことで、バリュエーションは過去の平均に近い水準にあった。市場が「我が身を滅ぼす」心配は、まずなかった。ところが、ダウ工業株平均が1万ドルの大台に乗せ、ナスダックが5000に近づき、PERでみても配当利回りでみても、株価は過去に例のない高水準に達していた。ここまで上昇すれば、先々のリターン悪化は目にみえていると思えた。いますぐ撤退して、相場が落ち着くまで戻ってくるなと投資家に説いて回りたいくらいだった。
　だが市場を詳しく調査したところ、過大評価されているのは、ひとつのセクターだけであることがわかった。ハイテク・セクターだ。それ以外のセクターは、PERでみるかぎり、さほど買われ過ぎではない。1999年4月、わたしはインターネット銘柄の株価水準について考えをまとめて、ウォールストリート・ジャーナル紙のコラム面に発表した。タイトルは『インターネット株は高過ぎか？　そのとおり』だ。わたしが株価水準について公に警報を発したのはこれが初めてだった。
　この論文が掲載される少し前、わたしはウォーレン・バフェットをウォートンスクールに招待していた。学生や関係者を前に講演してもらうため

だ。バフェットがウォートンのキャンパスを訪れるのは、1949年にここの学部課程を去って以来初めてだった。会場は1000人を超える学生で溢れ返っていた。何時間も行列してようやく入場した者も大勢いる。株式について、経済について、なんであれ物事について、バフェットの言葉を聞き、その見識に触れたい一心からだった。

わたしはバフェットを聴衆に紹介し、その水際立った投資成績を詳しく説明した。バフェットは、光栄きわまりないことに、インターネット銘柄についての質問に答えたとき、わたしのジャーナル紙の論文を読むように聴衆に奨めてくれた。数日前に掲載されたばかりの論文だ。

バフェットの推奨に力を得て、わたしはさらに詳しくハイテク銘柄を調査することにした。ＰＥＲは前代見聞の水準まで上昇していた。当時のハイテク・セクターはまさに沸騰状態で、セクターの時価総額がＳ＆Ｐ500全体の３分の１に近づいていただけでなく、ナスダックの売買高が、史上初めて、ニューヨーク証券取引所を上回っていた。2000年３月、わたしはジャーナル紙にもう１本論文を寄稿した。タイトルは『大型ハイテク株はポンカス』だ。この論文でわたしは、シスコ、ＡＯＬ、サン・マイクロシステムズ、ＪＤＳユニフェーズ、ノーテルといった銘柄を挙げ、いまの株価水準が続くはずがなく、いずれ大きく下げると指摘した。

バブル期にハイテク銘柄に手を出さなかったなら、その投資家のポートフォリオは、バブル後の下落局面にもまずまず堅調だったはずだ。堅調どころか、Ｓ＆Ｐ500からハイテクを除いた422銘柄の累積リターンをみると、市場がピークを迎えた2000年３月の水準を上回っている。

個別銘柄の長期運用成績

わたしが個別銘柄の長期的リターンに興味を持ちはじめたきっかけは、ある親しい友人の次の経験だった。50年前、その友人の父親はＡＴ＆Ｔ株を買った。配当を再投資して、マーベルからスピンオフされた子会社の株もすべて保有しつづけた。50年後、ささやかだった投資は、かなりの額の遺産になっていた。

ウォーレン・バフェットの成功も、かなりの部分で、優良株を長期保有する戦略にその理由を求められる。本人がかつて、好みの保有期間は永遠だと語っているくらいだ。わたしはここで、投資家がそれを実行していたらどうなっていたか知りたくなった。つまり大型株をひとまとまり買って、何十年も保有しつづけたら、どうなっていただろう。
　「買って永遠に持ちつづける」だけなのだから、長期的リターンの算出は簡単だと思えるだろう。だが実際にやってみると、簡単どころではなかった。個別銘柄のリターンについて、研究者や機関投資家が利用できるデータは一定の前提に基づいていて、そこでは交付された株式やスピンオフされた子会社の株式は、すぐに売却し、売却代金を親会社に再投資することになっている。だがこの前提どおりに行動しない投資家も大勢いる。1950年頃にＡＴ＆Ｔ株を買った、友人の父親がそうだった。
　わたしは半世紀を溯り、当時のニューヨーク証券取引所の上場銘柄から時価総額上位20銘柄を拾い出して、長期リターンを算出した。配当は再投資し、交付された株式もすべて保有することを前提としたリターンだ。こうした買い持ち戦略のリターンを再計算するのは、時間のかかる作業だったが、終わってみれば、苦労した甲斐は十二分にあった。意外にも、「時価総額上位20銘柄」の運用成績は、市場平均に連動させて運用した場合の成績を上回っていた。市場平均には、その後登場した新興企業、新興業界の銘柄がすべて含まれている。
　この予備調査を終え、今度は1957年に組成されたＳ＆Ｐ500の当初の構成銘柄のリターンを、ひとつひとつ追跡することにした。この調査からも、やはり意外な結果があきらかになった。当初の構成銘柄の成績は、その後採用された新興銘柄の成績を上回っている。
　この結果は、わたしの日頃の疑いの裏付けとなった。投資家はハイテク銘柄をはじめ新興銘柄を過大評価し、これといって話題性のない業界の銘柄を無視する傾向がある。そしてこうした話題性のない業界の銘柄は、しばしば目覚しいリターンをもたらす。わたしはここで「成長の罠」という言葉を使いはじめた。技術革新の先端を行き、経済成長を牽引する企業こそ、投資家に卓越したリターンをもたらすとの通念のまちがいを説明する

ためだ。

　リターンの追跡調査を進めるうちに、成長の罠が作用するのは、個別銘柄だけではないことがわかった。市場のあらゆるセクターで、国際市場でさえ、おなじ傾向が確認できる。飛ぶ鳥落とす勢いの新興企業、新興業界、新興国にかぎって、リターンが極端に低くなっている。わたしはこうした発見を、投資家リターンの基本原則としてまとめた。つまりこんな原則だ。成長率が高いだけでは、リターンは高くならない。ただ高いだけでなく、投資家が株価に織り込む、たいていの場合は楽観的すぎる予想を上回らなければならない。成長の罠が、投資家と投資の成功とを隔てる大きな障壁であることはあきらかだった。

目前に迫った高齢化の波

　過去半世紀にどういった銘柄が高いリターンを稼ぎ出したかを理解できたことで、いつも訊かれるふたつの質問のうち、問いその1には答えられるようになった。その2に答えるためには、急速な高齢化が経済に及ぼす影響を調べなければならない。1945年生まれのわたしは、かなり以前から、自分がベビーブーマー世代の波の第一波であることを意識してきた。この波はじきに、寄せては返す退職者の波となる。

　人口トレンドと株価の関係が急に投資家の関心の的となったのは、ハリー・デントの1993年のベストセラー『経済の法則——3つの波が予測する「グレート・ブームの時代」』がきっかけだった。ここで過去の株式市場のトレンドが、これまでない観点から紹介された。デントの説によると、過去1世紀にわたり、株価のトレンドは、45歳から50歳までの人口トレンドと相関しあってきた。この年代は消費支出がピークを迎える年代でもある。人口予測に基づくデントの予想によると、株式の上昇相場は2010年まで続き、ブーマー世代の退職が始まると同時に、暴落する。

　ハリー・デントとわたしは、講演者としてたびたびおなじ会議や集会に招かれていた。もっとも、おなじ演台に立ったことはめったにない。わたしはそれまで、人口トレンドから株価を予想しようと考えたことはなかっ

た。将来のリターンを予想するには、過去のリターンに照らすのがなによりだと思っていた。

　だが人口動態について調べるうちに、つぎの点を確信するようになった。人口トレンドは経済にとっても投資家にとっても決定的な意味を持つ。米国、欧州、日本は急速に高齢化しているが、世界の大部分はきわめて若く、この若い経済がようやくその存在を世界に示そうとしている。わたしはウォートンスクールの学生たちの協力を得て、その呆れるほど高度なコンピューター技術の助けを借り、世界の人口動態と生産性のトレンドを組み込んだ世界経済モデルを構築した。そしてこのモデルを使って、世界経済の未来を予測した。

　モデルからみえたのは、胸踊る未来であり、デントの予想とはまるでちがっていた。途上国の急速な経済成長は、このまま持続すれば、高齢化する国々の経済にきわめて重要なプラスの影響をもたらす。ようするに、高齢化の波がもたらすマイナスの影響が緩和される。

　成長の源泉について調べるうちに、わたしはこの成長は持続すると確信した。通信革命によって、膨大な量の知識が、世界中の数十億人に行き渡るようになったからだ。史上初めて、これまで世界の高等研究所でしか手に入らなかった情報が、インターネットをつなぐだけで、だれにでも利用できるようになった。

　知識の世界的な広がりは、きわめて広い範囲で影響をもたらす。たとえばわたしは大学教授として、国外からやってくる優秀な学生の数が急激に増えるのを目の当たりにしてきた。ウォートンスクールの博士過程では現在、留学生の数が米国人学生の数をはっきり上回っている。そう遠くない将来、西欧による知識と研究の独占が終わりを迎えるのはあきらかだ。情報が世界中に行き渡ることは、どの国の投資家にとっても、かなり大きな意味を持つ。

投資の新たなアプローチ

　こうした調査を行う以前と以降で、わたしの投資に対する考えは大きく

変わった。わたしはよく、ここ数年の間にバブルが弾けて株価が暴落したことで、株式に対する見方が変わったかどうかと質問される。答えはイエスだ。たしかに変わった。ただし変わった結果、投資家の未来は明るいと考えるようになった。

市場がとくに理由もなく上下する局面は、撤退の合図ではなく、インデックス・ファンドで実現できる以上のリターンを目指す絶好の機会だ。しかも世界経済の成長を通じて、新たな機会、新たな市場が、世界的に事業を展開する企業の目の前に、かつてない規模で広がっている。

こうした機会を存分に利用したいなら、ポートフォリオの幅を広げると同時に、一般通念の落とし穴を避けることが大切だ。運用成績が市場平均を下回るのは、たいていはこれが原因だからだ。本書『株式投資の未来』が、そのための指針となれば幸いである。

第1部

「成長の罠」を暴く

第1章
成長の罠

> 投機好きの大衆は始末に負えない。マーケットになにか新しい兆しがあると思えばなんだって、どんな価格でも買ってしまう。フランチャイズ・チェーンであろうと、コンピューターやエレクトロニクスのようなハイテク企業であろうと、流行の企業が目の前にあらわれると、たちまちその銘柄に惚れ込んでしまう。わが読者、すなわち賢明な投資家たちなら、もちろん、そんな馬鹿な真似はしないはずだろう。
>
> ベンジャミン・グレアム
『賢明なる投資家』1973年

　投資家の未来は明るい。世界はいま、過去に例をみないほど爆発的な、発明と発見と成長の時代を迎えようとしている。悲観論者らが、やがてベビーブーマー世代の退職が始まれば、社会保障制度が崩壊し、企業の年金制度が破綻して、金融市場が崩壊すると説いているのは、まちがいだ。

　基礎的な人口動態と経済のトレンドを背景に、世界経済の軸は急速に東へとシフトしている。まもなく、米国、欧州、日本は、舞台の中央から姿を消すだろう。21世紀半ば、中国経済とインド経済をあわせると、先進国全体をしのぐ規模になっているだろう。

　では投資家は、どのようにポートフォリオを構築すればいいだろう？ 世界市場がじきに劇的な変化に見舞われ、機会に恵まれるなら、それをどう利用すればいいだろうか？

　急激に変化する環境で成功したいなら、投資家はまず、成長にまつわるある一面を理解しなければならない。きわめて重要で、ふつうに考えればあべこべと思える一面だ。わたしはこれを「成長の罠」と呼んでいる。

　成長の罠にはまった投資家は、革新をもたらし、経済成長を牽引する企業や業界に、過大な対価を支払う。ひたすら成長率を追い求め、話題の銘柄を買い漁り、胸踊る最新技術を探し回って、なるべく成長率の高い国へ

と資金を振り向ける。こうした投資アプローチは、低い投資収益率(リターン)しかもたらさない。それどころか長期的なデータをみるかぎり、過去に際立った運用成績(パフォーマンス)を達成してきた銘柄は、斜陽業界や低成長国に属しているケースが多い。

皮肉とも思えるが、変化のスピードが速くなるほど、過去の教訓に耳を傾けることはいよいよ重要になる。成長の罠を警戒し、本書で以下に紹介する投資の基本原則を理解すれば、過去に例をみない変化の時代にも繁栄することができる。この変化はいずれ、世界経済の枠組みさえ変えていくだろう。

技術革新の果実

だれであれ、技術の重要性を否定するわけにはいかない。技術革新こそ、歴史を動かしてきた最大の原動力といっていい。そもそもは、農業や冶金や輸送技術の進歩が人口の増加をもたらし、これがやがて大帝国の興隆へとつながった。歴史を通じて、技術で先行するものが決戦を制し、世界の覇権を握ってきた。あるいは他国がそうするのを防いできた。たとえば鉄器がそうだったし、戦艦もそうだったし、火薬も、飛行機も、最近では核兵器もそうだった。

技術力の影響は、しだいに戦争の領域を越え、はるかに広い分野に広がっていった。経済的には、技術の進歩のおかげで、ますます少ない資源でますます多くを生産できるようになった。わずかな織り手で広い布を織り、少ない機械でたくさんの鋳物をつくり、小さな土地で大量の作物を育てられるようになった。技術力を原動力として産業革命が起こり、これを境に、生産性が持続的に伸びる時代が始まった。

こんにち、こうした成長の恩恵をいたるところでみることができる。先進国では、労働のうち生活にほんとうに必要なものに向けられる部分はごくわずかになった。生産性が向上したおかげで、みんなが健康になり、早く退職して、長く生き、余暇に充てる時間が格段に増えた。貧困地域でさえ、20世紀の技術の進歩のおかげで、飢えに苦しむ人や極貧層の人口比が

減少した。

　さらには先端技術のおかげで、トーマス・エジソンからビル・ゲイツにいたるまで、幾千人もの発明家や起業家が株式公開を通じて途方もない大金持ちになった。エジソンが創業したゼネラル・エレクトリック（ＧＥ）と、100年後にゲイツが興したマイクロソフトは現在、時価総額で世界の1位と2位を分けあっている。2社を合わせた時価総額は、5000億ドルを超える。

　投資家は、ビル・ゲイツら革新者の巨万の富をみるにつけ、投資するなら革新的な新興企業に投資するのが正解だと考えるようになる。古い企業はいずれ、先端技術の前に敗れ去るのだから、避けるにかぎる。自動車にはじまり、ラジオや、テレビや、最近ではコンピューターや携帯電話でそうだったとおり、新たな市場を切り拓く企業は、経済全体を牽引するだけでなく、きわめて高い収益をあげてきた。投資家は当然ながら、旧来の技術を一掃する革新的な新興企業を投資の中心に据える。向こうが儲かるほど、こちらの財産も膨らむはずだからだ。

成長の罠

　ところが、こうした投資戦略の根底にある前提は、どれもこれもまちがいであることがわかっている。もっというと、わたしの調査によれば、事実はまったく逆だった。新興企業や新興業界のリターンは、全体に冴えないどころか、数十年前に創設された老舗企業を、たいていの場合、下回っている。

　成長に目を奪われると、落とし穴に足をとられる。これにとらわれた投資家は、なんであれ次の波と思えるものに資産を注ぎ込む。だが時代の最先端を行く企業が、投資家にとってお買い得であることはめったにない。投資家は「市場平均を上回る」リターンを狙って、我も我もと革新的技術を追い求める。だが技術革新とは、いわば両刃の剣だ。成長の原動力になる半面、投資家を繰り返し失望させてきた。

だれが儲け、だれが損をする？

　なぜ、そうなるのか？　先端技術を導入することで莫大な経済成長がもたらされる一方で、なぜ投資家が大火傷を被るのか？　理由は単純だ。新たなテーマに熱狂して、話題の銘柄に手を伸ばす投資家は、そのたびに、過大な値段を支払わされる。やみくもに成長性を追い求めるあまり、変化が速く、競争が激しすぎる業界の銘柄を過大評価する。こうした業界で勝ち残るのはごく一握りにすぎず、この一握りでは、敗者の群れが残していった損失をとても穴埋めできない。

　創造の過程から、刈り取る果実などないといっているのではない。新製品や新技術を発明して、億万長者になった人はたくさんいる。そうでなければ、起業家は次世代の技術を開発しようと思わないだろうし、それに金を出す投資家もいないだろう。

　だが、この成長の恩恵が流れ込む先は、個人投資家ではない。流れ込む先は発明者と創業者であり、開発資金を出したベンチャーキャピタルであり、株式公開を仕切った投資銀行であり、最終的には、よりよい商品をより安く手に入れた消費者だ。個人投資家は、世界経済を牽引する輝かしい成長の分け前にあずかるつもりで、実際には、損を引き受ける仕組みになっている。

長期投資に最適の銘柄

　成長の罠の仕組みを、手短に説明してみたい。まず、タイムトラベルができる投資家になったところを想像してみてほしい。前もって顛末を承知した上で投資判断を下すという、願ってもない立場に立てるわけだ。そして1950年に戻って、ふたつの銘柄からひとつを選び、それを買って、現在まで保有する。ここではオールド・エコノミー陣営のスタンダード・オイル・オブ・ニュージャージー（現在のエクソンモービル）と、ニューエコノミー陣営の巨人、ＩＢＭのふたつからひとつを選ぶとしよう。

選択して、それを買い、証券会社に頼んで、現金配当の全額をおなじ銘柄に再投資する。そして株券を金庫にしまって、鍵をかける。開封するのは半世紀後だ。売却して、孫の教育資金とするか、関心のある慈善活動に寄付するか、あるいは若いうちにこの選択をしたなら退職後の生活費に充ててもいい。

あなたはどちらの銘柄を買うだろう　なぜ、そちらにしたのだろう？

20世紀半ばの経済

先の問いに答えるには、1950年まで溯って考えなければならない。その後半世紀、どちらのセクターが相手以上に成長するだろう？ ハイテク・セクターだろうか、エネルギー・セクターだろうか？ さいわい、過去をざっと振り返れば、答えは簡単に出てくる。50年前といえば、ハイテク企業の急成長がこれから始まるところだ。

こんにちと同様に、1950年、世界は途方もない変化に直面していた。米国の製造業は、軍需品から消費者製品へとシフトを完了し、ハイテク企業はトレンド転換の先陣に立っていた。1948年、米国の家庭にあるテレビの台数は合計14万8000台だった。1950年にはこれが440万台になっている。その2年後には5000万台だ。当時の最新メディア、テレビの普及スピードのすさまじさは、1980年代のパソコンも、90年代のインターネットも、はるかに及ばないほどだった。

技術革新が、社会のあり方を変えていた。そして1950年といえば、発明品が矢継ぎ早に登場した年でもあった。ペーパーメイトがインク漏れしないボールペンの量産に成功した。ハロイド（のちに社名変更してゼロックス）が、世界初のコピー機を開発した。金融業界は、すでにハイテクの恩恵にかなりあずかっていたが、さらに大きく一歩を踏み出して、1950年、ダイナーズ・クラブが世界初のクレジッド・カードを導入した。そして世界最大の企業、ＡＴ＆Ｔ傘下のベル・テレフォン・ラボラトリーズが、トランジスターを完成した。これが世界をコンピューター革命へと導く決定的な一歩となった。

未来はばら色とみえ、「ニューエコノミー」なる言葉が、1990年代のハ

第1部　「成長の罠」を暴く

表1-1　IBMとスタンダード・オイルの主要指標比較（1950年～2003年）

指　標	IBM	Standard Oil of NJ	優位
1株当たり売上高	12.19%	8.04%	IBM
1株当たり配当	9.19%	7.11%	IBM
1株当たり利益	10.94%	7.47%	IBM
セクター成長率*	14.65%	−14.22%	IBM

*ハイテク・セクターおよびエネルギー・セクターの市場シェア変動率（1957～2003年）

イテク・ブームでさかんに使われたとおりに、50年前の経済を形容するときにも、さかんに使われた。1955年、フォーチュン誌は創刊25周年を記念して「ニューエコノミー」特集シリーズを刊行し、大恐慌以来、米国の生産性や所得がどれだけ目覚ましく伸びたかを紹介した。

IBMか、スタンダード・オイル・オブ・ニュージャージーか？

　どちらを買うか決める前に、もうひとつ情報を提供しよう。**表1-1**に、両社の成長ペースを示す主な指標を示した。4つとも、ウォール街が銘柄選別に用いる一般的な成長力の指標であり、**どれでみても**、IBMがスタンダード・オイルを大幅に上回っている。売上高でみても、利益でみても、配当でみても、セクター成長力でみても、どれでみてもそうだ。とくに、ウォール街が好んで用いる「1株当たり利益（EPS）」をみると、IBMのEPS伸び率は、向こう**50年にわたって**、石油大手、スタンダード・オイルを年率3ポイント以上上回っている。情報技術が進歩し、コンピューターが経済で果たす役割が格段に広がった結果、ハイテク業界が市場で占める比率は、50年前の3％から、18％近くに拡大した。

　対照的に、石油業界が市場で占める比率は、おなじ期間に劇的に縮小している。1950年、石油セクターは米国株の総時価総額の約20％を占めていた。2000年、この比率は5％を割り込んでいる。しかも原発推進派の予想に反して、原子力が電源の主役になることはなく、化石燃料が引き続き主流を占める中で、ここまで縮小している。

　いまが1950年で、こうした事実を魔神(ジニー)に耳打ちされたとして、あなたはIBMに投資するだろうか、それともスタンダード・オイル・オブ・ニ

ュージャージーに投資するだろうか？

　ここでＩＢＭと答えたなら、まんまと成長の罠にはまったことになる。

　どちらの銘柄も、運用成績は優秀だ。だがスタンダード・オイル株を買った投資家は、1950年から2003年までの間に、年率14.42％のリターンを手にしている。ＩＢＭの13.83％に比べて半ポイント以上高い。率でみると、さほどのちがいとも思えないだろう。だが50年後に金庫を開けたとき、石油大手に投資した1000ドルは、126万ドルに増えている。ＩＢＭに投資した1000ドルは、96万1000ドルだ。スタンダード・オイルのそれを24％下回る。

なぜスタンダード・オイルがＩＢＭにまさるのか
――バリュエーションと成長率

　スタンダード・オイルはなぜ、成長力を示すどの指標でみてもＩＢＭに遠く及ばないのに、ＩＢＭを上回るリターンをもたらすのか？　理由は単純だ。**バリュエーション**（株価評価）を示す指標をみればいい。投資家が、値上がり益と自分が受け取る配当に対して、いくら支払ったかを示す指標だ。

　投資家がＩＢＭ株に支払った価格は、一言でいうと、高すぎた。ＩＢＭはスタンダード・オイルを成長力で圧倒しているけれど、スタンダード・オイルは、ＩＢＭをバリュエーションで圧倒している。そして投資家のリターンを決定するのは、バリュエーションだ。

　表1-2に示したとおり、スタンダード・オイルの平均株価収益率（ＰＥＲ）は、ＩＢＭの半分にも届かない。ＰＥＲはウォール街がバリュエーションに利用する基本的な指標だ。配当利回りでみても、スタンダード・オ

表1-2　ＩＢＭとスタンダード・オイルのバリュエーション指標の比較（1950年～2003年の平均）

指　標	IBM	Standard Oil of NJ	優位
平均株価収益率	26.76	12.97	Standard Oil of NJ
平均配当利回り	2.18%	5.19%	Standard Oil of NJ

第1部 「成長の罠」を暴く

表1-3　IBMとスタンダード・オイルのリターンの源泉（1950年〜2003年）

指標	IBM	Standard Oil of NJ	優位
株価上昇率	11.41%	8.77%	IBM
配当利回り	2.18%	5.19%	Standard Oil of NJ
トータルリターン	13.83%	14.42%	**Standard Oil of NJ**

イルは、IBMを年率3ポイント以上上回っている。

　バリュエーションがここまで物を言う理由は、配当の再投資にある。配当こそは、投資家のリターンを押し上げる最大の要因といっていい。スタンダード・オイルは株価が低く、配当利回りがIBMよりずっと高い。このためスタンダード・オイルを買って、配当を再投資した投資家は、50年後、保有株数が当初の約15倍になっている。IBMでは、配当を再投資しても、保有株数は3倍程度にしか増えない。

　スタンダード・オイルは、株価上昇率で比べればIBMを約3ポイント下回るが、配当利回りではIBMを大幅に上回っている。これが、投資家の利益を押し上げた要因だ。表1-3に、投資家が手にするトータルリターンの源泉を、IBMとスタンダード・オイルで比べてみた。

　第3章で詳しく説明するとおり、「投資家リターンの基本原則」によると、株式投資の長期的リターンは、企業の増益率そのものではなく、実際の増益率が投資家の期待に対してどうだったかで決まる。IBMはたしかに優秀な業績を達成した。だが投資家も、IBMには優秀な業績を期待していた。したがって、IBMの株価はつねに高かった。一方、スタンダード・オイルでは、投資家の増益期待はきわめて控え目だった。したがって、スタンダード・オイルの株価はつねに低く、投資家は配当の再投資を繰り返すことで、保有株を積み上げていった。保有株数が上回った分だけ、スタンダード・オイルのリターンはIBMを上回った。

株式と長期的リターン

　スタンダード・オイルは、長期投資で勝利した「オールド・エコノミー」銘柄の唯一の例ではない。

表1-4に、1950年の時価総額でみた米国株上位50銘柄を示した。当時、この50銘柄は、国内取引所の時価総額合計の約半分を占めていた。そして当時、米国市場は世界の株式市場を支配していた。向こう50年間封印することを条件に、この中から4銘柄を選ぶとしたら、どれを選ぶだろう？ 配当は全額を再投資に回し、スピンオフなどで分配された株式もすべて保有しつづけ、1株たりとも売却しないことを前提とする。金庫を開ける半世紀後までに、仕込んだ種を最大限に膨らませることが目標だ。

予想に反して、20世紀後半の展開をあらかじめ承知していてさえ、投資

表1-4 米国の大企業50社（株式時価総額によるランキング、1950年12月31日現在）

順位	社名	順位	社名
1	AT&T	26	Westinghouse Electric
2	General Motors	27	Phillips Petroleum
3	DuPont	28	International Paper
4	Standard Oil of New Jersey	29	Union Pacific Railroad
5	Union Carbide	30	Bethlehem Steel
6	General Electric	31	Continental Oil
7	Standard Oil of California	32	F.W.Woolworth
8	Sears,Roebuck	33	Montgomery Ward
9	Texas Co.	34	Sinclair Oil
10	United States Steel	35	International Harvester
11	Gulf Oil	36	Sun Oil
12	Standard Oil of Indiana	37	Commonwealth Edison
13	S.H.Kress	38	National Steel
14	Kennecott Copper	39	Atchison,Topeka & Santa Fe
15	Socony Vacuum Oil	40	Consolidated Edison
16	Eastman Kodak	41	Anaconda Copper
17	Procter & Gamble	42	Monsanto Chemical
18	Chrysler	43	Pittsburgh Plate Glass
19	IBM	44	American Tobacco
20	J.C.Penney	45	R.J.Reynolds Tobacco
21	Allied Chemical & Dye	46	Phelps Dodge
22	United Fruit	47	Pacific Gas & Electric
23	Dow Chemical	48	Texas Gulf Sulphur
24	Pacific Telephone	49	National Dairy Products
25	Coca-Cola	50	Minnesota Mining & Manufacturing

第1部　「成長の罠」を暴く

家に最大のリターンをもたらす銘柄を選ぶのは、たやすい作業ではない。リスト上にある銘柄はほとんどがオールド・エコノミーに属する製造業で、大半はその後市場から姿を消したか、残っていても斜陽産業の一員とみなされている。1950年当時、製造業はこの上位50社の時価総額の約半分を占めていた。いまではこの比率は10％にも満たない。

　スタンダード・オイルとＩＢＭは、最強の４銘柄に選ばれるだろうか？それともＧＥを選ぶべきだろうか？ＧＥはダウ・ジョーンズ工業株30種の当初の組み入れ銘柄のひとつで、いまもその地位を守っている唯一の銘柄だ。製造業の枠を越えて多角化を図り、金融のＧＥキャピタル、メディアのＮＢＣなど他分野でも地位を築くことで経済の変化に順応してきた。

　分割前のＡＴ＆Ｔも、候補になるだろう。この設問の前提にしたがえば、その後スピンオフされる地域電話会社15社の株をすべて保有することになる。1950年当時、通称「マーベル」こと旧ＡＴ＆Ｔは、時価総額でみて文句なく世界最大だった。いまでも、意外なことに、分配された株式を含めて時価総額を合計すると、つまりＡＴ＆Ｔから枝分かれした地域電話会社、移動体通信会社、ブロードバンド通信会社、ケーブル会社の時価総額をすべてあわせると、ＡＴ＆Ｔを上回る企業は世界中どこにもない。

　だが、ＡＴ＆ＴもＧＥもＩＢＭも、上位４銘柄には含まれない。1950年から2003年までの間、投資家に最高のリターンをもたらした銘柄は、**表1-5**に示すとおり、以下の４社だった。ナショナル・デイリー・プロダク

表1-5　運用成績でみた上位4銘柄（1950年〜2003年）

順位	1950年当時の社名 （現在の社名）	年間リターン	$1,000を投資した場合の現在価値
1	National Dairy Products （Kraft Foods）	15.47%	$2,042,605
2	R.J.Reynolds Tobacco	15.16%	$1,774,384
3	Standard Oil of New Jersey （ExxonMobil）	14.42%	$1,263,065
4	Coca-Cola	14.33%	$1,211,456
	上位4社合計	14.90%	$6,291,510
	市場平均に$4,000を投資した場合	11.44%	$1,118,936

ツ（のちに社名変更してクラフト・フーズ）、ＲＪレイノルズ・タバコ、スタンダード・オイル・オブ・ニュージャージー、コカ・コーラ。

　50年後の2003年12月、金庫を開けたとき、この4社に1000ドルずつ投資した投資家は、しめて約630万ドルを手にする。おなじ4000ドルを市場平均に投資した投資家は、110万ドル。6倍近い差ができた。

　最高のリターンをもたらした4銘柄はどれも、成長産業の一員ではない。技術革新の先端企業でもない。それどころか4社とも、半世紀前に開発した汎用品に近い製品をつくりつづけている。ブランド別に展開する食品や（クラフト、ナビスコ、ポスト、マクスウェル・ハウス）、タバコや（キャメル、セーレム、ウィンストン）、石油や（エクソン）、清涼飲料などだ（コカ・コーラ）。コカ・コーラにいたっては、看板商品の原材料を100年以上変えていないことを誇りにさえしている。1985年、「ニュー・コーク」を投入して、伝統に裏打ちされた調合から逸脱したとき、節を屈したことを認めた。

　4社の経営陣は例外なく、得意な分野に的を絞り、すぐれた製品を新たな市場に投入することに専念した。そして市場を世界に拡大した。いまでは4社とも、国外市場の売上が国内を上回っている。

投資家の未来

　こうしたデータを分析するうちに、わたしは次の点に気がついた。この発見は、この調査に限った話ではなく、もっと底の深い経済の力学をあらわしている。そしてそれは、もっと長い期間にわたって、株式市場のもっと広い分野を支配している。

　本書で試みた調査の中で、とくに重要で、しかも骨が折れたのは、スタンダード＆プアーズのＳ＆Ｐ500種総合株価指数の歴史を溯れるだけ溯って、構成銘柄をひとつずつ追跡する調査だった。Ｓ＆Ｐ500とは、米国に本拠を置く大手企業で構成される株価指数で、米国株の時価総額全体の80％以上をカバーしている。世界でこれほど投資家に利用されている指数はほかになく、1兆ドル以上の投資ファンドがこれに連動して運用されて

いる。
　この調査から、以下の点があきらかになった。投資家が銘柄選別にあたって前提とする一般通念を、ほぼひっくり返す内容だ。

・1957年に指数が組成されて以来、新たに採用された900超の新規銘柄の運用成績は、平均すると、当初の500銘柄のそれを**下回っている**。新興の急成長企業を次々に採用し、古いタイプの低成長企業を次々に除外していくことで、実際には、指数に連動して運用する投資家のリターンを押し下げてきたことになる。
・長期投資家が、1957年に当時のＳ＆Ｐ500を買い、その後新たに採用された新興銘柄をひとつも買わなかったなら、そのリターンは、実際のＳ＆Ｐ500に連動して運用した投資家のそれを上回る。この「買ったら売らない」アプローチの運用成績は、その後50年間に登場したどのミューチュアル・ファンドも、ファンド・マネジャーも、かなわないほど高い。
・配当は大いに物を言う。長期的に高い運用成績を達成した銘柄は、たいていの場合、配当を再投資したことがその最大の理由となっている。高配当銘柄は「成長機会」に乏しいと説く向きもあるが、事実はその逆だ。ある調査で、配当利回りが高い銘柄を選んでポートフォリオを組んだところ、そのリターンは市場平均を年率3ポイント上回った。逆に配当利回りが低い銘柄を選んだポートフォリオのリターンは、市場平均を年率約2ポイント下回った。
・株式投資のリターンを左右するのは、企業の増益率ではなく、実際の増益率が投資家の期待を上回るかどうか、この一点にかかっている。投資家の増益期待を知りたいとき、最良の指標となるのはＰＥＲだ。別な調査として、Ｓ＆Ｐ500からＰＥＲが低い銘柄を選んでポートフォリオを組んだところ、そのリターンは市場平均を年率約3ポイント上回った。ＰＥＲが高い銘柄を選んだポートフォリオでは、同約2ポイント下回った。これは配当利回りを使った調査の結果と、ほぼおなじだ。
・新規公開銘柄（ＩＰＯ銘柄）の運用成績は、長期的にみると、お粗末

きわまりない。運よく公募価格で買えたとしても、そういえる。1968年から2001年までの間、ＩＰＯ銘柄だけで組んだポートフォリオの成績を、おなじ規模の小型株指数と比べると、ＩＰＯ銘柄のリターンが指数平均を上回った年は、**公募価格をベースにしても**、わずか4年しかない。公開後の価格で買った場合はもっとひどい。

・成長の罠は、個別銘柄とおなじように、セクター別にみても確認できる。たとえば金融セクターは、成長率でみればどのセクターよりも高いが、長期的な運用成績でみるとＳ＆Ｐ500の平均に届かない。逆にエネルギー・セクターは、1957年以来、80％近く縮小しながら、運用成績では市場平均を上回っている。不振にあえぐ鉄道業界でさえ、鉱工業セクターに占める比率でみれば、かつての20％からいまや5％を割り込んでいるが、過去50年間の運用成績はＳ＆Ｐ500を上回っている。

・成長の罠は、同様に、国単位でも確認できる。過去10年間、世界のどの国より高い成長率を達成した国が、投資家にもたらしたリターンは、どの国よりも低かった。つまり中国は、1990年代の世界経済の原動力ではあったが、株価が過大評価されすぎ、後に急落して、投資家の期待を手痛く裏切った。

人口動態から予想される危機

過去50年のデータからあきらかになったこうした傾向は、向こう50年にも、通用するだろうか？

米国、欧州、日本がいま直面している高齢化の波が、暗い将来をもたらすなら、答えはおそらくノーだろう。実際、暗い将来を予想する向きが多い。米国には8000万人のベビーブーマー世代がいて、**数兆**ドルの株式・債券を保有している。この世代が、向こう数十年にわたって、退職後の生活を支えるために金融資産を売却しつづける。欧州や日本では、米国をさらに上回るペースで高齢化が進んでいる。

市場に売り手が溢れるようになれば、資産価値の暴落が起こりかねない。そうなれば、退職者は先を争って資産を現金に換えようとする。モノやサ

第1部　「成長の罠」を暴く

ービスは、現金でなければ買えないからだ。しかも、ベビーブーマー世代が退職する頃には、労働者不足が差し迫った問題となり、モノの供給が需要に追いつかなくなる。そうなれば、悠々自適な引退生活どころではなくなる。

『燃料切れ（Running on Empty）』を著わしたピーター・ピーターソンや、ボストン大学経済学部教授で『世代間闘争（The Coming Generational Wars）』の著者、ラリー・コトリコフといった信頼される識者も、経済世界の終末の日を予見している。ピーターソンやコトリコフらの警告はこうだ。社会の高齢化が進み、貯蓄率がどうしようもなく低い上に、労働力不足が現実のものとなれば、経済は崩壊する。そうなれば、米国の数千万人にのぼる退職者の生活は破綻する。

わたしも、米国の将来は人口動態に左右されるとの見方に賛成するひとりだ。ただし、わたしたちが直面する人口動態のトレンドについて独自に調査した結果、いまではピーターソンやコトリコフらの悲観論には強く反対している。独自のモデルを使って、人口動態と生産性の関係を長期的に分析し、こう確信するようになった。世界は崩壊の淵にあるどころか、これからいよいよ成長が加速する段階にある。

情報・通信革命を追い風に、中国、インドをはじめ世界の途上国で、急速な経済成長を迎える準備が整った。このままいけば、モノとサービスの生産が加速し、先進国の高齢者人口の需要を十分に満たせるようになる。わたしの予想どおりになれば、21世紀半ばには、中国とインドの生産高は、米国、欧州、日本の合計を上回っているはずだ。

先進国世界が目下、直面している最大の問題は、次のふたつだ。①わたしたちが必要とするモノを、だれが生産するのか？　②わたしたちが保有している資産を、だれが買うのか？　わたしが見出した答えはこうだ。モノを生産するのは、途上国世界の労働者となり、資産を買うのは、途上国世界の投資家となる。わたしはこれを「世界的解決（グローバル・ソリューション）」と呼んでいる。

世界的解決

世界的解決(グローバル・ソリューション)は、実現すれば、投資家にとってかなりの変化を意味する。まず、経済の世界の中心が東へと移行する。いずれ中国とインドを筆頭に、新興国の投資家が、世界の資本の大半を支配するだろう。何兆ドルもの資産が、米国や、日本や、欧州の退職者の手から、新興国の貯蓄者と生産者の手へとわたる。さらには、先進国が途上国に対して巨額の貿易赤字を抱えるようになり、その額は増える一方となる。人口動態から見通せば、資産と引き換えにモノを輸入するとの結論は、避けられない。

企業の中では、世界市場の成長見通しを理解し、これを巧く利用するものが繁栄する。株式市場のグローバリゼーションが加速するにつれ、国際企業がポートフォリオで占める地位は、ますます大きくなるだろう。

ただし、成長の罠には、じゅうぶん注意しなければならない。急成長する新興国は、新興業界や新興企業とおなじで、成長率が高いほど高いリターンをもたらすとはかぎらない。グローバル企業の成長見通しに目を奪われ、割高な価格をいくらでも支払うようになれば、リターンは期待にはるかに及ばないだろう。世界でどこよりも急成長する中国経済に資金を注ぎ込んだ投資家がどんな目に遭ったかを考えれば、成長の罠がリターンを飲み込む力がどれほどのものか、よくわかるはずだ。

投資の新アプローチ

本書『株式投資の未来』の内容は、前著『株式長期投資(Stocks for the Long Run)』の結論をもう一段掘り下げたものだ。前回の調査では以下の点があきらかになった。期間を長くとれば、株式投資のリターンは債券を上回る。しかも、インフレを考慮すれば、リスクも債券より低くなる。

今回の調査の目的は、その株式投資で、長期的に市場平均を上回るリターンをもたらすのはどんな銘柄かを探ることだった。調査の結果、次の点があきらかになった。投資家が銘柄選別にあたって利用してきた従来のア

プローチ、たとえば「国際企業」だの「国内企業」だの、「割安株」だの「成長株」だのといった考え方は、すでに通用しなくなった。グローバリゼーションが拡大するにつれ、企業の本拠地がどの国にあるかは、意味を持たなくなる。複数の国に本社を構え、生産拠点はまた別の国にあって、世界的に製品を売る企業が増えてくる。

長期投資で最高のリターンをもたらす銘柄は、いわゆる「割安」セクターや、「成長」セクターの代表ではないだろう。高い運用成績を示す銘柄が、急成長企業であっても、おかしくはない。だがそのバリュエーションは、成長率をつねに適正に反映していなければならない。そして経営陣は、製品の質で名声を築いて、名声を武器に、世界市場で売りさばく戦略をとっているはずだ。

本書の構成

本書では以下、5つのパートに分けて論を進めていきたい。第1部と第2部では、成長の罠について詳しく説明し、銘柄選別にあたって求めるべき特徴と、避けるべき特徴を紹介する。第3部では、株式投資で成功するために配当がなぜ決定的に重要なのかを3章に分けて説明する。第4部では、米国経済と金融市場の先行きについて、わたしの見通しを紹介する。第5部では、これから直面する変化に備えて、ポートフォリオをどのように構築すればいいかをお話ししたい。

世界はまさに、激烈な変化の時代を迎えようとしている。本書では、こうした世界市場を理解するための一貫した枠組みをあきらかにしていきたい。そして長期的に、資産をどう守り、どう積み上げていけばいいか、そのための戦略を紹介していきたい。

第2章
創造的な破壊か、創造の破壊か？

資本家のエンジンに火をつけ、回転させる基本的な衝動は、新たな消費者製品、新たな生産工程・輸送手段、新たな市場、新たな業態が、資本家の企業から創造されるとき生まれる……この「創造的破壊」のプロセスは、資本主義の根本を支える現実だ。ここに資本主義の本質があり、資本家の懸念はつねに、ここにあらねばならない。

ヨセフ・シュンペーター
『資本主義、自由、民主主義（Capitalism, Freedom, and Democracy）』1942年

「買い持ちするなら、どの銘柄か？」

　本書で以下に紹介する調査から、わたしはこう結論した。かなりの数の投資家が、投資判断を下すにあたり、リターンの源泉についてまちがった前提に基づいている。この調査を行う以前と以降で、わたしの投資に対する考え方は一変した。探求が始まったのは、ある投資家の集まりで講演した後、次の質問を受けたときだ。

　「ひとつお尋ねしたい」。聴衆の中から手が上がった。「前著『Stocks for the Long Run』は、長期的に投資するなら株式にまさる資産はないとの内容で、とても説得力があった。推薦文にあったとおり、長期投資のバイブルといってもいい。だがわたしは、それでもどうすればいいかわからない。具体的に**どの銘柄**を買い持ちすればいいだろう？　たとえば、時価総額上位20銘柄を買って、永遠に保有すればいいのだろうか？」

　「いうまでもなく、そうではない」。わたしはこう答えて、次の説明を添

第1部　「成長の罠」を暴く

えた。すでに何度もおなじ質問に答えている。「わたしが『Stocks for the Long Run』で示したリターンは、経済学者やファンド・マネジャーが利用する指標とおなじで、普通株を幅広くカバーした株価指数から算出されている。たとえばＳ＆Ｐ 500種やウィルシャー5000種などだ。こうした指数は、採用銘柄をつねに更新しているので、これに連動するミューチュアル・ファンドや上場投信を買えば、総合的な市場のベンチマークとおなじ水準のリターンが簡単に実現できる。

「新興銘柄の成績は、リターンを大きく左右する。こんにちの経済は激烈に動いており、新たな企業、新たな業界が次々にあらわれる一方、古い企業、古い業界は廃れ、飲み込まれていく。この創造的な破壊のプロセスは、資本主義の根本を支える現実だ。

「ひとつ例を挙げよう。金融セクターは現在、Ｓ＆Ｐ 500で最大の比率を占めるセクターだ。だが1957年、Ｓ＆Ｐ 500が組成された年には、商業銀行も証券会社も投資銀行も、ただの１社もニューヨーク証券取引所に上場していなかった。ヘルスケア業界は現在、Ｓ＆Ｐ 500で金融セクターについで大きな比率を占めるが、1957年には全体のわずか１％にすぎなかった。ハイテク業界も似たり寄ったりだ。

「1957年、金融、ヘルスケア、ハイテクの３セクターは、市場に存在しなかったといっていい。こんにち、３セクターを合計すると、Ｓ＆Ｐ 500の時価総額の半分以上になる。1957年にＳ＆Ｐ 500を買って、一度も入れ替えなかったなら、ポートフォリオはいまごろ、時代遅れの製造業や、鉱業や、鉄道会社の銘柄でいっぱいだろう」

会場のあちこちで、うなずく顔がみられた。質問者も、この回答に満足した様子だった。金融アドバイザーでも経済学者でも、株式市場の過去のリターンを研究した人なら、たいていこの見方に賛成するとわたしは信じていた。

わたしは本書のために調査を始めるまで、長期的に財産を育てたいなら、単純なインデックス運用にまさる方法はないと推奨していた。指数に完全に連動していれば、新たな企業が登場して人気の高い株価指数に採用されるたびに、その目覚しいパフォーマンスを取り込むことができる。

だが２年がかりで、かなり広範囲な調査を徹底して行った結果、この点に関するわたしの考えは一変した。本章から最終章にかけて説明するとおり、こうした調査から、次の点に気づいたからだ。インデックス運用は、これからもまずまずのリターンをもたらすだろう。だが財産を築くには、もっといい方法がある。

創造的な破壊と株式市場

「創造的な破壊」とは、米国で活躍したオーストリア出身の大経済学者、ヨセフ・シュンペーターの造語で、新たな企業が古い企業を破壊して、経済成長を牽引していくプロセスをあらわす。つまりシュンペーターの説によると、革新的技術の開発をきっかけに、新たな企業群が興り、組織体系が生まれ、利益が膨らむ一方で、従来の秩序が崩れる。たしかに、こんにちの経済成長はかなりの部分まで、ハイテク、金融、ヘルスケア業界の成長からもたらされ、その一方で、製造業セクターが衰退してきた。だがシュンペーターの説く創造的破壊の概念は、金融市場のリターンを説明する際にも、応用できるだろうか？

イエス、と答えたのが、コンサルティング会社、マッキンゼーのパートナー、リチャード・フォスターとサラ・カプランだ。2001年のベストセラー『創造的破壊——断絶の時代を乗り越える』で、両著者はこう述べている。「現在のＳ＆Ｐ500が仮に、指数が組成された1957年当時の銘柄だけで構成されていたなら、ここまでの運用成績は、実際の運用成績に比べて、**年率**（太字は原著者）約20ポイント低くなる」[注1]

この調査の結果が正しいとすれば、ポートフォリオに新興企業を組み入れて更新しつづけることは、高いリターンを達成する上で、欠かせない作業といえる。両著者が挙げた格差は、かなり大きい。たとえば、当初のＳ＆Ｐ500を1000ドル買って保有しつづけた場合、再投資の魔法が働くとして、半世紀後の累積リターンは、更新を繰り返す実際のＳ＆Ｐ500で運用した場合の40％にも満たないことになる。

だが、フォスターとカプランの結論に、わたしはどうしても納得できな

かった。1957年にＳ＆Ｐ500に採用されていた「古い」銘柄の運用成績が、指数全体をそこまで下回るとすれば、新たに採用された銘柄の成績は、平均をはるかに上回っていなければならない。新旧の成績格差がそこまで大きいなら、なぜ、みんな新興銘柄だけを買って、古い銘柄を売ろうとしないのか？ そうすれば、Ｓ＆Ｐ500を大幅に上回るリターンが実現できる。だが圧倒的多数のデータからみて、投資家の大半は、ファンド・マネジャーでさえ大半は、Ｓ＆Ｐ500を上回るリターンを達成できていない。

過去に答えを求める

「創造的破壊」の概念が、株式投資のリターンにも応用できるかどうか、確実に答えを知りたいなら方法はこれしかないとわたしは決心した。Ｓ＆Ｐ500の当初の採用銘柄をひとつずつ追跡し、その後のパフォーマンスを調べる。これは実際にやってみると途方もない作業だった。これほど大量のデータを集計したのは、『Stocks for the Long Run』で金融資産のリターンというリターンを調べて以来だ。分析では、Ｓ＆Ｐ500の当初の500銘柄のリターンをひとつずつ算出し、さらに、込み入った歴史をたどって、これが吸収ないし分離した数百社にのぼる相続企業を追跡した。だが、こうした徹底的な調査のおかげで、株式市場の「古い企業」と「新たな企業」のリターンについて、確実なデータを手にすることができた。[注2]

わたしに投資戦略を変更させた大掛かりな調査についての詳しい説明に入る前に、世界一有名な株価指数の歴史をざっと振り返っておきたい。Ｓ＆Ｐ500種平均総合株価指数だ。

Ｓ＆Ｐ500種株価指数の歴史

1923年、スタンダード＆プアーズは初の業界別の株価指数を開発し、3年後に「総合株価指数」を組成した。当初の採用銘柄は90銘柄だった。[注3] 経済が成長するにつれ、90銘柄では市場全体を反映しきれないことがあきらかになり、1957年3月、枠を500銘柄に拡大して、名称も「Ｓ＆Ｐ500

種総合株価指数」に変更した。[注4]

　当初、採用銘柄の構成は固定されていて、製造業が425種、鉄道が25種、公益企業が50種と決まっていた。1988年、スタンダード＆プアーズはこのセクター別配分を廃止し、つねに市場を代表する構成を目指して、「経済を主導する業界の主導的な企業」500社を採用する方針に移行した。[注5]　Ｓ＆Ｐ500は以来、新興銘柄の採用を通じて更新を繰り返している。採用される銘柄は、スタンダード＆プアーズが設定する時価総額、収益、流動性の基準を満たすものに限られ、基準を満たさなくなった企業が、おなじ数だけ除外される。

　指数が組成された1957年から2003年にかけて、Ｓ＆Ｐ500に採用された新興企業ははじめて917社にのぼる。平均すると、1年につき約20社だ。採用銘柄数が最大だったのは1976年で、1年間に60銘柄が加わった。そのうち15社が銀行、10社が保険会社だ。1957年から1976年まで、金融セクターには消費者金融会社が数社あるだけだった。当時の金融機関は大半が店頭銘柄だったからだ。店頭市場は株価情報が不透明で、1971年にナスダックが開設されるまで、この状況が続いた。

　2000年、ハイテク・バブルがピークを迎えた年、49銘柄が新規採用された。1976年につぐ大量採用だ。そしてバブルがはじけ、相場が急落し、底を打ちかけた2003年、新規採用数は過去最少に並ぶ8銘柄だった。[注6]

　過去半世紀の間、こうした入れ替えを通じて、Ｓ＆Ｐ500を構成する顔ぶれは大幅に変わった。**表2-1**に、現在のＳ＆Ｐ500の時価総額上位20銘柄と、指数が組成された1957年当時の上位20銘柄を比較した。現在の上位20社のうち、マイクロソフト、ウォルマート、インテル、シスコ、デルの5社は、1957年には存在すらしていない。1957年には石油会社が上位20社のうち9社を占めているが、現在の上位20社に石油会社は2社しかない。また現在の上位20社をみると、ハイテク、金融、ヘルスケアが12社あるが、1957年にこの3業界で上位20社に含まれるのは、ＩＢＭだけだ。

表2-1a 当初のS&P500上位20銘柄

時価総額ランキング	社名	時価総額（単位：10億ドル）	セクター
1	Amer. Tel. & Tel.	$11.2	通信
2	Standard Oil of New Jersey	$10.9	エネルギー
3	General Motors	$10.8	一般消費財
4	DuPont	$8.0	素材
5	General Electric	$4.8	資本財
6	Gulf Oil	$3.5	エネルギー
7	Union Carbide & Carbon	$3.2	素材
8	Texas Co.	$3.2	エネルギー
9	United States Steel	$3.2	素材
10	Standard Oil of California	$2.8	エネルギー
11	IBM	$2.7	情報技術
12	Royal Dutch Petroleum	$2.7	エネルギー
13	Socony Mobil Oil	$2.5	エネルギー
14	Shell Oil	$2.4	エネルギー
15	Sears,Roebuck	$2.0	一般消費財
16	Standard Oil of Indiana	$1.9	エネルギー
17	Aluminum Co. of America	$1.8	素材
18	Bethlehem Steel	$1.7	素材
19	Eastman Kodak	$1.6	一般消費財
20	Phillips Petroleum	$1.6	エネルギー

1957年3月1日時点

S&P500当初銘柄のポートフォリオ3種

　S&P500の当初の採用銘柄が、その後どのようなパフォーマンスをたどったかを調べるため、わたしは3種類のポートフォリオを用意した。3つとも、当初の500銘柄を時価総額に比例して組み入れた「時価総額加重型」ポートフォリオとして出発する。ただし時間の経過とともに、こちらで設定する想定にしたがって、別々の展開をたどるものとする。ここでは当初銘柄のいずれかが、別の企業と合併したり、部門をスピンオフする場合の投資家の反応を3通りに想定して、それぞれに適用し、展開を追跡した。

第2章　創造的な破壊か、創造の破壊か？

表2-1b　現在のＳ＆Ｐ 500上位20銘柄

2003年12月31日時点

時価総額 ランキング	社名	時価総額 （単位：10億ドル）	セクター	S&P 500 採用年
1	General Electric	$311.1	資本財	当初
2	Microsoft	$297.8	情報技術	1994
3	ExxonMobil	$271.0	エネルギー	当初
4	Pfizer	$269.6	ヘルスケア	当初
5	Citigroup	$250.4	金融	1988
6	Wal-Mart Stores	$229.6	生活必需品	1982
7	Intel	$210.3	情報技術	1976
8	American Inter. Group	$172.9	金融	1980
9	Cisco Systems	$167.7	情報技術	1993
10	IBM	$159.4	情報技術	当初
11	Johnson & Johnson	$153.3	ヘルスケア	1973
12	Procter & Gamble	$129.5	生活必需品	当初
13	Coca-Cola	$124.4	生活必需品	当初
14	Bank of America	$119.5	金融	1976
15	Altria Group	$110.5	生活必需品	当初
16	Merck	$102.8	ヘルスケア	当初
17	Wells Fargo	$99.6	金融	1987
18	Verizon Comm.	$96.9	電気通信	当初
19	Chevron Texaco	$92.3	エネルギー	当初
20	Dell	$87.0	情報技術	1996

　第1ポートフォリオは、「生き残り（サバイバーズ）」組だ。当初の構成銘柄のどれかが合併したり、上場廃止した場合、その銘柄を売却して、売却代わり金を残りの銘柄に再投資する。最終的に、このポートフォリオには125銘柄が残った。生き残り企業としては、フィリップ・モリス、ファイザー、コカ・コーラ、ゼネラル・エレクトリック（ＧＥ）、ＩＢＭなどがあり、消えていった企業には、ベスレヘム・スチール、ユナイテッド航空、Ｋマートなどがある。

　第2ポートフォリオは、「直系子孫」組だ。ここでは、構成企業が合併しても、そのまま保有しつづける。ただし「生き残り」ポートフォリオと同様に、スピンオフした場合は、分離された部分をすみやかに売却して、売却代わり金を親会社に再投資する。注7)

第1部 「成長の罠」を暴く

図2-1
Ｓ＆Ｐ500当初銘柄で構成した３つのポートフォリオの最終構成
（1957年３月１日～2003年12月31日）

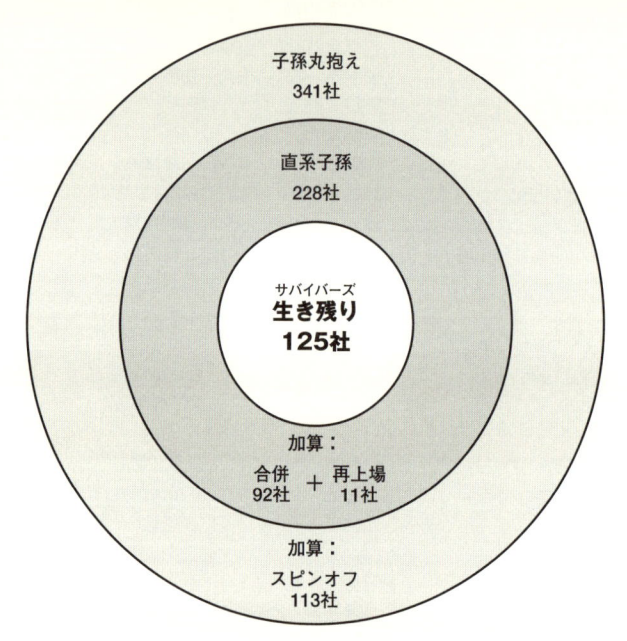

子孫丸抱え
341社

直系子孫
228社

サバイバーズ
生き残り
125社

加算：
合併　＋　再上場
92社　　　11社

加算：
スピンオフ
113社

　第３ポートフォリオは「子孫丸抱え」組だ。ここでは、スピンオフされた部分もすべて保有しつづける。１株たりとも売らない。究極の「買い持ち」方式だ。「買って忘れる」方式といってもいい。2003年末、「子孫丸抱え」ポートフォリオには、341銘柄が残っていた。図2-1に、３ポートフォリオの構成をまとめた。

長期的リターン

　こうして３種類のポートフォリオを作成し、その後のリターンをたどったところ、Ｓ＆Ｐ500の当初構成銘柄のリターンについて、次の意外な事実があきらかになった。３タイプのどれでみても、この結果に変わりはな

い。

S&P 500の当初採用銘柄のリターンは、更新を繰り返す実際のS&P 500のリターンを上回り、しかも、リスクが低い。

1957年3月1日から2003年12月31日までの間、上述のS&P 500当初銘柄ポートフォリオで運用した場合の累積リターンは、S&P 500を指標とする一般的なインデックス・ファンドで運用した場合を、21〜26％上回った。表2-2に結果をまとめた。

次の点をとくに指摘しておきたい。こうしたリターンはどれも、1957年にS&P 500を買って、2003年末まで保有してさえいれば、だれにでも達成できた。どの企業が生き残り、どの企業が消えていくか、前もって知らなくても、市場平均を上回るリターンを達成できた。

この結果は、言い換えるとこうなる。

S&P 500の当初採用企業の運用成績は、平均すると、その後半世紀の間に採用された1000社近い新興企業の運用成績を上回っている。

わたしは次の事実を否定するつもりはない。S&P 500の新規採用企業は、創造的破壊のプロセスを推し進め、経済成長を牽引してきた。だが全体的にみて、こうした新興企業は、投資家の利益にはさほど貢献しなかった。当初の500銘柄を買って、1株たりとも売らなかったなら、世界一有

表2-2

運用成績の比較：S&P 500の当初構成銘柄
ポートフォリオとインデックス・ファンド

ポートフォリオ	$1,000を投資した場合の現在価値	年率リターン	リスク
生き残り	$151,261	11.31%	15.72%
直系子孫	$153,799	11.35%	15.93%
子孫丸抱え	$157,029	11.40%	16.08%
S&P 500	**$124,522**	**10.85%**	**17.02%**

名な株価指数のインデックス・ファンドの成績を上回っただけでなく、たいていのファンド・マネジャーやアクティブ運用ファンドの成績さえ、上回ることができた。

実際のＳ＆Ｐ５００のリターンが
当初採用銘柄にかなわない理由

　なぜ、こんなことが起こるのか？　成長を牽引し、米国経済を世界で突出した地位に押し上げてきた新興企業のリターンが、なぜ、古い企業のリターンにかなわないのか？
　答えは単純だ。新興企業は、収益や売上はいうまでもなく、時価総額でみてすら、古い企業を上回るペースで成長する。だが投資家が、その株式に対価を支払いすぎるなら、まともなリターンは期待できない。株価が高くなれば、配当利回りが低くなり、配当利回りが低くなれば、再投資を通じて増えていくはずの保有株が、なかなか増えないからだ。
　第１章で紹介した、スタンダード・オイル・オブ・ニュージャージーとＩＢＭの例を思い出してもらいたい。ＩＢＭといえば、その革新性といい成長性といい、２０世紀を代表する企業といっていい。実際、成長率を示すどの指標でみても、スタンダード・オイルを圧倒している。だが投資家にもたらすリターンでみれば、この石油会社にかなわなかった。ＩＢＭの株価はつねに高く、いくら成長率が高くても、スタンダード・オイルの投資家が配当再投資を通じて保有株を積み増すペースにはかなわなかったからだ。過去半世紀、Ｓ＆Ｐ５００に新規採用された９１７社は、たいていおなじ運命に見舞われている。
　ただし、指数に新規採用される銘柄が過大評価されていて、結果的に運用成績が悪化したとしても、それはスタンダード＆プアーズのせいではないし、採用銘柄を選定する指数委員会のせいでもない。たとえば同社は１９９０年代後半、インターネット銘柄やハイテク銘柄をなかなか採用しなかった。一部の銘柄は、当時、指数が設定する所要時価総額を大幅に上回っていたが、賢明にも抵抗した。

後にいくつも例を紹介するが、新興企業が過大評価されるのは、市場全体でも共通してみられる傾向であり、投資家が成長の罠にはまった兆候でもある。1990年代後半のハイテク・セクターや、20年前の石油・天然ガス探査セクターがそうだったとおり、市場の1セクターが熱狂にとらわれると、スタンダード＆プアーズとしては、少なくとも数銘柄を採用しないわけにはいかない。Ｓ＆Ｐ500にかぎらず、市場を代表する指数であろうとするなら、バリュエーションが高すぎても、そうでなくても、組み入れるしかない。

ヤフー

Ｓ＆Ｐ500の新規採用銘柄の成績が当初銘柄にかなわないのは、この指数が創設以来、高い人気を保ってきたからでもある。Ｓ＆Ｐ500を指標とするファンドの運用残高は推計で1兆ドル以上にのぼる。したがって、Ｓ＆Ｐ500に採用されると、自動的に買いが殺到する。そうなると株価が押し上げられ、指数に連動して運用する投資家のリターンは、押し下げられる。[注8]

上がりすぎた株価が指数採用をきっかけにさらに上昇する例の典型として、インターネット・ポータル大手、ヤフーがあげられる。1999年11月30日、インターネット・ブームがあと一歩でピークを打つ頃、スタンダード＆プアーズは、12月8日にヤフーを指数に採用すると発表した。それまでＳ＆Ｐ500でインターネット銘柄といえば、1999年1月に採用されたＡＯＬだけだった。

翌朝、買い注文が殺到した。指数に採用されれば、自動的にインデックス・ファンドから莫大な買いが入るのをだれもが見越したからだ。寄りつきで9ドル近く上昇し、その後も上がりつづけて、12月7日の終値は174ドルとなった。わずか5営業日で、採用発表前の水準を68ドル、64％上回ったことになる。12月7日、つまりインデックス・ファンドの買いが入る最終日、売買高は1億3200万株、売買代金は220億ドルに達した。

わたしは現在、ヤフー株は当時106ドルでも大幅な過大評価だったとみ

ている。これはスタンダード＆プアーズが指数採用を発表する前の水準だ。第5章で詳しく述べるが、わたしは2000年3月にウォールストリート・ジャーナル紙に論文を寄稿し、過大評価が行き過ぎと思える大型株9銘柄をとりあげた。ヤフーはその中の1社だ。当時、ヤフーの時価総額は900億ドルを超え、ＰＥＲは500倍だった。Ｓ＆Ｐ500の平均を20倍以上上回る水準だ。

当時、Ｓ＆Ｐ500のインデックス・ファンドをかなり保有していたわたしは、ヤフー株の急騰に気を揉んでいた。これが将来、ファンドのリターンを押し下げるのが目に見えていたからだ。おなじパターンが繰り返されるのは、これが最後ではないことも目に見えていた。

その後の展開は、わたしの懸念どおりとなった。このときのヤフーの顛末は、Ｓ＆Ｐ500に採用された銘柄がそれぞれたどってきた顛末でもある。たとえば2000年、キング・ファーマシューティカルは、Ｓ＆Ｐ500への採用が発表された当日、21％上昇した。ＣＩＴグループは22％、ＪＤＳユニフェーズは27％、メディミューンは31％、パワー・ワンは35％超、ブロードビジョンにいたっては、50％上昇した。

こうした急騰は、Ｓ＆Ｐ500に連動するファンドにとっては、将来のリターンが悪化しやすくなることを意味する。スタンダード＆プアーズもこの関係を承知しており、2004年3月、指数採用や除外の発表が株価にもたらす変動を緩和する目的で対策を発表した。[注9] とはいえ、Ｓ＆Ｐ500種平均が投資家の間で人気を保つかぎり、採用に伴う株価上昇は避けられないだろう。[注10]

時価総額とリターンのちがい

フォスターとカプランは、どこで踏み迷って、Ｓ＆Ｐ500のリターンの源泉は新興銘柄にあると結論したのだろう？　株式の市場価値の増減を、投資家リターンを測る物差しと取り違えたところだ。市場価値とは、一般に時価総額と呼ばれる指標で、企業の発行済み株式数に株価を掛けて算出される。たとえばマイクロソフトの2004年の発行済み株式数は約110億株

だった。株価が27ドルなら、時価総額は約3000億ドルだ。株価と発行済み株式数のどちらかが変動すれば、時価総額も変動する。

投資家のリターンは、時価総額とはまるで別の概念だ。リターンは株価の変動だけでなく、配当が支払われているかぎり、その水準にも左右される。マイクロソフト株のリターンは、株価が変動しても、配当が変更されても、変動する。ふたつの概念を並べてみて、共通する要因は株価だけだ。配当と発行済み株式数の変動とでは、リターンに及ぼす影響はまるでちがう。

リターンと時価総額を混同している投資家は多く、専門家でも取り違えることがある。短期的にみれば、たしかに、時価総額とリターンはきわめて密接に連動しているからだ。日次ベース、週ベースで比較すると、相関性はほぼ完璧といっていい。だが期間を長くとると、相関性はずっと弱くなる。長期投資家の立場からみて、リターンの最大の源泉となるのは、配当だ。

配当再投資の意味

第1章で紹介した例を思い出してもらいたい。IBM株の値上がり率は、年率11％超と、スタンダード・オイルのそれを約3ポイントも上回っていた。だがリターンで比べると、IBMの成績は、スタンダード・オイルにかなわなかった。スタンダード・オイルは配当利回りが高く、これがリターンを押し上げる上で、大きく物を言ったからだ。1950年から2003年にかけて、スタンダード・オイルの株価上昇率は約120倍だった。IBMでは、約300倍だ。だが1950年にスタンダード・オイル（現在のエクソンモービル）株を買って、配当を再投資しつづけた投資家は、2003年の保有株式数が当初の15倍になっている。IBMでは、わずかに3倍だ。

投資家にしても投資アドバイザーにしても、配当再投資がどれほど長期的なパフォーマンスを左右するか、理解していない向きが多い。短期的な値上がり率ばかりが注目を集めて、肝心な長期的なリターンが見向きもされなくなっている。これも、成長の罠にはまった徴候のひとつといえる。長期的に投資するなら、辛抱づよく構えて、配当を再投資して保有株を積

み増すのが正解だ。そうすれば、リターンもついてくる。第3部で詳しく解説するとおり、これは長期投資の鉄則だ。配当再投資は、物を言う。大いに、物を言う。

時価総額が減少し、リターンが上昇するケース

　時価総額とリターンがかならずしも相関しない理由は、ほかにもある。たとえばＡＴ＆Ｔは、Ｓ＆Ｐ500が組成された1957年、時価総額でみて世界最大の企業だった。1983年末、同社の時価総額は約600億ドルまで膨らんでいた。ここで司法省から分割命令が下り、地域電話会社（ベビー・ベル）が分離され、ＡＴ＆Ｔの株主には別途7社の株式が分配された。[注11]

　再編を経て、1984年末、ＡＴ＆Ｔの時価総額は前年の600億ドルから200億ドルに減少していた。ところが、分割された地域会社を含めると、投資家のリターンは前年を上回っていた。時価総額が66％減少したというのに、スピンオフ銘柄を保有しつづけた投資家の資産は、前年比30％増えていた。

時価総額が増加し、リターンが下落するケース

　この逆も起こり得る。時価総額が増加して、リターンが下落するケースだ。企業が新事業の資金調達を目的に新株を発行するとき、そうなる場合がある。あるいは、別会社との合併に伴い新株を発行する際にも、そうなりやすい。

　ＡＯＬとタイムワーナーの合併は、株式交換だけで成立したＭ＆Ａとして過去最大の規模となった。ハイテク・ブームがピークを迎えた2000年のことだ。ＡＯＬがタイムワーナーの株主に、ワーナー株1に対してＡＯＬ株1.5を交付する形で、世界最大のメディア企業が誕生した。新株発行に伴い、ＡＯＬ株の1株当たりの価値は希釈されたが、2社が合併して1社になった結果、全体の時価総額は増加した。

　合併が完了し、時価総額が1090億ドルから1920億ドルに増え、ＡＯＬは世界でも指折りの巨大企業となった。だがタイムワーナー株主にとって残念なことに、ＡＯＬ株を交付されたのは、ブームがピークを迎えたとき

だった。続く数年間、リターンは極端に低迷した。2003年、ＡＯＬタイムワーナーが社名からＡＯＬの３文字を外したのは、失敗に終わった合併の記憶を一掃したい意図があったものと思われる。

　リターンと時価総額が逆方向に向かう例は、Ｓ＆Ｐ500当初銘柄のポートフォリオと、更新を続ける実際のＳ＆Ｐ500種平均を比べても、みることができる。Ｓ＆Ｐ500の時価総額は、1957年当初は1720億ドル、2003年12月31日には10兆3000億ドルだった。年率9.13％のペースで増加したことになる。一方、当初銘柄ポートフォリオの時価総額は、2003年12月末時点でやっと３兆2000億ドルと、年率6.44％のペースでしか増えていない。

　ところが、当初銘柄生き残りポートフォリオは、時価総額の増加ペースは実際のＳ＆Ｐ500を大幅に下回ったというのに、リターンはＳ＆Ｐ500を上回っている。Ｓ＆Ｐ500の時価総額が急激に伸びたのは、銘柄を入れ換えるたびに、新興銘柄が全体の時価総額を押し上げたからだ。だが新興銘柄は、リターンを押し上げはしなかった。フォスターとカプランが分析をまちがったのは、この点だ。成長を追求する投資戦略が、多くの場合、まちがっている理由も、ここにある。

スピンオフ銘柄を保有するか、売却するか？

　Ｓ＆Ｐ500採用銘柄を長期的に追跡した調査から、次の問いに答える上でも、いくつかの事実があきらかになった。投資家はスピンオフなどで交付された株式を、保有すべきだろうか、それとも売却して再投資に回すべきだろうか？　スピンオフ銘柄を保有しつづけた場合と、そうしなかった場合とで、どこまで結果がちがうかを調べるため、「子孫丸抱え」ポートフォリオと「直系子孫」ポートフォリオのリターンを比較してみた。

　純粋にリスク対リターンの観点からいえば、どちらを選んでも大差はない。スピンオフされた子会社が、親会社より成功する場合もあれば、そうでない場合もある。たとえばＡＴ＆Ｔの場合、地域電話会社株を保有しつづけた投資家は、売却した投資家に比べて、ずっと高いリターンを手にし

ている。地域電話会社株のリターンは、ＡＴ＆Ｔ本体のそれを年率３ポイント近く上回ったからだ。同様に、モルガン・スタンレーもオールステートも、親会社のシアーズ・ローバックの成績を上回っている。逆の例をみると、天然ガス会社、プラックスエアのリターンは、親会社のユニオン・カーバイドにかなわなかった。またアチソン・トペカ・サンタフェ鉄道からスピンオフされたエネルギー・金開発会社も、親会社の成績に届いていない。

だが、税金と売買コストの観点からみれば、スピンオフ銘柄を保有する方法は、売却する方法に比べて、かなり有利になる可能性が高い。「子孫丸抱え」ポートフォリオでは、１株たりとも売却しないのが前提であり、新たに買い増すのは、配当その他の現金交付金を再投資するときだけだ。したがって取引コストは、最小限ですむ。[注12] しかも、ごくまれな例外を別にして、１株も売らないのが原則なので、売却益は発生しない。[注13]

こうしたコスト節約は、決して馬鹿にならない。リターンを押し下げるかなり大きな要因のひとつに、取引コストと税金がある。いずれも売買を繰り返すことで発生するコストだ。ここで紹介した例では、リターン算出にあたってこの部分のコストを考慮していないが、「子孫丸抱え」ポートフォリオの場合、Ｓ＆Ｐ500に連動するミューチュアル・ファンドや上場投信に比べても、こうしたコストを低く抑えられるはずだ。この部分を節約できるだけでも、スピンオフ銘柄を保有しつづける意味はある。

投資家のための教訓

シュンペーターは「創造的破壊」という概念を用いて、資本主義経済が機能するプロセスを巧みに表現した。新たな企業が、古い企業を圧倒し、有無をいわさず改革を起こして、成長を牽引し、世界を変える。だが、この創造的破壊のプロセスは、資本市場では、まったく逆の形で作用する。ここで痛い目にあうのは、「創造的」とみなされる企業の株を、高値で買い求める投資家だ。

以上の発見は、投資家にとってなにを意味するのだろう？　Ｓ＆Ｐ500な

どの市場平均を買って、永遠に保有すればいいのだろうか？　答えだけいえば、そうではない。以下の章で説明するとおり、戦略を工夫すれば、Ｓ＆Ｐ500生き残りポートフォリオさえ上回るリターンを目指すことができる。

　また本章で紹介した調査の結果から、一般通念のまちがいがあきらかになった。ポートフォリオの更新は、市場平均を上回るリターンを達成する上で、必要ではない。それどころか、Ｓ＆Ｐ500などの人気の高い株価指数は、新たに銘柄を採用することで、株価の急騰を招き、将来の運用成績を押し下げるケースが多い。しかも「買い持ち（バイ＆ホールド）」型のポートフォリオは、これ以上なく節税型で取引コストも低いので、長期的に財産を増やしたいなら、魅力的な方法といえる。

　次の章では、Ｓ＆Ｐ500当初銘柄のうち、どの銘柄がリターンを市場平均以上に押し上げる原動力となったのかを探っていきたい。

第1部 「成長の罠」を暴く

第3章
時に裏打ちされた価値
黄金銘柄を探して
（コーポレート・エルドラド）

> おそらく、次の質問はこうだろう。どれが「魅力的」（な銘柄）なのか、どうやって見分ければいい？ アナリストはたいてい、アプローチはふたつにひとつと思い込んでいる。「割安株（バリュー）」戦略と「成長株（グロース）」戦略だ。これは一般に正反対のアプローチとみられている……我々にはよくわからない考え方だ……成長性はつねに割安であることの一要因であり、「割安株投資（バリュー・インベスティング）」という言い方自体、重複している。
>
> ウォーレン・バフェット
> バークシャー・ハザウェイ1992年年次報告書

　前章で、Ｓ＆Ｐ500の当初採用銘柄の長期的リターンをざっと紹介した。本書の付録に、500銘柄それぞれについて、その後の組織変更とリターンに関する詳しいデータを記載している。「子孫丸抱え」ポートフォリオの運用成績上位20銘柄と、1957年当時の時価総額上位20銘柄についての詳しい解説も添えた。時価総額上位20社は、組成されたばかりのＳ＆Ｐ500全体の約半分を占めていた。

　付録に示したリストには、本章で以下取り上げる生き残りグループの運用成績上位陣も含まれている。こうしたリストをみれば、過去50年間、米国経済がどれほど変化してきたかよくわかるだろう。さらには、次の問いの答えがはっきりみえてくるだろう。最高のリターンをもたらしたのはどんな銘柄か？ それはどんな業界に属しているのか？ そしてなにより訊きたい、次の問いの答えもみえてくるはずだ。長期投資で成功する銘柄にはどんな特徴があるのか？

第3章　時に裏打ちされた価値——黄金銘柄を探して

黄金銘柄（コーポレート・エルドラド）——運用成績ナンバーワン

　『創造的破壊－断絶の時代を乗り越える』の中で、リチャード・フォスターとサラ・カプランはこう述べている。「米国で企業が興り、競争し、消えていくプロセスを、（わたしたちが）長期的に調査した結果、次の事実があきらかになった。株式投資の黄金郷とでもいうべき銘柄、つまり、市場平均をつねに上回りつづける黄金銘柄（コーポレート・エルドラド）は**存在しない**（太字は原著者）。それは神話にすぎない」注1)

　わたしの調査では、逆に、次の事実があきらかになった。株式投資の黄金銘柄はたしかに存在する。それも、かなりの数で存在する。こうした銘柄をうまく拾い出せれば、ポートフォリオの成績は大幅に変わってくるだろう。

　前章で述べたとおり、1957年2月28日、Ｓ＆Ｐ500のインデックス・ファンドを1000ドル買って、配当をすべて再投資に回したなら、2003年12月31日、当初の1000ドルは約12万5000ドルになっている。だが、Ｓ＆Ｐ500の当初銘柄のうち最高の運用成績を達成した、ある1銘柄だけを買ったなら、おなじ1000ドルが約460万ドルになっている。過去半世紀、市場平均を年率約9ポイント上回り、2位以下をはるかに引き離して独走した黄金銘柄とは、どの企業の株だろう？

　答えはフィリップ・モリスだ。2003年にアルトリア・グループと社名を変更した。注2) いまや世界中で知らない人はいない同社の広告キャラクター、マルボロ・マンが初めて世に送り出されたのは、Ｓ＆Ｐ500が組成される2年前だった。「マルボロ」は売上高世界第1位のブランドとなり、フィリップ・モリスの株価を押し上げた。

　フィリップ・モリスの運用成績は、20世紀半ばから現在までだけでなく、1925年以来でみても、やはり第1位の座にある。これ以前は、個別銘柄のトータルリターンの記録がない。1925年末から2003年末にかけて、フィリップ・モリスの累積リターンは年率17％となり、市場平均を7.3ポイント上回った。1925年にフィリップ・モリス株を1000ドル買って、配当を

再投資していれば、いまごろ2億5000万ドルに育っている計算だ。

気前のよさの恩恵にあずかったのは、本体の株主だけではない。付録に紹介したとおり、フィリップ・モリスは最終的に、S＆P500の当初採用企業のうち9社を買収している。サッチャー・グラスといったあまり知られていない企業の投資家も、フィリップ・モリスやその前身などの優良企業の株と持ち株を交換した結果、とんでもない財産を手にいれた。こうした勝ち馬に乗るのは、狙ってできる芸当ではないが、投資家にとっては、さほどめずらしい幸運でもない。

企業にとっての悪材料が投資家にとって好材料になる理由

フィリップ・モリスが運用成績ランキング首位と聞いて、意外に思う向きもあるだろう。フィリップ・モリスといえば、規制や訴訟といった問題の集中砲火にさらされて、数十億ドルの賠償金コストを抱え込み、破綻の恐れさえある。

だが資本市場では、企業にとっての悪材料が、投資家にとって好材料に転じることがある。フィリップ・モリス株の場合、だれもが買いを手控え、危険な製品「タバコ」の製造者として巨額の賠償金支払いを命じられたことから、破綻の恐れもあると噂された。人気が離散した結果、株価が下がり、辛抱強く保有しつづけた投資家のリターンは、押し上げられた。

フィリップ・モリスが生き残り、引き続き高水準な利益を稼ぎ出し、それを配当の形で投資家に還元するかぎり、投資家は今後とも飛び抜けたリターンを手にするだろう。株価が低く、利益が高水準なため、フィリップ・モリスの配当利回りは市場で最高に近い水準にある。悪材料に反応しなかった投資家は、配当の再投資を繰り返し、黄金の山を築いていった。フィリップ・モリスの配当がリターンを押し上げた仕組みについては、第10章で詳しく述べる。

フィリップ・モリスの目覚しいリターンは、次の決定的に重要な投資原則をよくあらわしている。肝心なのは、増益率そのものではなく、それが市場の期待に対してどうだったかにある。フィリップ・モリスの場合、投

資家の増益期待が低かったのは、訴訟にまつわるコストが懸念されたからだ。だが同社は力強く利益を伸ばしつづけた。低い期待、高い成長率、高い配当利回りが噛み合って、リターンが加速する完璧な環境が整った。

　投資家リターンの基本原則については、本章の後半であらためて詳しく説明する。勝ち馬を探し出したいとき、役に立つ原則だ。だがその前に、Ｓ＆Ｐ５００の当初採用銘柄のリストを順にみていって、投資家にとくに際立ったリターンをもたらした銘柄を拾い出してみよう。そういった銘柄の特徴を調べれば、真の黄金銘柄を見極める役に立つだろう。

Ｓ＆Ｐ５００生き残りの運用成績ナンバーワン

　表3-1に、Ｓ＆Ｐ５００生き残りグループのうち、とくに高い運用成績を示した20銘柄をリストにした。いずれも企業構造が1957年当時のままで、どこにも買収されていない。Ｓ＆Ｐ５００が組成された1957年以来、この20銘柄の投資家が手にしたリターンは、指数平均を最低でも年率約2.75ポイント上回ってきた。もっと大きく差をつけた銘柄もある。1957年にこの20銘柄のどれかを買っていれば、Ｓ＆Ｐ５００を買った場合に比べて、財産が３倍から37倍に増えている計算になる。

　リストをざっと眺めて、まず気がつくのは、ふたつの業界が大半を占めていることだ。だれでも知っている消費者ブランドを持つ生活必需品メーカーと、やはりだれでも知っている大手の製薬会社だ。例外なく、高い知名度を築き、消費者の信頼を勝ち得てきた。過去半世紀、経済的にも政治的にも環境が激変する中で、競争に勝ち抜き、繁栄してきた。そしてほぼ例外なく、熱心に世界市場を開拓してきた。こうした企業の成功を、わたしは「時に裏打ちされた勝利」と呼んでいる。

消費者ブランドの力
　フィリップ・モリスにかぎらず、運用成績上位グループには、強力なブランドを持つ企業が多い。数えてみると、上位20社のうち11社までが、有名ブランドを揃える消費者製品の会社だった。

表3-1
「生き残り」上位20銘柄（1957年～2003年）

順位	2003年末時点の社名	$1,000を投資した場合の現在価値（2003年末時点）	年率リターン
1	Philip Morris	$4,626,402	19.75%
2	Abbott Laboratories	$1,281,335	16.51%
3	Bristol-Myers Squibb Co	$1,209,445	16.36%
4	Tootsie Roll Industries	$1,090,955	16.11%
5	Pfizer	$1,054,823	16.03%
6	Coca-Cola Co	$1,051,646	16.02%
7	Merck	$1,003,410	15.90%
8	PepsiCo	$866,068	15.54%
9	Colgate-Palmolive	$761,163	15.22%
10	Crane	$736,796	15.14%
11	H.J. Heinz	$635,988	14.78%
12	Wrigley	$603,877	14.65%
13	Fortune Brands	$580,025	14.55%
14	Kroger	$546,793	14.41%
15	Schering-Plough	$537,050	14.36%
16	Procter & Gamble	$513,752	14.26%
17	Hershey Foods	$507,001	14.22%
18	Wyeth	$461,186	13.99%
19	Royal Dutch Petroleum	$398,837	13.64%
20	General Mills	$388,425	13.58%
	S&P 500	$124,486	10.85%

　医者も、弁護士も、マスコミも、こぞって喫煙を目の仇にする中で、フィリップ・モリスは（ＲＪレイノルズなどの他のタバコ大手と同様に）、食品ブランド事業へと事業を多角化してきた。1985年のゼネラル・フーズ買収を皮切りに、1988年には135億ドルでクラフト・フーズを買収し、とどめに2001年、ナビスコ・ホールディングズを買収した。現在、食品部門はフィリップ・モリスの売上の40％以上、利益の30％以上を占めている。

　タバコ大手は数少ない例外であって、老舗の会社が、本業を離れて未知の分野に進出して、成功することはめったにない。タバコ会社の本業とは、

タバコの製造と販売だ。本書の付録に、フィリップ・モリスの会社組織の変遷を詳しく解説している。図にまとめたとおり、同社はＳ＆Ｐ500の当初採用企業のうち10社を吸収し、この10社の運用成績は、すべてＳ＆Ｐ500を上回ってきた。だがここではまず、上位20銘柄リストに登場した他の消費者ブランド会社に目を向けたい。

第４位は、大半にとって意外な勝者だろう。小型の食品メーカーで、もとはスウィーツ・カンパニー・オブ・アメリカといった。指数が組成された1957年以来、市場平均を年率５ポイント上回る運用成績を達成している。オーストラリア系移民の創業者が、当時５歳だった娘の愛称にちなんで、会社の製品に「トッツィー」と名を付けた。1966年、スウィーツ・カンパニー・オブ・アメリカは、トッツィー・ロール・インダストリーズと社名を変更した。[注3]

2002年、トッツィー社は、ニューヨーク証券取引所上場100周年を祝った。現在、チョコレート・キャラメル「トッツィー・ロール」を１日6000万個、棒キャンディー(ロリポップ)を同2000万本以上生産している。ロリポップのメーカーとしては世界最大だ。同社のホームページを覗くと、看板商品「トッツィー・ロール」１個包みの値段を107年間、１セントも変えていませんと誇らしく宣言している（もっとも、サイズはたしかに小さくなった）。

生き残り銘柄の運用成績第６位は、いまも100年前とおなじ調合で製品をつくっている。この点でトッツィー・ロールとそっくりだ。第１章でも、1950年の時価総額上位50社の中で、最高の運用成績を示した４社のうちの１社として紹介された。飲料の調合こそ秘密だが、株式投資家にとって、コカ・コーラが過去半世紀を代表する優良銘柄であることは、秘密でもなんでもない。

コークといえば、有名なライバル、ペプシはどうだろう？ ペプシコもＳ＆Ｐ500の当初採用銘柄のひとつで、コカ・コーラと同様に、投資家に目覚ましいリターンをもたらしてきた。リストでは第８位、市場平均を年率８ポイント以上上回っている。

100年以上にわたり、実質的におなじ製品をつくりつづけているメーカーが、上位20社の中にあとふたつある。ウィリアム・リグレー・ジュニ

ア・カンパニーと、ハーシー・フーズだ。リグレーは第12位で、市場平均を年率約4ポイント上回り、ハーシーは第17位で同3ポイント上回った。

リグレーはチューインガム・メーカーとして世界最大で、世界市場のシェアは約50％、約100ヵ国で販売している。米国に本社を構える上場菓子メーカーとしても、いまのところ首位の座にある（売上高第1位のマースは非上場、第2位のネスレはスイス籍）。

ミルトン・ハーシーによって1905年に創設されて以来、ハーシー・フーズは1970年まで広告を出したことがなかった。品質は商品がみずから語るとの信念を守ってきたからだ。強力なブランドは口コミでも売れることを、何年もかけて証明してきた。

ハインツも、強力なブランドネームを誇る企業のひとつだ。ハインツといえば、ケチャップの代名詞といってもいい。年間販売数量はケチャップが6億5000万本、ケチャップ・ドレッシング製品では110億パックにのぼる。地球上の人間ひとりにつき約2パック行き渡る計算だ。しかも、製品はケチャップにかぎらず、市場は米国にかぎらない。世界50ヵ国でブランド事業を展開し、どの市場でもナンバーワンかナンバーツーの地位を築いている。たとえばインドネシアで展開する醤油の「ＡＢＣ」ブランドは売上高で世界第2位、オランダで販売する乾燥スープ「ホニッグ」は、売上高が国内市場で首位の座にある。[注4]

第9位、コルゲート・パルモライブには、たとえば以下の製品がある。練り歯磨き「コルゲート」、消臭剤「スピード・スティック」、石鹸「アイリッシュ・スプリング」、抗菌液体石鹸「ソフト・ソープ」、家庭用洗剤「パルモライブ」「エージャックス」。

当然というべきか、コルゲートのライバル、プロクター＆ギャンブル（Ｐ＆Ｇ）も、第16位でリスト入りした。1837年、石鹸とロウソクをつくる小さな家族経営の会社がオハイオ州シンチナティに誕生したのが始まりだ。こんにち、Ｐ＆Ｇは、歯ブラシ「クレスト」、家庭用洗剤「ミスター・クリーン」「タイド」、生理用品「タンパックス」など約300種類の製品を、140ヵ国、50億人以上の消費者に販売している。

第13位のフォーチュン・ブランズは、タバコ大手、アメリカン・タバコの子孫にあたる。アメリカン・タバコは、タバコ業界をほぼ独占した後、1911年、独占禁止法の下で解体された。ここから、アメリカン・タバコ、ＲＪレイノルズ、リゲット＆マイヤーズ、ロリラード、ブリティッシュ・アメリカン・タバコなどが派生した。

　アメリカン・タバコには「ラッキー・ストライク」「ペルメル」の２大ブランドが残った。同社は1990年代、タバコ部門を完全に分離し、ブランドを一括してブリティッシュ・アメリカン・タバコに非公開で売却した上に、傘下に収めていた英国のタバコ会社、ギャラハー・グループの持ち分も売却した。1997年、フォーチュン・ブランズに社名変更し、現在は、ゴルフボールの「タイトリスト」、ウィスキーの「ジム・ビーン」などのブランドを展開している。

　第20位のゼネラル・ミルズも、強力なブランドをいくつも保有している。1921年に発売したケーキミックス「ベティ・クローカー」をはじめ、"朝食の王様"こと「ウィーティーズ」、「チェリオス」、「ラッキー・チャームズ」、「シナモン・トースト・チャーチ」、「ハンバーガー・ヘルパー」、「ヨープレイト・ヨーグルト」などがある。

　こうした企業に共通するのは、どれも米国内はもとより、世界中の市場で強力なブランドを育てることで成功してきた点だ。消費者に信頼されるブランドネームを確立した企業は、競合他社に比べて価格帯を高く設定でき、結果的に、投資家への利益還元も多くなる。

医薬品会社

　強力な消費者ブランドを持つ生活必需品メーカーについで、医薬品会社も、上位20社のかなりの部分を占めている。しかもＳ＆Ｐ500生き残りグループのうち、当時の企業構造をそのまま維持しているヘルスケア会社は６社しかない。その６社が６社とも、運用成績上位20銘柄にランクインしている。いずれも処方薬だけでなく、消費者に直接販売する大衆薬で大成功を収めてきた。この点、先に挙げた消費者向けブランドを展開する生活必需品メーカーとそっくりだ。

第1部　「成長の罠」を暴く

　生き残り医薬品会社の中で最高の運用成績を示したのは、アボット・ラボラトリーズだ。全体では第2位で、市場平均を年率5.5ポイント以上上回った。1957年に投資した1000ドルが、2003年末、120万ドルに増えている計算だ。1929年に上場して以来、抗ウィルス剤で市場をリードし、とくにＨＩＶ・エイズ治療薬が有名だ。そのほか癲癇治療薬、コレステロール降下剤、関節炎治療薬などで強みを持つ。大衆薬では「シミラック」「エンシュア」などの栄養剤のほか、抗潰瘍剤「プレバシッド」が大成功を収めた。

　第2位のアボットに続いて、ブリストル・マイヤーズ・スクイブが第3位に、ファイザーが5位に、メルクが7位につけている。どの銘柄でも、1957年に投資した1000ドルが、2003年には約100万ドルに育っている。

　ブリストル・マイヤーズの創業は100年以上前に溯る。1989年、これも創業1850年代半ばというニューヨークの医薬品会社、スクイブを買収して、ブリストル・マイヤーズ・スクイブとなった。「エキセドリン」「バファリン」などの家庭の常備薬ともいえる大衆薬のほか、子会社のミード・ジョンソンを通じて、小児用栄養剤も販売する。処方薬ではコレステロール降下剤「プラバコール」、抗血小板剤「プラビックス」などの大型薬がある。

　ファイザーは、創業は1900年まで遡り、「テラマイシン」などの大型の抗生物質を開発してきた。1950年代には、ポリオワクチン「ソーク」「セービン」を製造し、最近では「バイアグラ」のほか、売上高で過去最大の大型薬となったコレステロール降下剤「リピトール」を投入している。大衆薬でも、「リステリン」「ベナドライル」「ロレイズ」「ベンゲイ」など、いくつものブランドがある。

　残る2社は、15位のシェリング（のちのシェリング・プラウ）、18位のアメリカン・ホーム・プロダクツ（2002年に社名変更してワイス）だ。シェリングはもともとドイツの会社で、第二次世界大戦中、米国政府に接収され、1952年に民営化された。「コリシディン」などの抗ヒスタミン薬の開発で市場をリードし、1971年、プラフと合併した。水虫薬「ティナクティン」、アレルギー性鼻炎治療薬「アフリン」、日焼け止め「コッパートーン」、胃腸薬「ダイジェル」などで成功を収めてきた。

第3章　時に裏打ちされた価値──黄金銘柄を探して

　アメリカン・ホーム・プロダクツは、1930年代、痔治療薬「プレパレーションＨ」で成功を収めたのち、アナシンを買収、現在は鎮痛剤「アドビル」、ビタミン剤「セントラム」、咳止め薬「ロビツシン」など、有名大衆薬をいくつも販売している。処方薬には、抗うつ剤「エフェクソール」、催眠導入剤「ソナタ」などがある。

　ブリストル・マイヤーズ・スクイブとシェリング・プラウの株価は、2003年末現在、3～4年前のピークに比べて4分の3近く下落している。主要薬の一部で特許切れが相次いだからだ（シェリング・プラウのアレルギー性鼻炎治療薬「クラリティン」など）。株価を維持していれば、この2社は、フィリップ・モリスにつぐ第2位と第3位になっていたはずだ。

　以上の医薬品6社に、有名ブランドを持つ消費者製品メーカー11社を加えると、Ｓ＆Ｐ500生き残りグループの運用成績上位20社のうち17社、約85％に相当する。17社に共通する特徴は、だれでも知っている消費者ブランドを持っている点だ。[注5]

　タバコ需要の減退にあわせて、急速に食品業界へと事業を拡大したタバコメーカーは別として、ほかはどれも、ほぼ例外なく、看板商品にしがみつき、かたくなに品質を守って、市場を海外に広げる方針を貫いてきた。

黄金銘柄を探して──投資家リターンの基本原則
（コーポレート・エルドラド）

　こうした偉大な企業をみつけるには、どうすればいいだろう？　第一歩は、「投資家リターンの基本原則」を理解することだ。定義を紹介する前に、以下の問いについて考えてもらいたい。条件は、次のふたつとする。Ａ社では向こう10年間、年率10％の増益が見込まれ、Ｂ社では同3％の増益が見込まれている。さて、投資するなら、どちらの銘柄を選ぶだろう？

　かなりの数の人がＡ社と答えるだろう。こちらの方が成長率が高いからだ。だがこの質問に答えるためには、もうひとつ、決定的に重要な情報を問わなければならない。投資家は2社に、どの程度の増益率を**期待**しているのか？

　投資家が向こう10年間、Ａ社には年率15％の増益を期待し、Ｂ社には

1％の増益しか期待していなかったとする。このとき、買うべきはB社であってA社ではない。成長期待が高い銘柄は株価も高くなり、高い株価は将来のリターンを押し下げる。逆に、成長期待が低い銘柄は株価が極端に下がり、成長率は低くてもきわめて良好なリターンをもたらすことがある。

投資家リターンの基本原則とは次のとおりだ。

株式の長期的なリターンは増益率そのものではなく、実際の増益率と投資家の期待との格差で決まる。

投資家が卓越したリターンを手にするのは、実際の増益率が期待を上回ったときだけだ。増益率そのものが高いか低いかは関係ない。

第1章で紹介したIBMとスタンダード・オイル・オブ・ニュージャージーの例を思い出してほしい。IBMは力強く利益を伸ばしてきた。だがIBMは力強く利益を伸ばすと、投資家も期待していた。スタンダード・オイルの増益率はIBMにはるかに及ばなかった。だが投資家の期待は、IBMに比べてはるかに控え目だった。結果的に、スタンダード・オイルのリターンは、IBMを上回った。

ようするに、黄金銘柄（コーポレート・エルドラド）をみつけて、際立ったリターンを手にしたいなら、投資家の期待以上に成長する銘柄をみつけることを目標にすればいい。期待度を測る最良の指標は、株価収益率（PER）だろう。PERが高いとき、投資家は平均を上回る増益を期待している。PERが低いとき、平均を下回る増益しか期待されていない。

バリュエーションは物を言う——どんなときも

投資家の期待はものすごく重要だ。どのくらい重要かというと、過去のデータから次の傾向が確認できた。投資家は、実際の増益ペースがどうあれ、高成長企業に対しては楽観的すぎ、低成長企業に対しては悲観的すぎる。ここにも、成長の罠の跡がみてとれる。

株価に織り込まれた成長期待を測りたいとき、最良の指標はPERであるとの前提に基づいて、S&P500種を対象に、次の方法でPERとリタ

ーンの関係を調べた。まず500銘柄それぞれについて、毎年12月31日を基準に、年末の株価を過去12ヵ月の利益で割ってPERを算出する。次に、このPERにしたがって、500銘柄を5つのグループ(五分位階級)に分け、グループごとに向こう12ヵ月の平均リターンを算出する。[注6]

図3-1に結果をまとめて示した。PERが高いグループは、全体に、市場から過大評価され、将来のリターンが低くなっている。1957年にPERが最高のグループに投資した1000ドルは、2003年のリターン総額が5万6661ドルにしかなっていない。年率では9.17％だ。S&P500種平均に1000ドル投資した場合、2003年の総額が約13万768ドルなので、割高株ポートフォリオの成績は市場平均の半分にも満たないことになる。市場平均のリターンの年率は11.18％だった。

対照的に、PERが最低だったグループは、2003年のリターン総額が市場平均の3.5倍以上になった。年率では14.07％に達し、しかも、S&P

図3-1
S&P500のPER別累積リターン（資料：COMPUSTAT）

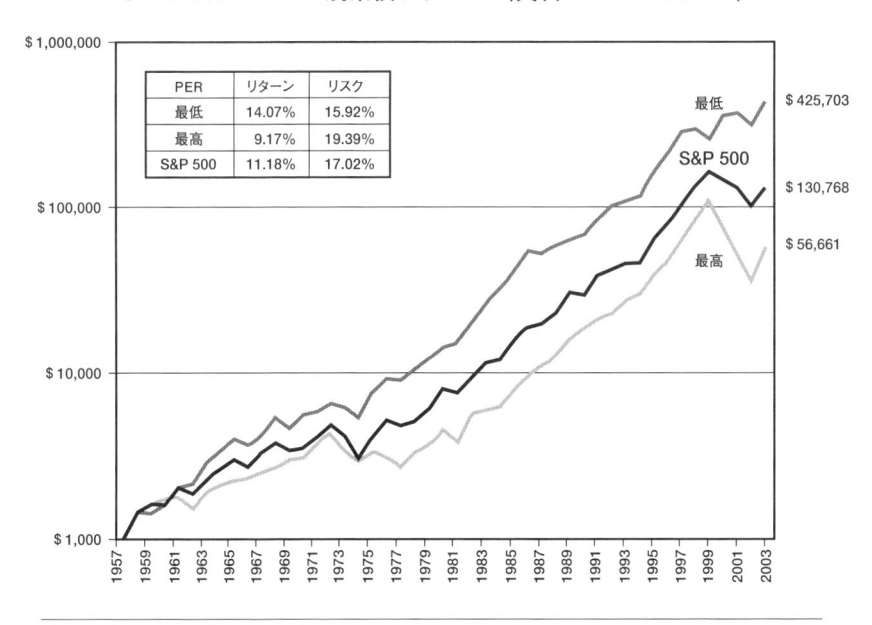

PER	リターン	リスク
最低	14.07%	15.92%
最高	9.17%	19.39%
S&P 500	11.18%	17.02%

最低 $425,703
S&P 500 $130,768
最高 $56,661

500種平均よりリスクが低い。

以上の結果から、こう結論できる。銘柄選別にあたっては、つねに株価を利益との関係で評価しなければならない。成長見通しだけを理由に買いつづけるかぎり、手にするリターンは期待外れだろう。

上位20銘柄の実績

興味深いことに、**表3-1**に示した黄金銘柄(コーポレート・エルドラド)のリストをみると、大半はＰＥＲが最低のグループには入っていない。**表3-2**に、運用成績上位20銘柄それぞれについて、1957年から2003年までの年間リターン、1株当たり利益（ＥＰＳ）平均伸び率、ＰＥＲ、配当利回りを示した。

意外ではないが、こうした勝ち組の増益率は軒並み高水準で、平均でみてもＳ＆Ｐ500を大幅に上回っている。だがバリュエーションをみると、20銘柄のＰＥＲの平均は、市場平均をごくわずかしか上回っていない。つまり、投資家はこの20銘柄に対して、Ｓ＆Ｐ500をわずかに上回る程度の増益しか期待していなかった。実際には、このグループの過去約半世紀の増益率はＳ＆Ｐ500を4ポイント近くも上回っている。リターンが市場平均を大きく上回ったのは、このためだ。

配当による増幅効果

ここまでの分析では、企業が投資家に支払う配当を考慮してこなかった。配当が重要でないからではない。重要でないどころか、わたしはこうみている。

投資家リターンの基本原則は、株式が配当を生むとき、効果が増幅する。

仕組みはこうだ。企業の実際の利益が期待を上回るとき、株価は過小評価されている。株価が過小評価されると、配当再投資を通じて購入する株数が増える。保有株数が増えると、リターンはいよいよ膨らむ。[注7] **表3-2**に示した20銘柄は、例外なく、過小評価されている。これで配当利回りが高くなり、高い配当利回りが、ますますリターンを押し上げた。

第3章　時に裏打ちされた価値——黄金銘柄を探して

フィリップ・モリスがなぜ、他のどの銘柄もかなわないリターンを達成できたか、第2の理由があきらかになった。フィリップ・モリスは、実際の増益率と投資家の期待との格差が飛び抜けて大きいだけでなく、配当利回りでみても、20銘柄の中で4番目に高い。配当利回りが高くなると、投資家はフィリップ・モリス株をもっと購入できる。フィリップ・モリスが四半期ごとに配当を支払い、増配を繰り返すたび（同社は減配したことがない）、投資家は割安な価格で、保有株を積み増していく。

ＰＥＧレシオと「成長株にはいくらでも払う」アプローチ

　成長株を適正価格で買うというアプローチの熱心な信者の中に、ピーター・リンチがいる。1977年から1990年にかけて、「フィデリティ・マゼラン・ファンド」を運用した伝説的なファンド・マネジャーだ。この間、リンチのファンドは市場平均を年率13％上回るという、信じがたい成績を残した。

　リンチはベストセラーとなった著書『ピーター・リンチの株で勝つ——アマの知恵でプロを出し抜け』で、銘柄選択の単純な戦略を提唱している。「長期的な成長率を調べて……配当利回りを加算して……ＰＥＲで割る……これが1を割り込んだら落第、1.5なら及第、だがほんとうに欲しいのは、2以上の銘柄だ」[注8]

　これとよく似た、「ＧＡＲＰ」と呼ばれる戦略を提唱する人もいる。ＧＡＲＰとは「Growth At a Reasonable Price（適正価格の成長株）」の略で、ここでは、ＰＥＲを増益率（Growth Rate）で割った「ＰＥＧレシオ」を指標とする。これは、ようするにピーター・リンチの提唱するレシオの上下を逆にしたものだ。増益率に配当利回りを含めて考えれば、そうなる。ＰＥＧレシオが低いほど、増益期待に照らして、株価は割安といえる。リンチの基準をあてはめれば、ＰＥＧが低い銘柄ほど望ましく、できれば0.5以下がいい。だが間違っても1を超えてはいけない。

　だが、ＰＥＧが素晴らしく低い銘柄を求める時代は、すでに過ぎ去ったのかもしれない。**表3-2**をみればわかるとおり、リンチのルールにしたがえば、黄金銘柄（コーポレート・エルドラド）のうち買いを推奨できる銘柄はひとつもない。ＰＥＧ

が1を下回るのは、フィリップ・モリスくらいだ。それでも、このリストの銘柄は例外なく、投資家に申し分ないリターンをもたらしてきた。黄金銘柄から読み取れる秘訣はこうだ。長期的に平均を上回る増益率を、平均をわずかに上回るペースで継続すれば、わずかなちがいが積もり積もって、大きなちがいになる。牛の涎のごとく伸びつづける企業は、いっとき華々しく伸びる企業にまさる。

黄金銘柄に共通する特徴
コーポレート・エルドラド

勝ち組企業に共通する特徴があきらかになった。黄金銘柄は、市場平均

表3-2
運用成績上位20銘柄の主要データ

順位	2003年末時点の社名	年率リターン	EPS成長率	平均PER	配当利回り
1	Philip Morris	19.75%	14.75%	13.13	4.07%
2	Abbott Laboratories	16.51%	12.38%	21.37	2.25%
3	Bristol-Myers Squibb Co	16.36%	11.59%	23.52	2.87%
4	Tootsie Roll Industries	16.11%	10.44%	16.80	2.44%
5	Pfizer	16.03%	12.16%	26.19	2.45%
6	Coca-Cola Co	16.02%	11.22%	27.42	2.81%
7	Merck	15.90%	13.15%	25.32	2.37%
8	PepsiCo	15.54%	11.23%	20.42	2.53%
9	Colgate-Palmolive	15.22%	9.03%	21.60	3.39%
10	Crane	15.14%	8.22%	13.38	3.62%
11	H.J. Heinz	14.78%	8.94%	15.40	3.27%
12	Wrigley	14.65%	8.69%	18.34	4.02%
13	Fortune Brands	14.55%	6.20%	12.88	5.31%
14	Kroger	14.41%	6.21%	14.95	5.89%
15	Schering-Plough	14.36%	7.27%	21.30	2.57%
16	Procter & Gamble	14.26%	9.82%	24.28	2.75%
17	Hershey Foods	14.22%	8.23%	15.87	3.67%
18	Wyeth	13.99%	8.88%	21.12	3.32%
19	Royal Dutch Petroleum	13.64%	6.67%	12.56	5.24%
20	General Mills	13.58%	8.89%	17.53	3.20%
	トップ20平均	15.26%	9.70%	19.17	3.40%
	S&P 500	10.85%	6.08%	17.45	3.27%

をごくわずかに上回る程度の増益しか期待されていないが、実際の増益率は、市場平均を大きく上回る。過去46年間にかぎってみれば、とくにそういえる。平均ＰＥＲは最高でも27倍しかない。ほぼ例外なく、配当を支払いつづけ、増配に努めてきた。配当利回りは市場平均とおなじ程度だ。だが実際の増益率が期待を上回っているため、割安な株価で再投資を繰り返す結果、保有株数が膨らんでリターン上昇に加速がつく。フィリップ・モリスが格好の例だ。

　ほとんどの銘柄をみても、品質の高い消費者製品でブランドを築き上げ、米国内だけでなく、世界中の市場で成功してきた。品質に対する信頼が成功を支える柱となっている。競合他社より価格帯を高く設定できれば、利益率も高くなるからだ。

　バークシャー・ハザウェイで、ウォーレン・バフェットのパートナーを長年務めたチャーリー・マンガーが、価格を高く設定できる会社とそうでない会社のちがいを、いみじくもこう説明している。

> どこか遠い土地の店先に、リグレー社のチューインガムと、グロッツ社のチューインガムが並んでいたとする。わたしはリグレーのガムはまっとうだと知っているが、グロッツのガムについては、なにも知らない。リグレーが40セントで、グロッツが30セントだ。ここでよく知らない方を選んで、口に放り込むだろうか？　ほかでもない我が口に、たかだか10セントを惜しんで？[注9]

　この「たかだか10セント」が、数十億ドルを超える売上の一部となると、たかだかどころでない金額になる。

過去の黄金銘柄（コーポレート・エルドラド）――1970年代の「素晴らしい50銘柄」（ニフティ・フィフティ）

　わたしが黄金銘柄に注目したのは今回が初めてではない。1990年代前半にも、1970年代に「ニフティ・フィフティ（素晴らしい50銘柄）」と呼ばれ、悪い意味で有名になった銘柄群について調査したことがある。[注10]

第1部　「成長の罠」を暴く

これは、いわゆる優良銘柄のグループで、たとえばフィリップ・モリス、ファイザー、ブリストル・マイヤーズ、ペプシコ、コカ・コーラ、ＧＥ、メルク、ヒューブライン、ジレット、ゼロックス、ＩＢＭ、ポラロイド、ディジタル・イクイップメント（ＤＥＣ）などが含まれ、過去10年間に際立った成長率を示して機関投資家に熱狂的に買われていた。この一群を指して「決心は一度株」と呼んだアナリストもいた。買ったら最後、手放すな、という意味だ。

この50銘柄は、1972年12月にピークを迎えたとき、平均ＰＥＲが40倍を超えていた。当時としては過去に例のない水準だ。そして1973年から1974年にかけて市場が弱気に傾き、50銘柄も暴落した。成長株の急激な増益ペースがどこまで続くかを論じるとき、根拠のない楽観論の例として、いまだによく引き合いにだされる。だがいまでは、「買い持ち」戦略は、50銘柄の多くで正解だったことがわかっている。成長期待がとくに高く、したがって株価もとくに高い一握りさえ避けていれば、正解だった。

「素晴らしい50銘柄」をＰＥＲを基準にふたつのグループに分けると、1972年、上位グループの平均ＰＥＲはじつに54倍に達していた。だがその後のリターンは、下位グループを3ポイント以上**下回った**。下位グループの平均ＰＥＲは、ややまともな30倍だった。「素晴らしい50銘柄」の当初の構成銘柄のうち、ＰＥＲが50倍を超え、その後のリターンがＳ＆Ｐ500を上回ったのは、ジョンソン＆ジョンソン1社しかない。ポラロイドは、ＰＥＲが50銘柄中どこよりも高く、つまりどこよりも高い期待を集めていたが、その後のリターンは文句なくどこよりも低かった。

注目したいのは、次の点だ。「素晴らしい50銘柄」のうち、ハイテク銘柄と電気通信銘柄で、際立ったリターンをもたらしたものはひとつもない。ＩＢＭも、ＤＥＣも、ゼロックスも、バローズも、ＩＴＴもそうだ。どれもこれも市場平均を下回っている。かなり大幅に下回っているものさえある。本章で先に紹介した運用成績上位20銘柄にも、ハイテク銘柄と電気通信銘柄はひとつも含まれていない。投資家はふつう、ハイテク企業と聞けば目覚しい増益率を期待するからだ。このため実際に高い増益率を達成しても、その水準の増益はすでに株価に織り込まれている。

第3章　時に裏打ちされた価値——黄金銘柄を探して

　1993年、ピーター・リンチはベストセラーとなった著書『ピーター・リンチの株式投資の法則——全米No.1ファンド・マネジャーの投資哲学』で、ハイテク銘柄の誘惑がいかに抗いがたく、その期待がいかに虚しいか、次のようにまとめている。

　　最後に、意外ではないだろうが、以下の結果を報告しておきたい。わたしのポートフォリオでいつも決まって負け組となったのは、ハイテク銘柄だ。1988年にＤＥＣで2500万ドルを失ったのをはじめ、金額は劣るものの、タンデムで損をし、モトローラで損をし、テキサス・インスツルメンツで損をし、ＥＭＣ（コンピューター周辺機器メーカー）で損をし、ナショナル・セミコンダクターで損をし、マイクロン・テクノロジーで損をし、ユニシスで損をし、そしていうまでもなく、世界中の優良銘柄ポートフォリオで足を引っ張りつづける永遠の不発弾、ＩＢＭでも損をした。わたしは生来、ハイテク好きではないが、それでも、釣り込まれないではいられないときがある。注11)

投資家のための教訓

　以上の調査から導き出せる結論はこうだ。黄金銘柄(コーポレート・エルドラド)に支払う対価は、ＰＥＲで20倍から30倍までが妥当だろう。ただし、長期的な成長力をこれから試される新顔に心を奪われてはいけない。過去半世紀のデータをみるかぎり、あきらかに、時に裏打ちされた企業の成績は、派手な新興企業のそれにまさる。

　本章の教訓の要点を以下のとおりまとめた。

●これまで最高の運用成績を示してきたのは、生活必需品と医薬品のセクターで、強力なブランドを築き上げてきた企業だった。ウォーレン・バフェットはかつて、いみじくもこう語った。「製品もサービスも、長持ちする分厚い要塞でぐるりを守られてこそ、投資家に利益をもたらす」注12)だれもが知るブランドを持ち、株主に飛び抜けたリターンをもたら

すこうした企業の成功を、わたしは時に裏打ちされた勝利と呼んでいる。
- 投資家リターンの基本原則によると、株主の手にするリターンは、企業の実際の増益率と、投資家の期待するそれとの格差で決まる。この格差がもたらす力は、配当を通じてさらに増幅される。
- 運用成績が際立って高い企業はたいてい、①ＰＥＲが市場平均をわずかに上回る程度で、②配当利回りが市場平均並みで、ただし、③長期的な増益率が市場平均を大幅に上回っている。運用成績上位20銘柄のＰＥＲは最高でも27倍だ。これが、黄金銘柄(コーポレート・エルドラド)に共通する特徴だ。
- ハイテク企業、電気通信企業は、運用成績上位20銘柄に１社も含まれていない。
- ＰＥＲが低い銘柄、つまりさほど増益を期待されていない銘柄の運用成績は、ＰＥＲが高く、したがって高い増益を期待されている銘柄のそれを、大幅に上回る。
- 優良な銘柄には、高い対価を払う値打ちがある（優良なワインとおなじだ）。だが「いくら払ってでも」買う値打ちがある銘柄は、どこにもない。

本章では、個別に株を選ぶとき、卓越した銘柄を見極めるための原則を紹介した。次の章では、いま投資の世界で注目を集めている新たなトレンドにテーマを移したい。業界単位、セクター単位で選別するアプローチだ。セクターごとに分析を試み、セクター投資がポートフォリオにどう影響するかを探っていきたい。

第4章
成長すなわちリターンにあらず
成長セクター投資に潜む罠

業界の成長がまちがいないからといって、投資家が手にする利益もまちがいないとはかぎらない。

ベンジャミン・グレアム
『賢明なる投資家』1973年

　セクター投資戦略とは、地域やバリュエーションではなく、業界を単位とする投資アプローチをいい、このところ急速に人気を集めている。

　2004年6月、モルガン・スタンレーの定量分析グループは次の結論を発表した。「従来、グローバル資産配分が原則としてきた"まずは地域、次にセクター"という考え方に、根拠はなにもない」。モルガン・スタンレーは現在、セクターに焦点を当てなおした資産配分を推奨している。[注1] 業界を単位とするこのアプローチはかなり注目を集めており、世界有数の投資銀行、ゴールドマン・サックスがセクター戦略に特化した調査部門を立ち上げたほどだ。[注2]

　わたしは投資家から、よくこう質問される。「これから急成長するのはどんなセクターだろう？ できればいま買っておきたい」。ほとんど一般常識といっていいくらい、成長率が高い業界ほど、高いリターンをもたらすと考えられている。

　だが事実は、この認識のとおりではない。

　S＆P500の主要10セクターの中で、指数が組成された1957年以来、金融セクターは時価総額ベースで最大の伸び率を示してきた。当初は指数

全体の1％に満たなかったのが、2003年には20％を超えている。おなじ期間に、エネルギー・セクターが全体に占めるシェアは21％超から6％弱まで縮小した。いまが1957年で、なるべく急成長する業界を求めるなら、金融株を買って石油株を売っただろう。

だがそうすると、成長の罠にはまったことになる。1957年以来のリターンをみると、事実は次のとおりだ。金融銘柄のリターンはＳ＆Ｐ500種平均を下回り、エネルギー銘柄のリターンは、おなじ期間、市場平均を上回っている。長期投資家にとって、なるべく成長率の高いセクターを求める戦略は、まちがいだといえる。

ここで起こっていることは、前の章でみてきた傾向とそっくりだ。つまり企業の時価総額の推移と、投資家が手にするリターンの推移は、まるで逆の方向に向かうことがある。とくに期間を長くとってみれば、そういえる。本章では以下、この傾向が、個別銘柄とおなじように、セクター全体にもあてはめられることをあきらかにしていきたい。

世界産業分類基準（ＧＩＣＳ）

1999年、スタンダード＆プアーズとモルガン・スタンレーは、従来のセクター分類制度を再構築する形で、「世界産業分類基準（ＧＩＣＳ）」を開発した。米国政府が設定した従来の基準が、サービス業主体となったこんにちの経済の実態に合わなくなってきたためだ。[注3] ＧＩＣＳの下では、米国経済も世界経済も、以下の10セクターに分類される。素材、資本財、エネルギー、公益事業、電気通信サービス、一般消費財、生活必需品、ヘルスケア、金融、情報技術。

わたしは今回の調査にあたり、Ｓ＆Ｐ500の初代採用企業を、後継企業も含めて、現在のＧＩＣＳシステムに従って分類してみた。**表4-1**に、ＧＩＣＳに基づいて分類した10セクターそれぞれについて、指数が組成された1957年以降の平均リターンと、市場全体に占めるシェアの変化を示した。

この表からみるかぎり、セクターの拡大ぶり、縮小ぶりと、リターンと

第4章 成長すなわちリターンにあらず──成長セクター投資に潜む罠

表4-1
各セクターの市場シェアとリターン（1957年～2003年）

セクター	市場シェア (2003年)	市場シェア (1957年)	市場シェアの拡大（縮小）	実質セクター・リターン	当初銘柄のリターン
金融	20.64%	0.77%	19.87%	10.58%	12.44%
情報技術	17.74%	3.03%	14.71%	11.39%	11.42%
ヘルスケア	13.31%	1.17%	12.14%	14.19%	15.01%
一般消費財	11.30%	14.58%	-3.28%	11.09%	9.80%
生活必需品	10.98%	5.75%	5.23%	13.36%	14.43%
資本財	10.90%	12.03%	-1.13%	10.22%	11.17%
エネルギー	5.80%	21.57%	-15.68%	11.32%	12.32%
電気通信	3.45%	7.45%	-4.00%	9.63%	10.47%
素材	3.04%	26.10%	-23.06%	8.18%	9.41%
公益事業	2.84%	7.56%	-4.81%	9.52%	9.97%
S&P 500	**100%**	**100%**	**0%**	**10.85%**	**11.40%**

の間に、これといった相関性はない。10セクター中、拡大がとくに急激だったのは金融セクターと情報技術セクターだが、いずれもリターンは市場平均並みだ。しかも、1セクターを例外としてどのセクターをみても、1957年当初銘柄のリターンは、新たに採用された新興銘柄のリターンを上回っている。

こうしたデータは、わたしの主張の裏付けとなる。新興企業のリターンが冴えないのは、ハイテク業界などの特定の業界にかぎった話ではなく、市場全体でみられる傾向だ。新興企業は、実質的にどのセクターでも、投資家に過大評価されている。

市場に占める比率が劇的に変化したセクターがいくつかある。1957年、市場に占めるシェアでみて、素材は首位、エネルギーは第２位だった。2003年、ふたつとも最下位グループに沈み、時価総額はあわせて全体の10％にも満たない。逆に、1957年に最下位グループだった金融、ヘルスケア、ハイテクの３セクターは、こんにち、時価総額ベースで全体の半分以上を占めている。

図4-1に、Ｓ＆Ｐ500のセクター別構成比の推移を示した。金融セクタ

ーのシェアをたどると、1976年に一気に拡大している。第2章で述べたとおり、この年、スタンダード＆プアーズが銀行と保険会社をしめて25銘柄採用したからだ。エネルギー・セクターは1970年代後半に、ハイテク・セクターは1990年代後半に、やはり一気に拡大している。

　次の点を、頭に叩き込んでもらいたい。セクターが市場で占めるシェアの推移と、投資家が手にするリターンの推移とは、一致しない。とくに期間を長くとって調べると、そういえる。先述のとおり、過去半世紀、金融セクターとハイテク・セクターは時価総額ベースでとくに急激に成長したが、リターンの水準は市場平均に届かなかった。

　本章では以下、10セクターをひとつずつ取り上げ、50年間の変遷をたどりながら、新興企業のリターンが老舗企業にかなわない理由をあきらかにしていきたい。その上で、それは投資家にとって、なにを意味するのかを考察する。

図4-1
Ｓ＆Ｐ500のセクター別構成比の推移

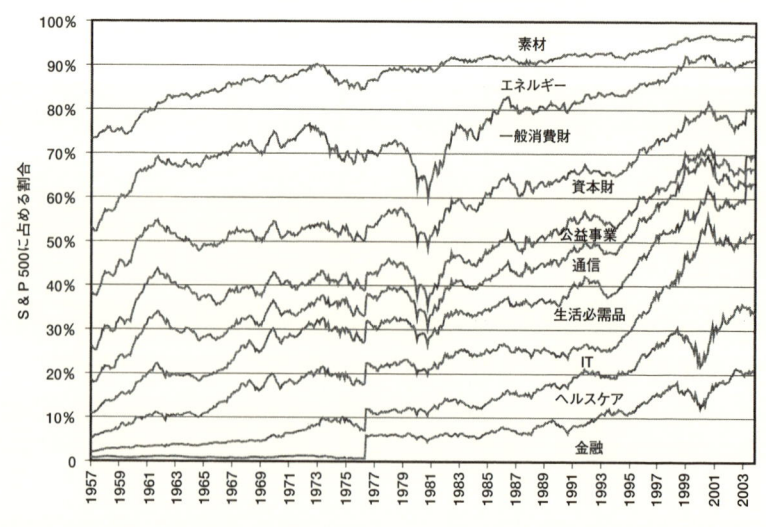

第4章 成長すなわちリターンにあらず──成長セクター投資に潜む罠

セクター・バブル：石油セクター、ハイテク・セクター

　図4-2にエネルギーとハイテクの2セクターをとりあげ、1957年から2003年にかけて、時価総額が市場全体に占めるシェアの推移を示した。一見してわかるとおり、どちらとも急上昇したのち急降下する局面を経験している。

　この図にあらわれたふたつの山は、わたしはこれをバブルと呼ぶが、形状も高さもじつによく似ており、ほぼ20年相前後して発生している。石油セクターは、1970年代後半、原油危機をめぐる不安を追い風に活況に沸き、株価も上昇した。なかでも石油・天然ガス探査会社の株価は急騰した。ハイテク・セクターは1990年代後半、コンピューター2000年問題を睨んだ投資ブームと、インターネットをめぐる熱狂を背景に急伸した。双方とも、S&P 500全体に占めるシェアが30％に達した時点でピークを迎えている。

　この図をみるかぎり、どこか1セクターのシェアがこの水準まで膨らんだら、売りのサインかと思える。だが、いつもそうとはかぎらない。長期的にじりじり拡大する場合と、一気に急拡大する場合とでは、話がちがうからだ。金融やヘルスケア業界は前者に、石油やハイテク業界は後者に当たる。投資家が警戒するべきは、後者の場合だ。

　バブルの発生を示すあきらかな兆候のひとつに、株価の急騰がある。個別銘柄でなら、急騰になにか正当な理由があるケースも考えられるが、セクター全体でこれは考えられない。経済のファンダメンタルズはたしかに変化するとはいえ、石油やハイテクといった主要セクターの市場シェアが一気に拡大するほど急激には変化しない。石油とハイテク・セクターでバブルを引き起こした犯人については、追って第2部で詳しく解説する。

　石油とハイテクの両セクターはよく似たバブルを経験したが、その後のシェア推移は逆の方向に向かっている。ハイテクは上向き、石油は下向きだ。

　だが、どちらに資産を預けるかと訊かれて、投資家が選ぶのは、縮小する石油セクターであって、成長するハイテク・セクターではないだろう。縮小するエネルギー・セクターのS&P 500当初銘柄のリターンは、成長するハイテク・セクターのそれをはるかに上回っている。スタンダード・

第1部　「成長の罠」を暴く

図4-2
エネルギー・セクターと情報技術セクターのバブル

オイル・オブ・ニュージャージーのリターンが、IBMをはるかに上回った例とそっくりだ。ハイテク企業はたしかに、急成長セクターとして経済を牽引してきた。だが投資家にもたらすリターンで比べると、低成長セクターの石油企業にかなわなかった。

エネルギー

　エネルギー・セクターの運用成績がここまで健闘した理由はなんだろう？　まず石油会社は本業に集中した。石油を掘り、コストをぎりぎりまで抑えて、利益を配当の形で株主に還元した。しかも、投資家の期待が低かったので、株価もつねに低めだった。低いバリュエーションと高い配当が噛み合って、リターン上昇に加速がついた。

　とはいえ、縮小するエネルギー・セクターですら、成長の罠にとらわれた投資家は大勢いる。1970年代、石油価格の急騰を背景に、石油や天然ガスの探査を専門とする新興会社が投資家の人気を集め、株価が急伸した。1980年8月、石油バブルがちょうどピークを迎えたころ、スタンダー

ド&プアーズが石油業界をテーマに『長期的に魅力的な銘柄』と題するリポートを発表し、増益基調が続くとの見通しを示している。とくに、ベーカー・インターナショナル、グローバル・マリーン、ヒューズ・トゥール、シュルンベルジュ、ウェスタン・カンパニー・オブ・ノース・アメリカの5社をあげ、こう述べている。

> こうした（原油高という）強力な買い材料はすでに株価に織り込みずみで、油井設備・サービス会社や海洋掘削会社の大半は、ＰＥＲが市場平均に対して大幅なプレミアムとなっている。だがこのグループの見通しの明るさについては議論の余地がない。したがって当社は長期的に買いを推奨する。[注4]

残念ながら、このリポートの著者は投資の基本ルールを破っている。「ＰＥＲが市場平均に対して大幅なプレミアム」となった株は買ってはいけない。時価総額が大きい場合はとくに、長期的に投資するならなおのこと、買ってはいけない。こうした石油サービス・探査会社は、1982年、世界経済が減速に傾くと同時に燃え尽きた。原油価格が急落し、掘削活動が急に途絶えたからだ。グローバル・マリーンとウェスタン・カンパニー・オブ・ノース・アメリカは破綻し、残る3社のリターンも市場平均を極端に下回った。Ｓ＆Ｐ500が1970年代後半から80年代前半にかけて採用したエネルギー会社13社のうち12社は、その後の運用成績がセクター平均にもＳ＆Ｐ500種平均にも届いていない。

ハイテク

かなりの数の投資家が、こう思い込んでいる。長期的に投資するなら、画期的な技術を開発した企業に投資するのが正解だ。たしかに、マイクロソフトや、シスコや、インテルや、デルといった企業は、目覚しいリターンをもたらしてきた。だが、ディジタル・イクイップメント（ミニ・コンピューターを開発）や、スペリー・ランド（世界初のコンピューター「ユニバック」を開発）や、ゼロックス（世界初のコピー機を開発）や、バロ

ーズ（世界初の電算機を開発）といった革新的企業がもたらしてきた途方もない損失に比べれば、ものの数ではない。結果的に、ハイテク・セクターの運用成績は、Ｓ＆Ｐ500種平均にかろうじて届く程度でしかない。1957年から1960代前半にＩＢＭが飛び抜けた成績を残していなければ、平均を下回っていただろう。この時期、ＩＢＭはコンピューター市場を独占していた。

　ハイテク企業は、市場でつねに高く評価されてきた。1960年代前半、コンピューター市場の急激な成長見通しを材料に、ハイテク業界の平均ＰＥＲはじつに56倍に跳ね上がった。市場平均を2倍半以上上回る水準だ。期間を1957年から2003年としても、ハイテク・セクターの平均ＰＥＲは、市場平均を10ポイント上回って26倍となっている。ハイテク企業に対する増益期待が、市場全体の平均を下回った局面は、過去45年間にただの一度しかない。これは1990年代前半、ＩＢＭが3期連続で大幅な赤字を計上したあとだった。ハイテク企業は実際に、かなりの増益率を達成してきている。だが投資家はつねに、もっと高い期待を株価に織り込んできた。結果的に、投資家が手にするリターンは期待外れだった。

　1957年以来、Ｓ＆Ｐ500に新規採用されたハイテク銘柄は125社あり、このうち約30％が1999年と2000年に採用されている。1999年に採用されたグループのその後の運用成績は、セクター平均を年率4ポイント下回った。2000年採用グループでは、じつに12ポイントだ。しかもハイテク・セクター自体、1999年以来、市場平均を大幅に下回っている。ブロードビジョン、ヴィテッセ・セミコンダクター、パーム、ＪＤＳユニフェーズといった新興銘柄の時価総額は、ピークに比べて95％以上下落した。

　エネルギーとハイテクの両セクターが経験したバブルは、一見よく似ているが、決定的にちがう点がいくつかある。ハイテク・バブルでは、ＰＥＲが極端な水準まで一気に上昇した。この先どこまで伸びるかわからないと、過度に楽観的な見通しが広まったからだ。石油セクターの場合、ＰＥＲはそれほど極端な水準にはなっていない。株価の伸びが、利益の伸びと釣り合っていたからだ。セクターを支配する国際石油大手のＰＥＲが、バブル絶頂期に市場平均を下回っていたほどだ。バブルに沸いたのは、掘削

会社や探査会社であり、このグループのＰＥＲは、市場平均に対して大幅なプレミアムとなっていた。

金融とヘルスケア——成長産業

　ヘルスケアと金融の２セクターは、Ｓ＆Ｐ500に占めるシェアでみて、とくに劇的に拡大している。1957年にはいずれも最下位に近く、あわせても全体の1.9％にすぎなかった。2003年末、金融のシェアは首位、ヘルスケアは第２位となり、あわせて全体の34％を占めている。

　ところが、この間の平均リターンを比べると、かなり話がちがう。ヘルスケア業界のリターンは年率14.19％に達し、Ｓ＆Ｐ500主要10セクター中最高となった。全体の平均を年率３ポイント以上上回る水準だ。一方の金融セクターは、他のどのセクターもかなわないペースで成長しながら、リターンは市場平均に届かなかった。

金融

　金融セクターの平均リターンは、市場シェアの拡大ぶりに比べて、まるでぱっとしない。シェアを押し上げた最大の要因は、Ｓ＆Ｐ500の金融銘柄採用にあったからだ。第２章で説明したとおり、1976年、スタンダード＆プアーズは銀行銘柄を大量に指数に採用した。**図4-1**にあらわれた金融セクターのシェア急拡大は、これで説明できる。Ｓ＆Ｐ500の金融セクターには現在、シティグループ、ＡＩＧ、バンク・オブ・アメリカ、ウェルズ・ファーゴ、ＪＰモルガン・チェースといった超大型銘柄がひしめいているが、1957年には、このうちのどれも指数に含まれていなかった。

　市場シェアの拡大は、政府系企業の民営化からも説明できる。1988年にファニー・メイが、1992年にはフレディー・マックが、Ｓ＆Ｐ500に組み入れられた。2003末現在、両社の時価総額をあわせると、金融セクター全体の５％に相当する。

　金融セクターのシェアを押し上げたもうひとつの要因は、証券会社と投資銀行の参入だ。証券会社は従来、実質的に非上場のパートナーシップば

かりだったが、1970年、ドナルドソン・ラフキン&ジェンレット（DLJ）が株式を公開したのを皮切りに、メリル・リンチ、ディーン・ウィッター、シュワブ、リーマン・ブラザーズ、ベアー・スターンズ、T・ロウ・プライスなどが続々と上場を果たし、S&P500に組み入れられた。さらには2001年、不動産投資信託（REIT）が指数に組み入れられることになった。REITなどの高配当会社については、第9章で詳しく論じる。

また金融業界では、新たな商品が次々に開発され、そのたびに新たな企業群が育っていった。上の要因に加えて、こうした成長からも金融セクターのシェアは着々と拡大していった。だが業界の競争はつねに厳しく、結果的に、金融セクターの1957年以来のリターンは市場平均並みに抑えられた。

ヘルスケア

過去半世紀、ヘルスケアは金融セクター同様、着々とシェアを拡大してきた。時価総額でみた業界の拡大ぶりと、米国民のヘルスケア支出の劇的な増加が、ちょうど釣り合っている。1950年、米国のGDPに占めるヘルスケア産業の比率は4.5％だった。現在、この比率は15％に達し、なお急速に伸びている。

こんにちヘルスケア業界を支配する大手には、ファイザー、ジョンソン&ジョンソン、メルクなど、長い歴史と際立った業績を誇る老舗が多い。最近では、アムジェン、ジェネンテックといったバイオテクノロジー会社や、ユナイテッドヘルス、カーディナルヘルスなどのヘルスケア関連サービス会社、ガイダントなどの医療機器メーカーが加わった。

ヘルスケア・セクターの投資家は、だいたいにおいて十分な見返りを手にしてきた。だが見返りは、そこに新興企業がなかったなら、もっと十分だっただろう。研究開発を通じて画期的な製品が続々と投入され、広く報道される業界では、投資家の熱狂が株価を押し上げ、やがてリターンを押し下げる。

1957年以来、S&P500に新規採用されたヘルスサービス会社は11社あり、このうち9社は、採用後の運用成績がセクター平均を下回っている。

第4章 成長すなわちリターンにあらず——成長セクター投資に潜む罠

ビバリー・エンタープライジズ、コミュニティー・サイキアトリック・センターズ、ヘルスサウスなど、大幅に下回った例もいくつかある。アメリカン・ホスピタル・サプライ、バクスター・トラベノル（現在はバクスター・インターナショナル）、ベクトン・ディキンソンの医療機器3社も、1972年に指数に採用され、その後のリターンはセクター平均を下回った。光学製品のボシュロムは、1986年に採用され、以来セクター平均を年率9ポイント下回ってきた。時に裏打ちされた企業は、ヘルスケア業界でも、新興企業を圧倒している。

消費者向けセクター——一般消費財と生活必需品

　生活必需品セクターと一般消費財セクターは、どちらも消費者を顧客とする点で共通するが、両者の間の共通項はここまでだ。一般消費財セクターの企業が浮かんでは沈んでいく間、生活必需品セクターは、時に裏打ちされた勝者の中の勝者を育ててきた。「生活必需品」とはつまり、それがなくては暮らしが立たない製品をいい、売上が景気変動に左右されにくい。たとえば、食品、飲料、タバコ、石鹸、バス・トイレ用品、日用雑貨などだ。一方の一般消費財とは、生活に必要なわけではない財とサービスをいい、たまにしか買い換えられず、売上は消費者の可処分所得に左右される。たとえば、自動車、外食、百貨店、娯楽などがこちらに含まれる。

　この分類は、ある程度まで状況しだいといえる。ある人にとっては必需品でも、別な人にとっては贅沢品かもしれない。曖昧ぶりがよくあらわれたのは、次の措置だろう。2003年4月、スタンダード＆プアーズは、ウォルマートを一般消費財セクターから生活必需品セクターに組み替えた。この小売業界の巨人が、食品市場に参入して成功を収めたからだ。

　定義はどうあれ、両セクターの企業の運用成績を比べると、そっくり裏返したほど対照的だ。まず生活必需品セクターのリターンは、安定性が際立って高い。最大手の大半は（最近加わったウォルマートを除く）、50年を超える歴史を誇り、投資家に卓越したリターンをもたらしてきた。すでに紹介したとおり、コカ・コーラ、フィリップ・モリス、プロクター＆ギ

ャンブル、ペプシコなどが、長期的にとくに目覚ましい運用成績を示している。Ｓ＆Ｐ500の生き残り上位20銘柄のうち、生活必需品セクターが12銘柄を占めているほどだ。

一方の一般消費財セクターは、変動の激しさが特徴となっている。まずは自動車メーカーがセクターを支配し（ＧＭ、クライスラー、ついでフォード）、次にそのサプライヤーが台頭し（ファイアストン、グッドイヤー）、次に大手小売店が主流を占めた（シアーズ、ＪＣペニー、ウールワース）。どれもこれも、運用成績はまるで冴えない。

従来型の小売店は、ウォルマート、ホームデポなどに駆逐され、自動車メーカーは、輸入車の攻勢と高い労働コストに打ちのめされた。現在はセクターの上位5社のうち4社までを娯楽会社が占めている。タイムワーナー、コムキャスト、バイアコム、ディズニーの4社だ。現在のＳ＆Ｐ500一般消費財セクターから、当初採用銘柄の生き残りを探そうとすれば、時価総額の順に上から数えてじつに11番目（フォード・モーター）まで下らなければならない。

一般消費財セクターは、主要10セクターの中でただひとつ、Ｓ＆Ｐ500当初銘柄のリターンが新規採用のそれを上回っていないセクターでもある。当初銘柄に含まれるＧＭの成績がとんでもなく低く、新規銘柄のウォルマートの成績が飛び抜けて高いことが、逆転現象を引き起こした主因だ。

ひとつのセクターの中で、自動車と小売が凋落し、ホームデポやウォルマートが台頭して、娯楽企業がのしあがってくるまでの移り変わりは、創造的破壊の概念を銘柄選別にあてはめれば、きれいに説明できる。くたびれた古い企業が、若く活力ある企業にとって代わられる図だ。だが、次の点を指摘しておきたい。創造的破壊の原則が実際に投資家の役に立ったのは、このセクターにかぎられる。新たな企業の運用成績が、古い企業を上回ったセクターは、これ以外にひとつもない。

ここで、ふたつの疑問が起こってくる。一般消費財セクターはなぜ、ここまで変動が激しいのか？　生活必需品セクターのリターンはなぜ、一般消費財セクターをはるかに上回ったのか？

経済のトレンドからみて、きわめて意外な結果といっていい。生活必需

第4章　成長すなわちリターンにあらず──成長セクター投資に潜む罠

品セクターの過去半世紀の成績が、一般消費財セクターを上回ろうとは、だれが予想しただろう。この50年間、消費者の可処分所得は劇的に増加した。経済が繁栄したおかげで、一般の米国人が必需品以外に欲しいものを買えるようになった。

ところが一般消費財セクターは、繁栄しなかった。このセクターの企業は、品質を守り通せず、消費者をつなぎとめられなかった。そして日本企業をはじめ、外国勢との競争がしだいに脅威となるのを黙って眺めていた。日本企業は品質をなにより重視し、瞬く間に消費者の心をつかんだ。

一方、生活必需品セクターの企業は、市場を世界に広げ、高い品質を守り、品質に寄せられる信頼を武器に事業を拡大した。信用と信頼こそ最大の売り物と心得て、この認識に基づいて、投資家に利益を還元した。第17章で詳しく説明するとおり、生活必需品セクターは今後とも投資家に卓越したリターンをもたらすとわたしはみている。

資本財

資本財セクターを構成するのは、産業コングロマリット、輸送、防衛企業などだ。セクターの柱ともいうべきゼネラル・エレクトリック（ＧＥ）は、Ｓ＆Ｐ500が組成された当時、時価総額でみてセクター最大の企業だった。いまもその地位に変わりはない。

だが、このセクターが当時と変わらない点といえば、ＧＥの圧倒的な規模くらいかもしれない。ＧＥのほか、スリーエム（３Ｍ、旧ミネソタ・マイニング＆マニュファクチャリング）、ユナイテッド・テクノロジーズ（旧ユナイテッド・エアクラフト）、ボーイングも生き残ったが、1957年にはＳ＆Ｐ500に含まれていた航空5社（アメリカン航空、イースタン航空、ユナイテッド航空、パンナム、ＴＷＡ）は、揃って姿を消した。[注5]

本稿執筆時点で、ＧＥの時価総額は米国企業の中で最大だ。1981年、伝説的な会長ジャック・ウェルチが同社の舵を握り、改革を推し進めた結果、ＧＥは世界でも指折りのダイナミックで尊敬される企業に変身した。ウェルチの掲げる「ＧＥウェイ」の下、ＧＥは参入するかぎりどの事業でもナンバーワンを目指し、これが会社の成功に大きく貢献した。ウェルチの戦

略とはようするに、中核的能力(コアコンピタンス)に集中することだった。儲からない事業は、売り飛ばす。

最近、娯楽業界に参入を果たしたが(傘下のNBCがユニバーサルを買収)、GEの主力事業は金融だ。消費者向け、企業向け、保険の各部門を揃え、全体の収入・利益の約半分を稼ぎ出している。GEキャピタルは、仮に親会社から分離されれば、世界最大級の金融機関となる。

上昇相場が続いた1990年代、GEの看板とジャック・ウェルチの名声に惹かれて、投資家はGEの株価を持続不能な水準まで押し上げた。2000年にはPERが50倍に達している。資本財企業のPERとしては前代未聞の水準であり、残念ながら持続不能な水準でもあった。

GEの株価は、その後、ピークから3分の2下落し、1957年以来のリターンが3Mを下回るようになった。3Mは資本財セクターの中で、経済と金融と訴訟にまつわる暴風に打ちのめされなかった数少ない企業のひとつだ。ボーイングも、ハネウェルも、キャタピラーも、最近ではタイコも、あえなく打ち倒された。

資本財セクターの中では、鉄道会社の占める比率が劇的に縮小している。当初はセクターの21％を占めていたが、いまや5％に満たない。鉄道業界のここまでの道のりをみれば、創造的破壊の概念を株式のリターンにあてはめるなら、まるで逆の方向にさえ作用する仕組みがよくわかる。1950年代半ば、傾きかけていた鉄道業界は、さらに二重の打撃に見舞われた。まず州際高速自動車道(インターステート・ハイウェイ)が完成した。トラック業界との競争が劇化した上、乗客数が減少して、ペン・セントラル、リーディング、エリー・ラカウァナなどが相次いで破綻に追い込まれた。次に、航空会社の台頭で、根こそぎといっていいほど長距離旅客を奪われた。

ところが意外にも、鉄道業界の1957年以来の運用成績は、航空業界やトラック業界だけでなく、S&P500全体すら上回っている。

なぜ、こんなことが起こるのか？ なぜ、低迷する鉄道業界が、世界でも指折りのパフォーマンスを誇るS&P500種平均を圧倒できたのか？ なんども説明してきたとおり、ここでも、すべては期待のなせるわざだ。破綻が相次ぐなど問題が続いたおかげで、鉄道業界に対する投資家の期待は

第4章　成長すなわちリターンにあらず──成長セクター投資に潜む罠

極端に低下した。業績がわずかでも改善すれば、悲観的な予想を余裕をもって上回ることができた。

　環境も好転した。1980年、業界規制が大幅に緩和されたのをきっかけに再編の波が起こり、効率性が一気に改善した。減収は続いたものの、生産性が1980年以来3倍に向上したため、健全な利益を確保できるようになった。とくにバーリントン・ノーザン・サンタ・フェは、生き残った大手4社の中でも運用成績が高く、1980年以来でみると年率17％の驚異的なリターンを達成している。これはＳ＆Ｐ500を4ポイント以上上回る水準だ。

　鉄道業界の例から、次の大切な教訓を読み取ることができる。長期的に低迷する業界はときに、株主に際立ったリターンをもたらす。投資家の期待がこれ以上なく低いからだ。業績悪化に歯止めがかかり、黒字転換できれば、さらには経営陣が配当を継続できれば、将来のリターンの見通しはかなり明るい。30年前、青息吐息だった鉄道株がここまで健闘し、飛ぶ鳥おとす勢いだった航空株がここまで低迷するとは、だれが予想しただろう？

素材

　素材セクターを構成するのは、化学品、鉄鋼、紙など基礎的な汎用製品のメーカーだ。このセクターは、市場に占めるシェアの縮小幅がどこよりも大きく、リターンの水準でも、どこよりも低くなった。

　1957年、Ｓ＆Ｐ500が組成された当初、素材セクターは時価総額ベースで全体の25％と最大の比率を占めていた。セクターを牽引するのは鉄鋼会社と化学会社で、ユナイテッド・ステーツ・スチール、ベスレヘム・スチールなどのヘビー級の鉄鋼大手や、デュポン、ユニオン・カーバイト、ダウ・ケミカルといった化学大手が名を連ねていた。19世紀後半から20世紀前半にかけて、この5社は米国の製造業を支配し、5社だけでＳ＆Ｐ500の当初の時価総額の10％を占めていた。

　だが過去50年の間に、こうした巨大企業は凋落し、素材セクターの市場シェアは90％近く縮小した。いまや上記の鉄鋼、化学5社の時価総額

は、あわせても指数全体の1％に満たない。

　凋落の原因を探ると、国外企業との競合があり、製造業からサービス業への経済のシフトがある。1970年代から80年代にかけて、日本を旗頭にアジア諸国の製品が米国になだれ込み、米国の素材メーカーは国外の低コストメーカーに太刀打ちできなくなった。こうした古いタイプの製造業は、高い労働コストが足かせとなる上に、好況時代に設定した年金制度が重い負担となって、株価は低迷しつづけた。訴訟で破綻しかけた例もいくつかある。セクター中運用成績が首位だったダウ・ケミカルも、シリコン豊胸剤をめぐる訴訟でそうなりかけた。

電気通信

　電気通信セクターが市場全体に占めるシェアは、半世紀前の7.5％から現在の3.5％まで約半分に縮小した。この中には、かつて世界最大の規模を誇ったＡＴ＆Ｔも含まれる。セクターのシェアの推移をたどると、1990年代後半に短期的に急伸して11％まで拡大した時期がある。インターネットをめぐる熱狂を背景に、途方もない増益期待が広がったからだ。やがて供給過剰から値崩れが起こり、光ファイバー・ネットワーク構築に充てる借入が膨らんで、ピーク後の株価は軒並み暴落した。

　このときのセクターの惨状をみれば、生産性の急激な向上は、企業にとっても投資家にとっても災厄となりかねないことがよくわかる。詳しくは、のちに第8章で説明したい。結果的に、向こう数十年にかけて、世界の生産性が飛躍的に向上する土台が築かれたとわたしはみているが、当時の電気通信セクターこそは、シュンペーターの説く創造的破壊のプロセスの一面をあらわす格好の例といっていい。このプロセスを牽引する企業は、みずから引き起こした革新に、我が身を滅ぼされかねない。

　1980年代のエネルギー・セクターや、1990年代のハイテク・セクターがそうだったとおり、電気通信セクターでも、バブル期には次のパターンがみられる。過度な期待からセクターの採用銘柄が急に増え、そして新規採用銘柄のその後の運用成績は、市場平均を下回る。1957年から1990年代前半まで、電気通信銘柄は実質的にひとつもＳ＆Ｐ500に採用されてい

ない。1990年代後半になって、ワールドコム、グローバル・クロッシング、クエスト・コミュニケーションズなどの新興企業が華々しく迎え入れられ、やがて、暴落した。

1999年6月、ワールドコムは時価総額ベースでセクター全体の16％以上を占めていた。その後、時価総額の97.9％を失い、2002年5月に指数から除外された。グローバル・クロッシングは時価総額の98％以上を失い、2001年10月に除外された。クエストは2000年7月の採用以来、時価総額の90％以上を失った。こうした過大評価された新興企業の運用成績は、セクターの当初構成銘柄のそれを、大幅に下回っている。

公益事業

公益事業セクターも、市場に占めるシェアが大幅に縮小したセクターのひとつだ。発電と消費の両面で効率化が進み、エネルギーの実質価格が低下したことが一因だ。[注6] 現在の米国経済は、1970年代前半に比べて、化石燃料1単位当たりのGDP生産量が倍近くになっている。

だが、シェア縮小を招いたもっと大きな要因は、業界の規制緩和にある。創業以来、慣れ親しんできた守られた独占的地位が、過去のものとなった。1980年代半ばまで、電力会社はあらゆるコストを消費者に直接転嫁しようとし、規制当局は繰り返し認可してきた。発電も送電も独占体制だったため、消費者に選択の余地はなかった。いまや消費者は原発に伴う多額の超過コストを受け入れようとせず、他州から割安な電力を購入できるようになった地域では、地域発電会社の利益が激減している。こうした電力会社は最近、一部とはいえ、ようやく自由化後の環境で競合しはじめた模様で、リターン改善の期待が高まっている。

公益事業会社は全体に、配当利回りが高い。先にも述べたとおり、配当利回りは、長期的にリターンを押し上げる重要な要因だ。ただし自由化後の環境で、公益事業会社のパフォーマンスがどう変わるかを見極めるには、もう少し時間がかかる。

セクター別構成比の推移とリターン

　以上、主要10セクターのリターンを分析した結果から、次のように結論できる。第2章では、個別銘柄の時価総額とリターンとがかならずしも相関しない理由を説明した。本章で紹介した調査の結果をみるかぎり、セクターの時価総額とリターンについてもおなじことがいえる。**図4-3**に結果をまとめた。期間を1957年から2003年までとして、Ｓ＆Ｐ500の主要10セクターそれぞれについて、縦軸にリターンの水準を示し、横軸に市場全体に占めるシェアの推移を示した。

　図からわかるとおり、金融とヘルスケアは、どちらも大幅にシェアを伸ばしてきた。このうちヘルスケアは、リターンの水準でも他を大きく引き離して首位の座にある。一方の金融セクターは、リターンの水準が市場平均に届いていない。金融セクターの時価総額が伸びたのは、指数の新規採用による部分がほとんどだったためだ。ヘルスケアの場合、銘柄入れ替えは時価総額にさほど影響していない。

　情報技術は、金融についでシェアを大きく伸ばしたが、リターンは市場平均をかろうじて上回る程度でしかない。かろうじてでも平均を上回ったのは、1957年から1962年にかけてＩＢＭが驚異的な成績を残したためだ。ＩＢＭを除くと、ハイテク企業の平均リターンは市場平均に届かなくなる。ハイテク企業それぞれが、経済成長にどれほど大きく貢献してきたかは、ここでは関係ない。

　図の右側をみると、素材セクターは、市場シェア下落幅が最大で、リターンも最低となっている。だがシェアが縮小しているからといって、リターンも冴えないとはかぎらない。たとえばエネルギー・セクターは、素材についで大きくシェアを落としたが、先に述べた通り、リターンは市場平均を上回っている。

　全体的に、シェアの増減とリターンの間には、かなりゆるい相関関係しか認められない。回帰分析の結果によると、各セクターのリターンの変動を、シェアの増減から説明できる部分は3分の1に満たない。あとの3分

図4-3
ＧＩＣＳセクター別構成比の推移とリターンの関係

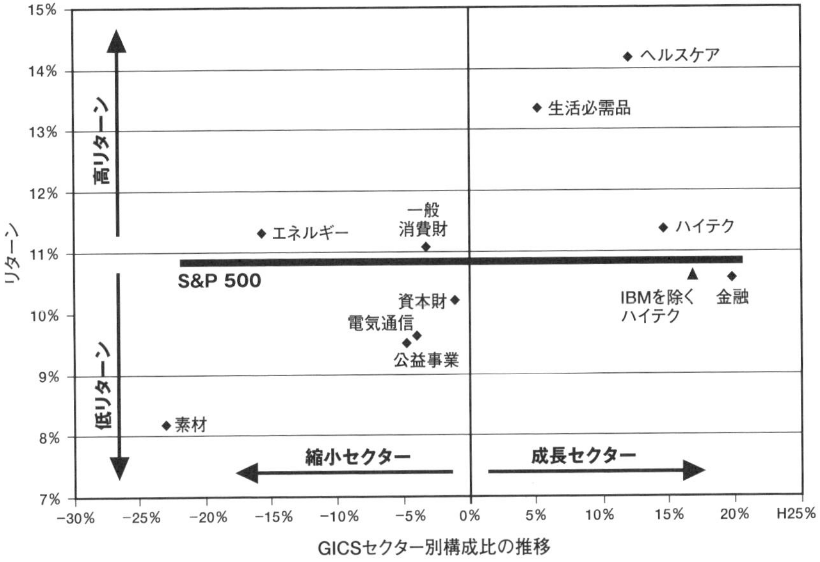
15%
14%
13%
12%
11%
10%
9%
8%
7%
リターン
高リターン
低リターン
ヘルスケア
生活必需品
一般
消費財
エネルギー
ハイテク
S&P 500
IBMを除く
ハイテク
金融
資本財
電気通信
公益事業
素材
縮小セクター
成長セクター
−30%
−25%
−20%
−15%
−10%
−5%
0%
5%
10%
15%
20%
H25%
GICSセクター別構成比の推移

の2は、バリュエーション、配当再投資、新規採用といった、別の要因に起因する。

セクターの平均リターンを、シェアの拡大ないし縮小から説明できる部分は3分の1に満たないとの事実に照らせば、成長の罠にとらわれる投資家が後を絶たないのはなぜかも、よくわかる。こうした投資家には、新規採用銘柄がセクターのシェアを膨らませる仕組みがみえていない。新たに採用された銘柄は、多くの場合、リターンを押し下げる。

セクター戦略

以上の調査結果から、長期的な勝ち組として3つのセクターが浮上した。ヘルスケア、生活必需品、エネルギーだ。ヘルスケアと生活必需品セクターだけで、S＆P 500生き残りグループの運用成績上位20社の90％を占

めている。この2セクターは、他のどのセクターよりも熱心に品質維持に取り組み、世界的にブランド戦略を推し進めてきた。

エネルギー・セクターは、市場シェアを大幅に落としながら、平均を上回るリターンを達成した。リターンを力強く押し上げた要因は次のふたつだ。まず投資家の増益期待が控え目だった（1970年代後半の原油・天然ガス探査会社を除く）。そして配当が高水準だった。のちに第17章で、セクター戦略について解説し、こうしたセクターで世界的に存在感を増しつつある非米国企業を紹介している。

投資家のための教訓

章の冒頭で触れたとおり、投資家はたいてい、次に話題をさらうのはどのセクターだろうと考えている。短期的に売買する投資家なら、そう考えるのはもっともだ。リターンと時価総額は、短期的にみれば、かなりの程度まで相関しているからだ。だが長期的に投資するなら、話題のセクターを追い求めるアプローチは、残念きわまりないリターンしかもたらさないだろう。

セクター別に長期的な運用成績をたどった調査から、いくつか重要な点があきらかになった。以下のとおりだ。

- セクター成長率の高さは、かならずしも高いリターンを意味しない。過去数10年間、金融とハイテクの両セクターは市場に占めるシェアを大幅に伸ばしたが、投資家にもたらしたリターンは市場平均並みかそれ以下だった。逆に、エネルギー・セクターはシェアが劇的に縮小したが、リターンはＳ＆Ｐ500種平均を上回った。
- 長期的にみると、セクターの平均リターンを、シェアの拡大ないし縮小から説明できる部分は、3分の1にも満たない。逆にいうと、リターンの3分の2以上は、新規採用や配当といった別の要因に左右される。
- エネルギーと情報技術の2セクターは、20年相前後して、見分けがつかないほどよく似たバブルを経験している。双方とも、バブルがピーク

を迎えたとき、時価総額がＳ＆Ｐ500全体の30％に達していた。どこか１セクターの市場シェアが急激に拡大する現象は、配分比率引き下げのサインとみていい。
● Ｓ＆Ｐ500の新規採用グループのリターンが、当初採用グループのリターンを下回る傾向は、主要10セクターのうち９セクターで確認できる。セクターが急成長する局面に採用された銘柄の成績は、とくにひどい。

第2部

過大評価される成長株

第5章
バブルの罠
市場の多幸症(ユーフォリア)をどう止め、どう避けるか

人生の意味は、愛が創造を生み、創造が愛を生むところにある。創造が愛を生むからこそ、ハイテク株の値は高く、これからもっと高くなる。インターネット革命を背景に、まったく新しい種類の創造が可能になった。おかげで人生の意味に触れられる人間が、増えるだろう。

　　　　メリル・リンチ、グローバル・ファンダメンタル・エクイティ・リサーチ部門
　　　　　　　　　　　　　　　　　　　　　　　　　　　　　2000年2月14日

　前章で、石油とハイテクの両セクターで発生したバブルについて解説した。市場がサイクルを繰り返す中で、バブルが膨らみ弾ける前後ほど、投資家が手ひどく損失を被る局面はない。痛手に懲りて、二度と株は買わないと心に誓い、低利の公社債投信や定期預金で貯金を塩漬けにする人もいる。
　多幸症(ユーフォリア)に罹った市場をめぐるこうしたエピソードを、避けて通る手だてはあるだろうか? 投資家がバブルをバブルと見極め、ばら色の見通しに潜む罠を見抜くことはできるだろうか?
　インターネット・バブルを放置したとして非難の的となったFRB議長、アラン・グリーンスパンの見方は懐疑的だ。2002年8月、あるスピーチでこう述べている。「それがバブルかどうか、事前に見極めるのはきわめてむずかしい。ようするに、バブルとは弾けてはじめて存在があきらかになる」[注1]

第2部　過大評価される成長株

　蘊蓄ある言葉だが、わたしはそうは思わない。本章冒頭の引用文を読んでいただきたい。ウォール街指折りの有名調査部門が、バブルの絶頂期に発表したリポートからの抜粋だ。こうした洗練されたアナリストまでが、「新時代」思考にとらわれるなら、それはバブルだとみていい。

　本章では、はっきりそれとわかるバブルの兆候をどう見極めればいいかを説明していきたい。ただし、うまく見極められたとしても、それで一儲けできるとはかぎらない。バブルはたいてい、だれも予想しなかったほど長く続くものだ。そうなると、懐疑派は口を閉ざし、信奉者はいよいよ熱狂する。バブルがいったん膨らみはじめたら、いつ弾けるか、だれにもわからない。

　バブルをバブルと見極めたら、まず脇に退いて、それに関わる企業や業界から手を引くことだ。よほどの幸運に恵まれて、話題の銘柄が手元にあったなら、さっさと売って、あとは振り返らない。おそらく、暴落するまでには、まだ値上がりするだろう。だが最終的には、うまく売り抜いたといわれるはずだ。

インターネット&ハイテク・バブル

　バブルはふつう、金融市場が長く繁栄したあとに発生する。20世紀最後の日々は、まさにこの状況だった。米国の株式市場は、過去に例がないほど長く力強い上昇相場の最中だった。インターネットが普及したおかげでオンライン取引が可能になり、売り買いが簡単になってコストも下がった。カジノさながらの雰囲気に惹かれて、そうでなければ株など買いそうもない人々までが群がった。さらにはコンピューター2000年問題を睨んだIT投資がブームとなり、ハイテク企業の利益は急伸した。

　興奮の渦の中心には、インターネットは世の中の仕組みを変えるとの確信があった。投資家の興奮ぶりをみて、マスコミは連日インターネット企業や株式市場をとりあげた。報道が重なるうちに、モノやサービスを売り、買い、宣伝するパラダイムが一大転換しかけているらしいとみなが感じはじめた。

第5章 バブルの罠——市場の多幸症をどう止め、どう避けるか

　イェール大学教授でわたしの友人でもあるロバート・シラーは、著書『投機バブル 根拠なき熱狂——アメリカ株式市場、暴落の必然』で、こう述べている。「報道メディアは……市場の出来事を客観的に伝える観察者という体裁をとっているが、実際には、出来事の当事者となっている。(投機的なバブルは)一般に、大きな集団がおなじ思考をしはじめて、はじめて発生する。思考を広める上で、報道メディアの役割はなくてはならない」[注2]

　インターネットを介して、巨大な市場に最低限のコストでアクセスできるようになった頃、大方がこう予想した。これからは便利なオンライン・ショッピングが主流になって、従来の販売形態は衰退する。「クリックは煉瓦づくりの店舗にまさる」という言い回しがインターネット信者の合言葉になり、小売会社はその存在さえ危うくなるといわれた。

　こうした見方が、マスコミを通じて広まるにつれ、それまで個別銘柄を買った経験のない投資家までが、続々参入しはじめた。株価は急騰する。1999年4月、オンライン書店のアマゾン・ドットコムの株価は、上場から2年足らずで4800％上昇し、時価総額が300億ドルを超えた。これは「従来型」書籍流通の最大手2社、バーンズ＆ノーブルとボーダーズの合計の約10倍にあたる。それぞれ世界で1000店を超える書店網を展開する両社に対して、アマゾンはこのとき、皮肉にも、まだ黒字転換を果たしていなかった。黒字どころか、その年にも6億ドルを超える損失を計上している。

　1999年10月、オンライン玩具の小売会社、eトイズの時価総額は、「従来型」の玩具小売会社として世界最大で、世界中に1600店舗を展開するトイザラスの倍を超えた。おなじ月、インターネットで格安航空券を販売するプライスライン・ドットコムの時価総額は、一時的に、米国の航空業界全体の半分を超えた。バブルが弾けるのは時間の問題だった。

投資家は教訓を学んだか？

　わたしはこれまで、投機熱が次に再燃するのは何年も先だと考えていた。

第2部　過大評価される成長株

だが最近の徴候をみるかぎり、そうではなさそうだ。

　2003年までの数年間を駆け足で振り返ってみよう。この間、株式市場でとくに大きく値を上げたのは、ナノテクノロジーを専門とする企業群だ。ナノテクノロジーとは、次世代の革新的技術といわれ、世の中に劇的な変化をもたらすといわれている。これを応用すれば、「スーパー・コンピューターが針の頭に乗るほどのサイズになり、人間の細胞より小さい極小医療ロボットの一隊が、癌細胞も感染源も血栓も、老化の原因さえとりのぞく」のも夢ではないという。[注3]

　ウォールストリート・ジャーナル紙の記事によると、ナノジェン、ナノフェーズ・テクノロジーズ、ビーコ・インスツルメンツといったナノテク銘柄は、1年で軒並み2倍から3倍に値を上げた。このうち利益を出している企業は1社もなく、ナノジェンやナノフェーズにいたっては、売上さえあるかなきかの有様だ。[注4] とくにナノジェンは四半期の売上がわずかに170万ドル、損失は700万ドル以上にのぼり、2003年3月の株価は1ドルだった。このお粗末な業績をみてさえ、投機筋はバスに乗ろうとした。2004年初め、同社株は14.95ドルまで値を上げ、時価総額は約4億ドルに達した。

　1990年代後半、猫も杓子も社名に"ドットコム"を付け足したのとおなじように、各社とも競い合ってナノテク・ブームにあやかろうとした。ＵＳグローバル・エアロスペースという会社はＵＳグローバル・ナノスペースと社名を変更した。同社の株価は、1年前には1ドルに満たなかったのが、社名を変えたとたん、1.66ドルに跳ね上がった。

　ナノテク・ブームはたしかに、数年前の巨大なインターネット・バブルに比べれば、ものの数ではない。わたしが唖然としたのは大きさではなく、1990年代の記憶がまだ鮮明なうちに、このタイプの投機熱が始まっていることだ。

　だが新たなテーマに熱狂すると、古い記憶はどこかに行ってしまう。向こう数十年にかけて、最新技術はいよいよ頻繁に登場するようになるだろう。後に第15章で詳しく述べるとおり、インターネット革命をきっかけに、世界中で新発見・新発明のペースが加速する公算が高いからだ。あら

ゆる分野で新製品、新会社が次々にあらわれ、途方もない投資機会を提供するだろう。だが買い物をするなら、用心することだ。未来の企業、未来のテクノロジーと囃されるものは、たいていの場合、誇大宣伝され、過大評価されている。

教訓その1:バリュエーションはいつも重要

アメリカ・オンライン

　1999年、インターネット熱があと一歩でピークを迎える頃、わたしはウォールストリート・ジャーナル紙に『インターネット株は高過ぎか？　そのとおり』と題する論文を寄稿し、市場でいま前代未聞の事態が起こっていると警告した。(注5) とくにAOLを例にとり、インターネット株の実際の価値は、どう考えても、投資家が支払っている水準にはならないとの見解を示した。

　論文が掲載された日、1999年4月19日、インターネット株は急落した。AOLは前週末の139.75ドルから終値で115.88ドルまで下落し、時価総額にして220億ドルを失った。他のインターネット銘柄も同様に値を下げた。ヤフーは189ドルから165ドルに下落し、ドットコム・インデックスは、670から560まで、約17％も下落した。

　わたしは論文が引き起こした反応に動揺した。その朝はフィラデルフィアからシカゴに移動中で、行き先がシリコンバレーでなくてよかったと思ったほどだ。自分では論文だけが急落の原因ではないと確信していたが、CNBCやCNNやNPRなどのテレビ・ネットワークも、活字メディアも、こぞってわたしの見解を取り上げた。(注6)

　その日の晩、わたしはルー・ドブズが司会を務める「マネーライン」に出演し、メリル・リンチのアナリストでインターネット信者の旗頭、ヘンリー・ブロジェットと対面した。ルーはインタビューを、こう切り出した。「ウォールストリート・ジャーナル紙に論文を発表しましたね？　おかげで市場がどんな有様になったか！　いったいぜんたい、なぜこんなことを？」

　わたしは理由を説明し、ルーはつづいて、ブロジェットに意見を求めた。

第2部　過大評価される成長株

プロジェットは、そうした説は過去に何度も繰り返されてきたと答えた。そしていかにも誠実そうに、こう語った。「こうした銘柄は、従来の物差しで測れば、つねに割高と評価される。その点だけは間違いない。我々でさえ、実際の価値はだれにもわからないといっているほどだ」

うっかりなるほどと思ってはいけない。最先端の技術を開発する企業であっても、過去にＩＢＭなどのハイテク大手の評価に使ってきたおなじ評価ツールで評価できる。わたしは自分の論文で、そうやってインターネット銘柄を評価した。

わたしが論文で取り上げたのは、インターネットの"優良銘柄"ＡＯＬだ。当時Ｓ＆Ｐ500に採用されていた唯一のインターネット銘柄で、したがって利益を出している会社だったからだ。論文執筆当時、時価総額は2000億ドルで、全米で10位以内に数えられる規模だった。

だがその前年の業績をみると、売上は全米で415位、利益は311位だった。時価総額の順位を売上や利益の順位と釣り合わせるには、ＡＯＬの時価総額は、45億ドル程度でなければならない。

しかも、第3章で紹介したバリュエーションの決定的な指標、ＰＥＲをみると、過去12ヵ月の利益をベースとした場合、700倍を超えていた。当期の目標利益をベースとすると450倍だ。大型企業のバリュエーションがここまで上昇するのは、たしかに過去に例がない。

過去45年間、市場全体のＰＥＲは平均で17倍にすぎない。また第3章で説明したとおり、過去50年間にとくに高い運用成績を達成した銘柄はどれも、増益ペースこそ市場平均を大幅に上回っていたが、ＰＥＲは平均をわずかに上回る程度だった。こうした銘柄の株価は、もっと高い水準が適正だったわけだが、ＡＯＬの株価は限度を超えている。いずれ急落するのは、目にみえていた。

教訓その２：買った銘柄に惚れ込んではいけない

株価が実体のないバブルになっているとき、もうひとつ、それと教えてくれる兆候がある。投資の鉄則のひとつに、「買った株に惚れるな」とい

第5章　バブルの罠——市場の多幸症をどう止め、どう避けるか

うのがある。投資家はつねに客観的でなければならない。ファンダメンタルズに照らして、株価が高すぎると判断すれば、さっさと売る。いくら見通しばら色とみえても、過去にそれでいくら儲けていても、損をしていても、高過ぎれば売る。

　わたしは間もなく、かなり大勢の投資家が、「我がＡＯＬ」に惚れ込んでいることを悟った。ウォールストリート・ジャーナル紙にＡＯＬの株価を疑問視する論文が掲載されて以来、何通もの怒りのｅメールがわたしの元に寄せられた。差し出し人の言い分によると、ＡＯＬの株価は低過ぎといってもいいくらいで、わたしは現実から完全に乖離しているそうだ。まじつに大勢が、株式情報サイト「ストリートアドバイザー・ドットコム」を運営するケビン・プライゲルの反論記事を転送してくれた。プライゲルはわたしの論文を「ウォールストリート・ジャーナル紙史上類をみない間違いだらけの論文」と評していた。

　ウォートンスクールの教授事務局にも、何通ものｅメールが寄せられ、わたしがウォートンで教鞭をとっているとはけしからんと忠告してくれた。ウォートンにかぎらず、ビジネススクールで教える人物ではないそうだ。あるメールは、こう述べていた。「あの男は時代錯誤であるだけでなく、コンピューター2000年問題についても、次世代のビジネスモデルについても、まったくなにも知らない……伝統あるウォートンからあすにでも退職していただきたい……でなければ精神病院に直行するか、どちらが先でもいい。ようするに彼は、頭がおかしい。だれかが口を封じなければ」。別のメールには、こうあった。「わたしは貴校を見損なった。シーゲルは退職させるしかない。あんな人物をかくまいつづけるなら、いずれ損をするのは大学だ。ストリートアドバイザー・ドットコムの記事を一読されるといい」

　だが極めつけは、次の一通だろう。ウォートンスクール一般事務局広報部のカーステン・スペックマンがわたしに転送してくれた。スペックマンによると、似たり寄ったりのメールが一般事務局のメールボックスに山ほど寄せられたそうだ。

おはよう、シーゲルさん。さぞご機嫌うるわしいことだろう。なんの理由もなく、わたしに1万4000ドルの損をさせたのだから！このでかい会社を相手に、なにか恨みを晴らしたいのか？バスに乗り損ねたのが悔しいのか？株価を下げておいて、安値で買うつもりか？あんたに株価を評価してくれなどと、だれが頼んだ？インターネットに関していえば、あんたはまるで子供にすぎない。チャンスを捉えることにかけては、おしめのとれない幼稚園児とおなじだ。ときにお尋ねするが、前の職をクビになったのは、いつのことかね？あんたはパーティに水を差す名人だ。あらためて、お礼をいわせてもらおう。ストリートアドバイザー・ドットコムの記事を読めば、自分がどれほど愚かな間抜けかわかるだろう。サイトの見方が、わかるといいのだがね、ぼうや？」

 先日、わたしは実際にストリートアドバイザー・ドットコムを閲覧してみた。現在、このサイトは閉鎖されていて、買い手を探している。2003年2月のサンフォード・C・バーンスタインの試算によると、AOLタイムワーナーが分割された場合、アメリカ・オンラインの価値は、57億8000万ドルに相当する。論文執筆当時の時価総額を、97％**下回る**水準だ。バーンスタインの見積もりを、楽観的すぎるとみるアナリストもいた。

 インターネット銘柄をめぐって、信者から噴き出した感情と熱意をみるかぎり、こうした投資家が、自分の買った株を理性的に評価していたとは思えない。ネット信者の大半は、「今回だけはちがう」と思い込み、そうではないという意見に耳を貸さなかった。自分の買った銘柄に惚れ込むという、致命的なまちがいを犯したからだ。

教訓その3：時価総額が大きく、知名度の低い銘柄は要注意

 バブルのもうひとつの兆候は、ほとんどだれも知らない会社に、とんでもない高値がつくことだ。2000年2月11日、わたしはブルームバーグの端末画面に、次の見出しが流れるのをみた。「シスコ、時価総額1兆ドルも視野に」。記者のデビッド・ウィルソンが、クレディ・スイス・ファー

第5章　バブルの罠──市場の多幸症をどう止め、どう避けるか

スト・ボストンのアナリスト、ポール・ウェインスタインの見通しを引用したものだ。ウェインスタインの予想によると、シスコの時価総額は向こう2年で1兆ドルに達する公算が高いという。当時、シスコの時価総額は4000億ドルを超え、世界一の規模となったところだった。5年前、ナスダック上場**全銘柄**を合計しても1兆ドルにならなかった。それでもウェインスタインは、シスコ1社で、向こう2年のうちに1兆ドルに達するという。

シスコはたしかに、株主に十分な見返りをもたらしてきた。創業が1984年、上場が1990年2月16日で、このときの時価総額は5040万ドルだった。上場時にシスコに投資した1000ドルは、2000年2月、100万ドルに育っている。平均すると、年々倍に増えつづけたことになる。

ウェインスタインの見通しが紹介される2日前、シスコは時価総額で世界一の座に踊り出ていた。首位から陥落したゼネラル・エレクトリック（GE）は、1世紀以上の歴史を持ち、世界的にも指折りの知名度を誇る会社だ。だがシスコはちがう。呆れるばかりに、米国人の大多数が、投資家も含めて（投資家の大多数とはいわないが）、シスコとはどんな会社なのかまるで知らない。わたしは友人を幾人かつかまえて、シスコシステムズとはなにをつくる会社かと質問してみた。たいていは首を横に振り、数人は「クリスコ」を思い出す始末だった。プロクター＆ギャンブルが1950年代に発売して大々的に宣伝したショートニングの定番商品だ。シスコは売上の70％をインターネットのスイッチとルーターで稼いでいるとわたしがいうと、大半は、スイッチとルーターとはなにかといった。

時価総額が世界一の会社がなにをつくっているのか、ほとんどだれも知らないという事態は、過去に例がない。19世紀後半から20世紀初頭まで、ロックフェラーのスタンダード・オイルと、カーネギーのUSスチールの2社が、時価総額首位の座を競い合っていた。どちらも、世間の耳に馴染んだ社名だ。

1929年、強気相場がピークを迎えた頃、GEとゼネラル・モーターズ（GM）が首位争いに加わり、USスチールと3社で競い合うようになった（スタンダード・オイル帝国はすでに解体されていた）。両社とも、知らない者はいない有名企業だ。1960年代半ばには、アメリカン・テレフォ

ン&テレグラフ（AT&T）が首位に座にのぼった。AT&Tは市場で親しみをこめて「母ベル」と呼ばれ、他のどの銘柄より幅広く買われ、米国民の大多数は、AT&Tかその子会社の顧客だった。

1967年、IBMがAT&Tに代わって首位に登場した。当時は大半の人が（いまもそうだ）、コンピューターの仕組みなどちんぷんかんぷんだったが、IBMの社名ならだれでも知っていたし、コンピューターがなにをする機械かも、だれでも知っていた。「IBMマシーン」なる呼び名が、コンピューターの代名詞になったほどだ。なにしろIBMは1950年代から60年代にかけてコンピューター市場の80％以上を支配していた。

1993年後半、ジャック・ウェルチ率いるGEが再び名乗りをあげ、1998年後半まで首位の座を守った。次に登場したのは、マイクロソフトという桁外れの成功を収めたソフトウェア会社だ。コンピューターを使う人間はほぼ例外なく、マイクロソフトのOSを利用していたし、例外なくとはいわないが多くは、同社の文書ソフトや、表計算ソフトや、画像ソフトの世話になっていた。実質的にだれも知らない会社、シスコがマイクロソフトに代わって首位の座についたとき、劇的な変化が市場で起こっていることが、いよいよはっきりした。1兆ドルも視野に入ったとのウェインスタインの見通しが紹介されて2年半後、シスコの時価総額は、500億ドルに減少していた。ピーク時の10分の1にも満たない水準だ。

教訓その4：三桁のPERは避ける

わたしの論文『インターネット株は高過ぎか？ そのとおり』が掲載されたのち、インターネット銘柄は、4ヵ月で40％近く値を下げた。だがここまで値下がりしても、インターネット信者の意気は一向に衰えなかった。ネット販売の好調ぶりを伝える決算発表が相次ぎ、インターネット銘柄は再び上昇に転じて、4月につけたピークを更新した。インターネット銘柄の株価指数、ストリート・ドットコムでみると、4月の800から、8月に500を割り込んだのち、2000年3月初旬には約*3倍*の1300に達している。

第5章　バブルの罠——市場の多幸症をどう止め、どう避けるか

　インターネット信者は沸き立ち、新たな楽観論が浮上しはじめた。新興ネット企業群のうち、かなりの数が失敗に終わるとしても、こうした企業に機器を納入するプロバイダーが大儲けするのは間違いない。こうした期待を背景に、インターネット関連企業と急成長するパソコン・メーカーに機器を納入するハイテク大手も、過去最高の水準まで値を上げた。

　投資家にしてもアナリストにしても、シスコ、サン・マイクロシステムズ、ＥＭＣ、ノーテルといったグループに慎重なポジションをとっていた向きは、たいていの場合、楽観論者らの予想する増益ペースが続くはずがないと見極めてそうしていた。だがそれとは別に、もっと根本的な疑問もあった。バラ色の収益見通しが実現したとしても、こうした企業に、ほんとうにそれだけの価値があるのか？

　2000年2月下旬、わたしはこの疑問について調べはじめた。証券業協会が毎年3月にウォートンスクールで1週間の研修会議を開催していて、そこで予定されている講演の準備のつもりだった。まず2000年3月時点で、時価総額が大きく、ＰＥＲが100倍を超えている銘柄を9銘柄選んだ。シスコ、ＡＯＬ、オラクル、ノーテル・ネットワークス、サン・マイクロシステムズ、ＥＭＣ、ＪＤＳユニフェーズ、クアルコム、ヤフーの9つだ。このグループの分析からあきらかになった事実は、ハイテク・ブームの追い風になるものではなかった。向こう5年間、年率21〜56％という楽観的な増益見通しが実現すると想定しても（収益の長期見通しはふつう向こう3〜5年を期間とする）、9社のＰＥＲは、平均で95倍となる。9社のうち3社では（ＡＯＬ、ＪＤＳユニフェーズ、ヤフー）、引き続き100倍を超える。

　こうした楽観的な収益見通しが、向こう10年間実現すると想定しても（ネット関連企業でこのペースの増益がここまで続くと予想する向きは、さすがにいなかった）、9社のＰＥＲは、40台までしか下がらない。異常な高水準であることに変わりはない。ようするに投資家は、ハイテク企業が向こう10年は市場を支配すると期待して、Ｓ＆Ｐ500の過去の平均の2倍から3倍の値段をつけていた。これは、どう考えても現実的でない。いずれ急落するのは目にみえていた。

大型ハイテク銘柄

　2000年3月8日、わたしはウォールストリート・ジャーナル紙の主筆、マックス・ブートから電話を受け取った。ナスダック市場の動きについて、もう1本論文を書く気はないかという。

　ちょうど調査を終えたところだったので、わたしは二つ返事で引き受け、書き上げた論文に『歴史の教訓』なる穏便なタイトルをつけた。新聞業界の慣例として、コラムの表題を選ぶのは主筆だと承知してはいたが、それでも、ジャーナル紙を手に取り、コラム面のトップに次の見出しをみたときは仰天した。『大型ハイテク株はポンカス』。わたしはいつも言葉遣いに気をつけているし、それに親友の何人かが大型ハイテク株を買っていた！ たしかに、大型ハイテク株を買う投資家は、どこかで踏み迷っていると思ってはいたが、それをポンカス呼ばわりするのはまちがっている。わたしは抗議を見越して謝罪の言葉を用意した。「ポンカス」なる言い回しを選んだのは、わたしではないと釈明するつもりだった。だが表題に対する非難は、拍子抜けするほど少なかった。

　3月10日金曜日、ジャーナル紙から電話を受け取って2日後、今度はＣＮＮ「マネーライン」でルー・ダブズの後を継いだスチュアート・バーニィから電話が入った。その日夕方6時の番組に出演して、市場の現状について語ってもらいたいという。

　バーニィはインタビューをこう切り出した。「短刀直入にうかがいましょう。ハイテク株はかなり近い将来、急落する、これは確信ですか？」

　できればシスコをはじめ、過大評価されたハイテク株を例にとって説明したかったが、個別銘柄に対する攻撃と受け取られたくなかった。ＡＯＬ株主の反応が、まだ記憶に鮮明だったからだ。そこでわたしは、ことさらにシスコを持ち上げた。「シスコは素晴らしい。偉大な会社、会社を超えた会社だ。ＰＥＲが80倍なら、わたしもおそらく買うだろう。だが150倍となるとどうだろう？ 市場では現在、時価総額上位20銘柄のうち6銘柄でＰＥＲが100倍を超えている。こうした事態は過去に例がない。会社の

規模がここまで大きくなれば、ＰＥＲが100倍を超える銘柄は買ってはいけない」

　わたしは続けて、次のとおり指摘した。こうした大型ハイテク株の急騰が始まったのはわずか５ヵ月前であり、値上がりする理由は、とくにみあたらない。「とくに理由なく上昇したなら、とくに理由なく下落してもおかしくない」。さらには、短期的な株価変動を利用する仕手筋が「車が衝突する前に、降りる」といっていることも指摘した。だれもがそう考えているとき、下げはかなり厳しくなる。

　バーニイは、わたしの話をまとめて、こう切り込んだ。「つまり、これはバブルであり、いずれ空気が抜けはじめ、抜けはじめれば、一気に萎む。そういうことですね？」　わたしははっきり答えた。「いずれ空気が抜けはじめる……わたしの見通しでは年内に、ハイテク・セクターはかなり大きく下げる」

　ＣＮＮのこのインタビューが放映された日、2000年３月10日、ナスダック総合指数は5048.62で引けた。これはナスダック市場始まって以来の高値で、ハイテク・セクターもこの日にピークをつけた。２年後、ナスダック指数はこの水準から75％以上下落していた。

　2000年４月10日に始まる週、ナスダックは溶解した。下げ幅は１週間で1100ポイント、約25％以上に達した。「マネーライン」は再びわたしにインタビューし、１ヵ月前のインタビューのかなりの部分と併せて放映した。その後１年間、バーニイは３月10日の映像を繰り返し再映し、わたしこそピークを宣言した男だといった。

　まもなく、わたしの論文『大型ハイテク株はポンカス』は、一般紙に発表した中では、わたしの代表作となったことがはっきりした。各地で講演していると、大勢の人が記事のコピーを手にやってきて、これを読んだおかげでハイテク株を売る決心がつき、財産を失わずにすんだといった。さらに大勢の人がやってきて、論文を褒め、口の端を歪めて、忠告を聞いておけばよかったといった。

　マスコミや投資家から市場の"導師（グル）"と持てはやされるのは、かなり居心地の悪い立場だった。市場が目先どちらに向かうかは予想しがたいもの

で、だれかがうまく言い当てたとしても、十中八九、まぐれ当たりとみていい。今回のハイテク・バブルも、あともう1ヵ月続いていたかもしれないし、あるいはもう1年続いていても不思議ではなかった。だがわたしは（わたしだけでなく大勢が、ハイテク株を買い建てていた向きさえ）、バブルはいずれ弾けることを知っていた。

　わたしは論文で、もうひとつ重要な結論を指摘していたが、こちらの点はほとんど話題にもならなかった。2000年3月時点で、ハイテクとは**関係のない**分野の上位15銘柄の株価は過大評価されていなかった。つまりこれは、純然たるハイテク・バブルだった。市場の残りの大半は関与していない。事実、非ハイテク銘柄が下落しはじめたのは2002年以降のことで、エンロンその他の不正会計スキャンダルが相次いだのがきっかけだった。2003年末、非ハイテク銘柄の平均はもとの水準を回復していたが、ハイテク銘柄は引き続き、過去のピークを60％以上下回っていた。

ハイテク企業の増益率を予想する愚

　「ポンカス」論文が掲載されて1年が過ぎた頃、マックスからもういちど電話が入った。1周年を記念して、続編を書くつもりはないかという。わたしはしぶしぶ引き受けた。前回そうだったとおり、市場のピークでならいざしらず、相場の先行きを正確に言い当てられる可能性はきわめて低いことをよく承知していたからだ。

　このときの論文では、次の意味のことを述べた。ハイテク株は過去1年間に急激に値を崩したが、増益見通しは、向こう3年から5年にかけて、ほとんど変更されていない。過去12ヵ月の利益が激減している以上、とんでもなく楽観的な見通しを描きつづけるのは、どう考えても理論的でない。

　わたしは論文を次のとおり書き起こした。「読者諸氏はこうお考えかもしれない。ナスダックの暴落を目の当たりにし、ウォール街もいまでは、アナリストの非現実的な予想がハイテク・セクターをふっ飛ばした事実に気づいただろう。ところが、ウォール街の大型ハイテク企業に対する長期

見通しは、引き続き大幅に現実から乖離している。ピークから大幅に下げたいまでさえ、大型ハイテク銘柄は、なお過大評価されているケースが多い」。論文のタイトルはこうなった。『さほど大型ではなくなったものの、ハイテク株はやはり難あり』(マックスを説き伏せてようやく「ポンカス」を「難あり」に変えてもらった)。

続いて、ウォール街の収益予想がいかにあてにならないか、例をあげて説明した。たとえば2001年1月9日、つまり2000年第4四半期の期末から9日後、アナリストによるハイテク・セクターの営業利益予想は1株当たり10ドルだった。6週間後、四半期決算が出揃い、ハイテク・セクターの平均営業利益は1株あたり7.69ドルと判明した。

終わって間もない四半期の収益予想を25％近く外すなら、向こう1年間の予想は、どこまで信頼できるだろう？ もっといえば、向こう3年から5年の長期予想は？ ありていにいって、まるであてにならない。変化の目まぐるしいハイテク業界で、将来の収益を予想するのはイチかバチかの博打に近くなっている。本来、ＰＥＲにプレミアムがつく銘柄には、長期的に際立った成長を見込むだけの理論的にして確実な理由があるはずだ。ハイテク企業に、こうした確実性はない。

教訓その5：バブルで空売りは禁物

バブルの兆候をこれだけ並べれば、読者はいまごろこうお考えかもしれない。著者本人は、いうまでもなく、インターネット銘柄、ハイテク銘柄を空売りして一儲けしたにちがいない。[注7] だが正直な話、わたしはインターネット銘柄の空売りに関わったことはないし、一般の投資家にこの方法は奨めない。長期的には見通しのとおりになったとしても、短期的にはまるで裏目に出ることがあるからだ。

心得のある投資家ならご承知のとおり、株式で空売りのポジションをとった場合、損失は際限なく広がり得るが、利益は売った時の価格を超えることはない。空売りの収支は、取引の相手側、「買い持ち」側の収支をそっくり裏返した結果となる。買い側は、利益はどこまで伸びるかわからな

いが、損失が投資額を超えることはない。したがって売り側は、証拠金を請求される。証券会社はポジションの価値をつねに監視し、空売りされた銘柄の株価が上がれば追加証拠金を請求する。売り側が追加証拠金を支払えなくなれば、その時点でポジションは時価で清算される。

　株価が100％、まちがいなく過大評価といえる局面は、たしかにある。だが長期的に正しいからといって、短期的にもそうとはかぎらない。空売りした銘柄の株価が上がりつづけた場合、追加証拠金を負担し切れなくなる事態が考えられる。実際、過去のデータをみるかぎり、これまでのバブル相場では例外なく、空売り筋が踏み上げ(スクイーズ)に遭っている。株価が「適正」価格を超えて上昇しはじめたのをみて、一部の投資家が空売りのポジションをとる。株価がすぐに調整されれば、利益を確定できる。だがバブルはたいてい、空売り筋が予想するよりずっと長く続き、ずっと極端な水準まで膨らみつづける。たいていの場合、株価が上がりつづけてポジションを持ち切れなくなり、損失を覚悟で手仕舞うことになる。ポジションを手仕舞うとは、つまり、売り建てていた株式を買い戻すことだ。仕手筋が「楽隊車」(バンドワゴン)に乗って押し上げてきた価格に、さらに買い圧力が加わる。火に油を注ぐ結果となり、これをきっかけに、天井知らずの急騰が始まることもめずらしくない。

　バブルがピークを迎えるのは、懐疑派が1人残らずタオルを投げて、空売りのポジションを清算したときだとよくいわれる。ただ懐疑派の中でも、有り余る流動性と鋼の意志を持ち、宴の最中にも節を曲げないものだけが最後に利益を得る。どちらでもない人は、脇に退いて、芝居を見物し、舞台には上らないのがいちばんだ。

投資家への奨め

　医師が患者の症状や検査結果をみて診断を下すのとおなじように、投資家も、市場の兆候を見張っていれば、バブルをバブルと見極められる。たとえば、こんな兆候だ。マスコミがさかんに取り上げ、報道ぶりが過熱する。業容や社名を理由に、利益がでていなくても、売上さえろくに立って

いなくても、異常な高値がつく。世の中が根本的に変わったのだから、こうした企業の価値は、従来の物差しでは測れないとみながいいはじめる。診断の結果がバブルなら、関わり合いにならないのがいちばんだ。

　次の点を、よく胆に銘じておいてほしい。バリュエーションは、**どんなときも**重要だ。これだけはバブルであってもなくても変わりない。成長株にはいくらでも支払う値打ちがあると考えるなら、いずれ市場からお灸を据えられる。

第2部　過大評価される成長株

第6章
新興の中の新興に投資する
新規公開株（ＩＰＯ）

> 新規公開株の大半は「良好な市場環境」の下で売り出される。つまり、売り手にとって良好なのであって、買い手にとっては、さほど良好でない。
>
> ベンジャミン・グレアム
> 『賢明なる投資家』1973年

　1999年１月、アラン・グリーンスパンは、オレゴン州選出上院議員、ロン・ワイデンの質問に答えてこう語った。「インターネット株に投資するのは、宝くじを買うのと似ている。だれかが大儲けするらしいが、大多数は損をする」

　宝くじの場合、当たる確率はものすごく低い。たしかに、たまにだれかが１億ドルを当てたとかで、マスコミに大々的に報じられているのをみて、ならば自分もと思うこともあるだろう。だが宝くじを定期的に買う人の圧倒的多数は、苦労して稼いだ金をどぶに捨てている。

　とはいえグリーンスパンがこう語ったとき、インターネット企業の新規公開株（ＩＰＯ）を買うのは、宝くじを買うよりはるかに割のいい投資だった。1999年、新規公開株が値下がりした例は実質的にひとつもなく、かなりの数の投資家がＩＰＯ投資で一財産つくった。当時のＩＰＯは上場後に急激に値を上げたからだ。

　古くさい「従来型（ブリック＆モルタル）」企業はいずれ、時代の波に乗った新興企業に駆逐されるとの見方が広がっていた。期待が過熱し、社名に「ドットコム」の一句さえ付いていれば、どんな新興企業にも資金が集まった。

　新興ベンチャーの大半は失敗に終わると見極めながら、熱心にＩＰＯを買う投資家もいた。ひとつでも大当たりに当たれば、数百とはいわないま

でも数十くらいなら、はずれを掴んでもおつりが来ると考えたからだ。そのうち1社か2社は、次世代のマイクロソフト、インテル、デルコンピュータに育つにちがいない。

この考え方には一理ある。大成功を収めた一握りには、たしかに、大多数の敗者の穴を埋めるだけの余力がある。たとえば1986年、マイクロソフトが上場した年、この会社に投資した1000ドルは、2003年末には28万9365ドルになっている。インテルが上場したのは1971年10月で、こちらの例はもっとわかりやすい。のちに世界最大の半導体メーカーとなる同社に投資した1000ドルは、2003年末、約190万ドルに育っている。こうした勝者にひとつでも投資していれば、いくつもの敗者の損失を補って余りあるだろう。

ＩＰＯ投資は儲かるか？

類い稀なダイヤモンドの原石がみつかるかもしれないという見通しは、ＩＰＯに幅広く投資する理由になるだろうか？ 新規公開株を買うことは、財産を形成する上で、健全な戦略の一環と考えていいだろうか？

本章をまとめるにあたり、かなり徹底的な調査を試みた結果、わたしはいまこうみている。ＩＰＯに投資するのは、宝くじを買うのと、とてもよく似ている。一握りは、とんでもなく成功するだろう。たとえばマイクロソフトやインテルだ。だがＩＰＯ銘柄を無条件に定期的に買うなら、既存銘柄で運用する場合に比べて、運用成績はかなり大幅に低くなるだろう。

調査では、1968年以降に上場した約9000銘柄を対象に、買い持ちした場合のリターンを調べた。上場月の月末の価格か公募価格のいずれかで購入し、2003年12月31日まで保有すると想定した。注1)

大成功する勝者もあるにはあるが、そうでない敗者の数が、どうみても多すぎる。ＩＰＯ投資家の運用成績は全体に、市場平均を年率2～3％下回っている。創造的破壊のパラドクスの例を、ここでもみることができる。ＩＰＯ企業が生み出す新製品、新サービスはすべて経済成長を押し上げてきた。だが上場を果たしたその企業の株を買うことは、投資家が財産を増

図6-1
ＩＰＯ銘柄8606種の運用成績（1968年～2000年）

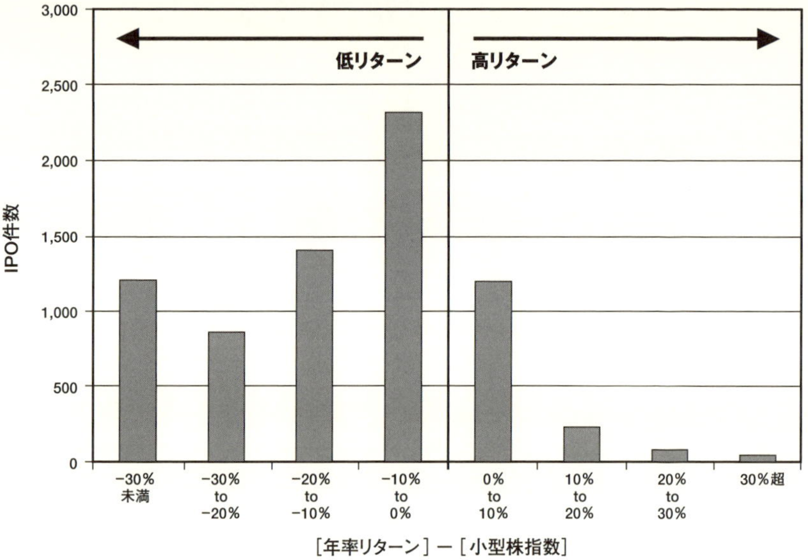

低リターン ← → 高リターン

［年率リターン］－［小型株指数］

やす役には立たなかった。

ＩＰＯ銘柄の長期的リターン

敗者が勝者を数で圧倒していることはまちがいない。**図6-1**に示したとおり、新規上場企業5社のうちほぼ4社は、上場日から2003年12月31日までの平均リターンが、小型株の代表的な株価指数のそれを下回っている。[注2] どこまで下回ったかをみると、約半分は年率10ポイント以上、3分の1以上は年率20ポイント以上、そして1417社、つまり約17％は年率30％以上下回った。

逆に、市場平均を上回る運用成績を残した新規上場企業は、5社に1社しかない。このうち年率10ポイント以上上回ったのは5％に満たず、年率30ポイント以上上回ったのはわずかに49社、0.5％だ。

第6章　新興の中の新興に投資する──新規公開株（IPO）

このごく一握りの勝者とは、どういった会社だろう？　そうした会社は、敗者の穴を埋めてくれただろうか？

ＩＰＯの運用成績上位グループ

新規上場企業の中には、たしかに驚異的な成功を収める勝者がいる。**表6-1**に、上場月の月末から2003年12月31日までの累積リターンの総額をベースに、運用成績上位10銘柄をリストにした。

首位は、1971年10月に上場したインテルだ。次が世界一の売上高を誇るウォルマート、その次がホームデポとなった。以上3社はいずれも、上場時に投資した1000ドルが100万ドル以上に育っている。以下、セントジュードメディカル、マイラン・ラブズ、シスコ（食品会社）、アフィリエーテッド・パブリケーションズ（1993年にニューヨーク・タイムズ紙が買収）、サウスウエスト航空、ストライカー、リミテッド・ストアーズ、と続く。

表6-2に、1990年以前に上場した銘柄を対象に、総額ではなく年率をベースに、運用成績上位10銘柄を示した。上場年を10年以上前に限ったの

表6-1
総額ベース運用成績上位10銘柄（1968年～2000年）

順位	年	社名	$1,000を投資した場合の現在価値	年率リターン
1	1971	Intel	$1,887,288	27.55%
2	1970	Wal-Mart Stores	$1,521,036	26.58%
3	1981	Home Depot	$1,066,691	36.80%
4	1977	St. Jude Medical	$867,695	28.68%
5	1973	Mylan Labs	$816,436	24.29%
6	1970	Sysco	$691,204	22.04%
7	1973	Affiliated Publications	$673,348	23.95%
8	1971	Southwest Airlines	$627,284	23.10%
9	1979	Stryker	$576,885	29.51%
10	1971	Limited Stores	$562,546	22.80%

第2部 過大評価される成長株

表6-2
年率ベース運用成績上位10銘柄（1968年〜2000年）

順位	年	社名	年率リターン	$1,000を投資した場合の現在価値
1	1990	Cisco Systems	51.04%	$300,139
2	1988	Dell Computer	45.87%	$347,955
3	1988	American Power Conversion	39.50%	$169,365
4	1989	Electronic Arts	38.48%	$103,441
5	1986	Microsoft	37.62%	$289,367
6	1981	Home Depot	36.80%	$1,066,691
7	1988	Maxim Integrated	36.18%	$132,927
8	1986	Oracle Systems	34.98%	$205,342
9	1984	Concord Computing	33.15%	$266,025
10	1987	Fastenal	31.93%	$92,414

は、上場から数年間の目覚しい成績が長続きしないケースを除外するためだ。年率ベースの首位は、シスコシステムズとなった。1990年に上場し、年率51％という呆れるほどのリターンを達成している。代表的な小型株指数の成績を年率38.6％上回る水準だ。第2位は1988年に上場したデルコンピュータ、3位はアメリカン・パワー・コンバージョン、4位はビデオゲーム作成で大成功を収めたエレクトロニック・アーツとなった。累積総額で22位だったマイクロソフトは、年率では37.6％で第5位にランクインした。

IPOポートフォリオのリターン

さてここで、冒頭の問いに戻りたい。表6-1、6-2に示したような、大成功を収めた一握りの勝者は、無数の敗者の穴を埋められるだろうか？答えは、図6-2をみればわかる。図6-2に、2種類のポートフォリオのリターンの格差を示した。ひとつは、1年間に公開されたIPO銘柄を**すべて**、おなじ金額ずつ買うポートフォリオ、もうひとつは、その総額とおなじ金額で、小型株指数平均を買うポートフォリオだ。リターン算出にあたっては、①上場月の月末の価格、②公募価格、のふたつの基準を用いた。

第6章　新興の中の新興に投資する──新規公開株（ＩＰＯ）

毎年、２種類のポートフォリオを作成し、2003年12月31日まで保有するものとする。

答えはあきらかだ。33年間のうち29年間で、ＩＰＯポートフォリオのリターンは、上場月月末価格ベースでも、公募価格ベースでも、小型株指数のリターンを下回っている。

サウスウエスト航空、インテル、リミテッド・ストアーズの勝者３社が上場した1971年でさえ、ＩＰＯポートフォリオのリターンは、小型株指数を下回った。累積総額ベースで第３位のホームデポが上場した1981年も同様だ。

1986年をみても、ＩＰＯポートフォリオのリターンは、小型株指数をかろうじて上回る程度でしかない。1986年といえば、マイクロソフト、オラクル、アドビシステムズ、ＥＭＣ、サン・マイクロシステムズが相次いで

図6-2

ＩＰＯポートフォリオと小型株指数のリターンの比較
[ＩＰＯポートフォリオのリターン]－[小型株指数のリターン]
（ポートフォリオ形成年の12月31日～2003年12月31日）

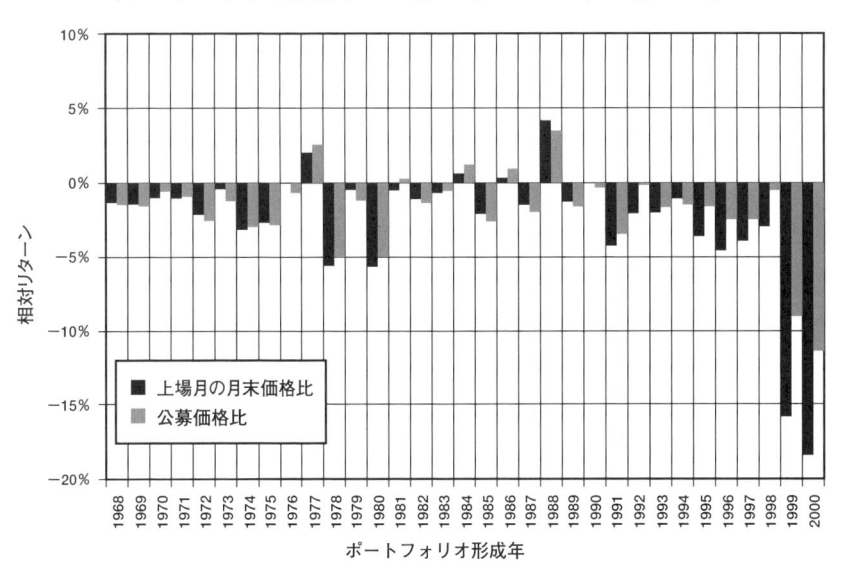

上場した象徴的な年で、この5社のリターンはいずれも年率で30％台に達している。

　1968年を別にして、ＩＰＯポートフォリオのリターンが小型株指数を上回ったのは、1977年（セントジュードメディカルが上場）、1984年（コンコード・コンピューティングが上場）、1988年（デルコンピュータが上場）の3年間しかない。1990年代後半以前では、1980年のＩＰＯポートフォリオの成績がとくにひどい。この年のＩＰＯ市場は、37銘柄が石油・天然ガス探査会社だった。このうちリターンが小型株の市場平均に達したものは1社もなく、最終的に24社が清算か破産法申請を通じて非上場となった。翌年の1981年は、オイル・バブルがはじけた年だが、石油・天然ガス会社54社が上場し、前年と似たり寄ったりの成績を残した。リターンが小型株の市場平均に達したものは1社もなく、35社が清算ないしは破産法適用を申請している。

　1990年代後半は、ハイテク・バブルの真っ最中にあたり、ＩＰＯポートフォリオの壊滅的なパフォーマンスが、あきらかすぎるほどあきらかだ。とくに最後の2年間をみると、公募価格ベースでは1999年に8ポイント市場平均を下回り、2000年には12ポイント下回っている。月末価格ベースでは、1999年に17ポイント、2000年には19ポイント下回った。

　1990年代後半に一般の投資家がハイテクＩＰＯ銘柄を公募価格で手に入れるのは、まず無理だった。そしていったん市場で売買が始まれば、価格はあっという間に急騰した。ウォール街は、投資家の垂涎の的だったＩＰＯ株を得意先に割り当てることで、数十億ドルの余得を懐にした。もっとも、宴の後日談をいえば、こうした「幸運な」投資家が公募価格で手に入れたハイテクＩＰＯ株の多くは、数年後、紙くず同然になっていた。

ＩＰＯのリスク

　ＩＰＯポートフォリオは、リターンがお粗末であるだけでなく、総合的な小型株ポートフォリオに比べてリスクが高い。各年に形成したポートフォリオごとに向こう5年間のリターンの標準偏差を算出する方法でリスク

を測定したところ、ＩＰＯポートフォリオのリスクは、ラッセル2000小型株指数のそれを、1975年以来**どの年も**上回っている。平均すると、1968年以来では小型株指数を17％、1975年以来では35％上回った。

以上のデータをまとめると、こう結論できる。ＩＰＯ投資家は、おなじ規模の小型株を買う投資家に比べて、手にするリターンが低く、しかも引き受けるリスクが高い。ＩＰＯを買うのはあきらかに、宝くじを買うのに似て、長期的には割に合わない戦略だ。

ＩＰＯ市場が高騰するとき

新規発行株を買うにあたり、まちがいなく最悪の時期は、ＩＰＯ市場が沸き立っているときだ。こうなると投資家は、「絶対に買い」といわれるセクターの銘柄ならなんでもいいといいはじめる。ＩＰＯ市場が沸騰するのはバブルの最中だ。1990年代のハイテク・バブルでもそうだったし、1970年代後半のオイル・バブルでもそうだった。新規公開ラッシュこそ、バブルのあきらかな兆候といってもいいくらいだ。取引が始まったとたん価格が急騰し、目がくらむほどのプレミアムが付く。こうしたＩＰＯ株のリターンは、長期的には、これ以上なく低くなる。

株式新規公開に関する研究の第一人者、ジェイ・リッター教授が、『1980年の"話題の銘柄"市場（Hot Issue Market of 1980）』と題する論文で、次のデータを示している。1980年1月から1981年3月までの期間、株式を新規公開した企業のうち、売上高が50万ドル以下の天然資源会社が70社あり、70銘柄の取引初日の値上がり率は平均して140％だった。[注3]この70社は後に、実質的にすべて、投資家にとっては災厄となった。

リッター教授は次の事実も指摘している。オイルブームの後、ＩＰＯ銘柄が上場初日に公募価格の倍に値上がりするケースはきわめて稀になった。[注4]たとえば1980年、ジェネンテックは公募価格の35ドルから上場初日に倍の71.25ドルまで値上がりした。だがその後14年間をみると、そうなったＩＰＯはわずかに10銘柄しかない。

ところが1995年、事情が一変する。11社のＩＰＯが上場初日に倍に値

上がりした。過去20年間の合計を1年で上回ったことになる。堰が切れたのは、1995年の8月9日だ。この日、インターネット・ポータル運営で大成功したネットスケープが、モルガン・スタンレーを主幹事として公募価格28ドルで500万株を売却した。初値は71ドルとなり、一時74.75ドルまで上昇して、58.25ドルで取引を終えた。売買高は約2800万株に達した。初日の値上がり率がこれを上回った例はあるが、これほどマスコミの注目を浴びた例は、ほかにない。

初日に倍に値上がりするIPOの数は、1996年から1997年にかけてやや減少し、この離れ業をやってのけた企業は2年間で6社だった。ヤフーもその中の1社だ。だが1998年からふたたび増勢に転じ、12銘柄が初日に倍に値上がりした。とくに有名になった（あるいは誇大宣伝された）例として、ブロードコム、インクトミ、ジオシティーズ、eベイなどがある。

この頃になると、初日に株価が倍になるケースは珍しくなくなっていた。こうしたインターネット企業のオーナーにとって、倍とは、物差しのようやく半ば程度だ。1998年11月13日、ネット上のフォーラム運営支援会社、ザグローブ・ドットコムが上場したとき、公募価格は9ドルで、初日の終値は63.50ドルだった。1日で606％値上がりしたことになる。

だがザグローブ・ドットコムの記録は、早々に塗り換えられた。翌年、1999年12月9日、ソフトウェア開発会社のVAリナックス（現在はVAシステムズ）が公募価格30ドルで上場し、一時320ドルをつけ、239.25ドルで初日の取引を終えた。初日に700％という値上がり率は、後にも先にも例がない。[注5]

1999年、しめて17本のIPO銘柄が取引初日に倍に値上がりした。過去24年間の**合計**の約3倍だ。2000年には1月から9月までに、さらに77本のIPO銘柄が初日に倍になり、ここでようやく、ハイテク・バブルが弾けた。

初日に急騰するIPO銘柄がまた大量にあらわれはじめたら、用心して手を出さないことを奨める。高く跳ねるほど、下げはきつい。

第6章　新興の中の新興に投資する──新規公開株（IPO）

老舗と新興と創造的破壊

　第2章で説明したとおり、Ｓ＆Ｐ500に新たに採用された新興企業の運用成績は、当初から採用されていた老舗企業の成績を下回っている。本章では、新興の中の新興、ＩＰＯ銘柄に焦点をあて、新規公開企業の運用成績も、歴史のある小型企業の成績にかなわないことを示した。
　こうした調査結果から、重要な問いがひとつ浮かんでくる。老舗の運用成績がつねに新興を上回るなら、そもそもの話、新興企業を上場する意味はどこにあるのか？
　答えは単純だ。新興企業とは、起業家とベンチャーキャピタルと投資銀行にとっては、途方もない利益の源泉となる。だが、その株を買う投資家にとっては、そうはならない。初物を掴もうと熱狂するあまり、経済成長を牽引する主役に、過大な対価を支払うからだ。
　『ウォール街のランダム・ウォーカー』の著者、バートン・マルキールはこう述べている。「ＩＰＯ株の主な売り手は、その会社の経営陣だ。経営陣は会社が波に乗った絶頂期に売り出そうとタイミングを見計らう。絶頂期とはつまり、目下の流行り物をめぐる投資家の熱狂がピークを迎えるときだ」[注6] こうした起業家やベンチャーキャピタルは、取引が始まると、持ち株の大半を早々に放出する。一方の投資家は、天に向かって伸びる梯子の一段目から参加したつもりが、実際には、まっすぐ地下まで落ちていくことになる。

創業者、ベンチャーキャピタル、投資銀行

電気通信セクターをめぐる災難
　インターネットは、地球の歴史始まって以来、最大の合法的な富の創生手段だといわれる。企業のインサイダーにとっては、つまり創業者や、資金を出したベンチャーキャピタルや、株式を売り出した投資銀行にとっては、たしかにそうかもしれない。だが巷の投資家が、急騰するハイテク銘

第2部 過大評価される成長株

柄に貯金を注ぎ込んでいたおなじ頃、新規公開企業の多くで、こうしたインサイダーが自社株を売っていた。一般の投資家にいわせれば、インターネットとはおそらく、我が銀行口座から他人のポケットへと合法的（この点あやしい場合もある）に財産を*移転させる*、史上最大の手段だろう。

例はいくらでもある。創業者やベンチャーキャピタルが大儲けし、投資家は沈没した。まずはグローバル・クロッシングだ。この通信会社は1998年8月に上場し、初日の9.50ドルから7ヵ月後には64ドル超まで値を上げた。2000年2月に株価がピークを迎えたとき、時価総額は470億ドルを超えていた。この価値は、同社株を保有しつづけた投資家にとっては残念なことに、その後2年で消え失せた。2002年1月、同社が破産法適用を申請したからだ。

だがインサイダーの多くは、保有しつづけていない。会長で創業者のゲーリー・ウィニックも他の取締役も、ものの見事に売り抜いている。ウィニックは株価が急落する前に、約7億5000万ドル相当を売却した。億万長者にして不動産業界の大物、デビッド・マードックから、全米一高価（当時）なビバリーヒルズの豪邸を、4000万ドルで買い取る余裕もあるわけだ。ウィニックは派手な金遣いで名声を博した。モットーはこうだ。「金は、ばらまかなければ面白くない」[注7]

もっとも、外部の投資家に対しては、ばらまいていない。ウィニックだけでなく他の取締役も、最高財務責任者からシニア・バイス・プレジデントまで、しめて6名が5億8000万ドル相当の自社株を売却している。だがこの稼ぎぶりも、草創期から参加しているベンチャーキャピタルのそれに比べれば、ものの数ではない。カナダの投資銀行、ＣＩＢＣワールド・マーケッツは、4100万ドルの投資から17億ドルの利益を手にした。幸運この上ないことに、船が沈没する前に持ち株を売却して脱出している。不動産・ホテル業界の大物、ラリー・ティッシュが出資するロウズ／ＣＮＡフィナンシャルも、グローバル・クロッシングへの投資から16億ドルを稼いだ。早い段階から出資して、タイミングよく4000万株を売り抜いた結果だ。

グローバル・クロッシングは、ほんの一例にすぎない。ＪＤＳユニフェ

ーズでは、インサイダーが12億ドル相当の自社株を売却している。ファウンドリー・ネットワークでは同様に7億ドル、現在は営業停止中の無線データ・プロバイダー、メトリコムは、通期の売上が最高で1850万ドルだった企業だが、インサイダーが3500万ドル以上の自社株を売却した。[注8] ウォールストリート・ジャーナル紙とトムソン・フィナンシャルの調査によると、電気通信バブルの時期、業界のインサイダーは総額142億ドル以上の自社株を直接売却している。さらにベンチャーキャピタルが、40億ドル相当を売却した。[注9]

ベンチャーキャピタル

　ベンチャーキャピタルは、いくつもの有名企業の立ち上げを支援してきた。アメリカ・オンラインも、サン・マイクロシステムズも、ジェネンテックも、例外ではない。

　立ち上げにあたり、ベンチャーキャピタルは、たいてい壮大な目標を掲げる。たとえば1995年、アット・ホームが創業したときの目標は、全米中の家庭を高速ケーブル・インターネットに接続することだった。同社は1997年7月に5.25ドルで上場を果たし、契約者数は30万人を超えた。だが取締役もベンチャーキャピタルもこの成長ペースに満足せず、コンテンツ・プロバイダーと提携するしかないと判断した。同社はインターネット・ポータル会社のエキサイトを提携先に選び、1999年6月、67億ドルでこれを買収した。インターネット業界のM&Aとしては当時、史上最大の規模で、エキサイトは発表直前に99ドルで最高値をつけていた。

　アット・ホームは、ベンチャーキャピタル業界史上、例がないほどの大当たりとなった。[注10] ただし、同社株を保有しつづけた一般投資家からみれば、話がだいぶちがう。2002年2月、同社は破産法の適用を申請し、一時は総額が200億ドルまで膨らんだ同社株は紙くずとなった。[注11]

　ベンチャーキャピタルが一般投資家を尻目に、インターネット株投資で大儲けしたのはたしかだ。だが、投機バブルを育てた犯人としてこれに指をさすのは、まちがいだろう。上場を支援した新興企業の中には大成功を収めたまともな企業もたくさんある。新規上場する企業の株にどれほど価

第2部　過大評価される成長株

値があるか、宣伝はしただろうが、その後の熱狂に煽られて、投資家が最終的に支払った値段を考えれば、ずっと控え目だったはずだ。

投資銀行

　新規公開ブームの最中、ぼろ儲けしたグループがもうひとつある。投資銀行だ。投資銀行は通常、主幹事を務めるＩＰＯの時価総額の７％を手数料として受け取る。

　1997年から2000年にかけて、1500社を超える企業が株式を公開している。こうした新規公開を通じて、しめて3000億ドル以上の資金が調達された。これを手数料に換算すると、投資銀行は、新興企業を市場に送り出した見返りに、ざっと210億ドルを手にしたことになる。この莫大な手数料を得るために、自己資金を注ぎ込む必要はほとんどない。ＩＰＯ株はたいてい、公開のかなり前に事前販売されるからだ。

　しかも手数料は、投資銀行が手にした大きなパイの、目に見える小さな一片にすぎない。投資銀行は当時、投資家の垂涎の的だった新規公開株を、得意先や、友人や、家族に配分できる立場にいたからだ。公募価格は初値を大幅に下回るのがふつうなので、値上がり分は、新株をあてがわれただれかの儲けとなる。

　公募価格と初値の格差に基づくわたしの試算によると、1997年から2000年にかけて、約2000億ドルの利益が、投資銀行家の友人、家族、得意先（手数料収入につながる顧客）にばらまかれている。たとえばあなたが幸運にも、ザグローブ・ドットコムの株式公開で主幹事を務めた投資銀行の優良顧客だったなら、新株を公募価格の９ドルで購入して、取引初日に63.50ドルで売却できた。新株を配分された顧客の多くは、早い時期に売却して莫大な利益を掴んでいる。人気のＩＰＯ銘柄を公募価格で手に入れる幸運に恵まれたなら、さっさと売ることをお奨めする。

利益を出さず、資産もない企業のＩＰＯ

　インターネット・バブルの下、「初物」人気が極端に膨れあがり、初穂

第6章　新興の中の新興に投資する──新規公開株（ＩＰＯ）

を通り越して、青田まで求められるようになった。1990年代半ばまで、新規上場する企業は、黒字転換を果たして数四半期は経過しているのが通例だった。この慣行が崩れたのは、1995年、ネットスケープが上場したときだ。インターネット・ポータルを運営する同社はその年、当期の営業損益こそ赤字だったが、売上は8500万ドルに達し、なお急激に伸びていた。だがブームが過熱するうち、利益どころか売上水準まで、だれも気に留めなくなっていった。これは破滅へと至る処方箋だ。ジェイ・リッター教授の調査によると、ＩＰＯの中でも、売上5000万ドル未満の銘柄の運用成績は壊滅的にひどい。(注12)

　たとえば次のような例がある。1999年10月22日、ソフトウェアベース光ネットワーキング製品の開発・販売会社、シカモア・ネットワークスが上場を果たした。公開初日、時価総額は終値ベースで144億ドルとなった。過去12ヵ月の業績は、売上がわずか1130万ドル、営業損益は1900万ドルの赤字だった。1週間後、コンテンツ・デリバリーサービス会社のアカマイ・テクノロジーズが上場し、上場初日の時価総額が133億ドルとなった。売上は130万ドルで、5700万ドルの営業赤字を計上していた。

　だがＩＰＯのバリュエーションの高さを、あるいは過大評価のはなはだしさを競うなら、一等賞はコービス・コーポレーションだ。インターネットのトラフィック管理向け製品を設計する同社は、2000年7月28日に上場を果たした。公開当時、売上は1ドルも立っておらず、7200万ドルの営業損失を計上していた。それでも、取引初日に時価総額は287億ドルに達した。全米上位100位以内に数えられる規模だ。

　コービス・コーポレーションと、10年前に上場したシスコシステムズを比べると、あらためて宴の虚しさがわかる。1990年2月に上場した当時、シスコはすでに黒字転換を果たし、通期で6970万ドルの売上と、1390万ドルの健全な利益を計上していた。取引初日の時価総額は**2億**8700万ドル。利益はおろか、売上さえ計上していなかったコービスの、ちょうど100分の1だ。

　コービスに対する評価がどれほど馬鹿げているか、こう考えるとあきらかだろう。シスコの公開初日の時価総額が仮に、コービスとおなじ287億

ドルだったなら、シスコ株の向こう13年間のリターンは、史上最高の51％ではなく8％弱になる。市場平均を約4％下回る水準だ。これはようするに、コービスの株価は、コービスが上場後の10年間、シスコとおなじくらい成功していたとしても、大幅な過大評価だったことを意味する（前章で紹介したとおり、シスコは年間リターンでみて、過去30年間で最高の成功を収めたＩＰＯだ）。

意外ではないが、こうした銘柄は、バブルが弾けると同時に暴落した。シカモア・ネットワークスは、上場後まもなく199.50ドルまで上昇し、のちに2.20ドルまで下落した。アカマイは345.50ドルのピークから0.56ドルまで下落した。コービスは、上場数週間後に114.75ドル、時価総額にして380億ドルでピークをつけ、のちに0.47ドルまで下落した。じつに99.6％の下落だ。

ベンジャミン・グレアムはかつてこう語っている。「こうした新規公開株のいくつかは、そのうち素晴らしい買い物となるかもしれない。数年後、だれにも見向きもされなくなって、株価が実際の価値の数分の1になっていれば、その可能性はある」[注13]

常軌を逸した集団妄想と群集の狂気

市場が投機熱にうかされるとき、投資家がだまされやすくなるその際限のなさは、開いた口が塞がらないほどだ。金融の歴史上、約300年相前後して、じつによく似た2件のＩＰＯが起こっている。ひとつは18世紀初頭に英国を襲った「南海バブル」と呼ばれる投機ブームの最中に起こり、もうひとつは、1999年から2000年にかけて市場を沸騰させたインターネット・バブルの最中に起こった。300年前といまとでは、金融市場の洗練度がちがうと思うだろう。判断は読者にお任せしたい。人々が投資家としての冴えた目を、あるいはその節穴ぶり遺憾なく発揮したのはどちらのケースだろう。

第6章　新興の中の新興に投資する──新規公開株（ＩＰＯ）

南海バブル

　18世紀に英国を襲った南海バブルは、集団の狂気を示す極端な例として、歴史に名をとどめている。この熱狂的流行をだれよりも巧みに描いてみせたのは、チャールズ・マッケイだろう。マッケイは1841年、投資指南書の古典となる『狂気とバブル──なぜ人は集団になると愚行に走るのか』を出版した。[注14]

　マッケイが描いたのは、こんな有様だ。男といわず女といわず、ふだんは何事によらず穏健で、投資でもそうだった人々が、白昼あらぬ夢をみて、ひと財産を株に注ぎ込んだ。そうなったのは、新興会社の輝かしい未来を吹き込まれたせいでもあるが、それ以上に、ほかの人が、自分とどこといって変わらない普通の人が、同様の投資で大儲けするのを目の当たりにしたせいだった。

　南海会社とは、1711年にオックスフォード伯爵が設立した貿易会社で、英国議会から南米との独占的交易権を与えられていた。当時、南米の西海岸といえば豊かな金鉱銀鉱で知られ、投資家は想像の目に、南海会社の貿易船が、金銀を山と積み祖国の港に帰ってくる光景を描いた。そうなれば、新興ベンチャーに出資した投資家も、大金持ちになる。

　当時、英国の採鉱技術は世界一と考えられていた。その技術をもってすれば、形ばかりの土地代と引き換えに、宝の掘り方を知らない外国人から、豊かな鉱脈を譲り受けられないともかぎらない。こうした夢物語にあおられて、南海会社株の人気に火がついた。

　南海株を中心に市場が沸騰し、世の中が引きずり込まれていくうちに、降って沸いたかの投資熱につけ込もうと、共同出資会社が次々に設立された。こうした新興ベンチャーは、ブームに乗り遅れて南海株を買い損ねていた向きに、格別に魅力的に映った。この流れは1995年、ネットスケープ上場をきっかけに、インターネット・ハイテク人気に火がついた経緯と似ていなくもない。

　マッケイの記述によると、あらゆる種類の開発計画が発表され、その大半はたちまち出資者を集めて、株式が市場で売却された。この流れも、インターネット・バブル期に流行したＩＰＯの「売り抜け」「転売」にそっ

第2部 過大評価される成長株

くりだ。投資家は新株を公募価格で購入し、さっさと売却して、値上がり益を手にした。

ちなみに「バブル」という言葉は、いまでは投機が過熱する局面を指す一般的な用語になったが、もとをたどれば、この南海株をめぐる騒ぎにまで溯る。「泡」とは、いかにも果敢なく実体のない存在をイメージさせ、言い得て妙ではあるが、投機熱を冷ます役には立たなかった。

南海バブルの時期に企画された開発計画は、中にはまともな案件もあったものの、大半は、新興会社の株ならなんでもいいという世間の熱狂につけこむためにひねり出したものだった。永久機関の構築を目的に設立された泡沫会社まである。だがマッケイのみたところ、馬鹿馬鹿しさで群を抜いているのは、次の名称の下に設立された会社だった。"偉大な冒険を遂行する会社、ただし、その実体はだれも知らない"。事業内容は、それを事業といえばだが、秘密だった。株主にさえ知らせない。マッケイはこういう。「信頼できる幾人もの証人による証言がなかったなら、こんな話に騙される人間がいるとは、とうてい信じられない」。注15) だが翌朝、創業者が事務所の扉を開けると、群集がぐるりを取り巻いていた。その日、事務所を閉めるまでに、創業者は1000株以上を売り、2000ポンド相当の現預金を手にした。注16) 悪者は現金を回収し、その夜のうちに、大陸に向けて出発した。その後の行方は、だれも知らない。注17)

ＮＥＴＪ・ドットコム、完璧なバブル会社

こんなことが、こんにち起こるだろうか？ 本物の詐欺は別にして、起こるはずがないと思うだろう。会社は株式公開にあたり、登録を義務付けられている。目論見書を証券取引委員会（ＳＥＣ）に提出し、財務情報を残らず公開して、事業リスクを現実的に評価しなければならない。マッケイの描いた秘密のバブル会社のような会社が、上場できるわけがない。

280年前のジョージ王朝時代の英国から、21世紀の幕開けを迎えた米国まで、歴史を早送りしてみよう。インターネットと呼ばれる新たな通信媒体が登場し、話題をさらっている。この通信革命によって、数千万の米国人どころか数十億の世界の潜在顧客にただ同然のコストでアクセスできる

第6章　新興の中の新興に投資する──新規公開株（ＩＰＯ）

と期待が広がっていた。

　インターネット企業の株価は軒並み急騰していた。だがその中で、ひとつ際立った例がある。ＮＥＴＪ・ドットコムと呼ばれる企業の株が、活発に取り引きされていた。2000年3月初旬、発行済み株式数は約120万株、株価は約2ドルで、時価総額は2400万ドルだった。[注18]

　さてＮＥＴＪ・ドットコムとは、なにをする会社だろう？　1999年12月30日、同社がＳＥＣに提出した目論見書から引用する。「当社は現在、実質的な事業をなにも行っておらず、創業以来、事業から収入を得ていない」。この記述は、過去のバブル期の目論見書にみられる警告と比べても、ずっと調子が強い。バートン・マルキールによると、エレクトロニクス・ブームに沸いた1960年代前半、目論見書の表紙によく記載されていた次の一文を、投資家は涼しい顔で読み飛ばしていた。「警告──当社には資産がなく、利益も出ていない。近い将来、配当を支払える見込みはない。当社の株式はきわめてリスクが高い」[注19]

　だがＮＥＴＪ・ドットコムの目論見書は、もっと踏み込んでいる。同社は、売上を回収**したことがなく**、当初の事業プランは、とうの昔に白紙になっていた。累積で13万2671ドルの損失を抱え、将来収入を得るめどはなく、当然ながら、利益を出して配当を支払える見込みはなかった。

　このＮＥＴＪ・ドットコムに、なぜ約2500万ドルの市場価値がつくのか？　同社の値打ちは、投資家の頭の中では、すでに営業を開始し、上場を果たしているという事実にあった。非公開会社が株式を公開するまでの手続きには時間がかかる。1999年後半という狂乱の日々、時間とは金だった。

　上場までの長いプロセスを迂回する手段のひとつに、「逆買収」を実行して、ＮＥＴＪ・ドットコムを実質的に吸収するという方法があった。ようするに、ＮＥＴＪ・ドットコムが外殻となり、その中に、別の新興企業が引っ越す仕組みだ。インターネット熱が過熱する中、ドットコム企業は、いくらでも欲しいと焦れる市場に1日も早く株式を売り出そうとしていた。くだくだしい手続きが求められる株式公開に比べて、買収はずっと手っ取り早い。

第2部　過大評価される成長株

だが「逆買収」の候補として、ＮＥＴＪ・ドットコムに2500万ドルの値打ちがあっただろうか？ ＳＥＣへの申請書をざっと読むかぎり、そうとは思えない。同社自身が作成した申請書はこう述べている。「当社のほかに、もっと自己資本が充実していて、やはり買収先ないし提携先を探している企業があるなら、それがどのような企業であれ、当社以上に好条件を提示でき、もっと魅力的な候補となる公算が高い」。続けて、こうもいう。「当社が、逆買収の候補として、他の上場会社に優先されるべき理由はとくにない。提供できるキャッシュの水準が低く、資本構成の強みもこれといってない。株主基盤は限定的で、ナスダック上場を目指す企業の買収候補として十分でない」。次の一文をみれば、たいていの投資家なら考え直したはずだ。「他の"上場外殻会社"に比べて、当社にはこれといって長所がないと、**当社経営陣はみている**（太字は著者）。当社ならではの特徴がひとつもなく、したがって、他の上場外殻会社に比べて魅力に乏しく、競争力も劣る」。唯一の取り柄は、「ふさわしい買収ないし統合の候補」の選定にあたり、経営陣に「決定が一任される」点にある。

ところが、おなじ申請書の次の段落でこう述べている。「経営陣が会社の活動に充てる時間は**十分でない**（太字は著者）だろう」。さらに、経営陣は「提携先を探すにあたり、さほど熱心でなく、がむしゃらでもない」。これでもまだ足りないという投資家がいれば、次の事実をお伝えしたい。ＮＥＴＪ・ドットコムは、合併見通しを誇大に宣伝したとしてＳＥＣの調査の対象となった。合併計画はひとつも実現しなかった。

どこの世界に、このベンチャーに大金を注ぎ込む投資家がいるものかと思える。だが事実はこうだ。申請書が提出されて2ヵ月後、2000年3月9日、ナスダック市場が過去最高値をつける前日、ＮＥＴＪ・ドットコムはグローバル・トート・リミテッドとの合併案を発表した。英国を本拠とし、衛星とインターネットを経由して双方向競馬実況番組を作成する会社だ。発表を受け、ＮＥＴＪ・ドットコム株は急騰し、3月24日には7.44ドルに達した。この時点で同社の時価総額は8000万ドルを上回った。

だがこの合併案は、過去の案件がそうだったとおり、たちまち頓挫した。撤回のニュースはさすがに失望を呼び、株価は2〜3ドルに戻ったものの、

それでも時価総額はまだ数千万ドルの水準にあり、投資家は次の「合併計画」の発表を首を長くして待っていた。

　数ヵ月後、ＮＥＴＪ・ドットコムはＢＪＫインベストメンツとの合併を発表したが、これも白紙撤回された。その１ヵ月後に発表されたジェノシス・コーポレーションとの合併案も同様だった。ＮＥＴＪ・ドットコムの株価は最終的に１ドルを割り込み、100対１の株式併合を経て、インターネット・サービス・プロバイダーのズーリンクに吸収された。2004年４月現在、時価総額は９万8000ドルだ。ピークに比べて99.8％を失った。

事後評

　ＮＥＴＪ・ドットコムは、えげつないほど詳細に、問題点を開示していた。そして世間は、気にも留めなかった。投機筋は、高値で売り抜く見込みがあるかぎり買いつづけた。情報という情報が、透明に、完全に、開示されていてさえ、投資家は金を注ぎ込むのをやめはしない。夢をみていられるかぎり、もっと高値で買うだれかがどこかにいると信じるかぎり、買いつづける。

　どちらが愚かだったろう？　1720年、だれにも教えられない「秘密」事業で儲けるという会社に投資して、2000ポンドを失った18世紀の投機家か？　事業を行わず、売上もなく、ありもしない合併話を喧伝したとして政府の捜査の対象となった会社に投資して、数千万ドルを失った21世紀の投機家か？　判断はそれぞれにお任せしたい。

総　括

　「過去を覚えていられないものは、それを繰り返すに運命にある」。米国の哲学者、ジョージ・サンタヤナの言葉だ。歴史の教訓に耳を傾ければ、災いは避けられると信じる人々に、よく引用される。だが金融市場にかぎっていえば、どれだけ繰り返し教訓を語っても、永遠に過去を繰り返す運命にあるらしい。

　だれがインターネット・バブルを引き起こしたのか、犯人を突きとめた

第2部　過大評価される成長株

いという投資家がいるなら、鏡を覗いて、次の告白の祈りの一節をつぶやくことを奨める。「わたしの過ちによって(メイア・カルパ)」。バブルを煽ったのは、ほかでもない、投資家だ。会社の休憩室で、パーティの席で、株で一稼ぎしただれかの話を聞き込んで、ついその気になり、やがてのめり込み、近所の飲み屋ですら、スポーツ専門のＥＳＰＮではなくＣＮＢＣにチャンネルを合わせるようになった。バブルを長続きさせるのは、「もっと馬鹿がいる」理論だ。いまの株価がどれほど馬鹿げていても、もっと高値で買うだれかがかならずいるとみなが思うからこそ、長く続く。だが、その「だれか」がどこにもいなくなったとき、最後の買い手は、大きな荷物を抱えて立ち往生する。

　投資家にとっては災難だったが、多幸症に罹った市場のこうしたエピソードから、明るい兆しを読み取ることもできる。過去300年に起こった進歩は、多くの場合、バブルとともにあらわれ、おそらくはバブルが後押ししてきた。運河もそうだったし、鉄道もそうだったし、自動車も、ラジオも、飛行機も、コンピューターも、そしていうまでもなく、インターネットもそうだった。ビクトリア朝時代の英国の鉄道ブームは、投資バブルを引き起こしはしたが、鉄道網のおかげで、英国は経済的にも政治的にも発展した。

　こうした画期的な発明はすべて、人々の生活を根底から変えていった。発明が普及したのは、莫大な資本の後押しがあったからであり、資本を投じたのは、熱狂した投資家だった。

　だが歴史をひもとくかぎり、発明に資金を提供する役割は、他人に任せておくほうがよさそうだ。画期的だからといって、儲かるとはかぎらない。服を買うとき、みんなが着ているおなじ服を買いたくなることがある。だが市場でおなじ衝動にしたがうなら、まちがいなく、ひどい目に遭う。

第7章
資本を食う豚
テクノロジー：生産性の源泉にして価値の破壊者

ミクロ経済から学ぶべき大切な教訓は、次の見極めを知ることだ。技術には、それが役に立つときと、足を引っ張るときがある。たいていの人は、これをよくわかっていない。

チャールズ・マンガー

投資家の世界には、次の一般通念がある。新製品や新技術の開発に、第一段階から参加できれば、金持ちになれる。技術が急激に進歩する時代、わたしたちが求めるのは、新たな何かを発見した、新たな会社だ。人々の夢をかきたて、同時に、財布の紐をゆるめさせる新発明を持つ会社。こういった会社が経済を牽引し、成長の原動力となる。その株を買えば、偉大な企業が育つとともに、自分の財産も育つ。

だが、この前提はまちがっている。経済の成長と利益の成長とは、別のものだ。それどころか、生産性の向上が利益を破壊し、株価の急落につながることさえある。

これを鮮やかに具現した例を、いま注目の的となっている３つのハイテク製品でみることができる。ビデオ録画機「ＴｉＶｏ」、音楽プレーヤー「ｉＰｏｄ」、ゲーム機「Ｘｂｏｘ」だ。３つとも、データ記憶装置（ストレージ）技術の飛躍的な進歩から生まれた。1976年、10億バイトのデータを記憶させるには56万ドルの費用がかかっていた。いまでは１ドルでおつりが来る。[注1]

ストレージ技術の進歩が予想をはるかに上回る中、業界各社の採算は悪

化しつづけた。2000年までの数年間、ハイテク各社が軒並み最高益を更新していた時期に、ストレージ会社は赤字にあえいでいた。シーゲイト・テクノロジー、マクスター・コーポレーション、ウエスタン・デジタルなどの大手も、投資家を失望させつづけた。

こうしたストレージ会社の苦境は、本書の主要テーマのひとつをよくあらわしている。技術革新はかならずしも高いリターンを意味せず、高い収益も意味しない。ストレージ技術は、ほんの一例にすぎない。技術革新が投資家を足腰立たないほど叩きのめした例を求めるなら、まずは電気通信業界だ。

「たのむから発明を止めてくれ」

1990年代、インターネット・ブームが過熱するうち、ほとんどだれもがこう考えるようになっていた。インターネットとは未来の波であり、したがって、この通信革命に回線を提供する者に、利益は約束されている。

利用者とウェブサイトをつなぐ回線の帯域幅、いわゆる回線容量に対する需要は天井知らずとみえた。1998年、商務省は報告書でこう述べている。「インターネットの回線利用量は、100日ごとに倍増している」[注2] このペースでいくと、需要は1年で12倍になり、向こう10年間で約1000億バイト増加する。

どれだけ供給を増やしても、需要の伸びには追いつかないとの予想も多かった。1998年4月、ソロモン・スミス・バーニーのアナリスト、ジャック・グラブマンは調査レポートでこう述べている。「屋根裏があっという間にがらくたで一杯になるように、どこまで容量を増やしても、あっという間に使用済みになるだろう」[注3]

情報通信産業の未来学者にしてハイテク株投資の導師(グル)、ジョージ・ギルダーも、こうした見方に共鳴した。2001年にこう述べている。「こんにち、経済といえばグローバル経済しかなく、インターネットといえばグローバル・インターネットしかなく、ネットワークといえばグローバル・ネットワークしかない」。さらに今後の見通しとして、グローバル・クロッシングと360networksの2社が「世界市場での優位を競うだろう。もっとも市

第7章　資本を食う豚──テクノロジー：生産性の源泉にして価値の破壊者

場規模が1兆ドルまで膨らめば、敗者もいなくなる」と予想した。[注4]

　当初、通信容量の拡大ペースはこの言葉のとおりだった。供給を増やしても増やしても、需要に追いつかなかった。1995年まで、光データ通信で伝送できる光信号は1回線につき1波だった。電子メールなら、毎秒2万5000ページ伝送できる容量だ。[注5] だがここで、ＤＷＤＭ（高密度波長分割多重）と呼ばれる新技術が登場した。これはようするに、光を多層な色に分割する技術で、波長を多重させる分だけ伝送量を増やすことができ、この時点で320波まで多重が可能になった。2002年、1本の光回線で伝送できる電子メール容量は毎秒2500万ページとなっていた。7年で1000倍に増えた計算だ。ゴードン・ムーアの有名な法則のペースを、はるかに上回る。ムーアの予想によると、1個の集積回路に搭載されるトランジスターの数は2年で倍になる。

　こうした技術革新を追い風に、過去に例がないほどの建築ブームが起こった。ウォールストリート・ジャーナル紙の推計によると、ハイテク・バブルの期間、約6400万キロの光ファイバーが敷設されている。月と地球を80回、往復できる距離だ。[注6]

　通信業界にとっては残念なことに、ここまで供給を増やせば、さすがに需要がついてこなかった。1999年から2001年にかけて、需要の伸びは4倍にとどまった。予想を大幅に下回るペースだ。[注7] インターネット・ブームの最中、あちこちで繰り返し引用された統計は、まちがいだったことが判明した。つまり、インターネット利用量が倍に増えるまでには、100日どころか **1年はかかっていた**。[注8]

　供給過剰があきらかになり、通信各社は、値下げよりほかに打つ手がなくなった。2000年、ロサンゼルス・ニューヨーク間を結ぶ回線のリース料金は、伝送容量毎秒150メガバイトの回線で160万ドルを超えていた。わずか2年後、リース料金はおなじ回線で15万ドル程度になっていた。2004年には10万ドル前後まで下落した。1996年以来、通信業界は光ケーブル建設資金として7500億ドル以上を調達してきた。接続サービス料金で返済する目算がすっかり狂った。

　2000年3月、ブームがピークを迎えた頃、米国の電気通信セクターの時

価総額は、合計約1兆8000億ドルに達していた。株式市場全体の15％に相当する。2002年、セクター時価総額はピークから80％減少し、4000億ドルになっていた。エコノミスト誌は、こう述懐している。「通信セクターのこの浮き沈みは、史上最大のバブルと呼ぶにふさわしいかもしれない」注9)

英国サウサンプトン大学の教授で、容量拡大技術の草分けとみなされているデビッド・ペインは、数年前、ある会合で業界の大物に釘を刺されたときのことが忘れられないという。「真面目な顔で、こういわれた『たのむから発明を止めてくれ！』」。注10)

「たのむから発明を止めてくれ！」 技術が価値の破壊者ともなる一面を、一言で言い尽くしている。通信業界では、次々に新技術が開発され、生産性が高まり、データ伝送能力が飛躍的に向上した。そして、利益が出なくなり、株価が下がり、投資家の資産価値が萎んだ。ここでも成長の罠の例をみることができる。テクノロジーは生産性を押し上げ、一方で、利益を食い尽くす。

電気通信バブルは、弾けた後の惨状もすさまじかった。ジョージ・ギルダーが推奨した360networksとグローバル・クロッシングは、破産法適用を申請した。1999年から2003年にかけて、ワールドコムをはじめ113社がおなじ運命をたどっている。注11) 360networksは、8億5000万ドルを注ぎ込んで大陸を結ぶ超高速光ネットワークを敷設し、のちに約98％割引して売却した。注12) ソロモン・スミス・バーニーの電気通信担当アナリストで、投資銀行部門のキーマンでもあったジャック・グラブマンは、1500万ドルの罰金支払いを命じられ、投資顧問業界から永遠に追放された。

過剰投資を招いた主犯ともいうべき、回線利用量の伸びをめぐる憶測はどうなっただろう？ 嘘のような話だが、インターネット利用量は100日ごとに倍増するというたったひとつの統計が、業界の「聖杯」となった。実際にはなんの根拠もなく、実質的にどのデータを使って試算してもそうはならない。注13) バブルの渦中では誇大宣伝が事実といわれ、新時代のパラダイムに当てはめようとして当てはまらない動かしがたい事実は、こういって切り捨てられる。「気にするほどのことではない」

合成の誤謬

　投資家でもアナリストでも、生産性が向上すれば利益も伸びると信じる者は、経済学の古典的法則「合成の誤謬」を忘れている。手短にいうとこんな法則だ。部分的に正しいからといって、全体的にも正しいとはかぎらない。

　個人であれ、会社であれ、それぞれが努力することで、他を上回ることができる。だが、**あらゆる**個人、**あらゆる**会社が、おなじ努力をすれば、当然ながら、そうはならない。これとおなじで、どこか１社が生産性を向上させる戦略をとり、それが競合他社には真似できない戦略だったなら、その会社の利益は伸びる。だが他の会社もおなじ技術を習得し、揃って実施しはじめれば、業界全体のコストが下がり、価格も下がって、生産性向上の恩恵は消費者が手にする。

　世界一の投資家、ウォーレン・バフェットは、合成の誤謬をよく承知している。1964年、当時は繊維メーカーだったバークシャー・ハザウェイを買収したとき、ハザウェイは赤字経営だった。だがキャッシュフローが順調だったので、経営を自分の部下に任せれば出血は止まると見込んでいた。経営を圧迫する問題の大部分は、他の繊維メーカーと同様、高い労働コストと輸入品との競争からきていた。

　経営陣は問題を調べ、再建プランを練って、バフェットのもとに持ち込み、こうすれば労働者の生産性が上がって、コストが下がると訴えた。バフェットはこう記している。

> どの計画も、実行すれば、明日にも勝者になれるとみえた。一般的な投資収益率の物差しで測れば、かなりの経済効果が期待できるものばかりだった。もともと利益率の高い菓子会社や新聞社におなじ資金を投じるより、大きな見返りが期待できたほどだ。

　だが、バフェットは、投資計画を片端から却下した。合成の誤謬をよく

承知していたからだ。改善策は、どれをとっても、だれもが採用できるものだった。恩恵はいずれ、値下げを通じて、顧客へと流れていく。バークシャーの利益の足しにはならない。バフェットは1985年の年次報告書で、こう述べている。

> 繊維会社に投資すれば増益まちがいなしとみえたが、それは絵に描いた餅だった。国内外の競合各社が揃って投資に踏み切り、その数がある程度に達すれば、下がったコスト水準が業界の標準となって、全体の価格が押し下げられる。各社の投資判断は、個別にみれば、コスト効率を改善するのだから合理的と思える。だが全体的にみると、各社の投資が互いに効果を相殺しあうわけで、少しも合理的でない（パレードの見物人が、それぞれの眺めをよくしようと、みんなで背伸びするときとおなじだ）。投資が一巡するころ、全員が資金を注ぎ込み、リターンは以前と変わらず低迷している。[注14]

売れるものならだれかに売ったかもしれないが、残念ながら、ほかの投資家もたいていおなじ結論に達していた。バフェットはやむなくバークシャーの門を閉じ、繊維事業を清算した。あとには社名だけが残り、これがのちに、世界一有名で、世界一運用成績の高いクローズドエンド型投資会社として知られることになる。

バフェットは、会社をたたんだ自分の決断に対して、別な道を選んだもうひとつの繊維会社、バーリントン・インダストリーズの例を紹介している。バーリントン・インダストリーズは、約30億ドルを投じて工場や設備を近代化し、バフェットがバークシャーを買収した年から向こう20年間、生産性を改善しつづけた。だがバーリントン株の運用成績は、市場平均を大幅に下回りつづけた。バフェットはこういう。「投資家にとって残念きわまりないこの結果をみれば、頭脳とエネルギーを注ぎ込んで、まちがった前提にあてはめたとき、どんなことになるかよくわかる」[注15]

「まちがった前提」にとらわれているのは、繊維業界だけではない。株式市場全体で、はっきりした傾向があきらかになっている。設備投資が高

水準な企業ほど、運用成績が低い。調査は次の方法で行った。Ｓ＆Ｐ500全銘柄について、売上に対する設備投資の比率を割り出し、この比率の順に、最高のグループから最低のグループまで５つのポートフォリオを作成する。対象期間中の毎年12月31日を基準に、過去12ヵ月の売上と設備投資額を使って比率を洗い直し、ポートフォリオを更新する。**図7-1**に、設備投資対売上比率が最高のポートフォリオと、最低のポートフォリオと、Ｓ＆Ｐ500種平均の３つのグループの累積リターンの推移を示した。[注16]

設備投資こそ利益の源泉と信じる向きに、この結果はこたえるだろう。設備投資に熱心な企業が、投資家にもたらすリターンは、３グループの中でもっとも低い。設備投資に資源を割かない企業は、飛び抜けて高いリターンを達成している。なにしろ過去約半世紀にわたり、Ｓ＆Ｐ500種平均を年率3.5％以上上回った。

図7-1

設備投資対売上比率に基づくＳ＆Ｐ500の３グループのリターン（1957年〜2003年）

資料：COMPUSTAT

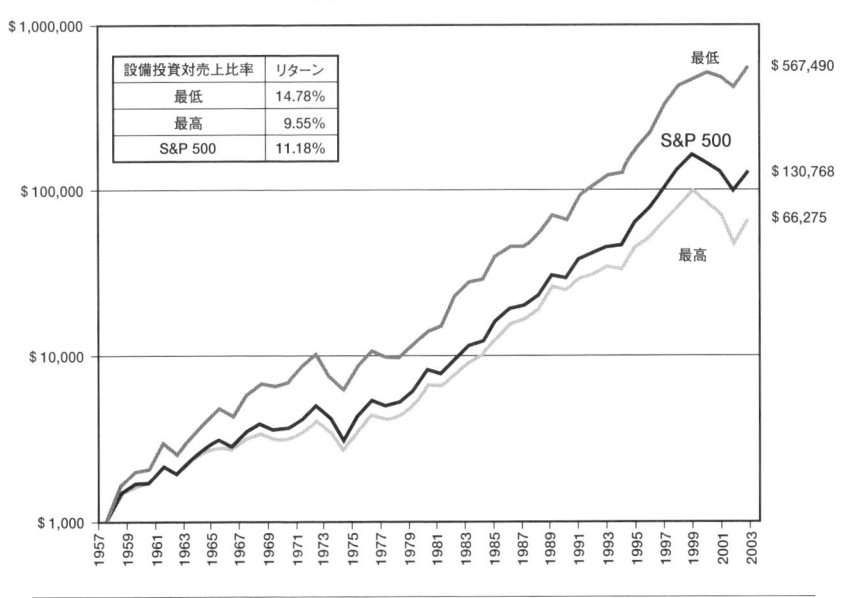

設備投資対売上比率	リターン
最低	14.78%
最高	9.55%
S&P 500	11.18%

最低 $567,490
S&P 500 $130,768
最高 $66,275

ウォール街には、設備投資こそ生産性革命の源泉とみる向きが多い。だが実際には、設備投資の大半は投資家に低いリターンしかもたらさない。経営陣を説得して、設備投資に踏み切らせるのは簡単だ。「よそはどこもやっている」といえばいいのだ。だがそうこうするうちに、消費者の嗜好が変わり、技術が進歩し、今日の画期的プロジェクトは明日には時代遅れになっている。あとには負の遺産が残り、資金繰りが苦しくなって、時代の変化に対応する柔軟性が、かえって乏しくなったことに気がつく。

節約家と浪費家

主要10セクターの中で、設備投資対売上比率が突出して高いのは、電気通信セクターと公益事セクターだ。この2セクターは、素材セクターを別にして、運用成績も突出して低い。1957年から2003年までの平均でみると、電気通信セクターの設備投資対売上比率は約28倍、公益セクターでは25倍、Ｓ＆Ｐ500全体では10倍以下となっている。運用成績が高いグループをみると、首位のヘルスケア・セクターの設備投資対売上比率はわずかに0.7倍、2位の生活必需品セクターではさらに低く、0.44倍と10セクター中最低となっている。

本章の前半で、電気通信業界のバブルとその後についてお話しした。各社とも湯水のごとく資金を投じて光ファイバー・ケーブルを敷設し、大半は、これが原因で破綻した。公益企業セクターは、1970年代によく似た局面を経験している。1980年代にも原発プラント建設に伴う設備投資ブームのあおりで、多くが債務超過に陥るか、ぎりぎりまで財務が悪化した。

この傾向は、セクターとおなじように、個別企業でも確認できる。企業が設備投資の浪費家グループに属するとき、投資家が受け取るリターンは、節約家グループに属するときに比べて、たいていの場合、大幅に低くなっている。

たとえばＡＴ＆Ｔをみると、設備投資対売上比率が最高のグループに分類された年は、平均リターンが9.11％となっている。そうでない年の平均は16％超だ。プロクター＆ギャンブルは、過去46年間のうち設備投資対

売上比率が市場平均並みだった年が28年あり、この期間の平均リターンは17％と健全な水準だった。ところがこの比率が最高のグループに分類された6年間の平均リターンは、わずかに2％となった。最低のグループだった12年間では、19.8％だ。

強力なブランドネームを持つ企業でも、高水準な設備投資は、リターンに打撃となっている。かみそり刃で有名なジレットでは、設備投資対売上比率が市場平均並みだった年が25年間あり、この間の平均リターンは16.6％だった。ところが設備投資比率が平均を上回った7年間では、平均リターンはマイナスになった。設備投資比率が平均を下回った期間では、なんと26.4％だ。ハーシーの結果も、これと似たり寄ったりだった。

小売業界では、Kマート、CVS、ウールワース、クローガー、アライド・ストアーズの大手が揃っておなじ傾向を示している。設備投資比率が低い年と、そうでない年とで、リターンに劇的な格差がみられる。Kマートでは、設備投資比率が最低のグループに分類された25年間の平均リターンは25％を超えた。じつに対照的に、そうでなかった19年間の平均リターンは、マイナス3.8％まで落ち込んだ。

設備投資が株式のリターンを押し下げる傾向は、1セクターの中の分野別にみても確認できる。1984年以来、エネルギー・セクターは、設備投資比率はかなり高いものの、まずまずの水準のリターンを維持してきた。だが分野別にみると、石油・天然ガス探査会社に分類されるグループは、リターンがきわめて低く、設備投資対売上比率はじつに225倍に達している。垂直統合型のいわゆる石油メジャーはリターンがきわめて高水準で、設備投資比率は10倍と市場平均に近い水準となった。

技術の進歩

過去の経済的データをみるかぎり、技術の進歩は、それ自体にどれほど意味があっても、最終的に実を取るのは消費者であって、株主ではない。生産性の向上は、モノの値段を押し下げ、労働者の実質賃金を押し上げるからだ。ようするに、生産性が向上すると、より安く、より多く買えるよ

うになる。

　たしかに、技術の進歩はいっとき収益を押し上げる。「一番乗り」はなにかと得をするものだ。新技術を導入すれば、他社がそれを眺めている間、利益は伸びるだろう。だが他社も追随しはじめると、競争が値崩れを呼び、利益はもとの水準に落ち着く。

　まさにこのとおりの展開となったのが、インターネットが登場したときだ。当初、アナリストは口を揃えて、インターネットを利用することで利益率が改善すると予想した。情報処理を合理化でき、調達や在庫管理やデータ検索といった業務でコストを圧縮できると考えたからだ。だが実際には、インターネットが利益率を大きく押し上げることはなかった。かえって押し下げたケースが多い。なぜか？　インターネットのおかげで、ありとあらゆる市場で競争が激化したからだ。

競争激化

　インターネットがなぜ企業利益を押し下げるのかを説明する前に、まず顧客の調査コストと企業収益の関係を押さえておきたい。調査コストとは、消費者（あるいは事業者）がモノやサービスを買うとき、なるべく安い値段を探すために費やす時間と金をいう。

　一昔前まで、小売店は、店に客を呼び込めれば勝ったも同然だと知っていた。角の雑貨屋は、日用品の値段を自分で決めていた。貴重な時間を費やして、もっと安い店はないかと探し回る客など、まずいなかったからだ。モノを売る上でなにより重要なのは、手間がかからず、立地がいいことだった。

　ところが、インターネットの登場で、別な候補を探すコストが劇的に下がり、事情は一変した。立地の良さや便利さは、強みではなくなった。消費者は一夜にして、ありとあらゆる売り手の提示する値段を、端から端まで調べられるようになった。価格設定が透明になり、値下げ競争に焦点が移行した。

　いまもはっきり覚えているこんなエピソードがある。数年前、当時高校

生だった息子が学校で使うというので、計算機を買うことになった。息子とわたしは、インターネットの数ある料金比較サイトの中からひとつを選び、値段を調べた。近所の「ステイプルズ」より安く売っている店が、いくらでもある。だがわたしと息子は調べた価格を印刷し、それを持って店を訪ね、店員にコピーをみせて、よそはもっと安いと訴えた。店員はその場で、おなじ値段に値引きしますといった。小売店の利ザヤは、ただでさえぎりぎりまで薄くなっている。値引きした価格では、足が出たかもしれない。

航空業界

インターネットなどの技術の進歩が利益を圧迫する例は、航空業界でもみることができる。

インターネットの普及を背景に、オービッツ、エクスペディアといったオンライン旅行会社が登場し、ネットを通じて格安航空券を販売するようになった。格安航空券はそれまで、代理店から安売り店に卸され、料金無料の専用ラインを介して再販売されていた。だが航空会社はここで、新技術をうまく活用できると考えた。インターネットを媒体として、安売り店も代理店も介在しないシステムをつくれば、手数料を支払わなくてすむ。

2000年7月、オービッツCEOのジェフリー・カッツはこう述べている。航空会社にとって航空券の販売・販促はかなり大きなコスト項目であり、「インターネットに着目する航空会社の大半は、うまくいけば50％近く販売費用を圧縮できるとみている」[注17]

2002年秋、代理店を介さないオンライン予約システムは順調に売上を伸ばし、売上全体の20％以上を占めるようになっていた。1998年から2002年にかけて、インターネットのおかげで、航空業界は業界のコスト構造を約20億ドル圧縮できた。

ところが、この目覚しいコスト節減を祝うどころか、航空各社は、予想外の展開に頭を痛めていた。インターネットを利用して、旅行者がなるべく安い航空券を探すようになったからだ。

こうなると、まるで話がちがってくる。それまで代理店が使っていた予約管理ソフトは、料金をさほど重視していなかった。優先される条件は、便利な発着時刻と短い飛行時間だった。ところが、旅行者が料金に敏感になり、もっと安い候補はないかと探すようになって、そしてそれは、時間帯を少しずらせばたいていみつかった。やがて航空券の平均価格がじりじり下がっていき、航空会社の収益は減少した。ＪＰモルガン証券の航空業界アナリスト、ジャミー・ベイカーは、事の次第をこうまとめている。

> インターネットが普及し、それに付随して価格の透明性が高まった結果、航空会社では、旅客イールド（利益率）の縮小による打撃が販売費節減のメリットを最終的に上回る公算が高い。割引航空券の市場が育った上に、運賃回復の見通しがかなり厳しくなったからだ。従来なら、景気が回復し、出張費抑制のたがが緩むにつれ、平均運賃も回復していた。だれであれ、旅客イールドが今後、1999年から2000年の水準まで回復すると予想するなら、インターネットの役割をみくびっているといっていい。注18)

インターネットは、呆れるばかりにあっけなく、コストだけでなく利益までを貪り食っていく。利益率を押し上げるどころか、競争の場が広く平らになり、値段のちがいが一目瞭然になった。企業は優良サービスや、スピード配達や、返品受け入れといった部分でも競争できるし、そこで競争するつもりだろう。だが価格の透明性が高まり、小売市場の競争が劇的に厳しくなったことは、だれにも否定できない。

経営陣と技術力

技術力を成功のカギとみる人は多い。生産を合理化できれば、利益率低迷に対する答えになると思える。だが実際には、そうはなっていない。

設備投資がほんとうに必要かどうか、いつも厳しく問い直している会社はそう多くない。ジム・コリンズは、ベストセラーとなった著書『ビジョ

第7章　資本を食う豚──テクノロジー：生産性の源泉にして価値の破壊者

ナリー・カンパニー２──飛躍の法則』で、こう問うている。「やるべきことのリストがあるだろうか。それだけではなく、止めるべきことのリストも作っているだろうか……飛躍を導いた指導者は、「やるべきこと」のリストと変わらないほど、「止めるべきこと」のリストを活用している。無意味なことをあらゆる種類にわたって止める点で、おどろくほどの規律を示している」

　コリンズは同書で、会社の舵を切り替え、勝ち馬へと変身させてきた幾人ものＣＥＯにインタビューを試みた。「偉大な企業への飛躍を導いた経営幹部を対象に行ったインタビュー84件の中で、全体の80％は、飛躍をもたらした上位５つの要因の中に技術をあげていない」[注19] 技術をあげた場合にも、順位の中央値は第４位だった。これを第１位にあげた人は、全体の２％にすぎない。

　超優良企業では、技術は補佐的な役割を果たしている。会社の中核的能力(コアコンピタンス)を補完する役割だ。設備投資は生産性の源泉といっていい。だが実行は節度を伴わなければならない。過剰な設備投資は、きっと収益の足をひっぱり、価値を破壊する。

第2部 過大評価される成長株

第8章
生産性と収益
負け組業界の勝ち組経営陣

投資先として、わたしはいつも、景気のいい業界ではなく、みじめな業界を選ぶ。ほとんど成長しないみじめな業界では、生き残りと窓際族がシェアを伸ばす。停滞した市場で着実にシェアを伸ばす企業は、活況に沸く市場でシェアを奪われ、防衛に追われる企業よりずっとましだ。

ピーター・リンチ
『ピーター・リンチの株式投資の法則』1993年

　伝統的な投資アプローチにしたがうなら、株を買うときの手順はこうだ。まず、将来性で業界をひとつ決める。次に、業界の追い風に乗って繁栄しそうな企業を選ぶ。だがこのアプローチでは、低迷する業界や縮小する業界で、大成功している企業を取りこぼすことになる。実際に、過去30年間の運用成績をみると、最高の成績を示した企業が、目も当てられないほど低迷する業界に属している例が、いくつもある。

　こうした企業は、逆風をはねのけてきた。例外なく、ある単純なアプローチにしたがって、競合他社に勝ち抜いてきた。生産性を最大限に引き上げ、コストをぎりぎりまで引き下げるというアプローチだ。

　こうした成功企業は、設備投資や資本投資の節度を厳しく守り、焦点を絞り込んできた。独自の競争戦略に一致する計画だけを慎重に選んできた。「資本を食う豚」とちがって、やみくもに金を注ぎ込むのではなく、中核的能力(コアコンピタンス)を補完し、引き上げることを目的としてきた。

　過去に成功したからといって、本章で紹介する企業が、これからも成功するとはかぎらない。すでに利益の伸び悩みに直面していない企業はないくらいだ。だがこうした企業で、投資家に卓越したリターンをもたらして

きたのは、卓越した経営陣であって、卓越した技術ではない。

航空業界——サウスウエスト航空

　航空業界ほど、投資家に損をさせた業界はほかにないだろう。ウォーレン・バフェットはかつて、1989年にＵＳエアに3億5800万ドルを投資した理由を問われて、こう答えた。「一時的に発狂していたからといえば、いちばん近いだろう……おかげでいまでは800の番号を控えている。航空株を買いたい衝動に駆られたら、この番号に電話して、こういえばいい。名前はウォーレンです。"航空中毒_{エアロ・ホリック}"なんです。電話の向こうの係りの人が、考え直すように説得してくれる」^{注1)}

　バフェットがこういうのも無理はない。航空業界は投資家を散々な目にあわせてきた。ヴァージン・アトランティック航空の創設者、リチャード・ブランソンの減らず口を借りれば、こうだ。百万長者になりたいなら、まず億万長者になって、それから航空株を買えばいい。^{注2)}

　バフェットに、投資先を見る目があることはまちがいない。1972年から2002年までの30年間、バフェットの投資会社バークシャー・ハザウェイは年率25.5％という驚異的な運用成績を達成し、会社に資金を託した大勢の投資家を百万長者にしてきた。この30年間、バークシャーを上回るリターンを達成した会社は、ひとつしかない。サウスウエスト航空だ。

　空の旅は、まちがいなく経済の生産性を向上させてきた。わずか数時間のフライトで主要都市や保養地に移動でき、出張客や観光客が時間を節約できる。ところが航空会社の経営は、負のサイクルにとらわれた業界の見本といっていい。コスト削減、供給過剰、労組との対立、高水準な固定費といった問題に利益を食われ、幾社も破綻してきた。サウスウエスト航空はどうやって、この逆風をはねのけたのだろう？　過去30年に最高の運用成績を達成した企業は、赤字と破綻にとりつかれた業界で、どのように航路を切り開いたのだろう？

　サウスウエストの成功を特徴づけるのは、コスト削減と競争力に徹底して焦点を絞り込んだ経営方針だ。1995年の年次報告書で、「成功の秘訣6

第2部　過大評価される成長株

ヵ条」を披露している。第1条はこうだ。「得意なことに、しがみつく」。

これ以上うまい言い方は、ちょっと思いつかない。自分以外のものになろうとしない。できないことをやろうとしない。経済学者にいわせれば「自社の優位性の追及」あるいは「中核的能力への専念」となるだろう。ひたすら焦点を絞って、割安で信頼できる航空サービスを庶民に提供することで、サウスウエスト航空は、敗者ばかりの業界で一握りの勝者となった。

戦略の目標は、いつでも、どの市場でも「格安料金の航空会社」になることだ。そしてこの目標を達成するためには、格安コストの航空会社になるしかないことを承知していた。コストをぎりぎりまで引き下げるには、会社の資源と従業員から最大の生産性を引き出すしかない。同社の経営戦略はあらゆる側面で、この信条に従っている。

たとえば1995年の年次報告書に、次の一文がある。「(当社の) 自慢は単純な"ございません"にある。予約席、機内食、煩雑な手続き、トラブル、いずれもございません」。この実質一点張りのアプローチでコストを抑え、従業員は期待されるサービスを期待どおりに提供することに神経を集中した。

便数の多い主要都市間の路線には、座席クラスをひとつしか設けなかった (ファースト・クラスとビジネス・クラスがない)。無理に市場を広げようとせず、他の大手とちがって、拠点空港を中心とするハブ&スポーク型の路線展開を避けた。逆に、便数を支える需要の見込める地方都市間路線の開拓に励んだ。

生産性向上を目的とする「あくまで単純に」アプローチのもうひとつの例は、機種をボーイング737だけに絞ったことだ。スペア部品の収納やパイロットや整備士の訓練を一本化でき、かなりのコスト節減につながった。

サウスウエストの戦略は、2001年9月11日のテロ攻撃後に、思いがけない恩恵をもたらした。テロ攻撃に続く景気後退とイラク開戦が追い討ちをかけた格好で、航空業界の旅客数は全体で20％減少した。とくに数十億ドルもの債務を抱え、労使交渉に弱く、構造的に融通がきかない大手各

社は壊滅的な打撃を受けた。ＵＳエアウェイズと当時のユナイテッド航空が破産法を申請し、アメリカン航空とデルタ航空も、その寸前まで追い込まれた。

だがサウスウエストは、大幅に減速したものの、黒字を計上しつづけた。2003年4月、サウスウエストの時価総額は、国内の他の航空会社の**合計**を上回った。輸送旅客数に占めるシェアは、全体の8％にすぎない。[注3]

サウスウエスト成功のカギが、生産性にあったことはまちがいない。だがそれ以上に大きいのは、競争優位に焦点を絞り込んだ戦略だ。つねに実用一点張りで、格安料金の航空会社であろうとした。第1章で解説したとおり、これは世界的に大成功を収めてきた会社の戦略と共通する。ちなみに世界一成功した投資家ウォーレン・バフェットは、自分が成功した理由についてこう語っている。「(自分の) 土俵の真ん中で相撲を取っているときと、そろそろ土俵際が近いときと、よく見極めていた」。[注4]

小売業界──ウォルマート

生産性を引き上げ、経営の焦点を絞り込むことで、高い運用成績を達成した企業は、サウスウエストだけではない。1962年、サム・ウォルトンは、アーカンソー州ベントンビルという人口3000人の町で雑貨屋を始めた。20世紀末、ウォルマートは売上高で世界最大の会社となっていた。2003年の売上は2590億ドルで、ＧＤＰがこれを上回る国は地球上に23ヵ国しかない。

成功は、一夜にしてはやってこなかった。雑貨屋業にとうてい飽き足らなかったサム・ウォルトンは、独自の経営を模索し、戦略を磨いていった。新たな発想を求めて、ライバル店の研究に励んだ。中でもある小売チェーン店に目を奪われ、1970年代前半には、小売店としてウォルマートより向こうが上であることを認めた。「莫大な時間を費やして、相手の店内をうろうろし、客の話を聞いて、仕組みを探ろうとした」。妻のヘレンは、こう回想している。「その店の前を通るたび、立ち止まって、中に入らずにいられなかった。大きな町に行くと、その店が何軒かあることを知ってい

る。わたしはいつも子供たちと車で待った。無理もないけれど、子供はそのたびにこういった。『パパ、さっきとおなじ店なのに！』」[注5]

世界最大の小売会社の創始者を、そうまで魅了した百貨店チェーンとは、どこだったのだろう？　Kマートだ。ウォルトンのKマートへの惚れ込みぶりは、自分の店の名前をウォルマートに変えたほどだった。

ビジネス史上稀にみるほど皮肉なことに、ウォルマートが上場を果たして30年後、史上最大の小売会社創設者が追いつき追い越そうとしたKマートは、破綻した。ウォルマートに投資した1000ドルは、その後30年間、歴代3位に数えられるリターンを稼ぎ出した。サウスウエスト航空と、ウォーレン・バフェットのバークシャー・ハザウェイにつぐ第3位だ。Kマートに投資した1000ドルは、紙くず同然となった。

ウォルマートやサウスウエストが実証するとおり、会社は幅広く事業を広げなくても、先端技術を開発しなくても、成功できる。だが技術力が、ウォルマートの成功にまるで無関係かといえば、そうではない。それどころか、ウォルマートは他社に先駆けて、ハイテク設備や通信機器を店舗の管理運営に利用して、売上監視に役立ててきた。1969年、小売業界ではきわめて早い時期に、コンピューターを導入した。1980年、レジでバーコードを採用して会計を合理化した。1980年代後半、無線スキャナーを使った在庫追跡ツールを採用した。同社の流通拠点を訪れた見学者は、口を揃えて、これほど見事な最先端システムはみたことがないと感嘆する。

それでも、ウォルマートの生産性が競合他社を50％上回る理由は、技術力に求められる以上に、選別的な拡大戦略と経営慣行に求められる。マッキンゼーは『ウォルマート効果』と題するリポートで、こう結論している。

> ウォルマートの事例は、ニューエコノミーをめぐる熱狂に対する明確な反証となる。ウォルマートの生産性優位のうち少なくとも半分は、革新的な経営手法を通じた店舗の効率性改善によるもので、情報技術とは関係ない。[注6]

ウォルマートの成功戦略

　ウォルマートが競争優位を獲得したのは、値引き戦略を発見したからではない。値引き戦略とはつまり、値段を下げて、百貨店から顧客を引き戻す手法だ。この戦略が発見されたのは1960年代前半で、発見者はKマートの前身、クレスギのハリー・カニンガム社長だ。カニンガムは小売業界の潮目の変化をみてとり、雑貨店チェーン「クレスギ」の既存店を年に10％のペースで閉鎖する一方、ディスカウント店チェーンを急激に拡大した。1962年、カニンガムはミシガン州ガーデンシティで、ディスカウント店「Kマート」1号店の扉を開けた。

　設立後数年で、Kマートは急速に成長した。1977年には店舗数が約1800店に達している。ウォルマートは当時、わずかに195店舗だ。Kマートの成功は、シアーズ・ローバックの牙城を突き崩し、Kマート株は急上昇した。

　Kマートの出店先は大型の都市圏が中心で、物流網も雑貨店チェーン時代と変わらなかった。一方のウォルマートの本拠地は、アーカンソー州ベントンビルだ。地の果てといっていい。これだけ小さな町に、ウォルトンの店まで商品を運んでくれる大型の納入業者はいなかった。ウォルトンはやむなくベントンビルの古ガレージで大口荷物を受け取り、小口に包み替えて、別の納入業者に店舗まで搬送させていた。ウォルトンによると、このプロセスは「金がかかり、手間がかかった」

　だがサム・ウォルトンはやがて、競争優位を見出し、圧倒的な効率性を武器に、カニンガムを王座から追い落とす。ウォルマートは、Kマートとちがって、全米に店舗網を展開する戦略を避け、地域ごとに集中して出店した。輸送コストを最小化するためだ。まず物流センターから搬入できる範囲内で、地域をひとつ選び、数店舗を出店する。次にその近隣で、なるべく多く出店が見込める地域を選んで、おなじ形式で出店する。ウォルマートはみずから「飽和戦略」と呼ぶこの戦略で、物流センターから店舗までの輸送コストをぎりぎりまで圧縮した。効果は絶大だった。対照的に、

Kマートの爆発的な成長は、やがて自分の首をしめる問題の種を播いた。物流コストを無視して拡大しつづけるかぎり、無駄を削ぎ落としたディスカウント店体質にはなり切れない。

ウォルマートの物流人事部門元実行副社長、ジョー・ハーディンは、かつてこう語っている。「必要に迫られるまで、物流に金をかけない会社が多い。我々が物流に金をかけるのは、それでコストを圧縮できることを何度も経験して知っているからだ。ウォルマートの戦略を理解する上で、これはかなり大きなポイントとなる」注7) ウォルマートの低コスト体質は、かなりの部分まで、効率的な物流網と慎重な拡大戦略がもたらしたといえる。

ウォルマートは、サウスウエスト航空とおなじく、当初は小さな地域市場に焦点を当てることで成功した。おなじように、両社とも低価格にこだわった。サウスウエスト航空のモットーはこうだ。「いつでも、どこでも、格安料金の航空会社」。ウォルマートは「エブリディ・ロープライス」。価格面でつねに優位を追求する姿勢が、成功の要となった。

鉄鋼業界——ニューコア

鉄鋼業界は、鉄道と石油の後を継いで、19世紀終盤から20世紀前半にかけて米国の産業界を支配した。上場時の規模でみて、ユナイテッド・ステーツ・スチール（USスチール）を上回る企業はいまだにあらわれていない。1901年に上場を果たしたときの時価総額が14億ドルだった。米国の上場企業で時価総額が10億ドルを超えた第1号だ。

ベスレヘム・スチールの創業は、1857年に遡る。ペンシルバニア州ベスレヘムのプラントから搬送される鉄鋼は、歴史的な建造物を支えてきた。ゴールデンゲート・ブリッジをはじめ、ジョージ・ワシントン・ブリッジも、ロックフェラー・プラザも、ウォルドルフ・アストリア・ホテルも、シカゴ・マーチャンダイズマートも、最高裁判所もそうだ。第二次世界大戦中には、1121隻の船をつくった。USスチールとベスレヘム・スチールとは、米国経済の電源であり、両社あわせて国内鉄鋼需要の約半分を供給

第8章　生産性と収益──負け組業界の勝ち組経営陣

していた。

だが1970年代前半から、外国メーカーとの競争が始まった。国内の鉄鋼労働者数の推移をみると、第二次大戦中の100万人から、2002年には14万人まで減少している。この年（2002年）、米国を代表する企業の1社だったベスレヘム・スチールは破産法適用を申請し、一時30万人を雇用した会社の歴史に幕を閉じた。USスチールはかろうじて踏みこたえているが、かつての栄光は見る影もない。

投資家にとって、これ以上ひどい環境は考えにくかっただろう。だがその中で、逆風を突いて、卓越したリターンを達成した会社がある。ニューコアだ。他社に先駆けて電炉製鋼技術を採用し、鉄スクラップ再利用の草分けとなった。そして過去30年にわたり、投資家に卓越したリターンをもたらしてきた。他の大手がレイオフを繰り返し、破綻していく中で、平均17％のペースで売上を伸ばし、いまや業界第2位の地位にある。株主も十分に報われた。過去30年間、鉄鋼セクターの運用成績は市場平均を年率約4％下回ってきたが、ニューコアは、おなじ期間に、市場平均を同5％以上上回っている。

ニューコアの成功の理由を「破壊的技術」の採用にみる向きが多い。つまり「鉄鋼大手」に代表される、過去の巨大企業を転覆させる新技術を採用したために、成功した。だがジム・コリンズは『ビジョナリー・カンパニー』で、こう述べている。

> **われわれが偉大な企業への飛躍をもたらした要因を上から5つあげるよう求めたとき、ニューコアCEO、ケン・アイバーソンは、技術力を第1位にはあげなかった。第2位にもあげなかった。第3位でもなかった。第4位でもない。では、第5位だろうか。これもちがっていた。「主要な要因は、会社の一貫性、組織全体にわれわれの考え方を浸透させる能力、それを可能にした要因として、経営階層がなく官僚主義がない組織だ」**[注8]

ニューコアの別の経営幹部はこう語っている。「当社の成功の20％は、採用した新技術によるものだが、……80％は企業文化によるものだ」[注9]

コリンズはこう結論する。「ニューコアとまったくおなじ技術を、まったくおなじ時期に、まったくおなじ資源をもった企業が採用したとしても、ニューコアのような実績をあげることはできなかったはずだ。デイトナ500に似ているともいえる。このレースに勝利を収めるためにもっとも重要な要因は自動車ではなく、ドライバーとチームだ」[注10]

　ニューコアが採用した電炉技術のおかげで、USスチールやベスレヘム・スチールなどの一貫生産型の高炉メーカーの技術が時代遅れになったのは事実だが、ニューコアの真の競争優位は、会社と従業員との関係にあった。

　ケン・アイバーソンは自著『真実が人を動かす——ニューコアのシンプル・マネジメント』で、自分の考えとして、大半の企業は次の点で問題を抱えていると述べている。

> ほとんどの企業では、いまだに不平等がはびこっている。……企業の階層の最上部にいる人たちが、自分たちの特権を次々につくりだし、実際の仕事を担っている従業員に特権をみせびらかしている。そうしておいて、経費削減や収益性向上を経営陣が呼びかけても、従業員はなぜついてこないのかと首をひねっている。……経営階層の最上部にいる人たちが、階層制によって従業員をつねに抑えつけていながら、従業員の動機付けに巨額を投じていることを考えるたび、わたしは信じがたいと首をひねっている。[注11]

　ニューコアには、経営幹部が訪問客をもてなす豪華な会食室はない。大切なお客も、通りを挟んで正面にある小さなサンドイッチ店「フィルズ・ダイナー」に案内する。経営幹部であっても、現場の従業員より特別手当が手厚いわけではない。それどころか、経営幹部のほうが特別手当が少ない。経営幹部と一般従業員との間の階層差を根絶するために、極端な方法までとっている。たとえば以下のとおりだ。

- 従業員は、子供が高校卒業後に教育を受ける場合、子供１人当たり年に2000ドル、最長４年間にわたり教育費補助を支給される。ただし経営幹部にこの権利は認められない。
- 9800人以上の従業員全員の氏名を、年次報告書に記載する。肩書きの区別なく、ＡＢＣの順とする。
- 駐車場に専用スペースを設けない。社用車も、社用ボートも、社用機もない。
- すべての従業員におなじ保険プランを適用する。有給休暇の日数もおなじとする。
- 工場では、全員がおなじ緑色の防火用上着と保護帽を着用する（ほとんどの一貫型高炉メーカーでは、作業衣の色のちがいは地位のちがいをあらわす）[注12]

ウォーレン・バフェットは、こうコメントしている。「成功するインセンティブ制度の古典的な例だ。わたしがブルーカラー労働者だったら、ニューコアで働きたいと思うだろう」[注13]

一方、ジム・ストロマイヤーが『ベスレヘムの危機（Crisis in Bethlehem）』で描いたのは、万事にわたって経営幹部と従業員を不平等に扱う企業風土だった。社用機を何機も所有し、それを経営幹部が、子供を大学に送ったり週末に保養地に出かけるといった私用に使っていた。会社の資金でカントリー・クラブを改装し、シャワーを使う順番は、序列の順と決まっていた。あとは、推して知るべしだろう。[注14]

勝ち組と負け組

サウスウエスト航空、ウォルマート、ニューコア。３社とも、投資家を散々な目にあわせた業界にありながら繁栄した。３社に共通する特徴はなんだろう？　どのようにして、逆風をはねのけたのだろう？

　３社とも、コスト削減を目標と見定め、「たしかな製品とサービスを、これ以上は下げられない価格で」顧客に提供することに専念した。３社と

も、革新的な手法を通じて、従業員から最大限の生産性を引き出した。3社とも、独自の戦略を編み出し、それぞれの業界で圧倒的な低コスト体質を実現した。

　だがなにより重要なのは、次の点だろう。3社とも、目標を達成するためには、経営陣が手綱を引き締め、模範的な労働環境を整えることが先決だと認識していた。そういった環境でなら、従業員は、自分はチームの一員であり、顧客から寄せられる尊敬と経済的な成功の両面で、会社に貢献していると感じることができる。

　こうした成功物語をみれば、投資家は立ち止まって、考えざるをえないだろう。運用成績が高い銘柄が、技術革命の先端を行く業界に属しているとはかぎらない。それどころか、低迷する業界、縮小する業界に属しているケースが多い。こうした企業を率いる経営陣は、効率性を徹底して追求し、競争上のニッチ市場を開拓して、優位な地位を築いてきた。属する業界がどこであれ、この特徴に変わりはない。こうした特徴を備えた企業は、市場から過小評価されている場合が多い。投資するなら、こうした銘柄を探すのが正解だろう。

第3部

株主価値の源泉

第9章
金をみせろ
（ショー・ミー・ザ・マネー）
配当とリターンと企業統治

雌牛からミルク／雌鶏から卵
株が一株／一株から配当
果樹園から果物／蜂から蜜蜂
株がたくさん／たくさんから配当

ジョン・バー・ウィリアムズ
『投資価値理論（The Theory of Investment Value）』1938年

　2004年7月20日、火曜日。マイクロソフトが、1株当たり3ドルという破格の特別配当計画を発表した。発行済み株式数が約110億株なので、総額で約320億ドルになる。同社はその上、四半期の配当を倍に引き上げ、向こう4年にわたり総額400億ドル以上の自社株を買い戻す計画を発表した。1975年に創業し、1986年に上場を果たして以来、マイクロソフト株は年率37.6％という驚異的なリターンを達成してきた。上場から16年間については100％が値上がり益だ。ようするに、配当は1セントも支払っていない。だがそれも昔の話となった。320億ドルの特別配当とは、規模でいえば、時価総額がこれを上回る上場企業は全米で70社程度しかない。ゼネラル・モーターズやフォードといった大企業でさえ、この水準には届かない。

　発表の翌日、マイクロソフト株の売買高は2億200万株に達した。同社の決断をめぐって、意見がまっぷたつに割れた。一部のアナリストは、マイクロソフトもようやく成長見通しの厳しさを認識し、560億ドル超という莫大なキャッシュを手元に置く必要はないと悟ったのだとみた。だが強気筋にいわせれば、株主への利益還元は企業の大切な役割のひとつであり、

マイクロソフトの決断は、投資家にとって好材料だった。

どちらが正しいだろう？ 株主への利益還元を好材料とみてマイクロソフトを買った投資家か？ 増配は成長減速の兆しとみて売った投資家か？ 過去のデータをみるかぎり、答えは一目瞭然だ。配当は歴史を通じて、株主リターンの圧倒的な源泉となってきた。配当利回りが高い企業ほど、投資家にもたらすリターンも高い。

全体像を眺める

株式市場の過去のリターンに関する、次の決定的な事実について考えてみたい。

1871年から2003年にかけて、インフレ調整ベースで、株式の累積リターンの97％は、配当再投資が生み出してきた。値上がり益(キャピタルゲイン)が生み出した部分は3％にすぎない。

図9-1をみてもらいたい。1871年に株式に1000ドル投資して、配当を再投資した場合、2003年末のリターン総額は、インフレ調整ベースで約800万ドルとなっている。注1) 配当を再投資しなかった場合は、25万ドルに満たない。

この122年間、投資家は約9万ドルの配当を回収する。これを単純にキャピタルゲインに加算すると、合計は100万ドルの3分の1、約33万ドルとなる。だがこの合計額も、配当を再投資した場合の総額に比べれば、やはり取るに足りない。年率でみても、呆れるほどの格差が開いた。配当を再投資した場合の平均年率はインフレ調整ベースで7％、再投資しなかった場合は、同4.5％だ。3分の1以上目減りしたことになる。

配当が物を言うのは、市場全体のリターンだけではない。個別銘柄のリターンでも大きく物を言う。

配当利回りとリターンの関係を調べるため、1957年から現在にかけて、Ｓ＆Ｐ500採用銘柄を対象に以下の調査を行った。各年の12月31日を基

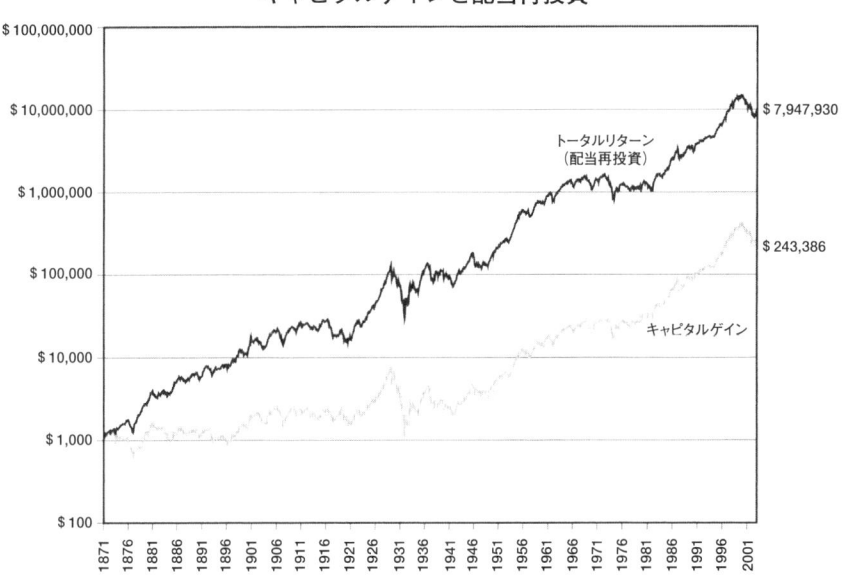

図9-1
キャピタルゲインと配当再投資

準として、配当利回りにしたがって500銘柄を5つのグループ（五分位数）に分類し、グループごとに向こう1年間（暦年）のリターンを算出する。配当利回りがもっとも低い20％を第1グループとし（大半は無配、とくに最近の数年間は無配が多い）、次に低い20％を第2グループとし、この順でいって、配当利回りがもっとも高い20％を第5グループとする。こうして5グループを作成し、それぞれの向こう1年間のリターンを算出して、翌年についてもおなじ手順で5グループを作成する。

図9-2に示したとおり、目を疑うほど鮮やかな結果が出た。はっきりと加速をつけて、配当利回りが高いグループほど投資家に高いリターンをもたらしている。1957年12月末日、Ｓ＆Ｐ500のインデックス・ファンドを1000ドル買った投資家は、2003年末日、累積リターン（配当を再投資したリターン総額）が13万768ドルとなっている。年率では11.19％だ。Ｓ＆Ｐ500種平均ではなく、配当利回り上位20％（第5グループ）だけを

図9-2
配当利回りをベースに分類したS&P 500の累積リターン
(資料：COMPUSTAT)

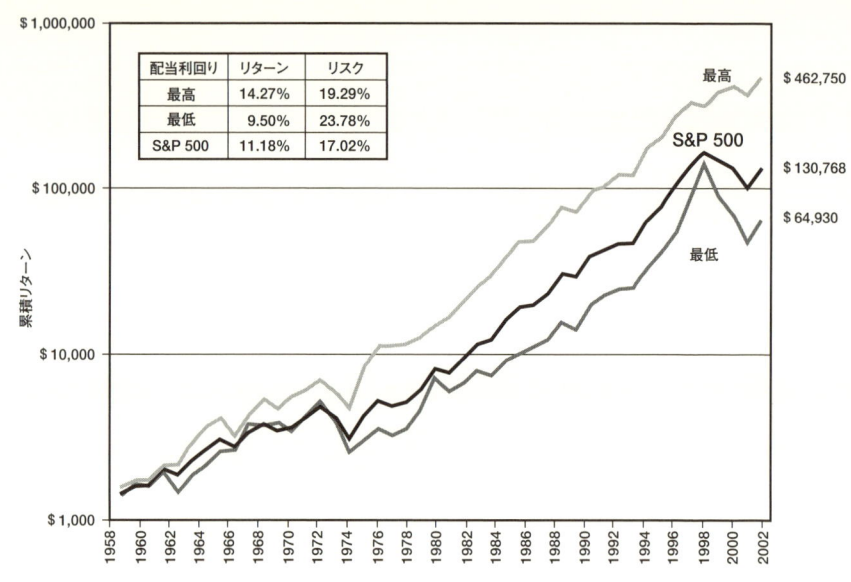

配当利回り	リターン	リスク
最高	14.27%	19.29%
最低	9.50%	23.78%
S&P 500	11.18%	17.02%

最高 $462,750
S&P 500 $130,768
最低 $64,930

　年末ごとに買った場合、2003年末の累積リターンは46万2750ドルとなった。S&P 500種平均の場合の3倍以上だ。高配当グループは、S&P 500種平均に比べてリスクがやや高いが、年率14.27％のリターンは、追加リスクを補って余りあるだろう。逆に、配当利回りが最低のグループ（第1グループ）だけを買った場合、累積リターンは、S&P 500種平均の半分程度にしかならない。年率では10％を割り込む。さらにやっかいなことに、低配当グループは無配の銘柄が多いため、リスクも5グループの中でもっとも高くなった。

　図をみるとわかるとおり、1990年代のハイテク・バブルの期間、当時ほぼ例外なく無配だったはずの低配当グループのリターンが、S&P 500種平均に届きそうなほど急上昇している。

　だが、歴史はここで復調し、膨らみ切ったハイテク・バブルに針を刺し

た。株価は軒並み地に落ち、低配当銘柄はとくに、これ以上下がる余地のないところまで、つまりバブル前の水準まで落ちた。

配当利回りの低下

配当が株式のリターン生成を大きく左右してきたのは、歴史の偶然ではない。配当には、企業の収益と株式の価値を結びつける上で、決定的に重要な役割がある。金融理論によると、なんであれ資産の価格とは、将来それが生み出すキャッシュフローの現在価値と言い換えられる。株式の場合、キャッシュフローに相当するのは、配当だ。値上がり益ではない。値上がり益とは、目的のための手段にすぎない。そして会社の目的とは、株主の手にするキャッシュのリターンを最大にすることだ。

配当の重要さについては、過去のデータをみても、金融理論をひもといても、圧倒的な論拠がある。ところが過去20年にわたり、株式の配当利回りは、史上最低の水準まで落ち込んでいる。**図9-3**に、長期的な推移を示した。1871年から1980年にかけて、株式の平均配当利回りは5％だった。おなじ期間の株式の平均実質リターンに占める比率でいうと、76％となる。

ところが、1980年代から、配当利回りは下落基調に転じ、1990年代に入ってからは一貫して下げつづけている。ハイテク・バブルがピークを迎えた2000年、Ｓ＆Ｐ500の平均配当利回りは1％台まで低下した。以来、わずかしか回復していない。

この下落は、なぜ起こったのだろう？ 歴史を通じて、株式リターンの最大の源泉となってきた要因が、なぜ急に、ここまで軽視されるのか？

考えられる理由は次の3つだ。①配当を支払う企業は、成長オプションをみすみす見逃しているとのまちがった考えがある。配当に費やす利益を投資に振り向ければ、そうはならないとの説だ。②米国の税制では、配当金は二重課税の対象となる。③経営幹部向けストック・オプションが流行し、経営陣の焦点が、配当継続から、株価押し上げへと移行した。

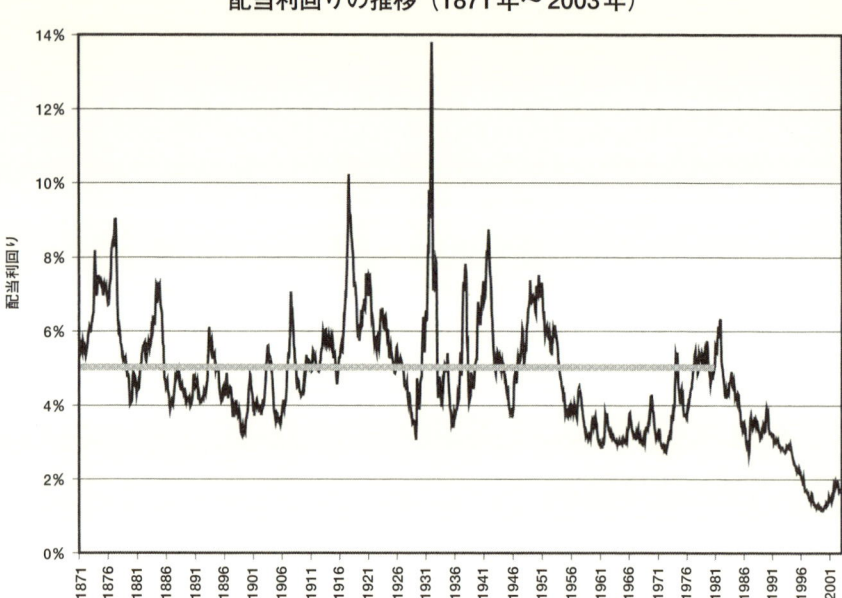

図9-3
配当利回りの推移（1871年～2003年）

成長オプションと配当

　利益を配当の形で費やすのは馬鹿だといわんばかりの人々は、たいていこういう。利益を配当に費やしてしまったら、急成長中の会社には、設備投資の資金がなくなる。

　元ヘッジファンド・マネジャーにしてハイテク専門投資会社の共同創設者、アンディ・ケスラーは、ウォールストリート・ジャーナル紙に『配当を憎む』と題するコラムを寄稿し、こう述べている。

> 時価総額が100億ドル以上で、配当利回りの高い企業のリストをざっと眺めてみるといい。アメリカの未来を垣間見た気分にはならないだろう。いつに変わらぬ日常風景というべきか、たとえば、デューク・エナジー

(5.6％)、イーストマン・コダック（5％）、フォード（4.1％）、ＧＭ（5.4％）、ＪＰモルガン・チェース（5.6％）、ＳＢＣコミュニケーションズ（3.9％）、ベライゾン（3.9％）などだ。配当は投資家の目をくらませ、借金漬けで伸び悩む会社、あるいは伸び切った会社の株を買わせる。こうした銘柄はやがて減配となり、下手をすると、投資銀行マンを兼任した調査アナリスト以上に、投資家に火傷をおわせかねない。近寄ってはいけない。彼らの胸には緋色のドルマークがみえる。利回りが欲しいなら、債券を買えばいい……。

配当は経済成長を生まない。落ち目の企業は配当で投資家を抱き込もうとしているだけだ。それよりも、将来性ある企業の事業投資を支援して、高リターンを狙うのが正解だ。配当が高ければいいだけの話なら……鉄道株を後生大事に持っていればいい。[注2]

ケスラーの説は、一見なるほどと思えるが、過去のデータをみるかぎり、事実とちがう。第2章に示したとおり、老舗企業の平均リターンは、新興企業を上回っている。また第4章に示したとおり、Ｓ＆Ｐ500主要10セクターのうち9セクターでは、晴れてＳ＆Ｐ500に採用された新興銘柄のリターンは、指数が組成された1957年以来の生き残り銘柄のリターンにかなわない。

ケスラーは鉄道株を保有する投資家をからかっているが、鉄道株は過去45年間、工業セクター全体どころか、Ｓ＆Ｐ500種平均さえ上回る運用成績を達成している。一方、ハイテク株はとみると、他のどのセクターよりも配当が低く、運用成績は市場平均をかろうじて上回る程度だ。

残念ながら、企業が資金を注ぎ込む成長オプションは、金を飲み込む底無し沼となるケースが多い。第7章「資本を食う豚」に示したとおり、設備投資が高水準なグループの運用成績は、なるべく節約するグループを下回ってきた。

では多額のキャッシュを蓄え、収益に弾みをつけようと、買収先を物色している企業は？　これも買いは奨められない。オハイオ州立大学、ピッツバーグ大学、南メソジスト大学の研究者による論文『大規模な富の破壊

（Wealth Destruction on a Massive Scale）』によると、1998年から2001年までの4年間、外部企業を買収した企業の株主は、総額2400億ドルを失っている。論文はこう結論する。「多額の損失は、買収を通じて負のシナジー効果が引き起こされたケースで発生している」注3) この調査を裏付ける方向で、ワシントン大学のジャラッド・ハーフォードは、権威あるジャーナル・オブ・ファイナンス誌に発表した論文でこう結論した。「手元資金が豊富な企業は、手元の余剰キャッシュ1ドル当たり7セントずつ価値を破壊している」注4)

会社の金庫に現金がうなっているのは、ポケットに金がうなっているのとおなじだ。どちらにしても、つい使いたくなる。わたしはよく投資家から、どこそこ社の株価が1株当たり現預金を下回っているが、買うべきだろうかと質問される。わたしの答えはこうだ。「それは要注意！」そのどこそこ株の買いを奨められるとすれば、投資家が自分で経営権を握って、キャッシュの流れを株主へと引き戻せるときだけだ。これはかつて、ウォーレン・バフェットの師匠にあたるベンジャミン・グレアムが得意とした手法で、グレアムはいつも、キャッシュが株主利益のために使われていない企業を物色していた。そううまくはいきそうにない場合、わたしなら、手を出さない。経営陣が向こう数年のうちに、キャッシュの大半を浪費することも考えられる。

ウォーレン・バフェットとバークシャー・ハザウェイ

配当、配当とここまで力説すれば、ウォーレン・バフェットを崇拝する向きはいまごろ、呆れて首を振っていることだろう。わたしもファンのひとりとして、バフェットの「無配、キャッシュ温存主義」がなぜ大成功を収めたのか、ここで説明しておきたい。

バフェットの投資会社、バークシャー・ハザウェイは、1967年に10セントの配当を支払ったきり、無配を続けている。バフェット本人が配当支払いに断固反対で、草創期に取締役会が配当支払いを議決したとき、自分はトイレに行っていたと言い張っている。注5) 配当を支払うことなく、バ

ークシャー・ハザウェイは、過去40年にわたり飛び抜けた運用成績を達成してきた。

バークシャーが配当を払わない最大の理由は、税金だ。2003年、ニュース番組「ナイトライン」に出演して、キャスターのテッド・コッペルにインタビューされたとき、バフェットはこう語っている。「税金を取られないなら、配当を支払うのも（会社の株主にとって）いいだろう」[注6] 後の章で詳しく述べるが、バフェットのいうとおり、米国の税制は最近改定されたとはいえ、企業が値上がり益(キャピタルゲイン)を追究する誘因になっている。キャピタルゲインは、株式を売却しないかぎり課税対象とならない。

一方の配当は、受け取ると同時に課税される。ようするに、事業を拡大するなり、他社を買収するなり、自社株を買い戻すなりして、企業が利益を建設的な投資に振り向け、それがうまくいけば、投資家に課せられる税金は将来に先送りされる。

だが企業が利益を投資に向けて、それがうまくいくかどうかは、たいていの場合だれにもわからない。前の章で解説したとおり、経営陣がやみくもに設備投資に利益を注ぎ込み、投資家のリターンがかえって押し下げられた例は、いくらでもある。

またキャッシュが有り余るほどある企業では、コスト管理が緩みやすい。特別手当として散財したり、豪華な本社ビルを建てるようになる。経済学者はこうした意味のないコストを、資本と経営の乖離がもたらすコストという意味で、「エージェンシー・コスト（代理人費用）」と呼んでいる。これはオーナーが経営者でないかぎり、どの組織にも、多かれ少なかれ存在する。

ウォーレン・バフェットは、さすがというべきか、この点できわめて稀な経営者のひとりで、節度と意志と動機を保って、落とし穴という落とし穴を避けてきた。つねに株主と同列に身をおくことで（莫大な財産のほとんど全額をバークシャーに投資している）、自分と自分の株主に、直接にして最大の利益をもたらすために行動してきた。

投資家に対して、あけすけといっていいほど率直に語る。なにがうまくいっていて、なにがうまくいっていないか、会社の利益と資本をどう使っ

ているか、洗いざらい開示する。悪材料をごまかそうとせず、株価を無理に押し上げようとしない。魅力的な投資機会がないと見極めれば、キャッシュがうなっていても、投資を控える。キャッシュ温存も重要なオプションのひとつと認識している。またとない機会が市場にあらわれたとき、すばやく追求できるからだ。

株主に配当を支払う代わりにキャッシュを温存する方針は、バフェットの戦略に照らせば、理にかなっている。資金調達がむずかしい局面でまたとない投資機会を掴めるのは、財務支援や買収の資金を手元に控えている投資家だ。そしてバフェットはこうした機会を見出す達人だ。しかもバフェットは、バークシャーの株価が割安とみれば、自社株買い戻しプログラムを通じて市場から買い戻す。2000年にも、バークシャーA株が4万5000ドルを割り込んだとき、買い戻しを検討している。[注7]

その上、バフェットの投資戦略は、健全なキャッシュフローを生む株式や事業に焦点を絞っている。健全なキャッシュフローとは、企業が配当を支払うための必要条件だ。「我々が買収候補として選好するのは、キャッシュを生む事業であって、それを消費する事業ではない」。1980年の年次報告書でこう述べている。1991年の報告書でも、バークシャーが探しているのは「安定的な収益力を証明してきた事業（先々の見通しには興味がない。「再建中」も同様）」と繰り返している。ようするに、バフェットの投資目標とは、安定したキャッシュフローを生む会社を適正価格で買収することであり、これはつまり、配当を再投資する投資家の行動そっくりそのままだ。

他社の経営陣が、バフェットとおなじくらい、株主との間に近い関係を築いていれば、配当の意味はずっと小さくなるだろう。だがたいていの場合、株主の目標と経営陣の目標は、ときには大きく、食い違っている。配当の形で収益が株主に還元されるとの約束があれば、経営陣が株主の財産を浪費する可能性は、小さくなる。

配当と企業統治（コーポレート・ガバナンス）

　経営陣がつねに、あくまで株主の利益のために行動するというなら、配当は重要ではない。だがそうではない大多数の企業では、決定的に重要となる。配当を支払うことで、株主と経営陣との間に信頼関係が築かれ、収益に関する経営陣の発言が裏づけられるからだ。わたしがこの信頼関係の大切さをあらためて悟ったのは、エンロン危機が株式市場の信認を揺さぶった2001年秋だった。

　嘘のような話だ。ヒューストンを本拠とする無名の天然ガス・パイプライン事業会社が、世界最大のエネルギー取引会社の地位にのぼりつめた。2000年8月、株価がピークに達したとき、時価総額は約700億ドルと、全米上位50社に数えられる水準になっていた。GM、フォード、シェブロンといった巨大企業さえ上回る規模だ。

　エネルギー流通業界の古いタイプの企業が、市場原理に基づく新世界に順応したモデルとして、もてはやされた。6年連続でフォーチュン誌の「もっとも革新的な企業」の上位に選ばれ、米国でもっとも賞賛される5社に選ばれた。ニューエコノミーを代表する企業だった。

　ところが、このニューエコノミーの寵児は、一方で会計をごまかしていた。利益が順調に伸びているとみせかけて、簿外の関連会社に負債を隠していた。まもなく投資家は、利益を水増しし、会計を操作していたのはエンロンだけではないことを知らされた。タイコ、ワールドコム、アデルフィア、ヘルスサウスなど、投資家の拍手喝采を浴びていたいくつもの企業が、決算を偽っていた。優良の中の優良、ゼネラル・エレクトリックさえ、会計手法の一部を問題視された。

　ただし、不正会計スキャンダルが次々に明るみに出たとはいえ、わたしの見方では、企業経営陣の大多数はいまも倫理基準を失ってはいない。本当の問題は次の点にある。株式価値のもっとも基本的な源泉であるはずの配当が軽視されている。軽視を招いたのは、短期的な株価の動きに一喜一憂する投資家であり、米国の税制であり、行き過ぎた経営陣向けストック・オ

プションだ。この3つこそ、投資家の信認危機を引き起こした真犯人だ。

配当赤字

2002年2月、わたしは懸念を論文にまとめ、ウォールストリート・ジャーナル紙に寄稿した。タイトルを『配当赤字』として、歴史を振り返れば、この株主価値の源泉について大切な教訓が得られると指摘した。[注8] たとえば19世紀、世の中に証券取引委員会（SEC）はなく、財務会計基準審議会（FASB）もなく、こんにち証券市場を監督し、規制している諸々の機関はなにもなかった。企業はてんでに好きな情報を好きに発表し、あいまいな数値を発表したからといって、経営陣が弾劾される心配もなかった。

およそ基準というものがない環境で、企業はどうやって、決算はたしかだと示していたのだろう？ 昔ながらの方法で、示していた。配当の支払いだ。配当を支払っているかぎり、事業は黒字であって、決算にまちがいはないと目に見える形で証明できる。配当を支払わないなら、その株式の価値は、経営陣の決算報告が信頼できるかどうかで決まる。それが信頼できないとき、その株を買う理由もない。

わたしはおなじ論文で、米国の税制と過剰なストック・オプション制度、とくに経営幹部向けストック・オプション制度をとりあげ、配当減少を招いた主因と指摘した。

配当課税

米国の税制が、配当軽視を招いた一因であることはまちがいない。わたしが論文を執筆していた当時、配当収入は全額が個人の所得税で課税され、法人税でも控除を認められていなかった。諸外国では、ほぼ例外なく、所得税から全額ないし一部の控除が認められている。法人税の一部として、すでに課税されているからだ。

わたしは配当の二重課税を廃止するよう議会に求め、減税案を論文にまとめて、『配当減税は配当を生む』とのタイトルで、2002年8月13日付け

ウォールストリート・ジャーナル紙に寄稿した。また以前から配当減税を求める発言をしていたので、ブッシュ大統領主催の経済サミットに招待され、ちょうどこの日に開催された会議で、政権内外の経済学者と減税案を討議することができた。

わたしは減税案として、法人が株主に支払う配当の税控除を認めることを求めた。法人が債券投資家に支払う利息は、全額控除を認められており、これとおなじ扱いとする。そうすれば、不動産投資信託（REIT）や、ミューチュアル・ファンドや、サブチャプターＳ法人（特別課税措置を申請した小法人）など、すでに控除を認められているグループとの税制上の不平等がなくなる。

2003年5月27日、ブッシュ大統領は「2003年雇用と成長のための減税調整法」に署名した。配当税率とキャピタルゲイン税率を15％まで引き下げる減税策が主眼だ。わたしとしては、個人ではなく法人での控除を優先したかったが、配当減税は急務であり、待ち望まれた改定だった。

各社申し合わせたように、一斉に大幅な増配を実施した。配当利回りは現在、40年前の水準まで回復している。減税の魔法が効いたのはあきらかだ。[注9]

ストック・オプションと配当

配当軽視を招いた要因は、税制だけではない。企業が配当を下げるとき、従業員ストック・オプション制度が果たしてきた役割は、税制ほど直接的ではないが、おなじくらい大きい。

マイクロソフトのケースをみれば、わかりすぎるほどよくわかる。

2003年1月16日、ブッシュ大統領が配当減税案を発表して1週間後、マイクロソフトは、創業以来初の配当支払いを発表した。1株につき8セント。利回りでみれば低水準だが（1％の3分の1以下）、かなり大きな前進だ。

だがマイクロソフトはこのとき、おなじくらい重要な決断を下していた。従業員向けストック・オプションの廃止だ。同社は以降、取得権（オプシ

ョン)ではなく、普通株でインセンティブ報酬を供与するという。

ほかでもないマイクロソフトが、ストック・オプション制度を廃止したとは、劇的な変化だ。このハイテク業界の巨人は、ストック・オプションで人材を惹き付けるという業界の慣行の草分けだった。気前よくオプションを供与しつづけ、これまでにざっと1万人を百万長者にしたとの説さえある。[注10] プログラマーはいうまでもなく、「ゴーファー」と呼ばれる使いっぱしりまで、だれもがストック・オプション制度の対象となった。事務員や秘書がオプションを行使して、数百万ドルを手に30代で退職したといった噂が広まり、やがてストック・オプションを報酬の切り札として、最高の才能を呼び込み、士気をあおるのがハイテク業界の慣行になった。

マイクロソフトは今後、社員のやる気を引き出すために、オプションではなく配当を伴う普通株を発行する。このストック・オプション制度廃止がなければ、1年後の2004年に1株当たり3ドルの特別配当を発表することもなかっただろう。オプション保有者に、配当を受け取る権利はないからだ。オプションで儲かるか損をするかは株価しだいであり、配当は関係ない。配当が支払われれば、**株式保有者**のリターンは上昇するが、オプション保有者にとっては、なんの意味もない。

オプション改革

ストック・オプション報酬の行き過ぎをどうすれば抑えられるかを理解するためには、そもそも、なぜこれが流行したかを理解することが近道になる。経営陣向けストック・オプション制度は、1990年代半ばに急激に普及した。1993年に議会が新法を成立させ、損金算入が認められる役員報酬の上限を100万ドルとしたからだ。この法律は現在、内国歳入法第162条(m)の一部となっている。企業の役員報酬の高騰に対する世間の非難を受けた改正だった。

だが企業側はこれに対し、経営幹部の報酬は成功報奨型(インセンティブ)でなければ増益はおぼつかないと反発した。そこで議会は、役員報酬に上限を設ける法律を成立させ、同時に、インセンティブ型報酬は上限規定の適用を受けない

との一条を盛り込んだ。追って内国歳入庁が、オプション付与はインセンティブ型報酬に分類されると規定した。これで、水門が開かれた。

　この法律が成立した経緯は、「意図しない結果の法則」を示す完璧な例といえる。やがて経営幹部向けオプション報酬が大流行し、これが強い誘因となって、ＣＥＯらは配当を引き下げるようになり、そして株価を押し上げるためなら、手段を選ばないようになった。役員報酬の高騰を抑えることが目的だったはずの法律が、役員向けストック・オプションの氾濫をまねき、やがて短期的な株価変動に焦点が集まって、株主の長期的な利益はどこかにいってしまった。わたしの見方では、過剰なオプション発行を抑制したいなら、オプション費用の経費計上を義務付けるのが近道だ。議会には、現金報酬の税控除に上限を設けた1993年法の廃止を奨めたい。注(11)

　配当と対照的に、オプションに関しては、制度改革がなかなか進まない。オプション費用を経費計上する企業は増えているものの、政治的な抵抗がなお激しく、経費計上の制度化につながるＦＡＳＢ推奨案は棚上げとなっている。この問題については第11章でもっと詳しく論じたい。

まとめ

　株式が卓越したリターンを生む上で、配当がなくてはならないほど重要なのは、それが信頼の印となるからだ。配当が支払われていれば、決算にまちがいがないことが投資家にもわかる。経営陣が会社は黒字だというとき、株主は、だれはばかることなくこういっていい。「金をみせてくれ！」金をみせてきた会社は、最高のリターンを達成してきた。

　最近、配当利回りが20年間の低迷期を脱して上昇基調に転じ、復配する企業も増えてきた。ブッシュ大統領の配当減税が奏功し、配当の二重課税が緩和されたためだ。今後の改革では、配当再投資の所得税控除を期待したい。

　次の章では、配当にはリターンを押し上げるだけでなく、もうひとつ働きがあることを紹介したい。下落相場で、投資家を保護する働きだ。

第3部　株主価値の源泉

第10章
配当再投資
下落相場のプロテクター、上昇相場のアクセル

投資家に富をもたらす上で、配当が重要なことは、だれの目にもあきらかだ。配当はインフレの影響を小さくし、経済成長の影響を小さくし、株価変動の影響を小さくするだけでなく、インフレと経済成長と株価変動の影響を、ひとつにまとめて小さくする。

ロバート・アーノット
『配当と3人のこびと（Dividends and the Tree Dwarfs）』2003年

　第9章で示したとおり、配当の高い銘柄は、投資家に卓越したリターンをもたらしてきた。だが配当を支払う銘柄には、もうひとつ特徴があり、これもきわめて魅力的だ。投資期間を長くとり、配当を再投資する投資家にとって、下落相場はさほど打撃とならないだけでなく、この時期を通過することで、かえって財産が増える。市場全体が下落する局面ではたいてい、配当が減少する以上に株価が大幅に下落する。そうなれば、配当利回りが上昇する。配当利回りが上昇すれば、リターンもいずれ上昇する。この仕組みが、実際に、米国の株式市場史上最悪の局面でどう働いたかをみてみよう。

大恐慌時代

　四半世紀以上かかった。だが1954年11月24日、ダウ工業株平均の終値は、1929年9月3日につけた前回のピークをようやく上回った。この25

年という期間は、株式市場が前回のピークを回復するまでの期間として、100年以上に及ぶダウの歴史上、後にも先にも例がない。

ほとんどの投資家にとって、1929年以来、株式市場は目も当てられない惨状だった。暴落をきっかけに大恐慌が始まり、米国史上未曾有の大不況となった。90％以上値下がりした銘柄も多く、貯金を注ぎ込んで、あるいは借金して買っていた投資家は、たいてい破産した。二度と株には手を出さないと、数百万人が心に誓った。

だが借金してまで買おうとしなかった長期投資家にとって、この25年間は惨状とはほど遠い。図10-1をみてもらいたい。大恐慌時代、株式投資家と債券投資家が手にした累積リターンの推移を示している。

1954年11月の時点で、配当を再投資する株式投資家は（図では「Ｓ＆Ｐ500のトータルリターン」に相当）、前回のピークを回復するどころか、平均年間リターンが６％を超えている。長期でも短期でも、国債をはるかに上回る水準だ。前回のピークに投資した1000ドルが、ダウがその水準を回復したとき、つまり四半世紀後の1954年11月、4440ドルになっている計算だ。値上がり益はゼロでも、配当再投資だけで4440ドルのリターンを手にしたことになる。これは長期国債の累積リターンのほぼ倍、短期国債の約４倍だ。

大恐慌がなかったなら

下落相場が長期投資家にどう作用するかを知れば、たいていの投資家は、驚くだろう。以下に、仮の歴史を設定して検証してみたい。

大恐慌は起こらなかったとする。大恐慌どころか、不況など一度も訪れなかった。この仮定に基づいて、次のとおり条件を設定する。株式の配当は、大幅に減少することなく、1929年から1954年にかけて順調に増えつづけた。株価は、急落することなく、横ばいで推移した。[注1] 米国経済にとっては、いうまでもなく、現実よりはるかにいいシナリオだ。大量の失業者が発生することはなく、倒産が相次ぐこともなく、生活苦もなく、1930年代に経験した苦しみはどれも存在しなかっただろう。

第3部　株主価値の源泉

　だがこのシナリオは、国の経済にはばら色でも、株式の長期投資家からみれば、現実のほうがずっといい。どちらのシナリオの下でも、1954年11月の株式市場は、1929年とおなじ水準にある。だが投資家が手にしたリターンは、大きくちがう。**図10-1**をみてもらいたい。大恐慌が起こらなかった場合、前回のピークで投資した1000ドルは、1954年11月、2720ドルになっている。これは、実際に大恐慌を経験した投資家が手にした累積リターンを60％ *下回る*。

　なぜ、こんなことが起こるのか？　仕組みは次のとおりだ。投資家の受け取る配当は、1929年のピークから1933年の底にかけて、じつに55％減少した。だが、おなじ期間、株価はさらに大幅に下落している。結果的に、配当額は減少しても、配当利回りは上昇した。配当利回りが上昇すれば、トータルリターンも上昇する。短期投資家はたしかに、1929年から1949

**図10-1
投資資産別の累積リターン（1929年9月～1954年11月）**

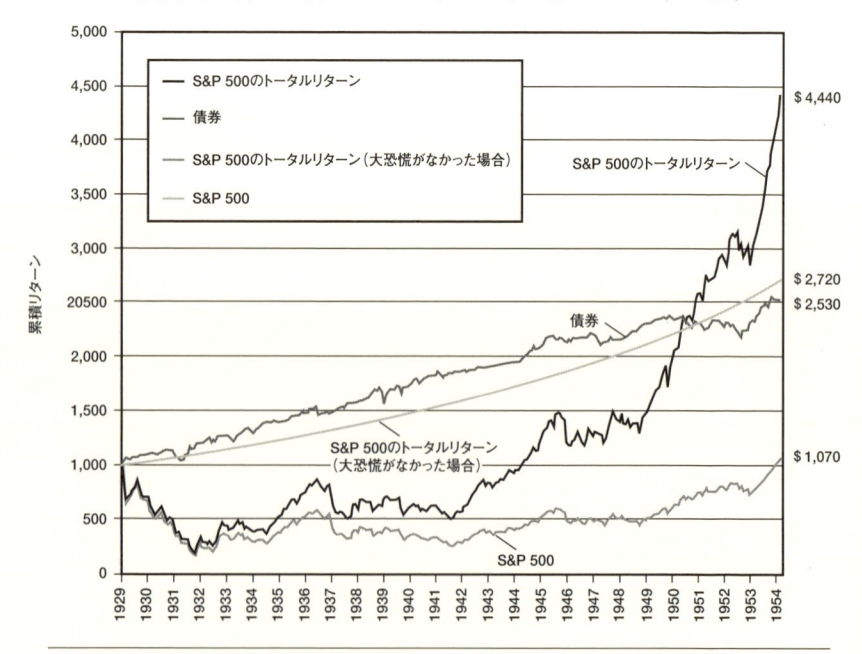

［グラフ：S&P 500のトータルリターン $4,440、S&P 500のトータルリターン（大恐慌がなかった場合）$2,720、債券 $2,530、S&P 500 $1,070］

160

第10章　配当再投資──下落相場のプロテクター、上昇相場のアクセル

年にかけて、大恐慌の余波で散々な目に遭った。20年間といえば、あっという間とはいいがたい。だが粘り強い投資家は、相場が下落しつづける間、保有株を着々と積み増していった。いったん株価が回復すれば、リターンが一気に加速する。

　大恐慌時代、長期投資家が資産を増やしたのは、保有株を売った投資家がそれだけ資産を減らしたからにほかならない。信用買いの清算を迫られた場合もあるが、たいていは、狼狽して投げ売りした結果だ。多少でも取り返せれば、丸損するよりましだと考えた。こうした売り手が、結果的にだれよりも損をした。

　以上の分析から、次の大切な教訓を読み取ることができる。相場の変動は、投資家心理にはこたえるが、長期投資家には、利益をもたらす。タイミングを見計らう必要はなく、ただ配当を再投資することで実現できる利益だ。

　下落相場といえば、投資家が耐えた痛みの逸話ばかり語られるが、それだけではない。この局面を通過してはじめて、配当を再投資する投資家は、リターン急上昇の醍醐味を味わえる。株式のリターンを左右する要因は、値上がり率と配当だけではない。**株価**も大きく物を言う。株式の生むキャッシュフローに対して、投資家が支払う対価だ。市場が悲観論にとりつかれるとき、配当を生む銘柄を買いつづけるものは、結果的にだれよりも得をする。

下落相場のプロテクター、上昇相場のアクセル

　相場が下落する局面で、配当はとくに次の2つの役割で投資家に貢献する。まず再投資を通じて保有株を余分に積み増せるので、これがポートフォリオの価値下落を受け止めるクッションとなる。下落局面に再投資を通じて保有株を積み増す配当の働きを、わたしは「下落相場の安全装置（プロテクター）」と呼んでいる。

　しかも、買い増した株式は、相場がいったん回復すれば、下落に対するクッションどころでない役割を果たす。保有株数が増すほど、将来のリタ

ーンが加速するからだ。つまり配当再投資は、下落局面でプロテクターとなり、株価がいったん上昇に転じれば、「リターンの加速装置（アクセル）」となる。配当を支払う銘柄が、市場がサイクルを繰り返すうちに、最高のリターンをもたらすのはこのためだ。

下落相場のプロテクター——フィリップ・モリスのケース

　下落相場で配当がプロテクターになる仕組みは、市場全体だけでなく、個別銘柄でもおなじように働く。第4章に示したとおり、過去半世紀、フィリップ・モリスはＳ＆Ｐ500当初採用銘柄の中で最高のリターンを達成してきた。これ以上わかりやすい例は探そうにも探せない。フィリップ・モリスの例をみれば、企業にとっての悪材料は、株価を押し下げるものの、長期投資家にとっては、いずれ好材料に転じる仕組みがよくわかる。

　1960年代前半、米国のタバコ大手6社の中で、フィリップ・モリスの売上は文句なく最下位だった。だが「マルボロ」の導入と広告が大成功を収め、1972年、「マルボロ」は売上高世界一のブランドとなっていた。1983年、フィリップ・モリスは、過去四半世紀にわたり市場を主導してきたＲＪレイノルズ・タバコを買収した。

　タバコの健康被害をめぐる懸念が高まる中、タバコ事業のキャッシュフローは伸びつづけ、フィリップ・モリスは多角化に踏み切った。1985年にゼネラル・フーズを買収、1988年にはクラフトを買収し、既存の事業構成に食品事業をうまく取り込んだ。1957年から1992年にかけて、フィリップ・モリスの投資家は、年率22％という驚異的なリターンを手にしている。

　だが行く末は、来し方ほどばら色ではなかった。**図10-2**に、1992年から2003年にかけてのフィリップ・モリス株の浮き沈みを示した。

　爆弾の1発目が投下されたのは、1993年4月2日だ。当時、値上がりする一方のプレミアム・ブランドに反発して、一般ブランドに切り替える喫煙者が増えていた。一般ブランドなら、フィリップ・モリスのブランドの半値で買える。

第10章 配当再投資——下落相場のプロテクター、上昇相場のアクセル

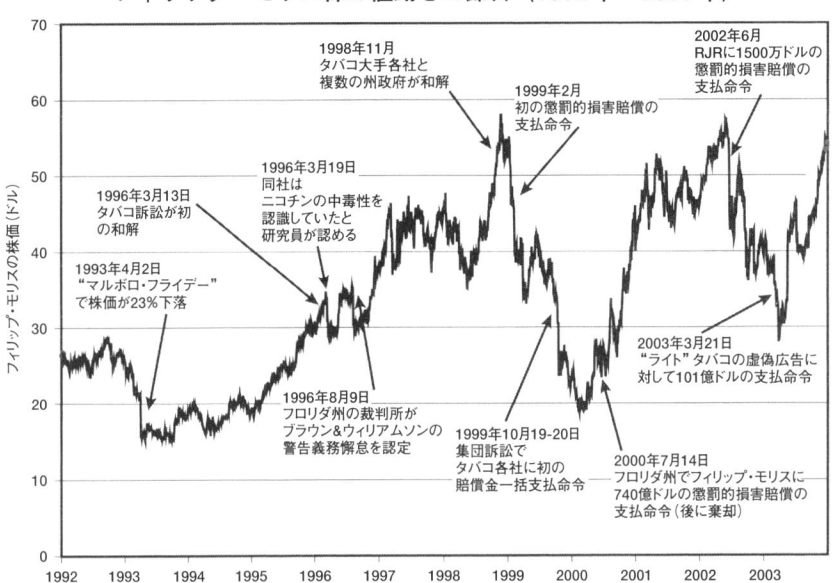

図10-2
フィリップ・モリス株の値動きの節目（1992年〜2003年）

[グラフ注釈]
- 1993年4月2日 "マルボロ・フライデー"で株価が23％下落
- 1996年3月13日 タバコ訴訟が初の和解
- 1996年3月19日 同社はニコチンの中毒性を認識していたと研究員が認める
- 1996年8月9日 フロリダ州の裁判所がブラウン＆ウィリアムソンの警告義務懈怠を認定
- 1998年11月 タバコ大手各社と複数の州政府が和解
- 1999年2月 初の懲罰的損害賠償の支払命令
- 1999年10月19-20日 集団訴訟でタバコ各社に初の賠償金一括支払命令
- 2000年7月14日 フロリダ州でフィリップ・モリスに740億ドルの懲罰的損害賠償の支払命令（後に棄却）
- 2002年6月 RJRに1500万ドルの懲罰的損害賠償の支払命令
- 2003年3月21日 "ライト"タバコの虚偽広告に対して101億ドルの支払命令

フィリップ・モリスは、火で火を制す戦法にでた。1箱あたり40セントの値下げに踏み切ったのだ。ニューヨーク・タイムズ紙の評によると「喫煙者をつなぎとめるための突貫キャンペーン」だ。だが実際に崩壊したのは、フィリップ・モリスの株価だった。値下げのニュースを受け、同社株は23％下落した。一般ブランドがついに風穴をこじ開け、フィリップ・モリスの命綱ともいえるブランド・ロイヤリティを崩しはじめたと受け止められたからだ。注2) 1993年4月2日はのちに、「マルボロ・フライデー」として知られることになる。

だがフィリップ・モリスにとって、安価な一般ブランドとの競争も、タバコ税増税も、その後に直面した最大の試練に比べれば、物の数ではなかった。タバコ訴訟が相次ぎ、業界全体が、破綻の危機にさらされた。

訴訟にまつわる懸念は、タバコ会社につきものだった。とはいえ業界は、1990年代前半まで1件も敗訴していないことを誇っていた。注3) パンドラ

の箱が開けられたのは、1996年3月13日だ。1986年にリゲット・グループ（「チェスターフィールド」「Ｌ＆Ｍ」などのブランドを持つ）を買収した資本家、ベネット・ルボウが、タバコ業界を訴えていた5州との間で和解が成立したことを発表した。タバコに中毒性はないとの業界の主張をタバコ会社が覆した最初の例となった。リゲットは向こう25年間、税引き前利益の5％を充てて集団訴訟の和解金を支払うことに同意した。だがこの和解をきっかけに、訴訟は一件落着どころかいよいよ勢いづいた。さらに一州、また一州と、メディケイドやメディケアを通じて喫煙関連の疾病治療費を支払わされたとして、タバコ会社を訴えた。

　訴訟を理由に、タバコ会社の株価はつねに上値を抑えられていた。1998年、大手各社がようやく和解に応じ、喫煙に関連する疾病治療費の賠償金として、向こう25年間にわたり各州に累計2060億ドル以上を支払うことで合意した。過去の和解金の最高額を大幅に更新する金額だ。このうちフィリップ・モリスは約1000億ドルを負担した。

　それでも訴訟はやまなかった。1999年、今度は米国政府がタバコ各社を相手に大型訴訟を起こした。2000年7月14日、フィリップ・モリスは懲罰的損害賠償としてフロリダ州の喫煙者への740億ドルの支払いを命じられた。[注4] 2001年6月6日、ロサンゼルスの陪審団から懲罰的損害賠償として元喫煙者、リチャード・ボーケンへの30億ドルの支払いを命じられた。年間約50万人がガンをはじめ喫煙関連の疾病で亡くなっていることを考えれば、この評決は、他の訴訟でも採択されれば、業界の破綻を意味する。

　数十億ドルの訴訟費用、タバコ税増税、喫煙のイメージ悪化、一般ブランドの攻勢と、悪材料がこれだけ揃えば、1990年代にフィリップ・モリス株の値上がり率が市場平均を大幅に下回ったのは、意外ではない。

　2003年1月にアルトリア・グループと社名変更したフィリップ・モリスは、同年3月、イリノイ州での訴訟に破れた。商品名に「ライト」の一句を用いたのは誤解を招くとする訴えだ。フィリップ・モリスは100億ドルの損害賠償支払いと、控訴のための120億ドルの保証金差し入れを命じられた。フィリップ・モリスは裁判所に抗議し、120億ドルの保証金差し

入れは不当な重荷であり、減額が認められない場合は、破産法適用を申請するしかないと訴えた。株価は28ドルまで下落した。12年前につけたピークまで落ちたことになる。この間、Ｓ＆Ｐ500種平均は380から800まで上昇している。フィリップ・モリスは、28ドルに始まり28ドルで終わった。

こうした乱高下にかかわらず、この12年間、フィリップ・モリスは一度も減配していない。それどころか、1993年と1997年を例外として、毎年増配している。結果的に、1992年から2003年４月４日にかけて、配当を再投資した投資家は、保有株数が倍以上に増え、トータルリターンは年率7.15％と健全な水準を維持した。このリターンは、おなじ期間の市場平均に比べればたしかに劣っている。だが投資家はこのとき、株価が回復すれば、リターンが一気に上昇する態勢を完璧に整えていた。

長くは待たされなかった。まもなくリターン加速装置(アクセル)の魔法が働きはじめた。州裁判所が120億ドルの保証金の減額を認め、これをきっかけに、フィリップ・モリス株は反発した。年末には50ドルまで回復している。フィリップ・モリス株の値上がり率はたしかにＳ＆Ｐ500種平均を下回っている。だが配当を再投資した投資家は、保有株数が倍に増えたおかげで、最終的にトータルリターンはＳ＆Ｐ500種平均を上回った。企業が配当を支払いつづけるとき、企業にとっての悪材料が、長期投資家にやがて高リターンをもたらした例は、これだけではない。

配当と運用成績上位銘柄

　表10-1に、Ｓ＆Ｐ500の生き残り銘柄のうち、運用成績がとくに高かった20銘柄を示した。第３章で紹介したリストとおなじものだ。どの銘柄も、過去47年間、Ｓ＆Ｐ500を年率2.8～8.9％上回る成績を達成している。そしてどの銘柄も、配当を支払っている。

　「投資家リターンの基本原則」によると、リターンを増幅する条件は、配当が支払われていること、増益率が期待を上回ること、の２点だった。

　この20銘柄の場合も、どれをみても、配当再投資がリターンを押し上

げている。ロイヤル・ダッチ、シェリング・プラウ、クローガーの3社を例外として、すべて過去20年間、一貫して増配を繰り返してきた。キャッシュを株主に還元する経営陣の方針が、リターンを押し上げるエンジンとなってきた。

とくにクローガーのケースをみれば、配当再投資が、ときに呆れるほどの勢いでリターンを押し上げる仕組みがよくわかる。1988年、クローガーは41億ドルを調達し、コールバーグ・クラビス・ロバーツ（KKR）による敵対的買収を阻止しようとした。借入金を充てて、同年8月に40ドルの特別配当を実施し、12月にも1株当たり8.50ドルに相当する優先株を

表10-1
「生き残り」上位20銘柄の配当利回り

順位	2003年末時点の社名	$1,000を投資した場合の現在価値	リターン	配当利回り
1	Philip Morris	$4,626,402	19.75%	4.07%
2	Abbott Laboratories	$1,281,335	16.51%	2.25%
3	Bristol-Myers Squibb	$1,209,445	16.36%	2.87%
4	Tootsie Roll Industries	$1,090,955	16.11%	2.44%
5	Pfizer	$1,054,823	16.03%	2.45%
6	Coca-Cola	$1,051,646	16.02%	2.81%
7	Merck	$1,003,410	15.90%	2.37%
8	PepsiCo	$866,068	15.54%	2.53%
9	Colgate-Palmolive	$761,163	15.22%	3.39%
10	Crane	$736,796	15.14%	3.62%
11	H.J. Heinz	$635,988	14.78%	3.27%
12	Wrigley	$603,877	14.65%	4.02%
13	Fortune Brands	$580,025	14.55%	5.31%
14	Kroger	$546,793	14.41%	5.89%
15	Schering-Plough	$537,050	14.36%	2.57%
16	Procter & Gamble	$513,752	14.26%	2.75%
17	Hershey Foods	$507,001	14.22%	3.67%
18	Wyeth	$461,186	13.99%	3.32%
19	Royal Dutch Petroleum	$398,837	13.64%	5.24%
20	General Mills	$388,425	13.58%	3.20%
	トップ20平均	$944,352	15.75%	3.40%
	S&P 500	$124,486	10.85%	3.27%

発行した。重い借金を抱え、利益を利払いに注ぎ込む格好となって、結果的に配当支払いを停止した。だがこの間、48.50ドルの交付金を再投資した投資家は、保有株数が6倍以上に増えていた。やがて株価が持ち直したとき、配当のアクセルが全開となった。配当を再投資に回さなかった場合のトータルリターンは、再投資した場合を60％下回っている。

20銘柄の配当利回りをみると、Ｓ＆Ｐ500種平均と同程度か、上回っているものがほとんどだ。ただしファイザーとメルクは例外で、この2社の配当利回りは、Ｓ＆Ｐ500種平均を1％以上下回った。とはいえ、ロイヤル・ダッチ、フィリップ・モリス、リグレー、クレーン、ハーシー・フーズの5社の数値をみれば、高配当と高成長は両立しないとの説は、撤回せざるをえないだろう。以上の5社はすべて、配当利回りでみても、増益率でみても、Ｓ＆Ｐ500種平均を上回っている。

配当利回りと投資戦略

高配当銘柄を選別する戦略は、目新しいものではない。昔から「ダウ10種」あるいは「ダウの犬」と呼ばれ、歴史的にきわめて優れた戦略として評価されてきた。[注5]

「ダウ10種」とは、毎年年末、ダウ・ジョーンズ工業株平均（ダウ30種）から配当利回りがとくに高い10銘柄を選んで買う戦略だ。経営が苦しいとき、経営陣は無理にも配当を継続するのがふつうなので、配当利回りが高い銘柄は、株価が下がり、人気が離散した「負け犬」であることが多い。これを理由に、「ダウ10種」はよく「ダウの犬」とも呼ばれる。

図10-3に、高配当銘柄を選ぶ戦略をいくつかとりあげ、累積リターンをそれぞれのベンチマークと比較した。Ｓ＆Ｐ500が組成されて以来、ダウ工業株平均のリターンは、Ｓ＆Ｐ500種を上回ってきた。年率でみると、ダウが12.00％、Ｓ＆Ｐ500が11.18％だ。

だが「ダウ10種」のリターンは、ダウ工業株平均（ダウ30種）を大幅に上回っている。年率では14.43％となり、ダウ30種を約2.5％上回った。累積総額では49万3216ドルと、ダウ30種の約2倍半だ。

図10-3
高配当戦略

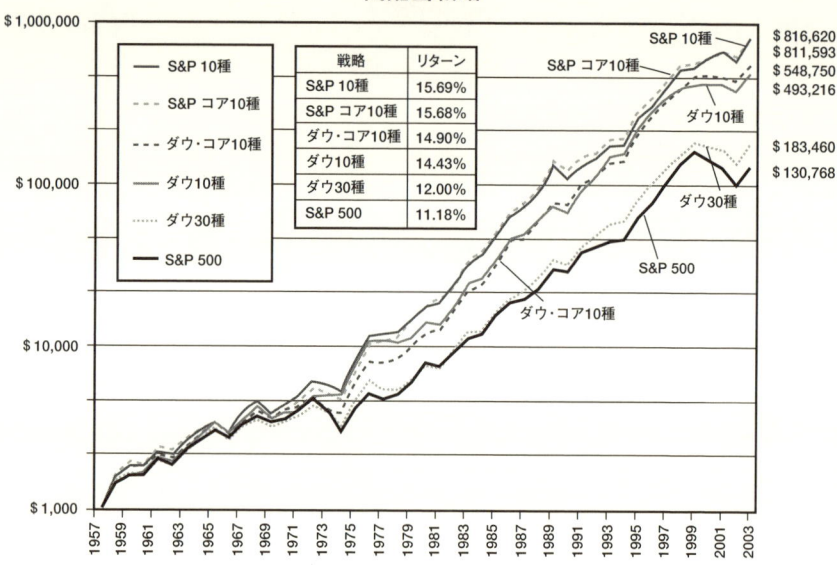

戦略	リターン
S&P 10種	15.69%
S&P コア10種	15.68%
ダウ・コア10種	14.90%
ダウ10種	14.43%
ダウ30種	12.00%
S&P 500	11.18%

- S&P 10種 — $816,620
- S&P コア10種 — $811,593
- ダウ・コア10種 — $548,750
- ダウ10種 — $493,216
- ダウ30種 — $183,460
- S&P 500 — $130,768

　ダウの高配当銘柄10種を選ぶ「ダウ10種」戦略は、下落相場でも、しっかりした成績を示している。下落局面でプロテクターとなる配当の働きが、ここでも確認できる。1973年から1974年の弱気市場で、ダウ30種平均のリターンは26.4％下落し、Ｓ＆Ｐ500種平均では37.2％下落した。おなじ期間、「ダウ10種」のリターンは、なんと1.4％上昇している。同様に、2001年から2002年の下落相場でも、ダウ30種平均のリターンが20.4％下落、Ｓ＆Ｐ500種平均が30.2％下落する中で、「ダウ10種」の下落幅は、9.9％にとどまった。配当が下落を受けとめるクッションとなったのはあきらかだ。投資家にとっては頼もしい特徴といえる。

Ｓ＆Ｐ10種

　「ダウ10種」の手法をそのまま応用すれば、高配当戦略はダウ以外でも実行できる。たとえばＳ＆Ｐ500の上位100銘柄といった、大型株のグル

第10章　配当再投資──下落相場のプロテクター、上昇相場のアクセル

ープに当てはめればいい。ようするに、配当利回りの高い10銘柄を選べばいいのだから、ダウ工業株でなければならない理由はない。ダウ30種は時価総額ベースで市場の4分の1を占めるにすぎない。

実際に、Ｓ＆Ｐ500の時価総額上位100銘柄から、配当利回りの高い10銘柄を選んだところ、「ダウ10種」よりさらに成績がいいことがわかった。**図10-3**に、累積リターンの年率と総額を示した。Ｓ＆Ｐ500の高配当銘柄を選ぶ「Ｓ＆Ｐ10種」戦略では、1957年末の1000ドルが、2003年には81万1000ドル以上になっている。年率でみると、「ダウ10種」を1％以上上回る成績だ。

「ダウ10種」でそうだったとおり、「Ｓ＆Ｐ10種」でも、配当は下落相場のプロテクターとなっている。1998年から2002年にかけて、Ｓ＆Ｐ500の時価総額上位100銘柄のリターンは、累積ベースで20％下落した。だが「Ｓ＆Ｐ10種」では、おなじ期間に、なんと13％上昇している。1973年から1974年にも、上位100銘柄が20％下落する中で、「Ｓ＆Ｐ10種」は踏みこたえて6％上昇した。

コア10種

さらに工夫すれば、「ダウ10種」「Ｓ＆Ｐ10種」を上回る戦略も夢ではない。投資家はふつう、配当の変動が激しい銘柄ではなく、安定的に増配する銘柄を選好する。長期投資家はとくにそうだ。増配を続ける確かな方針が経営陣にあれば、株主リターンは、ある水準以上に維持されると考えていい。

わたしはこれを理由に、過去15年間一度も減配していないグループの中から、とくに配当利回りの高い10銘柄を選ぶという戦略を試してみた。期間を15年間としたのは、少なくとも一度は景気後退期を経験するはずだからだ。経営陣が配当を下げないのは、安定した収益力と確かな企業体力の証明と考えられる。こうした企業では、経営陣の配当政策が経営の基礎となっていることから、わたしはこの戦略を「コア10種」と呼んでいる。

図10-3に、「コア10種」戦略をダウ工業株30種にあてはめた「ダウ・コア10種」と、Ｓ＆Ｐ500の時価総額上位100銘柄にあてはめた「Ｓ＆Ｐコア10種」の累積リターンをそれぞれ示した。「ダウ・コア10種」の成績は、「ダウ10種」を小幅ながら上回った。また「ダウ・コア10種」では、年末の入れ替えの際の売買高が「ダウ10種」に比べて20％少なくなった。これはキャピタルゲイン実現コストと取引コストの双方を節減できることを意味する。「Ｓ＆Ｐコア10種」では、売買高は減少したが、運用成績は「Ｓ＆Ｐ10種」とほとんど変わらなかった。

アクセルのギアを調整する

　高配当銘柄は、市場サイクルのどの局面でも、好成績を残している。これは投資家が配当を再投資することで、市場全体が傾く局面で保有株を余分に積み増しているからだ。表10-2に、株価が大きく下落した後に、投資家リターンが元の水準を回復するまでに何年かかるかを試算した結果を示した。その間、配当は維持され、株価は横ばいで推移するものと想定している。株価は上がらないので、投資家は配当再投資を通じて、株価の下落幅に応じて保有株を買い増すことで損失を取り戻すしかない。買い増した保有株のもたらす利益は、いずれ株価下落による損失を上回り、トータルリターンを押し上げる。

　意外ではないが、配当利回りが高いほど、損失を回復するまでの期間は短くなっている。意外なのは、表をみればわかるとおり、株価の下落幅が大きいほど、損失回復までの期間が短くなっていることだ。株価の下げがきついほど、配当再投資による保有株積み増しのペースが加速するからだ。

　たとえば、配当利回りが当初5％だった場合をみてみよう。株価が50％下落し、そのまま横ばいで推移するとき、配当再投資を通じて損失を取り戻すには、14.9年かかる。保有株が倍に増えた時点で、値下がりによる損失を回復できた。

　よく似た実例を、フィリップ・モリスでみることができる。1991年末、フィリップ・モリス株の配当利回りはわずか2.8％だった。だが配当が一

第10章 配当再投資──下落相場のプロテクター、上昇相場のアクセル

貫して上がりつづけ、株価が下がりつづけたため、配当利回りは10年にわたってじりじり上昇し、2000年には7％を超えた。配当利回りが上昇すれば、保有株積み上げペースが加速する。保有株が増えたおかげで、1990年代、株価パフォーマンスは市場平均を下回ったにもかかわらず、フィリップ・モリス株は好リターンを維持した。

表10-3に、配当のアクセルとしての働きを示した。**表10-2**に示した年数が経過したのち、株価が当初の水準を回復したと想定して、投資家リターンがどこまで伸びるかを試算した結果だ。たとえば、前の例とおなじく、当初の配当利回りが5％で、株価が50％下落したとする。この場合、リターンが株価下落前とおなじ水準を回復するまでに、14.9年かかる。そして14.9年が経過して、50％下落した株価が元の水準を回復した場合、その銘柄の14.9年間の平均年間リターンは、15.24％となる。株価が下落しなかった場合の14.9年間の平均リターンを50％上回る水準だ。

フィリップ・モリスの場合も、リターンにアクセルがかかったのは、2003年後半に株価が上昇に転じてからだった。ＲＪレイノルズ、ＢＡＴインダストリーズ（旧ブリティッシュ・アメリカン・タバコ）など、タバコ銘柄では、株価が回復した後、おなじようにリターンにアクセルがかかった例が多い。いずれの場合も、配当を支払っていなければリターンはずっ

表10-2

株価下落から回復までの年数

		配当利回り								
		1%	2%	3%	4%	5%	6%	7%	8%	9%	10%
株価下落率	10%	95.8	48.4	32.6	24.7	20.0	16.8	14.5	12.9	11.5	10.5
	20%	90.3	45.6	30.8	23.3	18.9	15.9	13.8	12.2	10.9	9.9
	30%	84.2	42.6	28.8	21.8	17.7	14.9	12.9	11.4	10.3	9.3
	40%	77.6	39.3	26.6	20.2	16.3	13.8	12.0	10.6	9.5	8.7
	50%	70.4	35.7	24.1	18.4	14.9	12.6	10.9	9.7	8.7	8.0
	60%	62.2	31.6	21.4	16.3	13.3	11.2	9.8	8.7	7.8	7.2
	70%	52.7	26.9	18.3	14.0	11.4	9.7	8.5	7.6	6.8	6.3
	80%	41.4	21.3	14.6	11.2	9.2	7.9	6.9	6.2	5.6	5.2

表10-3
株価回復後の年間リターン

		配当利回り								
		1%	2%	3%	4%	5%	6%	7%	8%	9%	10%
株価下落率	10%	10.12%	10.24%	10.36%	10.47%	10.58%	10.69%	10.80%	10.91%	11.01%	11.11%
	20%	10.27%	10.54%	10.80%	11.06%	11.31%	11.56%	11.80%	12.04%	12.27%	12.50%
	30%	10.47%	10.92%	11.37%	11.81%	12.24%	12.67%	13.08%	13.49%	13.89%	14.29%
	40%	10.73%	11.44%	12.14%	12.82%	13.49%	14.15%	14.80%	15.43%	16.06%	16.67%
	50%	11.09%	12.16%	13.20%	14.23%	15.24%	16.23%	17.20%	18.15%	19.08%	20.00%
	60%	11.63%	13.24%	14.81%	16.35%	17.86%	19.34%	20.79%	22.22%	23.62%	25.00%
	70%	12.54%	15.03%	17.48%	19.87%	22.22%	24.53%	26.79%	29.01%	31.19%	33.33%
	80%	14.36%	18.63%	22.82%	26.92%	30.95%	34.91%	38.79%	42.59%	46.33%	50.00%

と低くなっていた。

自社株買い戻し

　近年、留保利益で配当を支払う代わりに、市場で自社株を買い戻す手法がとられるようになった。上述のとおり、最近の税制改定で配当税がキャピタルゲイン税とおなじ水準に引き下げられたとはいえ、投資家リターンを引き上げる手法として、自社株買い戻しが税制上有利であることに変わりはない。留保利益で配当を支払う代わりに自社株を買い戻せば、株価が押し上げられる。だがこの値上がり益(キャピタルゲイン)は、株式を実際に売却しないかぎり課税対象とならない。結果的に、投資家は税金の支払いを先送りでき、非課税の財団なら、完全に回避できる場合もある。

　おなじ金額を充てるなら、配当支払いも自社株購入も、おなじように下落相場ではプロテクターとなり、上昇相場ではリターンのアクセルとなる。株価が下がる局面で自社株買いを実施すれば、買い戻す株式数もしだいに増えるからだ。そうなれば、発行済み株式数が圧縮され、1株当たり利益（ＥＰＳ）が押し上げられ、株価も押し上げられる。配当再投資の場合は、保有株数を積み増すことでリターンが押し上げられる。自社株買いでは、ＥＰＳの上昇を通じて株価が押し上げられる。いずれの場合も、**表10-2**、

第10章　配当再投資——下落相場のプロテクター、上昇相場のアクセル

10-3に示したとおりの仕組みが働く。

こう考える向きもあるだろう。自社株買い戻しは、配当再投資とおなじくらい効果が目覚ましく、しかもキャピタルゲイン税繰り延べというおまけまでつく。だが、そうはならない場合も多い。過去のケースをみるかぎり、経営陣が約束を守るかどうかの点で、自社株買いは配当支払いほど当てにならないことが多い。[注6] 配当の場合、いったん金額を決めれば、経営陣はこれを引き下げまいとする。減配は会社の発する赤信号と受け止められ、発表と同時に、株価が急落するのがふつうだからだ。

対照的に、自社株買い戻しは、経営陣の意向しだいで実施される面が強い。たしかに経営陣が買い戻し計画を発表すれば、株価はこれを好材料として上昇する。だが株主はその後、やきもきしながら、計画が実行されるかどうか監視しなければならない。複数の調査結果からみて、自社株買い戻し計画は、中止される確率がかなり高い。[注7] 多くは、経営陣が別に留保利益の使い道をみつけたためで、それは株主の利益につながるものばかりではない。

したがって、理屈の上では、自社株買いは配当再投資とおなじ仕組みでリターンを押し上げるはずだが、実際には、自社株買いが株主リターンを押し上げる役割を安定して果たすことはめったにない。どちらが確実かといえば、投資家が経営陣から還元される配当を使って、自分で株式を買い増す方法だろう。経営陣がわざわざ間に立って、投資家が自分でできる投資を代行するまでもない。

ドルコスト平均法

冴えた読者の方々は、こう指摘されるかもしれない。配当再投資がリターンを押し上げる働きは、ドルコスト平均法と呼ばれる投資手法のそれとよく似ている。ドルコスト平均法とは、市場に流通している特定の銘柄を、定期的に買いつづける手法をいう。配当再投資とおなじく、株価が低迷する時期、つまり将来のリターン上昇が見込める時期に、購入株数が増える点がミソだ。株価が上がり、将来のリターン悪化が見込まれる時期には、

購入株数が減少する。

　ドルコスト平均法は、配当再投資の代わりになるだろうか？　答えはイエスだ。**ただし**、その会社が長期的に生き残ることが条件になる。会社が生き残っていなければ、株価が下がる局面でどれだけ大量に買い増しても、紙くずの山が残るばかりだ。配当を下げない企業は、長期的な生き残り企業であることが多く、ここで論じている仕組みの戦略に適している。投機性の高い銘柄ほど、生き残る確率は低くなり、ドルコスト平均法を採用しても、卓越したリターンを生み出す可能性は低くなる。

キャッシュを生む投資

　下落相場でプロテクターとなり、上昇相場でアクセルとなるのは、高配当銘柄にかぎった働きではない。形態がどうあれ、ある程度以上のキャッシュを生む投資商品なら、おなじ仕組みが作用する。一部の不動産投資信託（REIT）や、ジャンク債などの高利回り商品でも、おなじことだ。

　REITとは、不動産を保有して運用益を稼ぐ会社をいい、税制上、特別に優遇されている。利益の90％以上を配当の形で株主に支払うことを条件に、法人税を免除される。[注8] 1996年から2003年にかけて、REITの平均配当利回りは6.6％と、おなじ時期のS&P500種平均のそれを4倍以上上回った。

　ジャンク債とは、信用力が投資適格等級に満たない企業が発行する債券をいう。信用力が投資適格未満になると、投資適格債や大半の政府債に比べて利率が大幅に高くなる。

　こうした資産は、REITなら配当を、ジャンク債なら利息を再投資することで、下落局面でプロテクターとなり、回復局面ではリターンのアクセルとなる。ジャンク債の場合、景気が後退期に入るたび、デフォルト・リスクの上昇にあわせて価格が下落する。だが受け取り利息を使っておなじ債券を買い増しておけば、利回り上昇が一段落して、安全な債券との間のスプレッドが縮小したとき、リターン・アクセルが全開になる。

　REITの場合、たとえば1990年代後半、ハイテク・ブームに押され

て人気がかげり、利回りが極端に高くなった。人気が回復した後、低迷期に買い増した株式がリターンを押し上げ、結果的に、1990年代半ばから2003年にかけて、REITのリターンは他の資産に比べて飛び抜けて高くなった。

まとめ

　過去10年間、キャピタルゲインがもてはやされ、配当は冷遇されてきた。だが株式のリターンを長期的に調べれば、現金配当がいかに大切かよくわかる。配当は下落局面で投資家を保護するだけでなく、相場がいったん回復に向かえば、リターンを力強く押し上げる。

　Ｓ＆Ｐ500の1957年当初からの構成銘柄で、運用成績が上位の銘柄は、ほぼ例外なく配当を支払いつづけ、大半は配当利回りが市場平均を上回っている。

　こうした高い運用成績を達成した銘柄では、現金配当が大きく物を言ったケースが多い。たとえばタバコ会社がそうで、訴訟リスクから株価は低迷したにもかかわらず、トータルリターンは堅調を維持した。エネルギー会社でも、配当再投資がリターンを支えてきた。次の章では、この配当とキャピタルゲインの源泉に目を向け、これを評価する方法について論じたい。

第3部　株主価値の源泉

第11章
利　益
株主リターンの源泉

近年、かなりの額の資本が、無数の新興企業で無駄に費やされたといっていい。こうした企業は、見通し明るいとみえて、実際はそうならない……無駄に費やされる資本の額は、決算の数値が正確でないとき、投資家がそれをみて資産配分を決める以上、不必要に大きくなる。

アラン・グリーンスパン　2002年

　株式市場は、いまや遅しとこの発表を待っていた。午後4時15分、取引終了時刻の15分後、世界最大の半導体メーカー、インテルが四半期決算を発表する。インテルの決算といえば、ウォール街のトレーダーもアナリストも、鷹さながらの目でこれを注視していた。ハイテク・セクターだけでなく、景気全体の先行指標とみられていたからだ。
　端末スクリーンに決算数値が映し出された。営業利益は1株当たり47セント。市場予想を5セント上回る。ただしこれは、買収関連費用、R＆D部門買収特別費用、のれん代償却費用を含まない。公表利益は予想を大幅に下回った。公表利益とは、当期純利益とも呼ばれ、財務会計基準審議会（FASB）の承認を得た公式な数値だ。
　だが市場の目は、公表利益をそっちのけにして、営業利益に集中した。アナリストをはじめウォール街が予想する利益は、こちらだからだ。予想を上回る営業利益を好感して、インテルの株価は時間外取引で急騰した。
　ここで次の疑問が起こる。市場はなぜ公表利益を無視して、FASBに規定されず、承認もされない営業利益に注目するのか？　さらに問えば、企業の収益性を評価したいとき、投資家はどの利益を物差しとすればいい

のか？

利益の測定

　株を買う人はだれでも、企業の利益を話題にする。利益が株価を左右することを知っているからだ。だがエコノミストやアナリストが利益を詳しく論じはじめると、たいてい、目が宙をさまよう。繰り延べ経費だの、リストラ費用だの、見積もり利益だの、年金費用だの、はては従業員向けストック・オプション会計がどうのといわれると、学生時代の会計学クラスのいやな思い出がよみがえる。そうでなくても、複雑すぎてそこまで理解する必要はないと思える。だからわたしは、読者が以下の章を丸ごと飛ばして、もっと経済と金融の未来に関わる次の章に進もうと考えたとしても、責めはしない。だがもし、数分を割いて本章を読んでもらえれば、かなり重要な情報がいくつか得られるはずだ。それは銘柄選別に役立つだけでなく、将来の政策を左右し、わたしたちの財産も左右する決定的な問題を理解する手がかりになる。

　たとえば、従業員向けストック・オプション費用の経費計上をめぐる論争がある。この問題はすでに政治の場に移行しており、上院で激しい攻防が繰り広げられている。ハイテク各社は業界をあげて世論に訴え、ＦＡＳＢ案が通れば、従業員の士気がそがれると主張している。従業員の目の色がちがうからこそ、米国のハイテク業界は世界をリードしてきたという。

　さらには、年金費用の会計処理をめぐる論争がある。この議論の結論しだいで、退職した従業員が規定通り年金を給付されるかどうか、かなりの程度まで決まるだろう。先日も、ペンション・ベネフィット・ギャランティの巨額の赤字がマスコミで大きく取り上げられた。ペンション・ベネフィットとは、5500万人の労働者の年金を保証する政府機関だ。年金債務の不履行懸念が広がれば、Ｓ＆Ｌ危機の再現につながるとの見方もある。そうなれば、納税者は数千億ドル規模の費用を負担することになる。

当期利益は本物か？

フィナンシャル・アナリスト・ジャーナル誌の編集長、ロバート・アーノットの見解はあきらかだ。米国企業の発表する決算数値は、当てにならない。2004年、わたしとの対談で、アーノットは次のように述べている。

> **わたしの見方では、企業の公表利益はかなり水増しされている。（適切な年金会計を導入すれば）Ｓ＆Ｐ 500全体で15〜20％の変動があるだろう。経営陣向けストック・オプション費用を全額経費計上すれば、さらに10〜15％変動がある。つまりＳ＆Ｐ 500採用企業の利益のうち、25％程度はまやかしと考えられる。**[注1]

利益の25％が「まやかし」とすれば、投資家がいま適正とみて支払っている株価は、適正を大幅に上回ることになり、株式市場の見通しはかなり暗いといえる。

わたしは逆に、企業の発表する決算数値が実際の収益力とかけ離れていることは、たいていの場合、大筋においてないとみている。本章でのちに説明するとおり、バイアスは双方向にかかっている。よく目を開いてさえいれば、決算の数値は、たしかに正しい方向を指し示している。

とはいえ、懐疑派の言い分ももっともではあり、投資家が企業の決算を吟味する姿勢はたしかに大切だ。従業員向けストック・オプションを大量に発行する企業や、多額の年金債務を抱える企業の決算では、とくにそういえる。スタンダード＆プアーズが提唱する企業収益の新たな定義「コア収益」の計算式は、こうした監査に役立つツールとなる。わたしはこれを高く評価しており、この点についても本章でのちに詳しく解説したい。Ｓ＆Ｐ 500採用企業を対象に、実際にコア収益を算出した結果、次のことがわかった。従業員向けストック・オプション制度はハイテク企業に集中し、多額の年金債務を抱える企業は、自動車、航空、一部エネルギー会社など、従来型の製造業に多い。

第11章 利益──株主リターンの源泉

利益の定義

　利益とは、当期純利益とも収益とも呼ばれ、ようするに、収入から経費を差し引いた差額をいう。ただし、単純に「売上から出費を差し引く」だけで利益が確定できるわけではない。経費や収入の項目には、設備投資や、減価償却や、先渡し契約など、幾年にもまたがるものが多いからだ。しかも経費にも収入にも、キャピタルゲイン、キャピタルロス、大型再編経費といった、一度かぎりの特別項目があり、これが加わると経常的な利益がみえにくくなる。経常的な利益とは、持続可能な利益と言い替えられ、企業のバリュエーションにあたって決定的に重要だ。こうした問題があるため、利益を定義する唯一の「正しい」概念はあり得ない。

　企業が発表する利益には、大きく分けてふたつある。ひとつは当期純利益だ。公表利益とも呼ばれ、ＦＡＳＢによって承認される。ＦＡＳＢとは、会計基準の確立を目的に1973年に創設された組織で、ＦＡＳＢが設定する基準は、一般会計原則（ＧＡＡＰ）と呼ばれる。企業が年次報告書に記載し、政府当局に提出するのは、この当期純利益だ。[注2]

　もうひとつは営業利益と呼ばれる利益で、こちらはやや規定があいまいだ。営業利益があらわすのは、企業の経常的な収入と経費の水準で、突発的に発生する一度かぎりの項目は含まれない。たとえば、ほとんどの場合、リストラ費用は含まれず（工場閉鎖や部門売却にまつわる経費など）、投資損益も含まれず、在庫償却費用も、Ｍ＆Ａ関連費用も、のれん代償却費も含まれない。

　ウォール街が注視し、アナリストが予想するのは、この営業利益だ。企業が発表する営業利益と、アナリストが予想するそれとの格差が、四半期の期末から数週間の「決算シーズン」の株価を左右する。この期間中、どこそこ社が「市場予想を上回った」といえば、それはつまり、どこそこ社の営業利益の水準が、アナリスト予想の平均（コンセンサス予想）を上回ったことを意味する。

　企業の長期的で持続可能な収益力を評価したいとき、理屈の上では、営

業利益は当期純利益よりも正確な指標といえる。だが営業利益には、会計の専門家による正式な定義がなく、各企業がこれを算出する過程で、経営陣が裁量を差し挟む余地がかなりある。市場予想を上回る決算を望む声が高まると、つい「括りを調整」して、含めるべき経費を除いたり、除くべき収入を含めることになりかねない。

統計によると、ここ数年、公表利益と営業利益の格差が広がっている。1970年から1990年まで、公表利益が営業利益を下回る格差は、平均してわずか2％だった。ところが1991年以来、営業利益と公表利益の格差は、平均18％以上に拡大している。過去20年間の平均の9倍だ。[注3] とくに2002年は67％と過去最大の幅に広がった。

1990年代の強気相場の後半、ハイテク・セクターを中心とする一部の企業は、計上するべき経費を除外したとして、当然ながら、批判を浴びた。たとえばシスコシステムズは、過剰在庫を一括償却しておいて、きわめて寛容な会計手法を用いて、買収先の資産内容を実際よりはるかに良好にみせかけていた。

利益の括りをさらに押し広げて、もっと極端な前提を用いた企業もある。たとえば2000年、アマゾン・ドットコムは、見積もりベースで黒字転換を果たしたと宣言した。ただしこの見積もりには、約20億ドルの負債から発生する金利費用が含まれていなかった。これはつまり、わたしは別荘を建てたが、ローンの支払いを別にして、金は一切かからないといっているのも同然だ。たがを締め直す必要があるのは、あきらかだった。

従業員ストック・オプション会計をめぐる論争

従業員ストック・オプション会計制度は、こんにちとくに激しい議論の的となっている。前章で触れたとおり、1980年代から1990年代、マイクロソフトを旗頭に、ハイテク各社の間でオプション・カルチャーとでもいうべき文化が育った。従業員ストック・オプションとは、規定の年数を勤めた従業員に、会社の株を所定の価格で購入する権利を与える制度だ。また第9章で触れたとおり、内国歳入庁（ＩＲＳ）の決定によって、オプシ

ョン報酬は役員報酬の税控除上限の適用を免除されることになり、以降、経営陣向けストック・オプションが大流行した。

この経営陣向けストック・オプションが配当軽視を招いたことは、すでにみてきたとおりだ。だがストック・オプションがここまで流行した理由は、それだけではない。報酬をストック・オプションの形で給付すれば、役員報酬の上限規定を迂回できるだけなく、たいていの場合、損益計算書に経費計上しなくてすむ。オプションが経費計上されるのは、権利が行使されたときであり、権利が行使されるのは、給付から数年後である場合が多い。

この会計慣行は、ハイテク各社が熱烈に支持しており、ＦＡＳＢがかなり以前に設定した会計基準では認められていた。オプションに関するＦＡＳＢの立場は、学界でも会計業界でも、かなりの議論を引き起こしてきた。2000年、ＦＡＳＢは従来の立場を撤回し、国際会計基準委員会（ＩＡＳＢ）の指針に従って、給付された時点での経費計上を支持することを決定した。推計によると、オプション費用を経費計上した場合、2004年のＳ＆Ｐ500採用企業の利益は、全体で５％押し下げられる。だが多額のオプションを発行するハイテク・セクターでは、減少幅はもっと大幅になるはずだ。

ハイテク各社は、議員へのロビー活動を通じて、ＦＡＳＢ案の制度化を防ごうとしている。中でもとくにあからさまな政治的な横槍の例をひとつあげると、1993年、コネティカット州選出のジョセフ・リーバーマン議員が中心となり、ＦＡＳＢ案に反対する拘束力を伴わない決議案８８―９を上院に提出した。この決議を受け、ＦＡＳＢは基準変更の提案を撤回した。

だがハイテク・バブルが弾けたのち、ＦＡＳＢはふたたびこの問題を取り上げ、2005年以降、経費計上を義務付ける方針を決定している。本稿執筆時点で、ハイテク業界はなお政治的な方面から制度化を防ぐ構えだ。

なぜストック・オプションの経費計上が必要なのか

この問題に関しては、ＦＡＳＢが正しく、ハイテク業界と業界を支持する政治家は、まちがっている。オプションの経費計上がなぜ必要か、だれ

よりもわかりやすく説明してみせたのは、ウォーレン・バフェットだ。この問題が議論の的となるはるか以前の1992年の年次報告書で、こう述べている。「ストック・オプションが報酬のひとつでないというなら、なんだというのか？ 報酬が経費でないというなら、なんだというのか？ 経費を計上する先が損益計算書でないというなら、いったいどこに計上すればいのか？」注4)

オプションは付与された時点で経費計上するのが正解だ。利益には、企業の持続可能な収益のフローをできるだけ正確に反映させるべきだからだ。持続可能な収益とは、株主への配当支払いの原資と言い換えられる。従業員へのオプション給付が廃止されれば、オプションの価値に見合うだけ、正規の現金報酬が引き上げられるだろう。報酬の形態がどうあれ、現金であれ、オプションであれ、あるいは棒キャンディーであれ、企業にとって経費であることに変わりはない。

オプションが行使されれば、企業は新株を発行し、オプション保有者に所定の価格で売却する。新株を発行すれば、1株当たり利益（EPS）が希釈される（これを利益の希薄化という）。つまり既存の株主からみれば、オプション制度を通じて時価より安く買った新規の株主に、利益の一部をもっていかれることになる。

オプション経費計上に対する反対意見

オプションを経費計上する必要はないとの意見もある。オプションが行使された時点で、経営陣が市場で自社株を買い戻し、新株発行分を相殺すれば問題ないとの意見だ。こうすれば利益の希薄化は起こらない。だがこの説は、次の事実を無視している。買い戻しに充てる費用は、それに充てなければ、株主に還元できたはずだし、それ以外の方法でも、株主価値を引き上げる目的で利用できた。

反対派は、こうもいう。オプションを経費計上した後、株価が下がり、オプションが永遠に行使されなかったらどうするのだ？ この場合は、オプション経費を差し戻し、1回限りの特別利益として計上すればいい。逆に、株価が大幅に上昇してオプションが行使され、発行時に計上した経費

第11章　利益──株主リターンの源泉

でカバーできなくなった場合は、追加の特別経費を計上する。

　経費計上したくても、従業員ストック・オプションの適正価値を評価する手段がないとの説もある。そんなはずはない。近代オプション価格モデルを利用すればオプションの価値は評価できる。損益計算書に盛り込まれる無数の推定値と比べて、もっと適正とはいわないが、おなじくらい適正に評価できるはずだ。損益計算書の中の、たとえば設備投資の耐用年数、流動資産の市場価値、無形資産償却額などは、すべて推定に基づいている。

株主にとってのリスク

　オプション制度には、株主にとってプラスの一面もある。従業員向けにストック・オプションを発行することで、株主が負うリスクが軽減されるからだ。企業がオプションを発行したのち、収益が悪化して株価が下がった場合、オプションは期限切れとなって、価値を失う。企業は、発行時点で経費計上していれば、経費を差し戻して利益を計上する。逆に、利益が好調で株価が上昇すれば、オプションが行使され、利益が希薄化されて、ＥＰＳが押し下げられる。

　つまり従業員は、現金報酬ではなくオプションを取得することでリスクを負担することになり、外部の株主が負担するリスクは、そのぶんだけ軽減される。言い換えると、他の条件がすべておなじなら、従業員に給付するオプションの適正価値を全額経費計上する企業の株価は、オプションではなく現金で報酬を支払う企業の株価を、わずかに上回らなければならない。

　ただし、逆に言えばこうなる。ハイテク・セクターでよくみられるとおり、従業員ストック・オプションを大量に発行する企業で、株価上昇の恩恵を真っ先に手にするのは、外部の株主ではなく、従業員だ。これは見逃せない特徴のはずだが、未行使のオプションに首まで漬かったハイテク・セクターに投資する投資家が、いつも考慮している特徴ではない。

オプションを経費計上する企業

　2004年半ば現在、Ｓ＆Ｐ500採用企業のうち176社が、つまり時価総額

でみて市場の40％以上が、オプション経費計上を決定している。[注5] コカ・コーラは、大手としてはかなり早い時期に従業員ストック・オプション制度を廃止した。2003年にはマイクロソフトがストック・オプション制度を廃止し、配当を伴う株式譲渡に切り替えた。

この2社の場合、ウォーレン・バフェットの意向が働いたとみる向きもあるだろう。バフェットはコカ・コーラの大株主であり、マイクロソフト会長、ビル・ゲイツの親友だ。理由はさておき、会計の専門家の意見は、ＦＡＳＢ案どおり、経費計上支持へとはっきり傾きつつある。

ハイテク企業の従業員は、なにもオプションだけを励みに働いているわけではない。1990年代にはたしかに、オプションさえ手に入れば金持ちになったも同然と思えた。だが株価が下落して、こうした夢の多くは砕けた。従業員にとって、現金の代わりにオプションを受け取るという選択は、報酬として宝くじを受け取るようなものだ。だれかが大当たりをとるのをみれば、いつか自分もと思うだろう。だが長期的にみて、ストック・オプションはリスクが高く、手痛い損失に終わることが多い。

年金費用会計をめぐる論争

確定給付型と確定拠出型

オプションに負けず劣らず議論の的となっているのは、年金費用の会計処理方法だ。年金プランには、大きく分けて2種類ある。確定給付型と確定拠出型だ。

確定拠出型は、強気相場が続いた1990年代に圧倒的に人気を集めた。このプランでは、従業員と雇用主の双方が掛け金を拠出し、拠出金は資産に直接投資され、資産は従業員が保有する。企業は給付金を保証しない。一方の確定給付型プランでは、年金や医療費が将来いくら給付されるか、雇用主が決定する。従業員がプランの運用資産を自分で選ぶことはなく、直接保有することもない。

確定給付型では、政府の規制の下、給付金の積み立てが義務付けられている。つまり企業は、そのために資産を配分し、将来発生する給付金支払

いに備えなければならない。一方の確定拠出型では、退職時にプランの価値が下落していて給付金を支払えなくなるリスクは、従業員が負う。掛け金をどの資産に投資するかも、従業員が決める。

過去20年間、確定拠出型が圧倒的な人気を集めた理由は次のふたつだった。ひとつは、1990年代を通じて、株式市場が力強く上昇しつづけた。このため自分で運用した方が、企業の約定する給付金を上回るリターンが見込めると考える従業員が増えた。

もうひとつの理由はこうだ。確定拠出型では、掛け金を拠出すると同時に受給権が認められる。つまり、拠出した時点で従業員の資産となる。中途で退社するときは、それぞれ自分の401kプランを携えて別の会社に移ればいい。一方の確定給付型では、たいていの場合、受給資格を得るまでに何年もかかる。受給資格を獲得しないうちに退社した場合、給付金は受け取れない。

確定給付プランの問題とリスク

確定給付プランの運用資産に適用されるリターン算定基準は、いまのところ企業側に寛大となっている。ＦＡＳＢ規定の下、企業は資産の予定運用利回り（予定利率）を独自に設定することを認められている。企業の設定する予定利率は、多くの場合、高すぎる。そしてこの予定利率は、達成されてもされなくても、利益として勘定される。しかも、資産価値が給付債務を下回った場合（この状態を積み立て不足という）、不足を解消する期間としてかなり長い年数が認められている。

企業は、退職給付については積み立てを義務付けられているが、その他の関連給付金については、積み立ては義務ではない。たとえば医療費もそうだ。2003年、ゴールドマン・サックスのアナリストの試算によると、自動車ビッグスリーの医療費債務は、合計920億ドルにのぼるという。これは３社の時価総額の合計を約50％上回る水準だ。[注6]

大半の投資家は、３社の未積み立て債務を十分認識し、株価に織り込んできた。これは自動車メーカーにかぎらず、多額の年金債務を抱える企業に共通する傾向だ。2003年３月、Ｓ＆Ｐ500のうち年金債務の問題がとく

に深刻とみられる25社をみると、時価総額の合計が全体のわずか1.4％に縮んでいる。過去10年間、鉄鋼メーカーや航空会社で破綻が相次いだのも、この問題に一因を求められる。

年金プランのうち、過去20年間に設立されたものはほとんどが確定拠出型なので、企業の年金問題は長期的には消えてなくなるだろう。その間、積み立てリスクは、企業から個人の肩へと移行する。もっとも、多額の確定給付プランを抱える企業については、引き続き注視が必要だ。この問題が、将来の利益を食い潰す可能性もある。

スタンダード＆プアーズのコア利益

年金とオプションをめぐる会計基準がはっきりしない上に、営業利益の概念が緩む一方となった現状を踏まえて、2001年、スタンダード＆プアーズは、利益の算定式を統一することを提案した。同社はこれを「コア利益」と呼んでいる。コア利益の目的は、各社の中核事業に的を絞り、コア事業の収益力を評価することにある。そのために、それ以外の理由で発生した収入、経費は利益から除外する。たとえば従業員ストック・オプションは経費計上し、年金コストは再計算する。コア事業に関係しないキャピタルゲイン、キャピタルロス、のれん代償却、1回限りの訴訟関連損益なども、すべて除外する。

企業の持続可能な収益力を評価したいとき、たしかな基準を持つことの意味ははかりしれないほど大きい。現在の市場で、平均的な銘柄は通期の利益の約20倍の価格で売買されている。つまり、向こう1年間の利益変動によって左右される部分は、株価のわずか5％にすぎない。言い換えると、95％は再来年以降の業績に左右される。企業が利益を算出するとき、たびたび発生するとは思えない1回限りの損益と、将来の収益性に影響する損益とを区別しなければならないのは、このためだ。スタンダード＆プアーズがコア利益を開発したのは、これが目的だった。

この滅多にない、勇気ある提案をあえて行ったのは、規制当局とは関係ない一民間企業であり、世界一人気の高いベンチマーク、Ｓ＆Ｐ500種平

均の運営者でもある。ニューヨーク・タイムズ紙はコア利益を指して、2002年最高のアイディアのひとつと評した。[注7] ウォーレン・バフェットはスタンダード＆プアーズの姿勢に拍手を送り、公開書簡でこう述べている。「貴社が提案に踏み切ったのは、勇敢であり、正しくもある。未来の投資家は貴社の行動を顧みて、あれが節目だったというだろう」[注8]

わたしもコア利益を強く支持するひとりであり、スタンダード＆プアーズ指数委員会のマネージング・ディレクター兼議長、デビッド・ブリッツァーをはじめ、ロバート・フリードマン、ホワード・シルバーブラットらの仕事に拍手を送りたい。年金コスト推定の点で、少々意見がないでもないが（会計上これ以上なくやっかいな問題だ）、コア利益の導入は、決算の標準化に向けた大きな一歩であり、収益性を評価する上で、きわめて有益な物差しになるとわたしはみている。

利益の質

利益の質を深く読めるようになれば、投資家になにかメリットがあるだろうか？ まちがいなく、あるだろう。利益の質を評価したいとき、**発生主義会計に基づく利益**を調べるのが、ひとつの方法だ。これは、会計利益からキャッシュフローを差し引くことで算出できる。

発生主義会計利益の水準が高い場合、利益を操作している可能性があり、将来に問題が起こる兆しとも考えられる。逆に、発生主義会計利益が低い企業は、利益を保守的に評価している可能性が高い。

ミシガン大学のリチャード・スローン教授の研究によると、発生主義会計利益の水準が高い企業では、株式リターンが低くなる傾向がみられる。[注9] 1962年から2001年にかけて、利益の質がとくに高い（発生主義会計利益の水準が低い）企業と、利益の質がとくに低い（発生主義会計利益の水準が高い）企業のリターンを比較した結果、**年率18％**という呆れるほどの格差がみられた。さらに詳しい調査によると、ウォール街アナリストは、企業の増益率を予想する際、この重要な指標を考慮していない公算が高いという。[注10]

利益の確定とは、推定につぐ推定から成り立つプロセスであり、誠実に勤めたとしても、推定に基づいていることに変わりはない。したがって、企業の収益性を評価する際には、キャッシュフローや配当などの客観的な物差しを用いて公表数値を補完することが欠かせない。

利益のバイアス──押し上げ要因と押し下げ要因

年金と従業員ストック・オプションに関していえば、現在の会計慣行は利益の過大評価につながっている。だが、会計慣行の中には、逆の方向で作用するものもある。

たとえば研究開発費は、現行基準の下では、経費計上される。だがこれは本来、資産に計上して、長期的に償却するべき費用だろう。これはつまり、研究開発費が高水準な企業では、公表利益が過小評価されている可能性が高いことを意味する。たとえば医薬品業界がそうだ。

ファイザーを例にあげよう。世界最大の医薬品メーカーであり、2004年の時価総額はS＆P500の上位5社に数えられた。2003年、ファイザーは医薬品研究開発費として76億ドルを使い、プラント・設備建設費として約30億ドルを使った。そして現行の会計基準にしたがって、プラント・設備建設費用30億ドルの5％を減価償却費として利益から差し引いた。残りの95％は、資産の耐用年数にしたがって、来期以降差し引かれる。

ところが、医薬品研究開発に費やした76億ドルは、100％が当期の利益から差し引かれた。ファイザーの研究開発は、会計上「資産」とはみなされないからだ。費用が発生した時点で、経費計上しなければならない。

納得できるだろうか？ ファイザーの研究開発は、不動産やプラントや設備に比べて、資産とみなしにくいだろうか？ ファイザーの企業価値の大部分は、新薬の特許が直接稼ぎ出している。新薬を生み出すのは、研究開発費だ。こう考えると、現行の会計慣行のために、ファイザーの業績は実際より冴えなくみられている可能性が高い。

フィラデルフィア連銀のエコノミスト、レナード・ナカムラも、わたしとおなじ意見で、こう述べている。「実際には、こうした（研究開発）費

用こそ、企業の長期的な利益の源泉となる」。[注11] 現行の会計慣行の下では、研究開発費が多額にのぼる業界は、将来の収益力を過小評価されることになる。

もうひとつ、利益の過小評価につながる会計慣行として、利息費用の扱いがある。利息費用は、利益から全額が差し引かれる。だがインフレ率がプラスの局面では、利息費用が増大するぶん、債務の実質価値も低下する。インフレ局面には、確定利付き債務の利息増大の影響は、かなり大きくなる場合が多い。

結論はこうだ。一般的な会計慣行に問題があるとしても、すべてが利益の過大評価につながるわけではない。

終わりの一言と、将来の見通し

本章では、企業利益の算定にまつわる慣行を詳しくみてきた。公表利益に多少の「水増し」があるのはたしかだが、だいたいにおいて、米国企業が発表する利益の数値は、さほど誤解を招くものではない。

利益を算定するプロセスには本質的に曖昧な部分があり、この点からも、配当に注目することが大切といえる。配当の形で受け取るなら、まちがいは起こらない。配当の支払いをごまかすのは、決算をごまかすより何倍もむずかしい。

経営陣による会計操作が懸念の的となるのは、かなりの程度まで無理もないが、そうした企業に指をさす前に、次の事実を知っておきたい。米国政府は、年金制度の会計をごまかしている。企業であれ規制当局であれ、どこに持ち込んでも容認されないだろう。政府の社会保障制度と高齢者医療保険制度は、**数十兆ドル**単位で、積み立て不足を抱えている。問題の規模からいって、企業セクターの比ではない。この積み立て不足は、米国経済にとって、企業の年金債務どころではないリスク要因となっている。第4部では、この問題に焦点をあてたい。

第4部

高齢化をめぐる危機と世界経済の力学シフト

第12章
過去は未来のプロローグか？
株式の過去と未来

わたしの足元を導く燭台はひとつしかない。経験という燭台だ。未来を見通したいなら、過去に照らすよりほかに方法はない。

パトリック・ヘンリー　1775年

　ノーベル賞受賞経済学者で、わたしの大学院生時代の指導員でもあるポール・サミュエルソンは、かつてこう語った。「歴史に実例はひとつしかない」。人類が通り過ぎてきた歴史は、紆余曲折に満ちている。もういちど初めからやり直したとしても、おなじことは二度と起こらない。

　それでも、歴史のほかに、わたしたちに頼るものはない。そして歴史には、頼るだけの価値がある。そうでなければ、人間の脳に、過去を観察して学ぶ機能は組み込まれていないだろう。過去の出来事に対して金融市場がどう反応したかを調べれば、将来にどう反応するかも予見しやすくなるはずだ。

　わたしはこう考えて、1990年代初め、過去に溯って米国の株式市場と債券市場のデータを集めはじめた。将来のリターンを予想するとき、応用できるトレンドがあれば探り出したいと思ったからだ。データを分析した結果、次の事実があきらかになった。1802年以降、普通株の総合ポートフォリオのインフレ調整後のリターンは、期間を長期的にとれば、どの時期にも一貫して年率6.5〜7％のレンジを維持している。この発見は、わたしの前著『Stocks for the Long Run』の基本となった。以下に一部引用する。

　このリターンの一貫した安定ぶりは、過去200年間、米国社会で起こっ

た劇的な変化を考えれば、いっそう驚きに値する。合衆国経済は農業型から工業型へと移行し、脱工業化を果たして、いまやサービス主体、ハイテク主導型となった。通貨制度は、金本位制から基軸通貨制へと移行した。情報は、西海岸から東海岸まで数週間かかって伝えられていたのが、いまや一瞬にして伝送され、世界中に報道される。ところが、株主の財産を形成する基礎要因が様変わりする中で、株式のリターンは呆れるほどの持続性を示してきた。[注1]

こんにち、未来に目を向ければ、米国経済が過去に向き合ったどの危機よりも、根本的で息の長い変化の兆しがみえている。わたしが上記文で指摘した、株式の長期的リターンの「呆れるほどの持続性」が、過去に例のない人口構成の変化を前にして、脅かされている。高齢化の波はまもなく、世界経済に影響を及ぼしはじめる。退職者人口が劇的に増え、やがて数兆ドル単位で、株式や債券が売却される。これを引き金に、資産価値の暴落が起これば、ベビーブーマー世代が夢にみてきた長く快適な引退生活は、夢のままで終わる。

この脅威について現状の分析に入る前に、株式の強みを歴史的に検証しておきたい。材料として、次の長期的データを紹介する。

資産の長期的リターン

図12-1は、わたしが金融市場のリターンを調査する中で作成してきたどの図よりも重要だ。過去200年間を期間として、株式、長期米国債、短期米国債、金、ドルを対象に、インフレ調整後のトータルリターン（キャピタルゲイン、配当、利息を含む）の推移を累積ベースで示した。

株式の推移をみると、1802年に投資した1ドルが、2003年末、購買力にして59万7485ドルになっている。長期国債では1ドルから1072ドル、短期国債では1ドルから301ドルなので、株式の成績は債券をはるかに上回っている。地金は、一部の投資家の間で人気が高い資産だが、インフレの影響を調整すると、1ドルの200年後の価値は1.39ドルにしかならない。

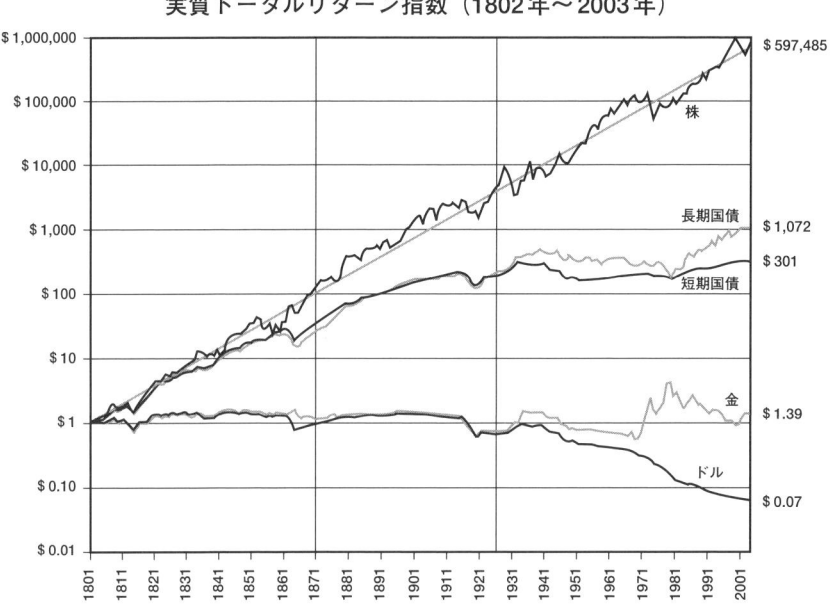

第12章　過去は未来のプロローグか？──株式の過去と未来

図12-1
実質トータルリターン指数（1802年〜2003年）

インフレの影響は、積もり積もればかなり大きくなる。図をみればわかるとおり、現在の1ドルも、200年後には購買力にして7セント程度になる。

　株式は他の資産に対して、圧倒的な優位を示している。地合いの悪化や、政治的、経済的な危機に見舞われ、基調を逸れる局面もあるものの、成長を生み出す原動力を備えるだけに、そのたびに元の水準を回復してきた。200年の間には、恐慌があり、戦争があり、金融危機があり、最近では2001年のテロ攻撃があり、2002年には会計スキャンダルがあったが、株式のリターンは、だれの目にもあきらかな回復力を示してきた。

シーゲルの一貫性──株式の実質リターンは6.5〜7％

　こうしたデータから抽出した統計値の中で、とくに注目に値するのは、株式リターンのインフレ調整後の長期的な平均だ。期間を長期的にとれば、

第4部　高齢化をめぐる危機と世界経済の力学シフト

　株式の平均リターンは、どの時期にも一貫して年率6.5～7％のレンジを維持している。つまり株式市場では過去200年間、購買力ベースでみて、投資家の財産が平均して10年で倍のペースで増えつづけたことになる。
　米国経済の揺籃期にあたる1802年から1870年をみても、中期にあたる1871年から1926年をみても、株式のリターンと配当と値上がり率のデータが揃うようになった1926年以降をみても、おなじことだ。史上最悪の暴落から大恐慌へとつながる時期にも、米国経済がインフレにあえいだ第二次世界大戦直後にも、株式の実質リターンは一貫して6.5～7％のレンジを維持してきた。株式のほかに、これに近い一貫性を示した資産はない。長期国債も、短期国債も、金も、ドルはいうまでもなく、株式にはとても及ばない。
　いささか面映ゆいことに、英国の投資マネジャー、アンドリュー・スミザーズと、ケンブリッジ大学教授で『ウォール街を評価する（Valuing Wall Street）』の著者、スティーブン・ライトが、この長期的な株式のリターンを指して「シーゲルの一貫性」と命名した。ふたりが目を見張ったのは、わたしがそうだったとおり、過去２世紀にわたり、国の経済と社会が大変動を経験する中で、株式のリターンが一定のペースを維持しつづけたことだ。
　株式の実質リターンが、なぜ７％をやや下回る水準で安定するのか、理由はよくわからない。株式のリターンを左右するのは、いうまでもなく、経済成長率、株主資本、流動性、投資家が要求するリスク・プレミアムといった要因だ。
　債券は、株式と並んで投資家の間で人気が高いが、リターンの推移をみると、まるで話がちがう。過去200年間、国債のインフレ調整後の実質リターンは、一定のペースを持続するどころか、一貫して下落している。200年全体を期間とすると、長期国債の実質リターンは年率3.5％となり、株式のようやく半分にしかならない。短期国債その他の短期公社債では年率2.9％、金はインフレ率をかろうじて0.1％上回る水準でしかない。

株式のリスク・プレミアム

　株式のリターンが、債券を上回るのはなぜか？　ものすごく突き詰めていうと、こうなる。株式市場のリターンは、投資家がどこまで債券の短期的な安全性を捨て、株式のリスクを引き受けようとするかで決まる。

　こうしたリスクを、ただで引き受けるものはいない。リスクを引き受けるなら、見返りがなければならない。諺にいうとおり、今日手に捕まえた一羽を逃がすのは、明日藪で二羽捕まえるためだ。国債などの安全な投資先に対する株式のリターンの上乗せを、株式の「リスク・プレミアム」という。

　過去200年間、株式のリスク・プレミアムは平均3％だった。

株式リターンの平均回帰性

　長期的にみて、株式のリターンは債券を上回っており、この点を否定する人はまずいない。それでも、株式を敬遠する人はかなりいる。変動性が高いというのがその理由だ。だが株式のリスクは、実際には、それを保有する期間によって大きく変わってくる。

　もういちど図12-1をみてもらいたい。株式の累積リターンに、統計上の趨勢線が引いてある。実際のリターンが、趨勢線にまとわりつくように推移しているのがおわかりだろう。趨勢線にそって推移するこの傾向は、統計学者が「平均回帰性」と呼ぶ性格をあらわすものだ。平均回帰性とは、つまり、短期的にみればきわめて変動性が高いものの、長期的にみればずっと安定度が高くなる関数の性格をいう。たとえば平均雨量は日次ベースで比べるとてんでばらばらだが、月次ベースで比べるとずっと安定してみえるだろう。

　株式のこの平均回帰性と呼ばれる性格を理解すれば、投資家がリスクをみる目は一変するはずだ。図12-2をみてもらいたい。1802年から2003年にかけて、株式、長期国債、短期国債を対象に、保有期間を1年、5年、

第4部　高齢化をめぐる危機と世界経済の力学シフト

10年、20年、30年として、インフレ調整ベースの平均リターンのリスクを示した（標準偏差をリスクとして測定）。

　保有期間が短いとき、株式はあきらかに、債券より高いリスクを伴う。だが保有期間が長くなり、15年から20年になると、株式のリスクは債券を下回るようになる。さらに長く保有して30年を超えると、株式のリスクは、長期国債、短期国債の4分の3以下に低下する。保有期間が伸びるにつれ、株式の平均リターンのリスクは、債券のほぼ倍のペースで低下していく。

　この意外な結果をもたらした犯人は、インフレ率の変動性だ。インフレ率が上昇すると、債券の実質リターンは、株式よりはるかに大きく打撃を受ける。債券が支払いを約束するのは一定の金額であって、モノや購買力ではない。米財務省が最近、インフレ連動型として、インフレ率にしたが

図12-2
インフレ調整後リターンの平均リスク（年率）

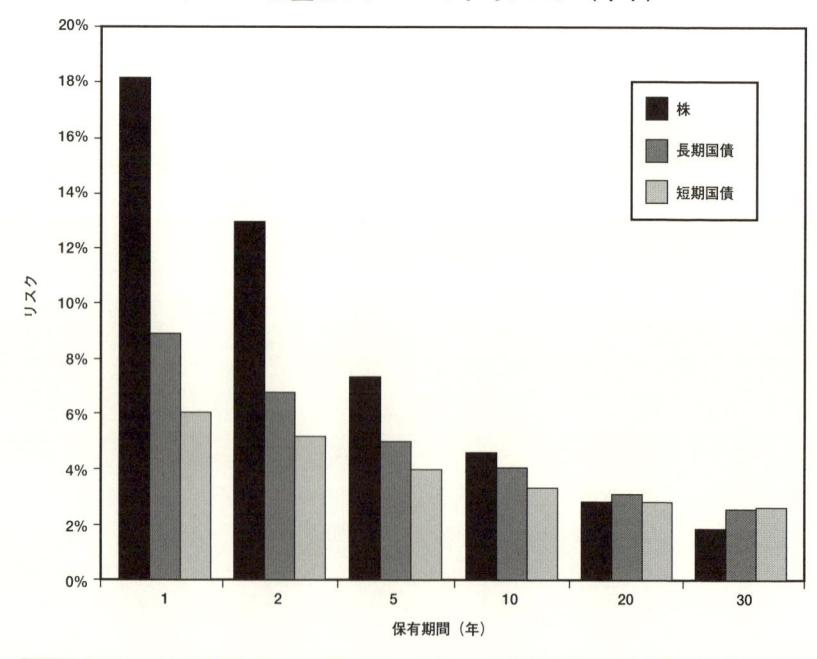

ってリターンを調整するタイプの債券を発行したが、これは債券市場のごく一部にすぎない。

一方の株式は、実質的な資産の所有権だ。実質的な資産とは、たとえば、不動産や機械や工場や、あるいは発明であって、こうした資産の価格は、時間の経過につれてインフレ率と連動して上昇する。リターンの安定ぶりをみるかぎり、期間を長期的にとれば、株式はインフレの影響を完全に吸収するとみていい。債券は、その性格上、それができない。

以上の調査結果は、次の主張の裏付けとなる。株式は他の資産に比べて、リターンが高い上に、長期的にはリスクが低く、長期的に投資するなら株式を中心とするのが正解だ。債券を選好するのは、株式市場の短期的な変動性を避けたい場合であり、当然ながら、リターンは大幅に低くなる。ただし債券は、インフレリスクのヘッジとはならない。そして現代の貨幣経済にあっては、長期的な物価の先行きはだれにも予想できず、インフレリスクは避けて通れない。

世界の株式リターン

1994年に前著『Stocks for the Long Run』を出版したとき、一部の経済学者から次の疑問の声があがった。わたしの結論は、米国市場のデータから導き出したものであり、世界的にみれば、株式のリターンはもっと低いのではないか。

とくに、複数国間でリターンを平均する際には、「生き残りバイアス」がかかりやすい点が指摘された。つまり米国市場などの成功した市場では、長期的リターンは徹底して調査されるが、ロシアやアルゼンチンといった、低迷どころか消滅さえ経験した市場の長期リターンは無視されることが多く、この格差がバイアスにつながりやすい。[注2] このバイアスを考慮すると、米国市場のケースは例外であって、米国以外の国の長期的な株式リターンは、おそらく、これほど高くない。

英国の3人の経済学者が、過去1世紀を溯り、世界16ヵ国の株式と債券の長期リターンを調査した結果、生き残りバイアスに基づく懸念は払拭

された。ロンドン・ビジネススクールのエルロイ・ディムソン教授、ポール・マーシュ教授、ロンドン・シェア・プライス・データベースのマイケル・ストーントン理事の3氏は、調査の結果を『楽観論者の勝利——グローバル・インベストメント・リターンの101年（Triumph of the Optimists: 101 Years of Global Investment Return）』と題する本にまとめて出版している。16ヵ国の例から、世界の金融市場の成績が、力強く、しかもわかりやすく解説されている。

3氏が調査対象とした16ヵ国はたいてい、戦争、超インフレ、恐慌といった災厄に見舞われているが、株式のリターンは、16ヵ国すべてで、インフレ調整後でかなり大幅なプラスを維持してきた。一方の債券のリターンは、イタリア、ドイツ、日本をはじめ、大戦前後にかなりの混乱を経験した国で、大幅なマイナスとなっている。結果的に株式は、16ヵ国すべてで、他の金融資産に対してあきらかな優位を示した。

図12-3に、1900年から2003年を期間として、対象16ヵ国の株式、長期国債、短期国債の平均実質リターンを示した。[注3] 株式の実質リターンをみると、最低はベルギーの1.9％、最高はスウェーデン、オーストラリアの7.5％で、米国の株式リターンは優秀ではあるが、例外的ではない。米国を上回る国がスウェーデン、オーストラリア、南アフリカと3ヵ国ある。世界の株式実質リターンの平均をみても、米国のそれとさほど変わらない。[注4]

こうしたデータを分析した上で、『楽観論者の勝利』はこう結論している。「株式のリターンが長短期国債を上回る現象は、米国市場にかぎらず、調査対象とした16ヵ国すべてでそっくりそのまま確認できる……どの国でも、株式は債券を上回るパフォーマンスを達成してきた。過去101年間の平均でみて、各国の債券リターンは、16ヵ国中で最低の株式リターンと比べてさえ、長期債で2ヵ国、短期債では1ヵ国しかこれを上回っていない」。[注5]

同書は、こうもいっている。「米国市場と英国市場のパフォーマンスはたしかに優秀だが……他の国と比べて飛び抜けた点はどこにもない……したがって、成功した生き残り市場にバイアスがかかるとの懸念は、もっと

第12章 過去は未来のプロローグか？──株式の過去と未来

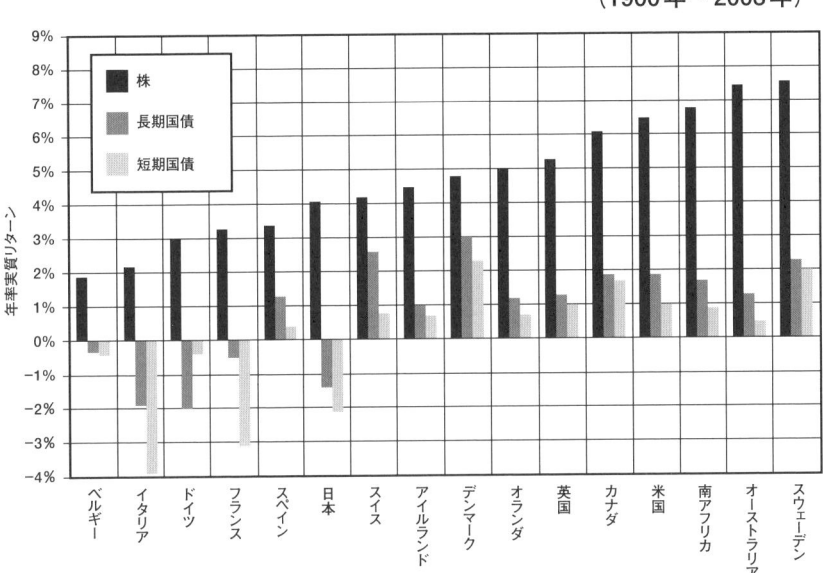

図12-3
世界16カ国の株式、長期国債、短期国債の平均実質リターン
(1900年～2003年)

もな懸念ではあるが、やや考え過ぎといってよく、米国に焦点をあてることで、投資家に深刻な誤解を与えたとは考えにくい」[注6]

　最後の一文は、かなり重要だ。米国の株式市場ほど徹底的に調査されてきた市場は、世界中どこにもない。ディムソン、ストーントン、マーシュの3氏はつまり、米国市場で確認される傾向は、どの国のどの投資家にとっても意味があるといっている。米国市場で過去200年間、株式が飛び抜けたパフォーマンスを示したのは、特別なケースではない。調査の対象としたどの国でも、株式のリターンは、債券を上回ってきた。多くの場合、圧倒的に上回ってきた。国際的に調査したことで、株式の優位を裏付ける材料が減るどころか増える結果となった。

過去は未来のプロローグか？

　株式のここまでの成績は際立っていると認めながら、こう反論する向きもある。過去の実績にとらわれると、かえって裏目に出ることがある。ばら色の見通しは、株式にかぎらずどの資産でも、相場がまさにピークを迎えたときに語られるもので、その場合、過去のリターンは申し分なくても、未来のリターンは散々となる。

　この説は、かなりの部分まで的を射ている。たとえば日本株の過去のリターンは、1989年12月に算出すれば、ずば抜けていた。この月の日経平均は3万9000円に達している。1980年代、日本株のリターンは年率約30％の勢いで伸びており、国際ポートフォリオはたいてい、長期的なリスク対リターン分析に基づいて、日本株をかなりの比率で組み入れ、とくに銀行株を買い進めていた。だが一寸先には下落相場が待っていて、それは長期に及んだ。14年が経過し、日本市場はいまも前回のピークの4分の1の水準さえ回復していない。同様に、2000年1月、米国市場の過去のリターンをセクター別に割り出して、過去から教訓を導き出したなら、まちがいなく全財産をインターネット株に注ぎ込んでいただろう。インターネット株のリターンは天井知らずの勢いだった。2年後、1ドル投資して10セント残っていたなら、まず運のいいほうだろう。

人口動態が突きつける課題

　過去は今回も、見当ちがいのメッセージを発しているのだろうか？　株式の優位を示すデータは、じきにベビーブーマー世代が株や債券を売りはじめれば、意味を失うのだろうか？

　フィナンシャル・アナリスト・ジャーナル誌の編集長で、第11章で紹介したとおり、企業決算についても懐疑的な見解を示したロバート・アーノットは、あっさりこう述べている。2000年から2002年にかけての株式市場の低迷は、長期にわたる下落相場の先触れにすぎない。

第12章　過去は未来のプロローグか？——株式の過去と未来

わたしの見方では、人口動態の変化による影響がいよいよあらわれはじめた。バブルが弾け、しばらく低迷が続いたのは、人口動態がもたらす大揺れの先触れにすぎない。1975年から1999年にかけて、1ドルが50ドルに育つほど力強い上昇相場が続いたのも、おそらくは、かなりの部分まで人口動態が原動力となっていた。向こう20年にかけて、退職者人口が激増する。資本市場はすでに（リターン低落を）織り込みはじめている。注7)

こうした人口動態に基づく見通しは、株式の未来は明るいとする見通しと、真っ向から対立する。本章に続く3つの章では、人口動態が突きつける課題をひとつずつとりあげ、それぞれが経済と資本市場にとってなにを意味するかを探っていきたい。まず第13章では、冷徹な人口統計データを紹介する。先進国ではまずまちがいなく、過去に例がない水準まで、退職者1人当たりの労働者人口が減少する。このままいけば、米国の社会保障と高齢者医療保険制度は破綻し、結果的に、退職年齢が大幅に引き上げられ、退職から死を迎えるまでの引退生活の期間も大幅に短くなるだろう。この章ではとくに次の点を指摘したい。社会保障制度の信託基金だけでなく、個人資産も、おなじように高齢化の波に脅かされている。

第14章では、この波に抵抗するために、現在提案されている対策についてみていきたい。結論からいえば、一般的な解決法をひとつずつ検証した結果、どれも問題ありと判明した。ベビーブーマー世代の貯蓄率を引き上げても、先進国の生産性改善を加速しても、移民を奨励してさえ、それだけでは問題の解決にはならないだろう。

だが将来、ある展開が起これば、それが高齢化の波を押し止め、打撃を吸収してくれる。途上国経済が急成長するという展開だ。わたしは現在、こう確信している。中国とインドをはじめ、新興成長国の経済が発展することで、高齢化する先進国に十分なモノとサービスが供給され、退職者は快適な引退生活を過ごすことができる。

わたしはこれを、世界的解決（グローバル・ソリューション）と呼んでいる。これが実現すれば、世界中に十分なモノが供給されるだけでなく、おなじくらい重要な問題とし

て、金融市場に十分な買い手が供給される。そうなれば、株価は遠い将来にかけて買い支えられる。

　このソリューションが実現すると、なぜ楽観していられるのか？　これが第4部の最終章「グローバル・ソリューション――真のニューエコノミー」のテーマだ。経済のエンジンに火がつき、爆発的な成長が始まるのは、情報や知識や発明が、社会の大多数の人々に伝達される時代だ。情報革命が起こり、インターネットが普及して、投資家は手痛い損失を被りはしたが、その一方で、急激な経済成長を支える基盤が整いつつある。この成長は、過去に例がないほど、目覚しい成長になるだろう。

第13章
変えられない未来
目前に迫る高齢化の波

現在は未来を孕むという。

ヴォルテール

　将来を予見することにかけて、経済学者の成績は、他のあらゆる分野の専門家の例にもれず、お粗末なことで有名だ。ハーバード大学経済学名誉教授、ジョン・ケネス・ガルブレイスは、かつて同業者についてこう語った。「この世界には2種類の予言者がいる。なにも知らない予言者と、なにも知らないことを知らない予言者だ」

　とはいえ、将来についてかなり詳しく知る専門家もいる。人口統計学者、つまり人口動態を調査する専門家だ。人口統計学者がなぜ将来を予見できるか、理由は単純だ。現在、30～34歳の米国人が2000万人いるとしよう。5年後、その2000万人は35～39歳になっている。10年後には、40～44歳だ。いうまでもなく、年齢層が上がると死亡率を織り込まなければならないが、死亡率が上昇しはじめるのは、かなり高齢になってからだ。

　いまの年齢構成がわかれば、将来の年齢構成も、かなり正確に予想できる。米国では第二次世界大戦の終結後、とくに1946年から1964年にかけて、出生率が爆発的に上昇する時期があった。出生率はその後、横ばいを挟んで下落に向かい、いまでは過去最低の水準まで低下している。ベビーブームから、いまやベビー払底(バスト)の時代となった。

　結果的に、現状はこうなっている。ベビーブーマー世代と呼ばれる8000万のアメリカ人が、あと数年で、念願かなって長く豊かな引退生活に入る。一方で、国内の労働力人口が減少している。

この事実を変える手だてはない。これは、変えることのできない未来だ。

投資家にとってどんな意味がある？

高齢化の波が及ぼす打撃は、きわめて広範囲に及ぶ。とくにはっきり目に見える形で直撃を受けるのは、公的な年金基金だろう。数十年前、米国を含む先進諸国は、高齢者向け社会保障制度と医療保険制度を設立した。あと10年もしないうちに、ベビーブーマー世代が高齢者となり、こうした公的制度に過去に例のない負担がのしかかる。しかも、米国の見通しも十分に暗いが、欧州諸国の大部分と日本では事態はさらに深刻で、米国をはるかに上回る年金債務を抱えている。

資本市場でも、需給の問題が将来に影を落としはじめた。ウォール街に伝わる小咄が思い出される。あるブローカーが、投機的だが成長の見込める小型株を顧客に奨めた。顧客はそれを買い、さらに数千株を買い増すうち、株価は上昇しつづけた。顧客は満足して、ブローカーに電話し、保有株を全部売るよう伝えた。ブローカーは、こう答えた。「売りたい？ いったいだれに？ あんたのほかに、この株を買った人間はいないのに！」

「売りたい？ いったいだれに？」数年のうちに、ベビーブーマーを苛むセリフになりかねない。いったいだれが、ベビーブーマー世代が数十年かけて貯め込んだ数兆ドルもの金融資産を買ってくれるだろう？ この世代は、20世紀後半の政治、ファッション、マスコミを支配してきた。いまは人口動態の波となって、米国経済を金融資産の海に沈めようとしている。そうなれば、自分たちの世代の引退生活だけでなく、あらゆる世代の家計に、壊滅的な影響が及ぶ。

『老いてゆく未来』『燃料切れ（Running on Empty）』などの著者、ピーター・ピーターソンは、何年も前から警鐘を鳴らしてきた。ピーターソンの主張はこうだ。「目の前に氷山が迫っている。世界的な高齢化と呼ばれる氷山だ。衝突すれば、大国も破綻しかねない」[注1]

ピーターソンの試算によると、先進国が抱える未積み立て年金債務はしめて35兆ドルにのぼり、医療費債務は少なくともその倍にのぼるという。

第13章　変えられない未来──目前に迫る高齢化の波

「古いクイズ番組の決まり文句を借りれば、世界が直面する問題は少なくとも"105兆ドルの問題"となる」わけだ。危機回避に向けて抜本的な対策をとらないかぎり、「個人の生活水準が、停滞ないし悪化する」ともいう。(注2)

この人口動態の現状は、金融市場からみれば、次の災厄を意味する。ベビーブーマー世代がいずれ、まちがいなく、退職後の生活を支えるために金融資産を売却しはじめる。孫を連れて家族旅行に行きたいし、病院にも通うし、なにより毎日の生活費が必要だ。だが株式や債券といった資産は、そのままでは役に立たない。株券を食べて日を送るわけにはいかない。資産の価値を実現するには、売却するしかない。売却するには、ある程度以上の買い手がいなければならない。これまでは労働年齢人口がこの買い手を供給してきた。そしてこれまでは、労働年齢人口は退職者人口をはるかに上回っていた。ところがベビーブームからベビー払底(バスト)へと時代が移行した結果、ジェネレーションX世代（1960年代後半から1970年代に生まれた世代）が決定的に足りなくなった。本来なら、この世代に十分な財力があり、ベビーブーマー世代が貯め込んだ株式・債券を、ブーマー世代が支払った価格で買い取ってくれるはずだった。買い手がいないとき、資産の価格は下落する。場合によっては、暴落する。

現状の深刻さを、よくわかっていない投資家が多い。自分が退職するとき、年金やメディケアの給付はあてにできないと見極めていてさえ、自分には株もあるし債券もあるし不動産もあるのだから、退職後の生活は支えられると安心している。

だがこの安心には、根拠がない。高齢化の波の影響は、個人資産の価値にも、政府の年金や医療保険制度にも、まったくおなじように押し寄せる。高齢化が実際に、悲観論者らが予言するとおりの事態を招くなら、資産価値は下落し、退職年齢は引き上げられ、給付金は全般にカットされる。前章で紹介した、株式の「呆れるほど一貫した」力強いリターンは、過去の思い出となるだろう。

高齢化の波は、向こう数十年、投資家の財産を脅かす最大の問題となる。本章では以下、その原因と影響を、ひとつずつ掘り下げて検証していきた

い。まず、現在のトレンドがこのまま続くと想定して、どれだけ余分に働けば、退職後の消費水準を維持できるかをみていく。次に、社会保障信託基金について、世間一般が抱いている誤解をあきらかにしたい。問題が表面化するのは、基金が実際に枯渇するはるか以前だろう。最後に、高齢化の波とまともにぶつかったとき、投資家はどう行動すればいいかを考えたい。この章では、後の分析の基礎となる事実を確認していくつもりだ。こうした事実を踏まえて、後の章であらためて、社会保障制度破綻をはじめ、高齢化にまつわる問題の対策とされてきたさまざまな「ソリューション」を評価していきたい。

高齢化する世界

　経済の高齢化は、先進国でほぼ例外なくみられる現象で、とくに欧州と日本であきらかだ。たとえば世界第3位の経済規模をもつドイツでは、現在の予想によると、2030年には65歳以上の人口が成人人口の約半分に達する。現在は5分の1だ。その間、労働年齢人口は25％減少する。日本の人口は、数年後に1億2500万人でピークを打つと予想され、21世紀半ばには、政府の悲観的な予想によると、1億人を割り込む。労働年齢人口の減少は、これより速いペースで進む。[注3]

　図13-1に、日本の2005年と2050年の推定ベースの人口構成を示した。推定は国連人口統計プロジェクトが提供する人口統計データに基づいており、現在のところ、これ以上徹底してデータを集計した人口統計はないだろう。高齢化に関する日本の傾向は、イタリア、スペイン、ギリシャといった欧州諸国にもおなじようにあてはめられる。

　図では、年齢層を5歳ごとに区分した。2050年、こうした国々で人口構成上最大の比率を占めるのは75〜80歳の年齢層となる。80歳以上の人口と、20歳以下の人口が、ほぼおなじになる。いま100歳を超える老人といえば、新聞で紹介されてもいいくらいだが、2050年の日本では、5歳以下の幼児4人に対して、100歳以上の老人（おそらくは老婆）が1人ずついる計算になる。

第13章　変えられない未来──目前に迫る高齢化の波

　図13-2に示したとおり、米国の推定データは、わずかとはいえ、ここまで深刻ではない。人口増加率を決める最大の要因は出生率だ。つまり女性1人が生む子供の数だ。この比率が約2.1人に達すれば、人口は横ばいを維持できる。ちょうど2.0人でないのは、幼児や子供は死亡率が高いからだ。

　米国では1946年から1964年にかけて、出生率が急増するいわゆるベビーブームが起こった。出生率はその後、米国でも欧州でも、しだいに減少して2人を割り込んだ。ただし欧州の出生率は引き続き低下傾向にあるが、

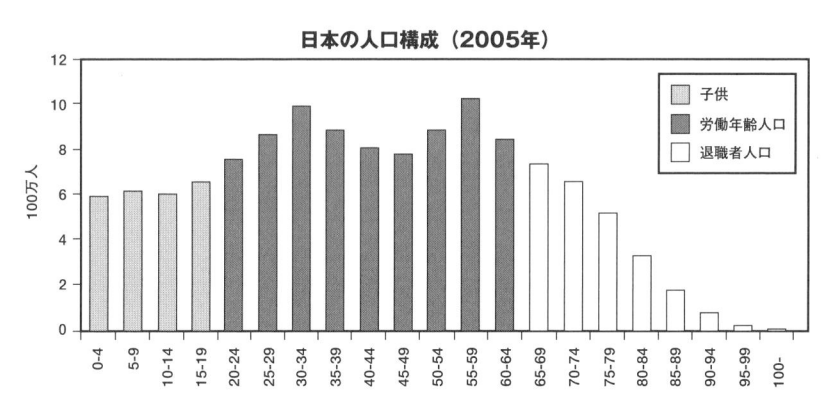

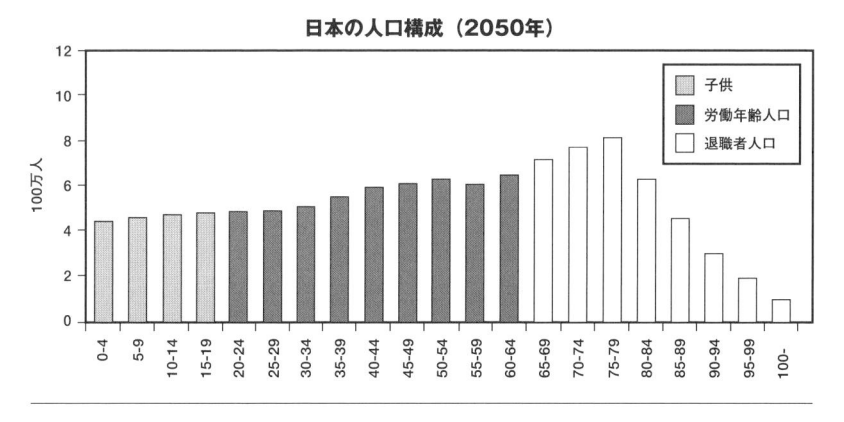

図13-1
日本の人口年齢構成（2005年と2050年）

第4部　高齢化をめぐる危機と世界経済の力学シフト

図13-2
米国の人口年齢構成（2005年と2050年）

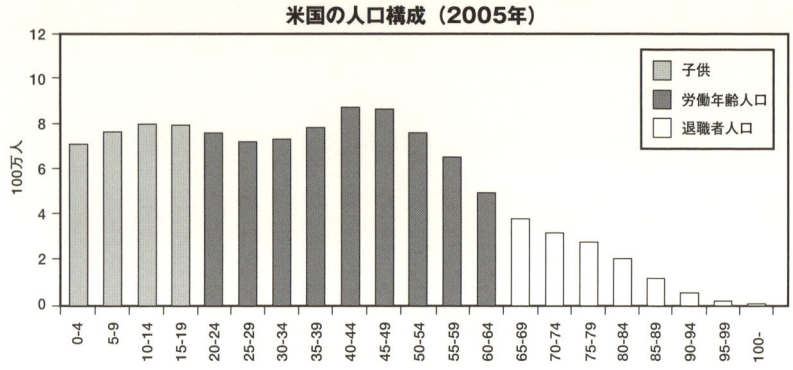

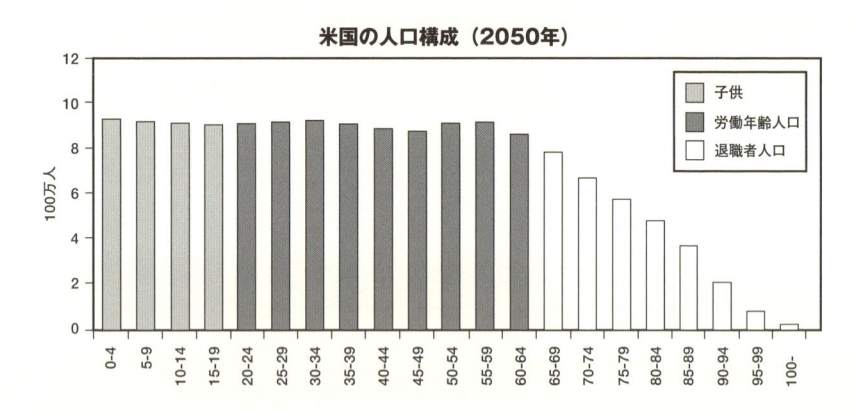

米国の人口構成（2005年）

米国の人口構成（2050年）

　米国では底を打ち、現在は人口維持に必要な水準をわずかに下回るあたりで安定している。米国の出生率が安定したのは、ベビーブーマー世代の出生率が、欧州や日本のおなじ世代を上回ったためだ。また移民の出生率の高さも、伸びに寄与している。とはいえ現在、かなりの数のベビーブーマーが40代後半から50代にさしかかり、退職を目の前にしている。
　「人口動態の波」とは、こうした人口構成上の膨らみを指す用語で、**図13-1**、**図13-2**の人口構成比グラフにも、はっきりあらわれている。波は向こう10年以内に高齢化の波となり、20年は続く。その間、ベビーブー

マー世代が退職し、年金を回収して、資産を売却し、モノとサービスを消費する。とくに医療サービスを消費する。

労働者枯渇

　ある人口集団に提供されるモノとサービスは、その集団の労働年齢人口が生産しなければならない。そして1年間の生産高のうち、翌年に持ち越せる部分は限られている。ここで問題が発生する。労働年齢人口が、退職者人口に対して、劇的に減少しているからだ。**図13-3**をみてもらいたい。日本と米国を対象に、退職者1人当たり労働年齢人口の推移を、過去50年間の実績と、向こう50年間の見通しと併せて示した。[注4]

　1950年、米国では、退職者1人に対して7人の労働者がいた。2005年、この比率は4.9人に減少する。2050年には、2.6人まで減少する見込みだ。

図13-3
低下する労働者／退職者比率（米国と日本）

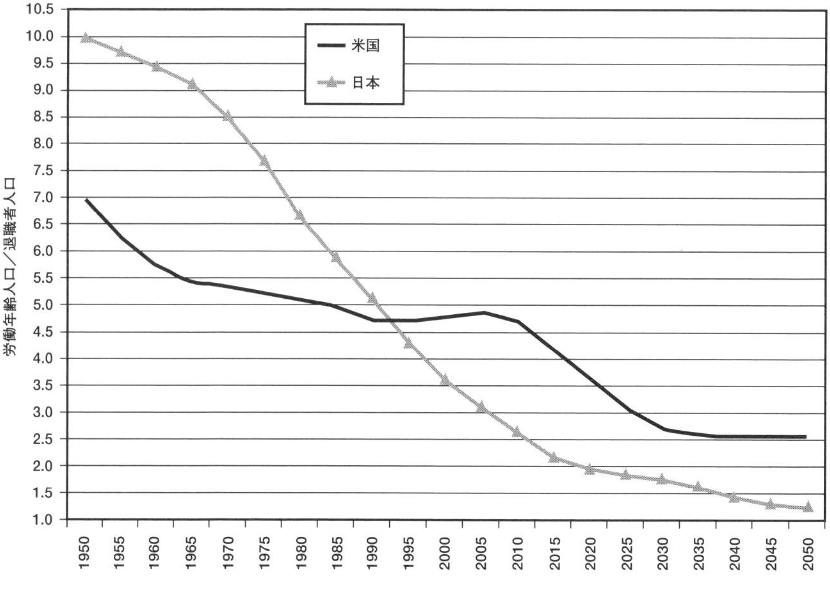

日本の事態はさらに深刻だ。日本では1950年、退職者1人に対して10.0人の労働者がいた。2005年には3.1人に減少し、2050年には1.3人まで減少が見込まれている。しかも日本の数値は、退職年齢を65歳まで引き上げることを前提としている。退職年齢を60代前半のままと想定すれば、労働年齢人口が退職者人口を下回る。スペイン、イタリアをはじめ、欧州諸国でもおなじ事態が予想される。

出生率の上昇と下落

わたしたちはいま、なぜこうした極端な人口動態の変化を迎えているのだろう？ 理由は、かなりの部分まで、経済成長と医療の進歩に求められる。つい最近まで、世界はつねに若かった。いまよりはるかに平均寿命が短く、死亡率が高かったためだけでなく、子供が貴重な資産だったからだ。畑を耕し、魚を獲り、老人の世話をする働き手だったのだ。

300年前、北米への入植が始まった頃、子連れの未亡人は引く手あまただった。1776年、米国が独立した年、アダム・スミスはこう記している。「（女性は）多くの場合、一種の未来として求愛される。人を結婚に踏み切らせる理由のうち、子供の値打ち以上に大きな理由はない」。いまでは、子供を持つ独身女性は、結婚相手として敬遠されることが多い。(注5)

20世紀に入って、栄養と医療の向上につれて死亡率が低下し、世界の大部分の地域で人口が爆発的に増えた。1970年頃、ポール・エーリックがベストセラー『人口爆発（Population Explosion）』を著し、人口急増がこのまま続けば、世界の資源が枯渇すると訴えた。

エーリックは、たとえていえば、現代のトーマス・マルサスだ。19世紀、英国の経済学者マルサスはこう訴えた、人口が増加すれば、人類の大部分は必然的に最低生活水準に落ち込む。マルサスのみる世界は、悪循環を繰り返す運命にあった。技術の進歩は食料の増産につながる。食料の増産は出生率の上昇につながり、ひいては人口増加につながる。人口が増えれば人類は手に入るかぎりの資源を使い尽くし、やがて飢餓が訪れ、人口が減る。

だが生活水準の向上は、マルサスにとってもエーリックにとっても思いがけない影響をもたらした。経済が発展し、所得水準が上昇するにつれ、成人がもうける子供の数は、増加ではなく減少に向かった。とくに欧州諸国の出生率低下は劇的で、1960年の2.5人から現在では1.4人を割り込んでいる。スペイン、イタリア、ギリシャなどでは、1.1〜1.3人まで低下した。中国でさえ、共産党の一人っ子政策に背中を押される格好で、1960年代の6.1人から現在は1.8人まで低下している。[注6]

出生率が低下する理由は、さまざまに考えられる。中国の場合は共産党が強制したからだが、その他の国では、社会の枠組みが変化し、労働の質が身体活動から頭脳活動へとシフトして、女性が外で働きやすくなったことが一因だろう。女性の賃金が上がり、家で子供を育てるという選択肢の機会コストも上昇した。

しかもこんにち、子供を高度な専門職に就かせるには、幅広くかつ安くない教育が必要だ。費用を政府が負担する場合にも、親の支援は欠かせない。しかも社会保障などの公的な年金制度が充実したおかげで、親が老いて子供を頼り、仕送りを受けることも少なくなった。[注7] 息子や娘を大学に通わせる親ならよくご存知のとおり、1776年にアダム・スミスが記したような貴重な資産どころか、子供はいまや、金のかかる重荷ともいえる。

延びる寿命

とはいえ、少子化の傾向は、高齢化の波を形成する要因のひとつにすぎない。わたしたちいま、過去のどの時代よりも長生きするようになった。寿命が延びるとはつまり、長く一般的とされてきた65歳という退職年齢を過ぎても、人生がまだまだ続くことを意味する。

寿命が延びていること自体、別段ニュースではない。産業革命以降、死亡率は全般に低下しつづけてきた。20世紀半ばまで、平均寿命が延びる主因は幼児や子供の死亡率の低下だった。1901年から1961年にかけて、新生男児の平均余命は20年以上延びている。その間、60歳男性の平均余命は2年弱しか延びていない。[注8]

だがこんにち、平均寿命を押し上げているのは、高齢者の苦痛を癒し、ときには完治させる最先端の医療だ。現在、年齢層別にみて人口増加率がもっとも高いのは、100歳以上の年齢層となっている。1961年以降、60歳の平均余命が60歳以下の3倍延びているのも、これで説明できる。バイオ技術の進歩や医薬品の開発ペースを考えると、長寿のトレンドはいよいよ加速する公算が高い。

最近では人間のゲノム地図があきらかになり、また新たな期待が広がっている。科学者らはじきに、16世紀スペインの探検家、ポンセ・ド・レオンの夢みたとおり、「若さの泉」を発見するかもしれない。一部の科学者の間では、老化プロセスを劇的に遅らせる、あるいは止めることが可能かどうかが議論されている。

2000年夏、マックス・プランク人口統計調査研究所のジェームズ・バウペル理事は、こう述べている。「ミネアポリスか東京かボローニャかベルリンで、きょう生まれた女の赤ん坊のうち半分は、22世紀の幕開けを祝う年、100歳の誕生日を迎えるだろう」[注9]

バウペルの予想は、おそらくは楽観的すぎるが、本人によると「当たらずしも遠からず」だ。[注10] 一方、人口統計学者の大半は、米国政府による平均寿命の見積もりのほとんどは、大幅に低過ぎるとみている。社会保障局や基金の健全性を評価する管財団による見積もりもそうだ。たとえば社会保障局の予想では、2070年の米国人の平均寿命は、男性、女性とも81歳となっている。現在の77歳から4歳しか延びていない。

高齢化に関する上院特別委員会で証言したとき、バウペルはこう問いかけた。「米国の平均寿命が、50年後、日本やフランスですでに達成されている水準にまだ届いていないと想定するのは、現実的だろうか？ 米国の平均寿命が日本やフランスを10年以上下回ると想定するのは、現実的だろうか？」[注11] じつにいい質問だ。社会保障局が想定する平均寿命の延び率は、過去の実績と比べても大幅に低い。バウペルとその同僚でケンブリッジ大学教授のジェームズ・オッペンの研究によると、1840年以来、先進国の平均寿命は年率3ヵ月のペースで驚くほど安定して延びてきた。10年で2.5年になる計算だ。[注12] 上昇ペースはきわめて安定的で、減速の気配は

みえない。このままいけば、今世紀半ば、新生児の平均余命は90歳に近くなり、2070年には95歳に達する。しかも、85歳以上の「超高齢者」人口は、社会保障局の想定する1800万人の２倍から３倍になる公算が高い。

こうした統計データをみるかぎり、公的年金と医療保険制度の破綻をめぐる予測は、高齢化問題の大きさを大幅に甘くみていると考えられる。

退職年齢の低下

　寿命が延びる一方で、わたしたちは早く退職するようになった。昔は、男も女も死ぬまで働くのが当たり前だった。あるいは働けなくなるまで働いた。1935年、米国で社会保障法が成立した年、平均退職年齢は69歳、平均余命は65歳で12年未満だった。こんにち65歳の労働者には、平均あと17.9年の余生がある。労働人口のうち退職年齢を迎える比率も大幅に増えた。[注13] ところが、平均退職年齢は、かつての69歳から現在63歳まで低下している。[注14] 結果的に、過去50年間、退職から死を迎えるまでの期間は伸びる一方となった。いまも大勢の人が、もっと早く退職したいと望んでいる。[注15]

　欧州では、退職年齢の低下がさらに極端な形で進んできた。1970年代前半、欧州各国で退職年齢の下限が65歳から60歳に引き下げられた。[注16] 引き下げにあたり、大半の国は、退職者を引き留めるインセンティブ制度をなにも設けなかった。経済協力開発機構（OECD）の研究者の調査によると、先進国26ヵ国のうち11ヵ国で、35年間就労した55歳と、もう10年長く就労した65歳とで、受け取る年金の金額がおなじになっている。[注17] これが早期退職を促す強い誘因となり、欧州人は一斉に反応した。フランスでは、60〜64歳が労働人口全体に占める比率が、退職年齢引き下げ前の約７％から、いまでは２％を割り込んでいる。西ドイツでは、７％超から３％に低下した。[注18]

　高齢化の波が目前に迫ったいま、問題は、このトレンドが続くかどうかではなく、いつ反転するかになった。言い換えると、どれだけ早く退職できるかではなく、どれだけ余分に働けばいいかの問題になった。それでも

早く退職するというなら、どれだけ生活水準を下げるかの問題となる。

社会保障制度の危機

　高齢化の波の影響は、公的年金制度にはどのように及ぶだろう？ 昔読んだある説によると、米国政府が過去1世紀の間に施行した政策のうち、国民の間でとくに評価が高いのは、社会保障制度と州際高速道路だそうだ。先々の見通しからいえば、州際高速道のほうがずっと分がよさそうだ。州際高速を利用したことがない米国人はめったにいないが、数千万人のベビーブーマーが年金を回収し、メディケア給付金を受け取るのは、これからだ。退職者が増えて高齢化の波がピークを迎える頃、政府の年金制度に加わる圧力の凄まじさは、州際高速の渋滞がいくら殺人的であっても、まずかなわないだろう。

　こういわれて、次のように考える向きもあるだろう。「社会保障制度が破綻しようがしまいが、わたしには関係ない。わたしは老後に備えて個人の退職貯蓄を積み立ててきた」。だが事実をいえば、おそらく大いに関係ある。社会保障制度を脅かす力は、**ありとあらゆる**年金プランの資産を脅かすからだ。公的であれ民間であれ、おなじことだ。社会保障制度、とくに社会保障信託基金の先行きは、個人の資産に直接影響を及ぼす。

社会保障制度——永続するマネー・マシーンか？

　本題に入る前に、社会保障とはそもそもどんな制度で、その問題を解決するために、どんな政策が考えられるのかをまずみておきたい。社会保障法が成立したのは1935年、大恐慌の最中のことで、ルーズベルト大統領によるニューディール政策の一環だった。制度の仕組みは賦課方式とされた。つまり議会が給付金の水準を決め、それを基準に税率や賃金を調整して、税収で費用を賄っていく方式だ。[注19] この賦課方式は、その後数十年にわたってうまく働いた。議会は給付の範囲を大幅に拡大したが、労働者人口が増える一方だったので、わずかな増税で制度を支えていくことがで

第13章　変えられない未来——目前に迫る高齢化の波

きた。結果的に、退職者が受け取る給付金は、たいていの場合、税金を通じて支払った拠出金をはるかに上回っていた。拠出金に対するリターンとしてみても、かなり高い水準になった。

つまり社会保障制度とは、いってみれば、永遠に回り続けるマネー・マシーンだった。毎年毎年、加入者の拠出金がリターンを吐き出し、それは民間市場の平均的リターンをはるかに上回っていた。こんな制度が、永遠に続くことがあり得るだろうか？　信じるかどうかはさておき、あるいは続いたかもしれない。米国で初めてノーベル経済学賞を受賞したポール・サミュエルソンは、この点について、次のように述べている。

> 社会保険の本質は、それが*保険経理的に*、不健全なところにある。だれであれ退職年齢に達すれば、給付金を受け取る権利が与えられ、それは自分の支払った拠出金をはるかに上回る……なぜ、こんなことが可能なのか？　……人口が増加する国では、若者の数がつねに老人の数を上回るからだ。ようするに、実質所得の伸びが年率３％台を維持するかぎり、給付金の原資となる税収額は、景気の局面がどうあれ、いまの退職者が過去に支払ってきた納税額を大幅に上回る……成長する国家とは、これ以上なくよくできたポンジー型利殖装置といえる」[注20]

ここでサミュエルソンが引き合いに出した「ポンジー型利殖装置」とは、1920年頃、イタリア出身の移民チャールズ・ポンジーが始めた投資方式で、ようするにネズミ講だ。途方もない高リターンを約束し、先に加入した投資家への支払いを、あとから加入する投資家の掛け金で賄おうとした。やがてからくりが露見し、だれもが返金を求めて、方式は破綻した。

ポンジー方式といえばそのとおりだが、社会保障制度は合法的で、しかも持続可能だ。ただし、**人口が増えつづけ、*所得が増えつづけることが条件となる**。そうなれば、制度に流れ込む掛け金が、支払われる給付金を、つねに上回る。だが人口と所得の伸びが止まれば、万事休すだ。

社会保障信託基金

　1982年、人口動態をめぐる危機感の高まりを背景に、レーガン大統領が識者による特別委員会を招集し、問題を調査した上で解決法を推奨するよう依頼した。アラン・グリーンスパンを委員長とする特別委員会は、次の点を確認した。制度が賦課方式を続けるかぎり、ベビーブーマー世代がいずれ深刻な問題となる。つまりベビーブーマー世代が退職期を迎えれば、若年労働者の税率を大幅に引き上げないかぎり、膨れ上がる年金給付金を賄いきれなくなる。社会保障税率の引き上げは、世代間の対立を招きかねず、しかも労働者人口が減少する中で、労働意欲が削がれる結果ともなりかねない。

　委員会は次の解決策を提案した。まず賦課方式を廃止し、現行の社会保障税率を、現行の給付を賄う以上の水準に引き上げる。そして余剰金で米国債を買う。買った国債は、市場レートにしたがって利子を生むものとして、特別信託基金に積み立て、ベビーブーマー世代が退職する頃、売却して給付金の原資とする。こうすれば、退職者に年金を支払うために、労働者に壊滅的な税金を押しつけなくてすむ。

　議会は委員会の提案にしたがい、1983年、社会保障税率を大幅に引き上げた。社会保障信託基金が設立され、制度が2050年代後半まで黒字を維持することを目的に、国債を保有する仕組みが設計された。2050年代をめどとしたのは、管財人が制度の健全性を評価する際に、75年間を期間とするよう義務づけられていたからだ。

　ところが、委員会がこれを提案して数年後、出生率が減少に転じ、生産性が伸び悩み、平均寿命が委員会の予想を上回るペースで延びはじめた。以上のトレンドはつまり、信託基金に積み立てた資金では、給付金を約束どおり支払い切れないことを意味する。管財団は2004年の報告書で、次のとおり予想している。2018年、基金は大量に保有する国債の売却を開始し、それは2042年に枯渇する。2042年、税率を大幅に引き上げないかぎり、社会保障給付は約30％削減される。

第13章　変えられない未来——目前に迫る高齢化の波

　だが、この予想すら甘すぎる。社会保障制度の審判の日は、実際には、信託基金が枯渇する2042年のはるか以前にやってくる。膨れ上がる給付金を賄うためには、基金は2042年のずっと手前から、数千億ドル単位で保有国債を売らなければならないからだ。信託基金の吐き出す国債が市場を襲い、おなじ時期に、個人投資家が、退職後の生活を支えるために資産を現金化しはじめる。こうして株式と債券が、波状攻撃さながら市場に押し寄せれば、資産価値は直撃を受ける。だれであれ株式や債券で財産を保有する人が、社会保障制度の先行きと高齢化の波に無関係ではいられないというのは、このためだ。

投資家の対策——高齢化の波に襲われたら

　高齢化の波にまともに襲われれば、資産価値にかなりの打撃が予想される。まず労働者人口の減少につれ、モノの供給量が減少し、退職者の需要が供給を上回るようになって、インフレ率が上昇する。そうなれば、利息と元本があらかじめ決まっている従来型の債券は、きわめて魅力に乏しい商品となる。[注21]　一方の株式も、さほど見通しが明るいわけではない。株式が債券に比べてインフレに強いことはたしかだ。物価の上昇につれて企業収益も上昇するからだ。だが労働者不足から賃金に圧力がかかり、これが収益の足かせとなれば、ＲＯＥ（株主資本収益率）は低下に向かうだろう。

　ならば投資家は、金や銀や天然資源といったインフレヘッジ型商品へと退却するべきだろうか？　手短にいうと、答えはノーだ。前の章で示したとおり、長期的にみれば、貴金属は実質リターンを生まない。天然資源会社の見通しも、さほど明るくはない。所有地や備蓄エネルギーの価値は、インフレ率に連動して上昇するだろうが、他の企業と同様に、賃金上昇から収益が圧迫されればＲＯＥは伸び悩むだろう。

　高齢化の波とまともにぶつかった場合、投資先として奨められるのは、インデックス国債だ。これは1997年に米国で導入されたタイプの国債で、利息と元本の返済が保証され、インフレ率にしたがって支払い額が自動的

に調整される。

インデックス国債がはじめて発行されたとき、インフレ調整後の利回りは3％だった。株式の長期的実質リターンの平均が6.8％なので、半分をやや下回る水準だ。インデックス国債利回りは、株式市場のブームの後半に4％まで上昇したものの、ブーム後は2％を割り込むまで低下した。市場が高齢化の波の直撃を受けるなら、インデックス国債利回りは、さらに大幅な低下が予想される。資産を守りたいだれもがこれに群がって、実質ベースでゼロ以下になる公算が高い。通常の環境なら、インデックス国債の利回りは、株式や不動産とは比べ物にならないほど低い。だが高齢化の波に襲われたとき、インフレヘッジ型債券は、もっともましな選択肢となる。

打つ手はあるだろうか？　この暗いシナリオが、実体経済と金融市場の双方で、シナリオどおり実現するのを避けるにはどうすればいいだろう？　貯蓄率を上げる？　社会保障税率を上げる？　移民を奨励する？　それともほかに、なにか有望な方法があるだろうか？　こうすれば高齢化の波に溺れる未来を回避できると、希望を持てる方法があるだろうか？　以下に続くふたつの章で、答えを探っていきたい。

第14章
高齢化の波を乗り越える
役立つ政策、役立たない政策

「結論？ 結論なら、いくつも出した。役に立たなくていいなら、方法は山ほどある」

トーマス・アルバ・エジソン

　現在のトレンドがこのまま続けば、先進国が向き合う未来は次の3通りとなる。退職年齢が上がる。生活水準が下がる。あるいは老人が若者を相手に、約束どおり年金を回収しようと奮闘する。向こう10年間、これが政治論争の的になるだろう。やがて公的か民間かを問わず、年金基金の積み立て不足がだれの目にもあきらかになり、投資家も政治家も、慌てて解決法を探しはじめる。

　元商務庁長官で、ベストセラー『燃料切れ（Running on Empty）』の著者、ピーター・ピーターソンが提唱する対策は次の3つだ。給付金を減らす。税率を上げる。政府指定の貯蓄口座を設立する。ピーターソンは説得力ある文章で次のように説いている。

> こうした改革の一部は、たしかに若干の犠牲を伴う。だれであれ増税はいやだし、給付金が思っていたほどでないのはがっかりだ。だがこうした犠牲は、わたしたちが過去に耐えてきた苦痛に比べれば、じつに取るに足りない。収入を超える支払いを続けることで、わたしたちとわたしたちの子孫が先々強いられる苦痛に比べても、取るに足りないはずだ。[注1]

　だが高齢化危機に対する答えは、ほんとうに、これだけだろうか？ な

るほど、給付金を引き下げれば、問題は「解決」されるだろう。だがそれは、契約不履行による解決だ。残るふたつについても、わたしは効果を疑問視している。もっといえば、高齢化危機の対策として支持されている解決策の多くは、ほとんど役に立たないとわたしはみている。社会保障税率引き上げも、移民奨励も、貯蓄率の引き上げさえ、なにほどの効果もないだろう。税率引き上げなど、かえって事態の悪化をまねく公算が高い。

こうした解決法がなぜ役に立たないかをあきらかにするのが、本章の目的だ。だが天を仰いで溜め息をつくのはまだ早い。解決法は、たしかにある。追って説明するとおり、わたしたちの経済は、ピーターソンの見方とは逆に、「燃料切れ」<ランニング・オン・エンプティ>とは、ほど遠い。

退職年齢をモデル化する

現在、提案されている解決法の効果を調べるため、わたしは国連人口統計プロジェクトのデータを基に、ある世界経済モデルを構築した。設計にあたっては、ひとつの経済の労働者が生み出す生産高は、長期的に、労働年齢世代だけでなく退職世代の需要も賄えることを前提とした。そしてこのモデルを使って、退職年齢をどこまで引き上げれば、退職者全員に十分なモノが提供されるかを試算した。生産性の伸び、消費パターン、高齢者の人口構成比などの想定を組み合わせることで、世界経済が将来どう変動するか、さまざまなシナリオの下で分析することができた。

高齢化がこのまま進めば、労働者は、退職年齢を引き上げないかぎり、退職後の生活水準を維持できない。図14-1に、米国人はあと何年余分に働けば、退職後の生活水準を維持できるかの見通しを示した。

2005年から2010年にかけて、近代史を一貫してきた早期退職のトレンドが逆転する。数十年後には、本人の希望がどうあれ、退職年齢が現在の62歳から73歳に上昇している。しかも、退職年齢の上昇ペースは平均余命の延びを上回る。結果的に、労働者の引退生活は約25％縮小する。高齢化がさらに深刻な欧州と日本では、退職年齢をさらに引き上げるしかない。

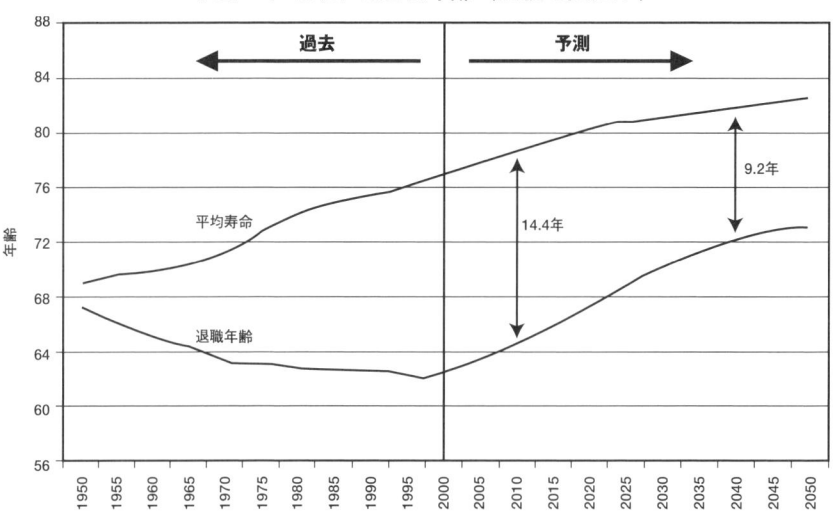

第14章　高齢化の波を乗り越える──役立つ政策、役立たない政策

図14-1
米国の平均寿命と退職年齢（実績と見通し）

この予想は、国連の人口統計学者による保守的な平均寿命見通しに基づいている。かなりの数の専門家は、平均寿命はもっと速いペースで延びると予想しており（214ページ参照）、そうなれば、米国では退職年齢を80歳まで引き上げざるを得ない。80歳でも足りないかもしれない。

それでも早期退職するなら

寿命が延びただけ余計に働くのは当たり前と考える人はいても、それがどれだけの変化をもたらすか、理解している人は少ない。産業革命以来、労働者の就労期間は短くなる一方で、引退期間は長くなる一方だった。だれもがこれを、経済成長に伴う当然の恩恵とみてきた。

欧州では、米国以上に高齢化が進んでいるが、公的でも民間でも、50代から給付を受けられる年金プランがある。退職年齢が70代以上に上昇するとなれば、世の中様変わりだ。労働者が退職年齢の引き上げを受け入れたとしても、当然ながら、就職先があるかどうか、若者世代とおなじ生産

223

性を期待できるかどうかが問題となる。

　米国の人口動態トレンドは、欧州や日本に比べればかなりましだが、これはなんの慰めにもならない。モノやサービスの値段は、多くの場合、世界市場で決定されるからだ。世界市場にはやがて、欧州や日本の退職者が買い手として参入する。価格を決めるのは、世界中の退職者から生まれる総合的な需要であり、どこか一国の需要ではない。

　米国人がそれでも、現行の退職年齢の62歳で退職すると言い張れば、どうなるだろう？　まず、資産の実質価値が下落する。ベビーブーマー世代が、手元の株式、債券、不動産を売却して、消費財に換えようとするからだ。資産価値が下落すれば、資産売却による収入だけでは退職前の生活水準はとても維持できなくなる。

　わたしの試算によると、退職年齢を現行のまま据え置いた場合、2050年の退職者の生活水準は、退職直前の水準の50％程度まで悪化する。この結末を受け入れる人は、少ないだろう。たいていの人は、収入を増やすために、否も応もなく職場に戻るだろう。

　退職者の生活水準を維持するための最後のオプションはこうだ。労働年齢人口の税率を大幅に引き上げて、増大する退職者人口へと、所得を移管する。ただし、この方法は、若年労働者の反発を買うだろう。老後の備えを怠った退職者に補助金を支給することを意味するからだ。そうなれば、世代間の対立につながるのは避けられず、やがて激しい政治論争が始まって、働かざる退職者が、寄ってたかって、少数の労働者を攻撃する有様となる。

　以上3つの選択肢は、退職年齢を引き上げるにしても、生活水準の悪化を受け入れるにしても、若い労働者の税率を引き上げるにしても、それぞれ痛みを伴うが、ほかに対策を取らないなら、避けて通れない。ほかには、どんな対策が考えられるだろう？

生産性の伸びを加速する

　なんらかの政策を通じて、労働者の生産性を引き上げることができれば、

第14章　高齢化の波を乗り越える──役立つ政策、役立たない政策

他のどの方法よりも、高齢化の影響を相殺する効果が期待できる。生産性とは、労働1時間あたりの生産高をいい、生活水準を測る基本的な指標のひとつだ。[注2] 生産性が向上すれば、所得が増え、労働者にとっても退職者にとっても、モノとサービスの供給が増える。

　生産性の向上を通じて、高齢化の波の影響が緩和される理由は、次のとおりだ。人間は就労している間は生産量も消費量も増えるが、退職すると消費量はさほど増えず、ほぼ一定する。つまり、生産性が向上して生産高が増えれば、労働者1人当たりが支えられる退職者の数が増える。

　政府の年金制度は、退職者の消費パターンを織り込んで設計されている。このため就労期に受け取る給付金は、平均賃金にあわせて調整されるが、退職後に受け取る給付金は、インフレ調整を別にして一定する。米国の社会保証制度をはじめ、世界中の年金制度の大半は、民間でも公的でもこの仕組みになっている。[注3] 生産性を引き上げられれば、労働者人口が増えたのとおなじ結果となり、高齢化の波による人口構成の歪みを、ある程度まで相殺できる。

生産性の伸びの源泉

　生産性が高齢化危機を回避するカギだとすれば、どんな政策を通じて、生産性を引き上げられるだろう？　歴史的にみて、生産性の向上をもたらしてきたのは、新型の機械だった。綿繰り機もそうだし、蒸気機関もそうだし、鉄道も、自動車も、電話もそうだった。こうした機械を製造するには資本が必要であり、資本を形成するには貯蓄が必要だ。ならば、貯蓄率を引き上げれば、資本形成が促され、ひいては生産性が向上すると思える。経済学者が米国の貯蓄率引き上げを提唱するのは、これが理由だ。そうすれば、生産性が向上し、高齢化の波がもたらす打撃を緩和できる。

　だがこの仮説は、つまり余剰貯蓄があれば生産性が大きく伸びるとの説は、1950年代半ばにMITのロバート・ソロー教授の先駆的な研究によって否定されている。1987年、教授はこの研究でノーベル賞を受賞した。[注4] わたしはMIT経済学部博士課程の学生だった頃、教授の下で学び、その

225

発見に魅了された。手短にいうと、こんな発見だ。企業の設備投資は、つまり、企業が生産に利用するために購入する機械、プラント、設備の一切は、歴史を通じて、生産性の向上にほとんど貢献してこなかった。

先にも述べたとおり、経済学者らはそれまで、資本ストックの増大こそ生産性の最大の源泉と考えていた。機械や工場など固定資産の総量を増やせば、生産性は伸びると考えられていた。ところがソローの研究によって、生産性の伸びをもたらす主な要因はそれ以外にあることが判明した。たとえば、発明、発見、革新的な経営理念、あるいは長年の熟練といった要因だ。たいていの場合、さほどの設備投資は必要なく、高い貯蓄率も必要ない。

とくにいまは起業家の時代であり、資本が必要とあらば、有望で画期的なアイディアとひきかえに、ベンチャーキャピタルがいつでも集めてくれる。貯蓄率が高かろうが低かろうが関係ない。米国でインターネットが普及し、光ファイバー革命が始まった頃、米国の個人貯蓄率はきわめて低水準だった。日本の貯蓄率は世界最高の水準にあるが、1990年代、生産性はほとんど伸びなかった。米国の生産性はおなじ時期、貯蓄率は低いままで、力強く伸びた。

日本のケースをみると、貯蓄率が高すぎる国では、かえって生活水準が低下する場合さえあることがわかる。MITの学生だった頃、わたしはこれを理論的に謎とみていた。だがいまでは、最近のデータを踏まえて、こう確信している。日本の高い貯蓄率は経済成長にほとんど貢献していない。1990年代、日本政府は次々に景気浮揚策を打ち出し、橋梁や道路建設といった公共投資を大幅に増やしたが、見返りはきわめて乏しかった。日本の場合、民間セクターの投資収益率も、マイナスとはいわないまでも、大部分は低水準であることがわかっている。[注5]

貯蓄が高齢化危機に対する答えになるなら、先進国の中でどこより貯蓄率が高い日本は、高齢化問題などどこ吹く風であるはずだ。だが、事実はそうではない。高齢化問題を世界的に調査した経済学者、ポール・ヒューイットはこう述べている。「現在の日本経済が抱える問題の大半は、直接引き起こされたか、加速された形で、人口動態の変化から起こっている」

第14章　高齢化の波を乗り越える──役立つ政策、役立たない政策

[注6] エコノミスト誌は、こうまでいう。「だが残念ながら、日本の景気は若干上向いたものの、高齢化は加速する一方であり、このまま袋小路に陥らないともかぎらない」[注7]

　貯蓄率引き上げが生産性向上の答えでないなら、なにが答えなのか？ スタンフォード大経済学教授で、「新成長」理論の提唱者、ポール・ローマーの説によると、生産性の最大の源泉は、発案と創造の蓄積にある。この説は、わたしが試みた調査の結果とも一致する。画期的な発明が、ゼロから生まれることはめったにない。たいていは、それ以前の知識なり情報なりの上に成り立っている。もっといえば、発明とはたいてい、過去の発明をもう一歩押し広げ、組み合わせ、並べ替えたものにすぎない。

　ローマーの説によると、発明を促して生産性を押し上げたいなら、政策としては、研究開発費の税控除を認めるか、研究開発向けの予算を増やすのが正解だ。だが政府主導の研究開発には落とし穴もある。たとえば米国は政府主導の宇宙開発計画に多額の資金を注ぎ込んできた。人類が月に到達するとは、テクノロジーの快挙であり、米国人は祖国を誇りに思った。だがＮＡＳＡ宇宙計画が、それだけの恩恵を民間にもたらしたかどうかについては意見が分かれる。とくに民間の研究機関がおなじ予算を使った場合と比較すると、なおさらそういえる。研究者の調査によると、「有望」業界を選んで公的資金を振り向ける、いわゆる政府肝いりの計画は不発に終わる例が多い。[注8]

　歴史的に、新発明の爆発的な普及は、民間セクターが牽引してきた。鉄道もそうだし、自動車もそうだし、インターネットもそうだった。投資家は争うように資金を提供し、算盤の上で、採算が合うと確信していた。民間の資本市場は、熱狂と幻滅のサイクルを繰り返してきたとはいえ、資本を配分する仕組みとして、これ以上なく効率的であることを証明してきた。生産性を向上させる上で、資本が必要であることはまちがいない。だが、たんに割当を増やすだけでは、なにほどの効果も期待できない。

生産性の向上と高齢化の波

　結論はこうだ。貯蓄率引き上げが生産性に及ぼす効果は、あったとしても、わずかでしかない。しかも、生産性はかなり大幅に引き上げないかぎり、高齢化の波に意味のある影響はあらわれない。

　米国の場合、生産性向上を通じて退職年齢を63歳に維持したいなら、年率7％台という驚異的な伸びが必要だ。[注9] これは過去の生産性の平均伸び率の3倍以上であり、一時的に急進する時期を別にして、長期的にこのペースが持続した時期はこれまでにない。期間を10年とすると、第二次大戦以降**どの10年間をみても**、米国の生産性伸び率は最大で年率3.5％であり、今後このペースで伸びつづけたとしても、2050年の退職年齢は、現在予想される水準からわずかに3年しか下がらない。**米国の生産性をいくら引き上げても**（他の先進国もたいていそうだ）、問題の解決とはならない。年金給付は、賃金を通じて、生産性と連動するからだ。

　この暗い見通しは、アラン・グリーンスパンをはじめFRBの見解とも一致する。FRBは生産性向上と社会保障制度改革に関する調査で、生産性向上が先進国の高齢化の波をどこまで吸収できるかを評価して、こうした見通しを示している。[注10] たしかに生産性の伸びは、賃金の購買力を押し上げる。だが先進国はすでに技術的に最先端にあるだけに、生産性を伸ばすにも限度があり、それは高齢化危機を吸収するために必要な水準には、はるかに及ばない。

社会保障税率引き上げ——解答にならない

　かなり大勢の人が、こう考えている。高齢化危機は、現行の社会保障税率を引き上げて、社会保障信託基金への流入を増やすことで、緩和できる。しかも社会保障信託基金の保有国債が増えれば、民間の投資家が保有する政府債務が減少することになり、そのぶん、民間のもっと生産的なプロジェクトに貯蓄が振り向けられる。

第14章　高齢化の波を乗り越える──役立つ政策、役立たない政策

　この方法には、問題がふたつある。まず、すでにみてきたとおり、個人の貯蓄率を引き上げることで生産性を改善し、高齢化の波を吸収できるとは考えにくい以上、信託基金への資金流入を増やすことで政府の貯蓄率を引き上げるという方法が、うまくいくとも考えにくい。

　もうひとつの問題はこうだ。社会保障税率の引き上げは、増加する退職者人口を支える経済基盤にさらに悪質な打撃を及ぼしかねない。税率が引き上げられ、給料の手取りが減れば、労働意欲が削がれる。また増税を通じて人件費が膨らめば、企業の雇用意欲が削がれる。ただでさえ労働力が不足するときに、労働者の確保がむずかしくなる。

　所得と社会保障税が労働意欲に及ぼす影響については、いくつも論文が書かれてきた。最近の研究はあきらかに、社会保障税は労働意欲を大きく損なうとの説を支持している。昨年ノーベル経済学賞を授賞したエドワード・プレスコットは、『米国人はなぜ欧州人よりはるかに長時間働くのか（Why Do Americans Work So Much More Than Europeans?）』と題する論文で、次のデータを紹介している。[注11] 米国人の労働時間は、ドイツ人、イタリア人、フランス人を50％以上上回り、しかも、年に休暇を10日しかとらない。欧州人の休暇は6～7週間だ。この労働倫理の対照ぶりは、文化のちがいによるものだと一般に考えられてきた。欧州人には欧州人の人生観があり、米国人より余暇を楽しんでいるにすぎない。ジェレミー・リフキンは『ヨーロピアン・ドリーム（The European Dream）』という著作で、こう述べている。「アメリカン・ドリームは、勤勉さを賞賛する。ヨーロピアン・ドリームは、労働よりも余暇や遊びに適している」。[注12] だがプレスコットはそうはみていない。現在、欧州で賃金・給与に課せられる税率は、米国を大幅に上回っている。ところが1970年代前半、欧州と米国の税率がさほど変わらなかった頃には、労働時間もほぼ拮抗していた。プレスコットの研究によると、労働時間の減少と社会保障税率の上昇の間には、直接の相関がみられる。

　プレスコットの研究を裏付ける方向で、1990年代半ば、シカゴ大学のスティーブン・デイビスと、ストックホルム・スクール・オブ・エコノミクスのマグナス・ヘンレクソンの両氏が、富裕国を対象に計量経済学的調査

を行っている。この調査から、税率引き上げは労働者人口と逆相関し、また従業員１人当たりの労働時間とも逆相関することがあきらかになった。[注13]

給料から差し引かれる社会保障税が、巡り巡って、自分の給付金となるフローがみえていれば、税率引き上げが雇用に及ぼす影響はさほどでないだろう。だが意識調査の結果をみるかぎり、労働者の圧倒的多数は、給料からの控除を税金とみており、「掛け金」とはみていない。

法的な立場からも、労働者の見方は完全に正しいといえる。最高裁判所は過去に二度、社会保障税（メディケアも同様）について、これを将来の給付金とみなす暗黙の権利は認められないと確認している。1937年の最高裁判決にはこうある。「(被雇用者、雇用者の) 双方から徴収した税金は、他の内国歳入税と同様に国庫に支払われ、どのような形にしても、用途を特定されない」。1960年には、こう確認した。「社会保障制度に"積み立て資産請求権"の概念を植え付けるなら、つねに変化する環境に対応するために必要な柔軟性と大胆さが損なわれる結果になりかねない」。[注14]

社会保障税とは税金であり、個人の退職口座への掛け金ではないとの認識は、かなり大きな意味をもつ。現在、８万7900ドルまでの賃金に課せられる税率は12.4％だ（2004年度）。これを個人の貯蓄口座に直接積み立てて、退職後の備えとするだけでなく、住宅などの大きな買い物に使うことを許されれば、労働意欲に及ぼすプラスの効果は少なくないはずだ。貯蓄の励みになるのはいうまでもない。

貯蓄率引き上げが、高齢化に伴う問題の解決につながるとはわたしはみていないが、個人口座を設けるとのオプションは、増税を通じて政府の貯蓄率引き上げを狙う方法に比べれば、ずっと魅力的にみえる。

移　民

労働者人口の減少が、モノが不足する原因だとすれば、移民をもっと受け入れることで、問題は解決できると思える。若い労働者が増えれば、本人が年金を受給するようになるまで、向こう何年にもわたって労働サービ

スを提供してくれるだろう。

どこまで移民を増やせば、米国人の退職年齢を63歳に維持できるだろう？　これを試算するには、移民の平均年齢をはじめ、労働者１人当たりの平均被扶養者数や労働者の熟練度など、いくつもの想定に頼ることになる。当初の収入が米国人１人当たり所得の半分と想定すると、退職年齢を据え置くために必要な移民の数は、向こう45年間で４億人を超える。現在の米国の総人口を大幅に上回る数だ。ここまでの規模になるのは、移民の側にも扶養家族がいて、政府のサービスを利用し、退職すれば年金を受け取り、結果的に、制度にさらに圧迫が加わるからだ。

移民政策についてはさまざまな議論があり、わたしとしては移民法の自由化を支持しているが、移民を増やすこと自体が先進国の高齢化問題の解決につながると期待するのは、理論的でない。

では、どうするか？

高齢化危機に対して一般的に提唱されている対策には、深刻な難点がある。貯蓄率引き上げは、有意義な目標ではあるが、退職年齢を引き下げる役には立たないだろう。切り札とされている生産性向上も、さほどの効果は期待できない。給付金それ自体、生産性と連動する部分が大きく、打撃を吸収する効果が相殺されるからだ。増税と移民奨励も、解決法とはならない。わたしのみたところ、現状は本章の冒頭に引用したトーマス・エジソンの言葉のとおりだ。結論が出揃い、どれも役に立ちそうにない。

とはいえ、あきらめて高齢化の波に呑まれるしかないというつもりはない。生産性を引き上げる余地は、たしかにある。そしてそこでの見通しは、かなり明るい。中国、インドをはじめ世界の途上国が、急激な経済成長期を迎えかけている。しかもこうした国々では、莫大な人口の年代構成が、先進国のそれとまるでちがっている。生産プロセスへと流入する人口が増えれば、高齢化危機は、回避できる。19世紀から20世紀前半にかけて、最先端の工場に労働者を送り込むには、移民を迎え入れるしかなかった。こんにち、世界中どこであれ、労働者のいるところに最先端の設備を持ち

込むことができる。
　現在、途上国が世界の生産高に占める比率は、ごくわずかだ。こうした国々が成長することで、ほんとうに、高齢化の壊滅的な影響を相殺できるだろうか？ 次の章では、この点について論じてみたい。

第15章
世界的解決(グローバル・ソリューション)
真のニューエコノミー

現実をありのままにみて、こういう人がいる「なぜそうなる?」 わたしは前代未聞を夢想して、こういう「なぜそうならない?」

ジョージ・バーナード・ショー 1949年

　人口動態から予見される未来を変えることができない以上、先進国世界で退職後の人生が大幅に短くなり、生活水準が下がり、投資家の資産価値が下落するのは、避けられない運命なのだろうか? 高齢化する先進国の経済を分析した結果、この暗いシナリオを裏付ける材料は、十分すぎるほど十分とみえる。だが、この厳しい結論は、実際には、現実よりはるかに狭い世界観の上に成り立っている。

　従来の若年世代には、自分たちと高齢者の両世代を扶養するだけの所得があった。所得の一部は、社会保障制度などの政府の年金制度を通じて、高齢者に移管される。だが富裕国では、高齢者は主に保有資産を売却して現金に換えることで、必要なモノを買い、退職後の生活を支えてきた。若者と高齢者との間で、所得と資産を交換する共生関係が成り立ち、この交換を通じて、若者世代は財産を積み上げ、退職者は生活水準を維持することができた。

　金融市場が存在するおかげで、地理的に広い範囲でこの交換が成り立つ。たとえばフロリダ州は莫大な退職者人口を抱えるが、だからといって、いまに労働者が足りなくなって退職者を扶養できなくなり、州経済が破綻すると心配する人はいない。フロリダ州の高齢者の需要は、国内の残る49州の若者が生産したモノとサービスを輸入することで支えられる。そして

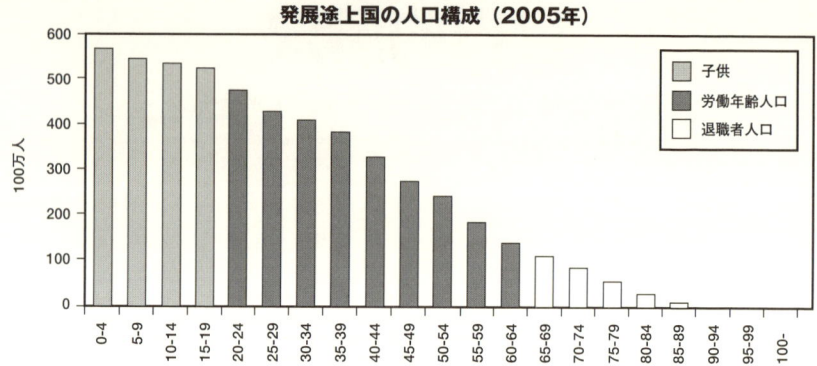

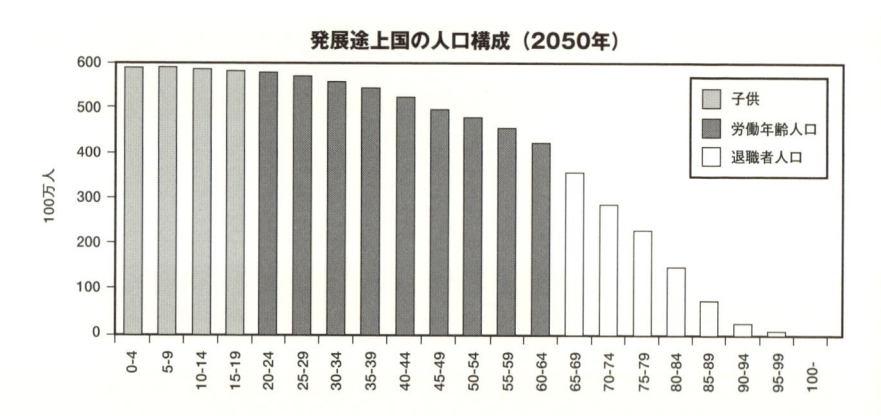

第4部　高齢化をめぐる危機と世界経済の力学シフト

図15-1
発展途上国の人口構成

発展途上国の人口構成（2005年）

発展途上国の人口構成（2050年）

　フロリダの退職者はいつでも、全米の若い投資家に資産を売ることができる。

　だが、じきに、全米50州すべてが莫大な高齢者人口を抱えるようになる。カナダでもそうなり、欧州でもそうなり、日本でもそうなる。彼らが退職するとき、だれが、その資産を買ってくれるだろう？

　一歩下がって、世界をひとつの経済として眺めてみよう。それぞれが独立して、自国民にモノを提供する別々の経済の寄せ集めとはみない。先進国世界は急激に高齢化しているが、それ以外に目を向けると、世界はじつ

に若い。図15-1をみてもらいたい。インド、中国をはじめ途上国の人口の年齢構成を示した。世界の若者世代には、先進国の退職者のために、モノを生産し、資産を買い取る力がある。世界人口の80％以上にとって、高齢化の波は存在しない。

富裕国の高齢化する人口を、途上国の若い労働者が支える図式だ。ほんとうに成り立つだろうか？　いま現在の答えはノーだ。途上国は、人口でみれば世界の80％以上を占めるが、世界の生産高に占める比率は、ドルベースで4分の1に満たない。

だがいま、なにか尋常でないことが、こうした若く発展中の国々で起こっている。中国に続いてインドも、史上初めて、急成長が持続する時期に入った。両国の成長は、このまま過去10年間のペースを持続できれば、両国にとってはいうまでもなく、世界全体にとってきわめて大きな意味を持つ。

図15-2に、途上国の生産性の伸びで、富裕国の退職年齢をどこまで引き下げられるかを試算した結果を示した。影響は、かなり劇的だ。

途上国の生産性が、向こう数十年にかけて年率6％のペースで伸びた場合、ベビーブーマー世代の退職年齢は、いまと比べてわずかな上昇ですむ。中国の生産性の伸びはかなり以前から6％を超えており、インドも最近この水準を達成した。一方、途上国の成長がいまをピークに横ばいとなった場合、米国の退職年齢は、現在の62歳から77歳まで上昇する。図15-2が示すとおり、途上国の成長率が1％伸びるごとに、先進国の退職年齢は約2年ずつ低下する。

高齢化する国々への輸出が爆発的に増えれば、途上国の成長は加速する。そうなれば、こうした若い国々は、モノと引き換えに受け取るドルや円やユーロの使い道を探しはじめる。自国の経済は伸び盛りとはいえ、米国や欧州や日本の資産は、やはり魅力的だろう。なにしろブランドネームがあり、経営やマーケティングや技術のノウハウがある。インドを本拠とする紅茶大手、タタ・ティーが、世界的大手のテトリーを買収した例や、中国の聯想集団（レノボ）がＩＢＭのパソコン部門を買収した例などは、氷山の一角にすぎない。向こう半世紀、モノと資産との交換が大規模に進むだ

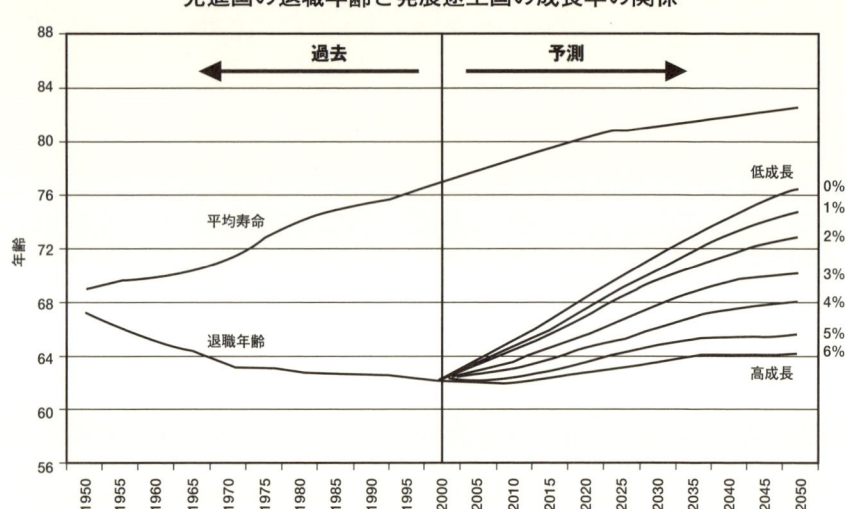

第4部　高齢化をめぐる危機と世界経済の力学シフト

図15-2
先進国の退職年齢と発展途上国の成長率の関係

 ろう。そうなれば、世界経済の中心が東へと移行し、結果的に、高齢化が資産価値と退職時期に及ぼす破壊的な影響が吸収される。
　わたしはこれを、世界的解決(グローバル・ソリューション)と呼んでいる。
　たしかに、世界的解決は、一般通念とは相容れないだろう。まずこれは途上国の急成長が持続することを前提としている。眉に唾をつけてみるなら、一時的に急成長して、やがて衰退した国々の例をいくつも指摘できるだろう。たとえばアルゼンチンは20世紀初頭には世界で10位以内に数えられる富裕国だったが、まもなく長期低迷期に入った。最近では、1990年代後半、タイ、台湾、フィリピン、韓国の「アジアの虎」が、通貨危機で失速している。共産主義や社会主義といった反市場主義的な政策が、成長を抑圧してきた歴史もある。
　だがこんにち、これまでとはまったくちがうなにかが起こりかけている。わたしの見方では、世界はいま、劇的な変化を目の前にしている。通信革命は、テレコム銘柄を買った投資家にとっては災難だったが、結果的にこれで世界的解決(グローバル・ソリューション)の種が播かれた。

第15章　世界的解決──真のニューエコノミー

歴史を詳しくみていけば、通信革命がなぜ世界的な成長の起爆剤となるのか、わかっていただけるだろう。

発見の土壌と伝承

分析をはじめる前に、時間をうんと溯ってみたい。ハーバード大経済学部教授、マイケル・クレマーが、権威あるクォータリー・ジャーナル・オブ・エコノミクス誌に、『人口増加と技術の進歩──紀元前100万年から1990年まで（Population Growth and Technological Change 1,000,000 B.C. to 1990）』なる壮大なタイトルの論文を寄稿している。いうまでもなく、生産高のデータをそこまで溯って調べることはできない。だが人口に関するデータなら、存在する。

クレマーの説得力ある論によると、歴史の大半を通じて、人口は経済成長率をあらわすかなり有効な指標となってきた。人口密度が上がると、アイディアの伝達が速くなり、専門化が進み、道具が洗練され、食料生産高が増える。なかでも重要なのは、だれかから別のだれかへ、ある世代から別の世代へと、情報を伝える能力だ。情報量が増えるほど、生産性が上がり、大きな人口を支えられる。

産業革命が始まるまで、生産性も人口も、這うほどのペースでしか伸びなかった。とくに生産性は、伸びては後退するパターンを繰り返してきた。発見や創意工夫がなかったからではなく、あっても次の世代に伝わらなかったからだ。たとえば紀元100年頃のローマのインフラ設備（道路、下水、水道）は、19世紀の欧州の都市がまずかなわない水準だったといわれる。[注1]

ノースウェスタン大学経済歴史学部教授、ジョエル・モカイアは、こう指摘する。「矛盾は次の点にある。識字率が低く、地理的に流動性が低い社会でなら、（知識の）喪失が起こっても不思議ではない。だが古代の文明社会はかなり識字率が高く、流動的でもあり、どんな種類であれ、アイディアは人の移動と書物を通じて伝達されていた。それでも、古代の発明の多くは、後世に伝わらなかった」[注2]

なぜ、こんなことが起こったのだろう？　なぜ重要な知識が、いったん

発見され、そして失われたのか？
　考えられる理由はこれしかない。世代から世代へ、アイディアを伝達する能力が不足していたからだ。

情報伝達の重要性

　伝達能力がいかに重要か、歴史に証拠を求めれば、多くを語る例が繰り返しあらわれる。クレマーの研究によると、ある人口集団が他の集団から孤立するとき、孤立した集団の生活水準は、停滞どころか悪化へと向かう。紀元前5500年頃、古代ブリタニアと欧州大陸を結ぶ陸橋が寸断され、ブリタニアは技術的に欧州に立ち遅れるようになった。同様に、いくつかのデータからみて、旧石器時代の日本の住民は、アジア本土との陸橋が失われて以来かなり原始的になった。

　クレマー説によると、人口密度が高いほど、アイディアの伝達がスムーズになり、労働の配分が進み、技術の水準も高くなる。クレマーはこの点から、氷河期末期、つまり紀元前1万年頃、極地の氷冠が溶けて陸橋が海に沈んだことで、世界は天然の実験環境になったという。旧世界（アジアと欧州）、南北アメリカ、オーストラリア本島、タスマニア、フリンダーズ島（タスマニア近辺の小島）が、それぞれ孤立して浮かび上がったからだ。

　その後の展開は、クレマーの仮説のとおりとなった。

> **モデルから予見されるとおり、旧世界の技術は（1500年頃）、世界最高の水準になっていた。次が南北アメリカだ。アステカ文明、マヤ文明が栄え、農業、都市、精巧な暦などが発達した。次はオーストラリア本島で、人々は狩猟や採集で生活していた。タスマニアは本島よりさらに技術が遅れ、ブーメラン、火おこし、槍投げ（など）すらなかった……フリンダーズ島では、海面が上昇して孤島となって4000年後、最後の島民が死に絶えた。おそらくは、技術的に退化したためと考えられる。**[注3)]

　イェール大経済学部教授、ウィリアム・ノードハウスは、また別な例と

して、決定的な知識が失われる経緯を、人工光の歴史をたどった興味尽きない論文で紹介している。「欧州が暗黒時代へと向かう中、照明技術が退化したのはあきらかで、旧石器時代の平皿タイプに逆戻りした。灯りとしては、ローマ時代の薄暗いランプよりまだ暗い」。中世の農民は、松の木で作った松明を、両手を使えるように口にくわえていたそうだ。先史時代を思わせる風習だ。[注4]

　照明とは生活に欠かせない技術であり、こうした知識が次世代へと伝わらなかったとは、驚きに値する。近代に近くなってからも、きわめて重要な情報が、記録しにくく、伝えにくかったという理由で、失われてきた。たとえば、壊血病の予防に新鮮な果物がてきめんに効くことは、1746年にジェームス・リンドが『壊血病論（Treatise on Scurvy）』を出版する以前に、だれかが気づいていた。17世紀半ば、オランダ東インド会社は、希望岬に柑橘類を植え、船員が壊血病予防の特効薬を分け合えるようにしていた。ところが、医学史研究者、ロイ・ポーターがいうとおり、この治療法は「幾度も再発見され、やがて失われた」。[注5]

中国の興隆と衰退

　過去1000年にわたる中国の興隆と衰退の歴史をみれば、伝達力が発明を生み出す力と、政治権力によるその抑圧が衰退をもたらす力と、ふたつあわせてよくわかる。

　13世紀から14世紀にかけて、中国文明は世界最高水準と一般に認められていた。ここまで発展した理由を探ると、紀元1世紀前後の出来事にまで溯ることができる。中国はこの頃、紙を発明した。人類史上、影響力の際立つ100人を選んだ『歴史を創った100人』という興味尽きない著書で、著者のマイケル・ハートは、紙の発明者とされる中国人、蔡倫（さいりん）を世界史上7番目に重要な人物としている。マホメット、アイザック・ニュートン、イエス・キリスト、仏陀、孔子、聖パウロにつぐ第7位で、第8位はヨハネス・グーテンベルクだ。紙の製法は、8世紀半ばにようやく中東アラブ社会に広まり、さらに400年かかって欧州に普及した。ハートはこう述べている。「紀元2世紀まで、中国は西洋より劣った文明とみられていた。

その後1000年の間に、西欧を上回る勢いで発展し、7世紀から8世紀にかけては、ほとんどの基準でみて、世界最高の水準にあった」[注6] 頂点を極める上で、情報を記録し伝達する能力が物を言ったことは、あきらかだ。

ところが、この技術的優位は長続きしなかった。ノースウェスタン大学のモカイア教授は、『金持ちの梃子（The Lever of Riches）』という著書で、中国人が成し遂げ、その後失われた大発明の数々を紹介している。蘇頌が世界初の計時器を発明したのは1086年だった。だが16世紀、イエズス会修道士がやってきたとき、中国人はあらためて時計を紹介された。中国人が可動式の活字を開発したのは9世紀だった。グーテンベルグが印刷機を発明する500年前だ。だが印刷は中国ではついに普及しなかった。1090年、中国人はすでに絹糸繰り機を使っていた。19世紀、中国の輸出の約25％を占めていた生糸は、完全に手作業で繰られていた。中国人が火矢や爆弾に使う火薬を発明したのは10世紀だった。だが14世紀半ば、中国人は西欧人に大砲の撃ち方を習わなければならなかった。

なぜ、こんなことが起こったのか？　18世紀英国の大経済学者、デビッド・ヒュームはこうみている。1368年から1644年まで中国を支配した明王朝の圧政が、国の成長を妨げた。「際限を知らない専制支配が……あらゆる進歩の息の根を止め、人々の手の届かないところに……知識が遠ざけられた」[注7] 明時代の支配者の目には、安定して統制された環境こそ好ましく、発明だの発見だのは、片端から抑圧された。結果的に、中国は長い低迷期に入った。

明王朝の支配者は、なんであれ現状を脅かすものを拒絶した。当時、中国の海事技術は西欧をはるかに凌いでおり、アメリカ大陸へもわけなく渡航できたはずだが、そうはしなかった。中国人による世界探検は、1433年を最後に途絶えている。皇帝にとって、海路を開く航海とは「金のかかる冒険」にすぎなかったからだ。[注8]

明王朝時代、幾冊もの学術書が失われた。宋應星が1637年に著した技術辞典の大著『天工開物』は、織物から水力装置から翡翠彫刻まで、中国の高度な産業技術をまとめた貴重な資料だった。だがこの著作は、じきに失われた。おそらくは、宋應星の政治的立場が、支配者と対立したた

めだ。[注9]

モカイアはこうまでいっている。「中国人は、いってみれば、手を伸ばせば世界を征服できる地位にありながら、手を伸ばそうとしなかった」。おなじ方向で、スタンフォード大経済学部教授、チャールズ・ジョーンズはこういう。「中国は14世紀、工業化まであと一歩のところにきていた。だが1600年、中国を訪れるものの目に、技術の後退はあきらかだった。19世紀になると、中国人自身、耐えがたい有様になっていた」[注10]

産業革命の前触れ——印刷機

マイケル・ハートのランキングでは、紙を発明した蔡倫（さいりん）は、印刷機を発明したヨハネス・グーテンベルグより上位だったかもしれないが、歴史家に訊けば、たいていこういうだろう。印刷機の発明は、これを境に、情報へのアクセスと伝達の方法が一変した点で、他のどんな発明にもまさる。

1455年にグーテンベルグが印刷機を発明するまで、筆写者1名が本1冊を写すのに6ヵ月かかっていた。印刷機の生産性はこの50倍で、印刷コストは98％低下した。[注11] マイケル・ロスチャイルドは『バイオノミックス——進化する生態系としての経済生態学』という著書で、印刷機の登場によって情報の伝達がどれだけ加速し、それがどれだけ途方もない知識の蓄積を引き起こしたかを解説している。1500年、グーテンベルグがはじめて聖書を印刷してからわずかに45年後、1000台以上の印刷機が、3万5000種類の書物を、累計約1000万部印刷していた。書かれた言葉と、それが伝える知識とは、限られた特権階級にしか許されない贅沢品から、万人が簡単に手に入れられる日用品となった。

> 次の点に、気づかざるをえない。紀元1500年を境に、それ以前に歴史上の大発見は数えるほどしかなく、それもぽつりぽつりとしかみつからない。グーテンベルグの可動式活字印刷機の発明を別にして、科学的にも技術的にも進歩がみられたのは、ギリシャが1700年前に没落するまでだった。だが1500年以降、グーテンベルグの印刷技術が普及してからというもの、科学の偉業が次々に達成され、これが近代的知識の礎となった。

> 1512年、コペルニクスが地動説を唱えた。続く25年の間に、アンソニー・フィッツハーバートが英語で初の農業手引書を出版し、アルバート・デューラーがドイツ語で初の幾何学書を編纂し、パラケルススが初の外科医学書を出版し、ジョージ・アグリコラが初の鉱物学書を著わし、アンドレアス・ベサリウスが、初の人体解剖図を発表した。注12)

もっとも、こうした発見が礎となって、産業革命が始まるまでには、さらにもう2世紀を通過しなければならない。世界が産業革命を迎えるには、そのための準備期間が必要で、それが「科学革命」であり「理性の時代」だった。「開かれた科学」は、この両時代から始まる。

国家間の競争——欧州と中国

「科学革命」時代、自然科学の知識は、しだいに公共のものとなっていった。科学界の新説や新発見が、有力な大学の間で自由にやりとりされ、一般大衆にまで伝えられた。西欧には、学者に対する思想上の圧力はまったくといっていいほどなく、理性的な分析を通じて自然現象が解明されていった。17世紀後半に欧州大陸で流行した啓蒙運動の影響もあるだろう。明王朝であからさまだった思想統制は、欧州ではどの国でも類がみられなかった。国と国が互いに競い合う時代だけに、発明はずっと好意的に迎えられた。1777年、英国の経済学者デビッド・ヒュームは、欧州が繁栄し、中国が停滞した理由をこう考察している。「小国家に分割されたことで、学者が息をしやすい環境ができた。こうした環境では権威が育ちにくく、権力がはびこりにくい」注13)

中国では一切の造船が禁止されたが、欧州でこれは考えられない。たとえば、スペインの航路探検が下火になると、オランダ、英国、ポルトガルがさっそく後釜を競い合った。マルチン・ルターの宗教改革を皮切りに、宗派間で競争が始まった。カトリック教会がコペルニクスの地動説を攻撃した例にみられるとおり、異説が抹殺されることもときにあったものの、宗教的にも政治的にも覇権が育たなかったために、新発見が頭から抑圧される心配はまずなかった。

第15章　世界的解決——真のニューエコノミー

　クリストファー・コロンブスが航海の出資者をみつけるまでを描いた、ジャレド・ダイアモンド著『銃・病原菌・鉄』の次の一下りを読むと、欧州と中国との差が歴然とわかる。

> もとはイタリア生まれのクリストファー・コロンブスは、さっそく踵を返し、まずフランスのアンジュー公爵に忠誠を捧げ、つづいてポルトガル王の僕となった。王に西方探検船の提供を断られると、次にスペインのメディナ・シドニア公に訴え、これにも断られ、次にメディナ・セリ伯爵に訴え、またまた断られ、最後にスペイン国王夫妻に訴えて、いったんは断られたものの、二度目の嘆願で、ようやく聞き入れられた。[注14]

　欧州に国がひとつしかなかったなら、コロンブスは永遠に資金を引き出せず、新世界発見につながる航海は実現しなかっただろう。覇権が支配する中国では、革新者にチャンスは一度しかなかった。国家が競い合う欧州では、幾度でもあった。

産業革命

　18世紀の啓蒙運動と科学革命を経て、人口と経済成長率が急伸しはじめた。やがて産業革命が起こり、これを境に、世界は歴史上はじめて、急激な経済成長が持続する時代を迎える。

　前出の経済学者、チャールズ・ジョーンズが、巧みな比喩を使って、この持続的な急成長が人類史全体の中でどのくらい最近の出来事か解説している。[注15] まず紀元前100万年から現代までを、フットボールのフィールドの端から端までの距離、100ヤードと考えてほしい。

　人類は歴史の大半を、狩猟民か採集民として生きてきた。この期間が、100ヤードのうち99ヤードを占める。農業が発達しはじめたのは、端まであと1ヤードのあたりからだ（約1万年前）。産業革命が起こり、100万年に及ぶ人類史上、最初にして唯一の持続的な経済成長が始まったのは、「フィールドの端にゴルフボールを載せた」あたりからにすぎない。

第4部　高齢化をめぐる危機と世界経済の力学シフト

過去200〜300年の間に、なにが起こり、生産性に革命を引き起こしたのだろう？　ふたつの条件が噛み合った結果だ。まず、通信能力が飛躍的に向上した。そして、支配階層の側に、こうした新発明を受け入れる開放的な空気があった。

ここで、次の点を指摘したい。このふたつこそ、こんにちの真のニューエコノミーを定義する要因にほかならない。

真のニューエコノミー

歴史を通じて、通信能力は、経済成長を促し、国富を形成する上で決定的な要因となってきた。「通信革命」を迎えたいま、世界経済の見通しはきわめて明るいとわたしがいうのは、このためだ。

インターネットが現代に果たす役割は、蔡倫による紙の発明が紀元1世紀に、ヨハネス・グーテンベルグによる印刷機の発明が15世紀に、それぞれ果たした役割に比べられるかもしれない。グローバルなネットワークの構築こそが、世界的解決(グローバル・ソリューション)実現のカギを握っている。

まもなく、音声であれ映像であれ文字であれデジタルデータであれ、書かれたもの、記録されたものなら実質的になにもかも、インターネットで一瞬のうちにアクセスできるようになる。政府はいまも検閲を課し、情報を操作しているが、これは年々むずかしくなるだろう。人類史上初めて、ほぼ自由に、無制限に、世界中の知識にアクセスできる世の中になる。

アイザック・ニュートンはかつてこう語ったという。「わたしに他人より先を見通す目があったとすれば、それは巨人の肩に乗っていたからだ」[注16] いまや、数十億とはいわないまでも、数億の人間が、手の中のマウスをクリックするだけで、巨人の肩に乗ることができる。

イノベーションとインターネットの未来

インターネットがすでに、どれだけ発見を後押ししてきたかについては、例がいくつもある。ウォールストリート・ジャーナル紙の記事によると、カーンプルにあるインド工科大学のコンピューター科学教授、マニンド

第15章　世界的解決──真のニューエコノミー

ラ・アグラワルは最近、完全に正確な素数判定法を発見した。過去2000年にわたり、数学者を悩ませてきた問題を解決したわけだ。[注17]複雑なアルゴリズムを理解するために、アグラワル教授が頼ったツールのひとつが、検索エンジン、グーグルだった。世界の一流数学者のドアを叩いて回る代わりに、アグラワル教授は自室のコンピューターの電源を入れ、欲しい情報を単語に置き換えて入力していった。最新の情報にアクセスするうちに、理解が進み、やがて解答にたどりつき、証明は完了した。

無線ネットワーク・プラットフォームを専門とする非上場会社、エアスペースのアラン・コーエン、マーケティング・製品管理部門バイス・プレジデントは、グーグルの影響力についてこう述べている。

> グーグルで検索すれば、なんでもみつかる。しかもワイヤレス環境でなら、いつでも、どこでも、なんでもみつかるといっていい。グーグルにワイヤレスLAN「WiFi」を組み合わせれば、ある意味、神に近くなるとわたしがいうのは、このためだ。神はワイヤレスで、どこにでもおられ、すべてお見通しで、なんでもご存知だ。歴史を通じて、人間はワイヤレスで神と交信してきた。こんにち、なにかわからないことがあればグーグルに訊けばいい。しかもこれからは、ワイヤレス環境でそれが可能になる。[注18]

いうまでもなく、このグーグル評は熱烈すぎる。だがここで、ちょっと立ち止まって、このまま技術が進めばどうなるか想像してみよう。近い将来、あらゆる検索エンジンが音声操作になり、指定単語を含むウェブサイトを羅列するだけでなく、どんな質問にも答えられる設計になるだろう。こうした多機能エンジンが、高度な操作システムを搭載し、音声・データ送信機能付きで、いまの携帯電話くらいのサイズの装置に盛り込まれる。

ちっぽけなイヤホンがついていて、あらゆる情報源にアクセスし、あらゆる情報を処理して、あらゆる質問に答えてくれる。いま世界にあるすべての情報が、文字どおり、自由自在になる。世界中の言語が、一瞬にして滑らかに翻訳され、言葉はもはや国際通信の障害ではなくなる。だれもが、

第4部　高齢化をめぐる危機と世界経済の力学シフト

世界中の知識の蓄積にアクセスでき、先人の業績の上に自分の研究を重ねられるようになる。

こうした電子技術、コンピューター技術の進歩は、距離だけなく時間の節約にも役立つ。世界的なネットワークを通じて、だれもが、おなじ問題に取り組むだれかと交信できるようになる。やりとりを通じて誤りが訂正され、表現が洗練されていく。参加者が増えるほど、進歩に弾みがつく。それがさらに新たな発見につながり、生産性の伸びが加速する。

中国とインド

世界がいまどれほどのスピードで変化しているか、少しでも疑う向きは、中国最大の都市、上海を訪ねてみるといい。わたしは2004年6月、ウォートン世界卒業生フォーラムの講演者として同市を訪ねた。

黄浦江の東側に位置する再開発地域、浦東の光景は、さながら未来都市だった。こんな景色は、世界中どこに行ってもみたことがない。雲を突くオフィスビルといい、高層マンションの群れといい、広々とした大通りといい、この都市が長年のライバル、香港を追い越そうとしているのはあきらかで、そして願いは叶いつつあった。

地元住民に訊けば、10年前は田んぼだったと口々に教えてくれる。夕食前のカクテル・パーティでの会話たるや、マンハッタン社交界の夜会で囁かれていてもおかしくない。話題はもっぱら不動産で、旧フランス租界や英国租界など一等地の地価はまだまだ上がるとみなが予想した。中国の持つ巨大な潜在力を試したいなら、上海はたしかに絶好の候補地だ。

広大な国土と莫大な人口をもつだけに、インターネットの力を利用して、経済成長を押し上げたい当局の意向はあきらかだ。ネットを通じた自由な情報のフローが権威を脅かす恐れがあるにもかかわらず、ハイテク化構想を打ち出して、インターネットとその影響を全土に広げる政策をとってきた。情報産業相は、こう宣言している。

> 情報こそ、産業育成、工業化、近代化促進のカギを握る要因だ……中国共産党中央委員会が、情報化を戦略的にこれほど高く位置づけたことは

かつてない……。
2010年、中国は情報化社会となっているだろう。利用できる情報源の幅を広げ、層を厚くし、情報サービスの成長を加速して、人民の需要に応えていく。情報産業を中国経済を支える柱に育て、大規模で高度な国家的情報インフラを構築する。[注19]

こうした目標は、たんなる政府の希望的観測ではない。中国の携帯電話利用者人口は現在、世界最大であり、地下鉄でも携帯電話が使える。米国ではいまのところ、大半の地域はそうなっていない。いくつもの点で、中国の技術力は、先進国の水準をはるかに上回っている。

モルガン・スタンレーのエコノミスト、スティーブ・ローチとアンディ・シェの見方はこうだ。「見通しはどこまでも明るい。インターネットが今後の中国経済で果たす役割を考えても、長期的な投資機会からみても、そういえる……。中央部から西部の地域経済を刺激したいなら、コスト効率の点からいって、インターネットの普及に努めるしかないだろう。同時に、国外との接続環境の改善に努めることだ……向こう10年から20年にかけて、胸踊る未来が開けている」[注20]

世界を代表するハイテク企業、インテルもおなじ意見で、テクノロジーを語るなら、まずは中国という。2003年、インテルの中国市場の売上は37億ドルとなり、売上全体の12％に達した。今後も長期的に二桁台の成長を見込んでいる。ポール・オテリーニ社長兼最高業務責任者はこういう。「中国からいま戻った。コンピューター業界の若さの泉を訪ねてきた気分だ」[注21]

インドの場合、通信革命を牽引するのは民間セクターだ。なかでもバンガロールは未来の世界経済の雛型といってよく、ここに本拠を構えるインフォシス・テクノロジーズは、インドのソフトウェア・メーカーの典型といっていい。自給自足型というべきか、約10万平米の敷地内に、ソフトウェア開発センター、社員寮、講堂などが点在し、講堂の壁を埋める40画面のビデオを通じて、グローバル・サプライ・チェーンのメンバー（米国人マネジャー、インド人プログラマー、アジア人製造主任）らが「ネッ

ト会議」を開催する。著作家でニューヨーク・タイムズ紙のコラムニストでもあるトーマス・フリードマンは、経営陣の意気込みをこう伝えている。

> 世界中の壁という壁が取り払われたいま、インドに居住するソフトウェア会社である当社も、インターネットと光ファイバー通信とeメールを使って、いくらでも能力を増強できるし、頭脳とエネルギーの許す範囲で、どこででも競合できる。しかも、グローバルなサプライ・チェーンの一部を担うことで、インド人にも、米国人にも、アジア人にも、利益をもたらすことができる。^{注22)}

インドには、もともと有利な条件がいくつもある。英語が普及している点も、まちがいなくそのひとつだ。また米国からみて、ちょうど地球の反対側に位置するので、タイム・シェアリングの利点がある。つまり米国人が一日の仕事を終えて机の上を片付けはじめる時刻は、インド人がオフィスに到着して、さて始めるかという時刻にあたる。インターネットを使えばデータを送るのは一瞬なので、夕方帰りがけに1日の仕事を送信しておけば、翌朝、1日分進んで戻ってくる。労せずして、24時間体制ができあがる。

だがインドの北方の隣国には、注意が必要だろう。英語は中国でも急速に普及しているし、コンピューターによる翻訳機が登場すれば、中国は手強い競合相手になる。

21世紀半ばの世界

中国とインドが未来の世界経済に広い範囲で影響を及ぼすのは、まちがいない。2050年の中国の人口は約15億人と予想されている。米国で予想される4億人の約4倍だ。

わたしは中国を訪問したとき、エコノミストや政府高官に、次の質問を投げてみた。今世紀半ばまでに、中国の国民1人当たり所得が、米国の半分まで上昇するとの予想を不可能とみる理由があるだろうか。これはつま

り、中国が米国に対して、いまのポルトガルや韓国とおなじ地位に立つことを意味する。わたしが会って質問した中で、この目標を不可能とみる人はいなかった。もっと大きな伸びを予想した人なら数名いた。この目標を達成できれば、今世紀半ば、中国経済は米国のほぼ倍の規模になっている。

　こんなことが、起こり得るだろうか？　十分に起こり得る。日本の国民1人当たり所得は、40年前に比べて、米国の20％から96％に増加した。香港は同16％から70％、シンガポールは同14％から58％に増加している。25年前と比べると、韓国では同17％から50％近くに増加した。[注23]　中国の場合、米国を年率3％上回るペースで生産性を伸ばせれば、この目標に手が届く。過去25年間、中国の国民1人当たり所得は、年率7.7％のペースで増加してきた。米国を約6％上回る勢いだ。

　オランダのフローニンゲン大学経済史教授、アンガス・マディソンは、歴史的な見地からこう指摘する。19世紀の大半を通じて、中国は世界の総生産高のじつに3分の1を産出していた。だが20世紀の大半を通じて、中国経済は低迷しつづけた。現状は、ようするに、眠っていた中国の潜在力が目を覚まし、かつての水準に戻ろうとしているところだ。[注24]

　インドも、経済の規模で米国を凌ぐようになるだろう。中国より低い地位から出発するので、今世紀半ばまでに米国の半分まで生活水準を引き上げるには、米国を4％上回るペースの成長が必要だ。もっとも中国は過去25年間、これを大幅に上回るペースで成長してきた。インドと中国がそれぞれ目標成長率を達成した場合、今世紀半ば、両国経済はあわせて米国の約4倍の規模になっている。

中国とインドだけではない

　成長見通しが頭ひとつ抜けているのは、中国とインドだが、この2国だけでは、高齢化の波がもたらす重荷は相殺しきれない。ほかがまるで振るわなかった場合、わたしの人口動態モデルによれば、退職年齢の上昇ペースは両国の成長によって約半分に緩和される。そうなれば、2050年、米国人は最悪のケースに比べて5年間長く引退時代を過ごせることになる。

　だが見通しは、その他の国でも明るい。ゴールドマン・サックスの予想

によると、インド、中国に加えてブラジルとロシアでも、向こう50年間に目覚ましい成長が期待できる。[注25] 中南米の全人口が現在5億5500万人で、ブラジルはこのうち3分の1を占める。ブラジル、メキシコを旗頭として、地域経済が成長軌道に乗れば、2030年、中南米経済の生産高は、米国を追い越している公算が高い。ゴールドマン・サックスの予想によると、とくにブラジルが有望だ。

インドネシアは、世界第4位の人口規模を持つ上に、アジア新興国の例にもれず、年齢構成がきわめて若く、大きな潜在成長力がある。総人口は2億3000万人超で、平均年齢は26歳だ。ただし国民1人当たり所得は、米国の9％にすぎない。すでにコカ・コーラ、ユニリーバ、ハインツ、キャンベル・スープなどの多国籍企業が多数進出し、東南アジア向け輸出拠点と位置付けている。[注26] アジア経済の急成長が続くかぎり、このトレンドは当面続くとわたしはみている。

世界経済に及ぼす影響を考えるとき、大きな潜在力を持つ地域のひとつとして、サハラ砂漠以南のアフリカがあげられる。地域人口は7億3500万人と、世界の総人口の11％を占めるが、世界の総生産高に占める比率はわずか3％だ。世界的にみて年齢構成が際立って若く、出生率も際立って高く、2050年には総人口が18億人に達する見込みだ。これは世界人口の約20％に相当する。この規模だけをみても、今後のこの地域の成長ペースは、世界経済にとって大きな意味をもつと考えられる。

貿易赤字と新興国による欧米企業買収

第1章で、向こう半世紀にかけて、先進国世界が直面する基本的な問いをふたつ提示した。退職者が必要とするモノを、だれがつくるのか？ 退職後に売却する資産を、だれが買うのか？ 本章で、答えがあきらかになった。モノをつくるのは途上国の労働者であり、資産を買うのは、途上国の投資家だ。高齢化する世界の人々は、必要なモノとサービスを輸入し、代金を支払うために、手元の株式と債券を途上国の投資家に売却する。

これが世界の通商パターンとなれば、米国だけでなく、先進国全体で貿易赤字が膨れ上がる。だがこの赤字は、かならずしも懸念材料ではない。

第15章 世界的解決——真のニューエコノミー

フロリダ州が他の49州に対して貿易赤字を抱えている状態とおなじと考えていい。これも人口動態トレンドがもたらす避けられない変化の一部であり、こうしてモノと資産の交換が進まないかぎり、世界的解決は実現しない。

世界の生産高の大部分を途上国経済が供給するようになれば、米国、欧州、日本の資産の大部分を、途上国の投資家が所有することになる。わたしの見方では、21世紀半ばには、中国、インドをはじめ若い国々の投資家が、世界の大手グローバル企業の大半で過半数を握っているだろう。

この過去に例のない所有権のシフトは、最近の事例をみるかぎり、すでに始まっている。たとえばインド生まれの億万長者、ラクシミ・ミッタルは、2004年、米国のLTVとベスレヘム・スチールの資産を買い取り、もとは父親から引き継いだ家族経営事業を世界最大の鉄鋼メーカーへと変身させた。インドのITサービス会社、ウィプロの例もある。最近、米国のコンサルティング会社を買収し、さらにGEメディカル・システムズのIT部門を買収した。2000年にはインドの紅茶大手、タタ・ティーがテトリー・ティーを買収している。テトリーは世界第2位の紅茶会社で、規模でいえばタタ・ティーの倍にあたる。

中国企業も、世界的なM&A市場に名乗りをあげている。中国ブランドは国外ではほとんど知られていないのが実情で、中国企業はここにきて、従来、製造を請け負ってきた世界的ブランドを買い取る戦略をとりはじめた。とくに注目を集めたのは、コンピューター大手、聯想集団（レノボ・グループ）による買収案だろう。2004年、レノボはIBMのパソコン部門買収案を発表し、ハイテク業界を震撼させた。実現すれば世界第3位のパソコン・メーカーが誕生し、中国企業であるレノボが、IBMの世界的なのれんを手に入れる。香港を拠点とするリ＆ファンは、コールやベッド・バス＆ビヨンドなど大手小売向けの調達・生産管理を主力とする会社で、最近、リーバイ・ストラウスの「シグネチャー」ブランドのデザイン・製造権を取得した。製品はウォルマートとターゲットで販売される。[注27]

米国のロイヤル・アプライアンス・マニュファクチャリングは、1905年以来、オハイオ州クリーブランドで掃除機の定番商品「ダート・デビル」

を製造していた。ところが数年前に国内工場閉鎖に追い込まれ、中国企業に生産を委託した。2003年、中国の創科実業（テクトロニック）が、同社をブランドごと買収した。[注28]　よく似た例として、中国の家電大手ＴＣＬは、フランスのトムソンからＲＣＡブランド使用権を取得し、世界最大のテレビメーカーとなった。[注29]　こうしたトレンドは、当面続く公算が高い。シノペック、インフォシス・テクノロジーズ、ウィプロ、アジア・モービル、インドテルといった銘柄はいずれ、いまは米国と欧州の企業しか眼中にない投資家のポートフォリオにも、名を連ねるようになるだろう。

　資本には元来、どこよりも効率的で、どこよりも成長が見込める生産者を目指して流れていく性質がある。世界市場で競争できない企業は、できる企業に、買収される。できる企業のグループには、インド、中国、インドネシア企業の名前が増えてくるだろう。

雇用の喪失と創生

　一方で、政治的に圧力をかけて壁を築き、世界市場が統合へ向かう流れを止めようとする動きもある。そうなれば、上述のシナリオは危うくなる。変化はつねに痛みを伴うものだ。経済が移行する過程で、雇用が失われるのはまちがいない。だが歴史を振り返れば、次のこともまちがいなくいえる。いったん変化を起こせば、いずれ、失った以上の雇用が生まれる。

　19世紀後半から20世紀前半にかけて、米国の製造業の雇用は北部から人件費の低い南部へと向かった。20世紀後半になると、雇用の流れは日本を目指し、次に国境を越えてメキシコを目指した。いまは中国へと向かっており、今後は、わたしの予想では、アフリカへと向かうだろう。だが、製造業の雇用喪失を嘆く向きには、全体像がみえていない。1990年代、米国の貿易収支は均衡から大幅な赤字へと転落した。欧州諸国や日本は、引き続き黒字だ。だがこの間、米国の偉大なる雇用創生マシーンは、欧州の4倍にあたる雇用の伸びを生み出した。件数では2000万件以上となり、これは欧州と日本の合計とほぼおなじだ。[注30]　安い輸入品の流入は、可処分所得の増加につながる。人々の懐に余裕ができたぶん、必需品以外のモノやサービスの需要が伸び、新規雇用につながった。

第15章　世界的解決──真のニューエコノミー

　しかも、雇用が失われる理由はたいていの場合、生産性の伸びに求められる。どこかの国が、よその国の雇用を「盗んだ」ためではない。米国の農業の生産性の推移をみれば、この仕組みがよくわかるだろう。20世紀の幕が開けた頃、米国の人口の約40％は農場で働いていた。現在、労働者のうち農業就労者が占める比率は全体の0.5％に満たないが、米国はいまも食料を輸出している。[注31]

　非営利の調査機関、コンファレンスボードの報告によると、1995年から2002年にかけて、世界の製造業の雇用は2200万件減少し、一方で、生産高は30％伸びた。[注32] おなじ期間、米国の製造業の雇用は200万件減少した。だが中国では、じつに1500万件減少している。ここまで減少した主因はたしかに、非効率的な国営企業の清算だろう。だがこうもいえる。技術の進歩は、それがどこで起ころうとも、需要のパターンを変え、雇用の構成を変える。

　鉄鋼業界で起こっていることも、これとおなじだ。現在、業界幹部も労組も、安い輸入品を閉め出す目的で関税引き上げを要求しているが、実際には、廉価な外国製品は、雇用減少の原因ではない。1980年、国内で鉄鋼を１トン生産するには、１人１時間の仕事量を１人時として、10人時かかっていた。現在、業界の平均で１トンに４人時かからない。これはつまり、おなじ量の鋼を生産するために必要な労働者の数が60％減ったことを意味する。それが輸入品であるかないかは関係ない。

　米国の雇用と繁栄を守りたいとき、まったく正反対の結果を招く方法は、関税を引き上げ、輸入に割り当て制を適用することだ。こうした政策の代償は、消費者の負担するコストで計れば、途方もなく大きくなる。1984年、政府の報告書によると、輸入割り当て制を通じて雇用を守るために消費者が支払った金額は、繊維業界で１件につき年に４万2000ドル、自動車業界で同10万5000ドル、鉄鋼業界で同75万ドルだった。[注33] 合計すると、３業界の労働者の賃金を大幅に上回る。いずれの場合も、消費者としては、失業した労働者に賃金を補償した方が、高くつく保護主義のコストを負担するよりましだった。だが政治家としては、国内の消費者にコストを負担していただくほうが、ずっと手っ取り早い。

第4部 高齢化をめぐる危機と世界経済の力学シフト

好機であって、脅威ではない

　世界経済で起こっているこうした変化を、脅威ではなく、好機ととらえなければならない。変化に食らいつくなら、目の前には、広大な市場が開けている。途上国には、ざっと数えるだけでも、インフラ、医療、教育、金融、経営ノウハウ、技術支援といった分野で莫大な需要があり、しかもそれは、今後ますます拡大する。

　トーマス・フリードマンがバンガロールで学んだとおり、あちらへ行ったものは、一巡してこちらへ戻ってくる。フリードマンはバンガロールで、２４／７カスタマーという会社を訪ね、若いインド人従業員が顧客の電話に応え、コンピューターの技術サポートを提供して、クレジット・カードを販売する様子を見学した。そして同社の創業者、シャムガン・ナガラジャンに質問した。インド経済が成長することで、米国人になにかいいことがあるだろうか。

　　ナガラジャンは辛抱強く、こう答えた。「このオフィスの中をみてもらいたい。コンピューターはコンパック、基本ソフトはマイクロソフト、電話機はルーセント、エアコンはキャリア、ミネラル・ウォーターさえコカ・コーラ製だ。インドで水を飲むなら、信頼できるブランドがいいとみんながいうからだ」[注34]

わたしたちの未来

　世界経済の未来は明るい。通信革命を迎えたいま、世界中どの地域でも、力強い経済成長が興る基盤が整った。こうした成長が始まれば、世界的解決（グローバル・ソリューション）が実現する。そうなれば、高齢化する国々の退職者は、さらに長く、さらに豊かな余生を過ごすことができる。

　途上国世界がどこまで浮上できるかが、全員の命運を握っている。中国とインドがふらつけば、見通しはたちまち暗くなる。だが両国が繁栄し、他の途上国がその足跡を追う展開になれば、高齢化する国々でも、十分なモノとサービスが提供され、退職後の人生がさらに伸び、しかも生活水準

第15章　世界的解決──真のニューエコノミー

を少しも落とさなくてすむ。

　世界的な競争を前にして、障壁を築く国もある。だが歴史を振り返ればわかるとおり、変化に抗うものはかならず、いずれ没落する。情報が自由に流れ、強力な経済的インセンティブが働き、しかも分業と生産性向上がその源泉となるとき、3つの要因が噛み合った力は、孤立と保護主義へと向かう力をつねに打ち負かしてきた。

　とはいえ、未来は明るいと満悦している場合でもない。自由貿易をさらに推し進め、関税障壁を取り払って、対外直接投資を拡大し、経済システムをいま以上にグローバル化する努力がどうしても必要だ。努力のもたらす見返りは、雇用を失い再就職の訓練もままならない人を支援するコストを補って余りあるだろう。なにしろ経済はいま拡大しているのだ。だが保護主義へと向かい、世界経済を分断するなら、危機にさらされるのは、わたしたち自身の未来だ。

　悲観論者がいよいよ声を張り上げて、経済と金融の崩壊が近いと大合唱するとき、この世界的解決(グローバル・ソリューション)を思い出してもらいたい。途上国の若者が、モノのつくり手となり、退職者の資産の買い手となる。途上国経済の成功は、途上国の人々に恩恵をもたらすだけではない。わたしたちの社会が繁栄を続ける上でも、欠かせない条件となる。

　わたしたちと、わたしたちの子孫の幸福を考えるなら、これ以上に優先すべき経済目標はないはずだ。このシナリオを、実現しなければならない。

第5部

ポートフォリオ戦略

第16章
世界市場と国際ポートフォリオ

今日は、ある成長業界についてお話ししたい。国際投資とは、成長業界だからだ。いまをときめく成長業界、それは国際ポートフォリオ投資のことだ。

ジョン・テンプルトン

　途上国の成長をめぐるわたしの楽観論は、次の重要な問いへとつながる。世界的解決(グローバル・ソリューション)とは、投資家がポートフォリオを組むとき、なにを意味するのか？　たいていの人は、中国やインドの目も眩むばかりの成長見通しをみれば、矢も盾もたまらず、こうした急成長国の銘柄を買いたくなるだろう。

　だがそれは、おそらくまちがいだ。本書の第1部と第2部で説明した成長の罠を思い出してもらいたい。高い成長率は、かならずしも高いリターンを意味しない。国外企業であっても、国内企業であっても、おなじことだ。投資家リターンの基本原則にあるとおり、肝心なのは、成長率が期待に対してどうだったかであって、成長率そのものの水準ではない。株式市場のリターンを国別に比較した調査の結果も、はっきりこの説を裏付けている。成長率の信奉者を安心させる結果にはなっていない。

　だからといって、国外市場は無視すればいいというつもりはない。無視すればいいどころではない。こんにち、世界の上場企業の約半数は米国外に本拠を構えている。国外市場を無視するとは、たとえていえば、国内株のポートフォリオを組むにあたって、頭文字をAからLまでに限定するようなものだ。偏ったポートフォリオを組めば、高くなるのはリスクだけで、リターンではない。

第5部　ポートフォリオ戦略

　国際ポートフォリオ戦略に話を進める前に、成長率すなわちリターンではないことをもういちど頭に叩き込んでもらうために、2つの国の株式市場をとりあげ、最近の推移を追っていきたい。中国とブラジルだ。両国を対比すると、本書の第1章で紹介したIBM対スタンダード・オイル・オブ・ニュージャージーの例とおなじパターンが浮かび上がる。

中国とブラジル

　1992年まで溯ってみよう。世界経済は成長機会に溢れているとみえた。ベルリンの壁崩壊から3年が経ち、東欧諸国は西側に組み込まれようと奮闘していた。第一次湾岸戦争が西側の大勝利のうちに終わり、米国は連合国とともにサダム・フセインをクウェートから追い出して、世界唯一の超大国となった。ロシアは旧帝国の一部を手放した。かつての共産主義の総本山が、資本主義経済へと移行しかけていた。

　投資アドバイザーに意見を訊くと、成長見通しで選ぶなら、中国かブラジルだという。中国は世界最大の人口を持ち、ブラジルは米国を別にして南北アメリカ最大の経済だ。どちらにも莫大な潜在成長力がある。さて、どちらに投資すれば、財産を大きく増やせるだろう？　その後の推移をみてみよう。

中　国

　1990年代初頭、中国経済はすでに離陸していた。10年前、鄧小平の指揮の下に政府が経済改革を断行し、以来、旧ソ連式の非効率な中央計画経済から市場志向経済へと大転換が進んでいた。1990年、すでにエンジン全開だった中国経済は、オーバーヒートへと突き進んだ。

　1990年から翌年にかけて、深圳と上海に証券取引所が開設され、国内外の投資家が、興奮をもってこれを迎えた。1992年、両市場の上場企業数は当初の20社から70社に増え、時価総額は合計1000億元（200億ドル）を超えていた。売買高は前年の約30倍に膨れ上がり、まもなくモルガン・スタンレーがワールド・インデックスに中国株指数を組み入れはじめた。[注1]

ゆっくりと船出した中国株式市場は、1993年後半に急伸した。米国の投資家が、さっそくこれに飛びつく。ニューズウィーク誌はこう報じている。

> 中国では、今年は酉の年だ。だが米国では、1993年は中国の年となった。イリノイ州ピオリアのご亭主やおかみさんまでが、つまり、どこにでもある町のどこにでもいる人々までが、貯金をはたいて、夢のリターンを狙う高成長中国株ファンドを買っている。なんのことやら飲み込めない向きには、江沢民国家首席が次の事実を教えてくれるだろう。中国はいまや、ボーイング最大の顧客なのだ。[注2]

中国の成長はいよいよ加速するとみた人は、まったく正しかった。続く11年間、中国の実質ＧＤＰ成長率は平均9.3％と、世界のどの国と比べてもはるかに高い水準を達成した。米国と比べれば約3倍だ。2003年、中国経済は購買力ベースで世界第2位となり、海外直接投資でも世界指折りの規模となった。

ブラジル

一方のブラジルは、1990年代初頭、政治的にも経済的にも危機を迎えていた。1992年、議会の弾劾決議を受け、フェルナンド・コロル・デ・メロ大統領が退任に追い込まれた。経済は混乱し、年末にはインフレ率が1100％を超えた。

事態はいよいよ悪化するとみた人は、正しかった。1994年、インフレ率は5000％を超え、実質ＧＤＰ成長率はマイナスに転じた。1994年10月にフェルナンド・カルドソ大統領が選出され、一時的にインフレ収束に成功したものの、1999年1月、財政赤字が膨らみ外貨準備が急減している最中に、通貨切り下げを余儀なくされた。

ここで一連の汚職事件が発覚し、さらにエネルギー危機に見舞われ、政府は広い範囲で電力消費規制を実施した。厳しい施策に国民の不満が募り、2002年、左派を自認する労働党のルイス・イナシオ・ルラ・ダ・シルバが大統領に就任した。

こうした不安定な時期、ブラジルのGDP成長率は、年率わずか1.8％にとどまった。途上国では最低の水準に近く、中国と比べると5分の1にも満たない。おなじ11年間、中国経済が累積ベースで166％成長したのに対して、ブラジルはわずか22％しか成長していない。

ブラジルはまたしても、莫大な潜在力を浪費した格好だった。楽観論者もしびれを切らし、こう嘆いた。「ブラジルは未来の国だ……いつまでもそうありつづけるだろう」

評決

中国はブラジルを超えるペースで成長するとみた人は、正しかった。中国の経済成長率は、実質的にどの指標でみても、ブラジルを大幅に上回った。しかも中国は為替レートが固定されていて、インフレ率が低く、政治的にまずまず安定していた。ブラジルでは、このどれもがあてはまらない。

ところが図16-1が示すとおり、株式投資家のリターンをみると、話が

図16-1
二国物語――中国株とブラジル株のリターンとGDP成長率

まるでちがう。1992年以降、中国市場の運用成績は、世界のどの国よりも**低迷している**。中国株のポートフォリオはこの間、年率約10％のペースで縮小した。1992年末に投資した1000ドルが、2003年末に320ドルに萎んでいる計算だ。一方のブラジル市場は、年率15％超という目覚しい運用成績を達成した。1992年末に投資したおなじ1000ドルが、2003年末には4781ドルに育っていることになる。米国株のリターンをはるかに上回る成績だ。

なぜ、こんなことが起こるのか？ 第1章で紹介した例とおなじ仕組みが働いたからだ。スタンダード・オイル・オブ・ニュージャージーは、成長率のどの指標でみてもIBMにかなわなかったが、IBMを上回るリターンを達成した。低い株価と、高い配当利回りが噛み合って、リターンを押し上げたからだ。おなじ理由で、ブラジル株のリターンも中国株を上回った。

一般通念にしたがえば、なるべく成長率が高い国に投資するのが正解と思える。だがこの通念は、なるべく成長率が高い企業に投資するのがまちがっているのとおなじ理由で、まちがっている。中国経済はだれがどうみても、どの国よりも急成長している。だが中国株のここまでのリターンは、目もあてられないほどひどい。株価が高過ぎるからだ。

一方のブラジル株は、1992年にはすでに低迷しており、しかもその後10年間、経済の混乱を受けて低迷しつづけた。結果的に、ブラジル株の配当利回りは一貫して高水準だった。辛抱強い投資家は、話題性ではなくバリュエーションで選び、勝利する。

一般通念はここでもまちがい

高い経済成長率が高い株式リターンにつながらない例は、ブラジルと中国にかぎらず、かなり広い範囲でみることができる。**図16-2**に、新興成長国25ヵ国を対象として、GDP成長率と株式リターンの関係を示した。[注3] ブラジル、メキシコ、アルゼンチンなど、株価が適正水準にある国は、経済成長率では25ヵ国中最下位に近いが、リターンはほほ最上位だ。中

図16-2

新興成長国のＧＤＰ成長率と株式リターン（1987～2003年）

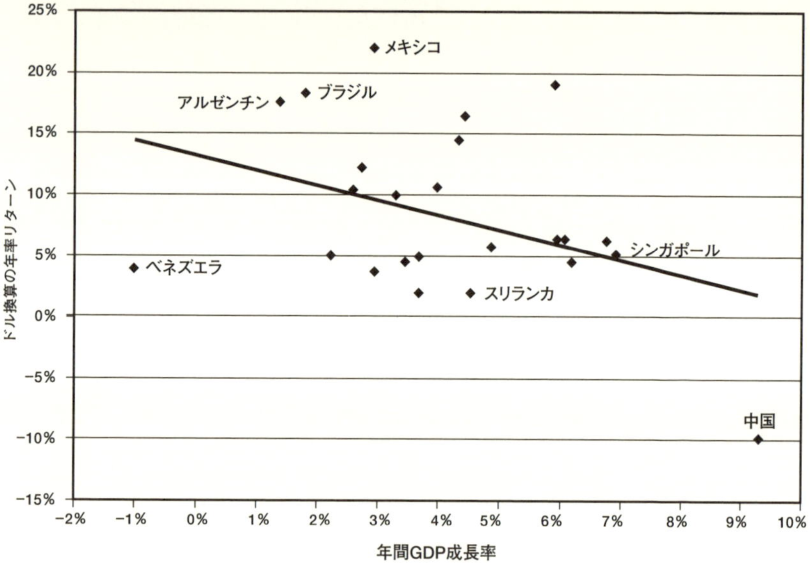
25%
20%
15%
10%
5%
0%
-5%
-10%
-15%
ドル換算の年率リターン
メキシコ
アルゼンチン
ブラジル
ベネズエラ
スリランカ
シンガポール
中国
-2%
-1%
0%
1%
2%
3%
4%
5%
6%
7%
8%
9%
10%
年間GDP成長率

国（成長率が首位、リターンが最下位）とブラジル（成長率が下から２番目、リターンが上から３番目）を除いても、対象国のＧＤＰ成長率と株式リターンが逆相関の関係にあることに変わりはない。

この結論は、先進国の経済にもあてはめられる。ディムソン、マーシュ、ストーントンの３氏は、画期的な研究成果を発表した『楽観論者の勝利』で、世界16ヵ国を対象に1900年から現在までの株式市場のデータを分析し、ＧＤＰ成長率と株式の実質リターンの間に逆相関の関係を確認している。[注4] 日本の実質ＧＤＰ成長率は、16ヵ国で最高だったが、株式リターンはお粗末だった。南アフリカは、ＧＤＰ成長率では最下位だが、株式リターンは第３位だった。米国は成長率では南アを上回るが、株式リターンではかなわない。オーストラリアと英国は、実質ＧＤＰ成長率は下位グループだったが、株式リターンでは上位グループだった。ようするに、成長率を追うだけでは、長期的に利益をもたらす戦略とはならない。

成長とリターン

　この辺で、頭が混乱してきたかもしれない。第15章でわたしは、成長こそ途上国の経済を浮揚させ、財政を均衡させる世界的解決と持ち上げた。いまは株式のリターン悪化を招きかねないと釘を刺している。矛盾と思えるかもしれないが、そうではない。経済が成長すれば、生産高が増え、所得が増え、購買力が増える。そうなれば、ふつうは株価が上昇する。だが成長に対する期待は、熱狂につながりやすく、結果的に、株価の過大評価につながりやすい。新興成長市場では、とくにそうなりやすい。

　中国市場で起こったことは、まさにこれだった。ようするに、多すぎる資金が、少なすぎる銘柄に群がった。これが過大評価につながり、リターンを押し下げた。中国の投資家も、選べるものなら米国や欧州の銘柄を選んだだろう。日本の銘柄さえ選んだかもしれない。だがそれは認可されていなかった。このため株式投資に向かう資金が、否応なく、限られた銘柄に集中した。

　フォーチュン誌の次の記事から、深圳市場が開設された当時の熱狂ぶりがよくわかる。

> 西側世界で株を買うとき、投資家は電話に手を伸ばす。中国で株を買うときは、まず香港に近い経済特区、深圳への通行許可証を手に入れなければならない。次に月給の半分にあたる100元を手に、3日3晩、列に並ぶ。そして、怒り心頭に発する。
> 中国警察は警棒をふるい、催涙ガスをまき、あちこちで暴発しかける100万の群集を鎮圧した。新規上場株を買うための申請書を求めて集まった群集だ。中国の「余剰貯蓄」、つまり布団の中に縫い込まれるか、年利2％で銀行口座に塩漬けにされている資金は、総額1兆元、約1850億ドルと推定されている。かつてあった株式市場は、40年以上前に閉鎖された。このたび新設された市場には、どうみても需要に比べて銘柄数が足りない。[注5]

群集が暴れたのは、政府職員が申請書を隠匿しているとの噂が流れたからだ。100万人の中国人が、株を買うために3日行列している光景を想像してみてほしい。中国の株式市場開設をめぐるこの熱狂は、英国の1708年の南海バブルや、インターネット熱にあおられた1999年のIPOブームと似ている。インサイダーがまんまと荒稼ぎして、それ以外のほぼ全員が損をした。中国人の外国企業への投資が認められている香港市場では、おなじ頃、深圳市場や上海市場に新規上場したおなじ中国銘柄が、大幅に安い水準で取引されていた。

国外投資規制が撤廃されれば、中国人投資家も、国外の株式や債券を買えるようになり、海外市場での好機を掴めるようになる。中国企業の株価

表16-1
株式時価総額の国別シェア（2004年9月17日現在）

地域	割合
北米	54.9%
米国	52.3%
カナダ	2.6%
欧州	27.8%
英国	10.2%
フランス	3.8%
ドイツ	2.7%
その他の欧州先進国	11.1%
日本	9.1%
日本を除くアジアの先進国	3.2%
オーストラリア	2.0%
香港	0.7%
シンガポール、ニュージーランド	0.5%
新興市場	4.9%
韓国	0.9%
台湾	0.5%
中国	0.4%
ブラジル	0.4%
メキシコ	0.3%
インド	0.3%
ロシア	0.2%
その他の新興市場	1.9%

も適正水準に落ち着き、国外からの需要も増えるだろう。高齢化の波が先進国を襲う頃、中国の投資家は、米国、欧州、日本の退職者にとってなくてはならない存在になっているだろう。なくてはならない存在とは、金融資産の買い手だ。

国際ポートフォリオ

　以上の要因を考えあわせ、さて、株式ポートフォリオのどこまでを国外市場に振り向ければいいだろう？　答えを出す前に、**表16-1**をみておきたい。世界の主要上場企業を対象に、本社所在地をベースとする時価総額の国別シェアを示した表だ。

　ここで基準としたモルガン・スタンレー「オール・カントリー・ワールド・インデックス」は、世界各国の流動性の高い大型銘柄の大半を組み入れた株価指数で、2004年9月17日現在、時価総額の合計が19兆2000億ドルとなっている。このうち米国に本社を構える企業は、時価総額ベースで全体の52.3％を占める。欧州の先進国では27.8％、日本では9.1％だ。日本を除くアジア先進国（香港、シンガポール、オーストラリア、ニュージーランド）では3.2％、カナダでは2.6％とつづく。以上の国は、人口分布でみると、世界人口の13％に相当する。だが本社所在地の配分でみると、時価総額ベースで世界の上場企業の95.1％を占めている。これ以外の国に、つまり世界人口の87％にあたる国に本社を置く企業は、時価総額ベースで、上場企業全体の4.9％に過ぎない。

　金融のセオリーにしたがえば、ポートフォリオの幅はできるかぎり広げるのが正解だ。どの市場も時価総額加重平均ベースで組み入れ、なるべく多角的に構成する。この定説にしたがうと、米国在住の投資家は、株式ポートフォリオの約半分を外国企業に配分すればいいことになる。

国内株バイアス

　だが実際には、大半の投資家のポートフォリオは、こうした時価総額ベ

ースの配分にまったくしたがっていない。最近のデータによると、米国の投資家は、機関投資家にしても個人にしても、保有株式の14％しか国外企業に配分していない。これはインデックスの時価総額をベースに配分した場合の3分の1にも満たない。[注6] 国外資産への投資を避けるこうした性向は、国内株バイアスと呼ばれている。このバイアスは、なぜ起こるのだろう？

　根拠として挙げられる理由は、以下のとおりだ。①為替変動にまつわる追加リスクを避けたい。国外企業の大半は、それぞれの主力市場ではドル以外の通貨で取引されている。②売買コストが割高、③国内企業は情報が入手しやすく、買い安心感がある。

　為替変動リスクは、自国通貨建てで取引できる国内株を選好するもっともな理由と思える。為替レートはときにかなり不安定になるからだ。1997年から2001年7月にかけて、ドルは通貨バスケットに対して35％上昇し、これをピークとして、2003年にかけて30％下落した。1997年に外国株を買った米国の投資家は、まもなく外貨の対ドルレート下落に見舞われ、流れがドル安に転じるまで4年間逆風にさらされた。

　だが短期的な影響は別にして、きわめて確実なデータからみて、外国株のリターンは長期的には為替変動を相殺することがわかっている。長期的にみれば、為替レートの動きを決めるのは2国間のインフレ格差であり、そして株式のリターンは、このインフレ格差の影響を相殺する方向に向かうからだ。

　ブラジルと中国の例をみれば、この仕組みがよくわかる。1992年以来、ブラジル通貨はドルに対して80回以上切り下げられたが、ブラジル株の値上がり率は為替差損を補って余りあった。ブラジル株が力強く上昇したのは、インフレ率が急騰すると、投資家が有形資産に殺到するからだ。つまり不動産や貴金属が買われ、株式が買われる。また国外投資家が為替レート下落から被る損失は、相手国の企業の製品価格と利益率の上昇からも相殺される。賃上げのペースは通常、インフレ率に追いつかないからだ。

　一方の中国元は、過去10年間、対ドルできわめて安定的に推移し（1995年に1ドル8.25元で固定）、そして投資家の手にしたリターンは、期

待外れもいいところだった。通貨の安定性は、かならずしも高いリターンを意味しない。

国内株を選好する理由のうち残るふたつ、売買コストと、外国株の情報不足は、最近はさほど大きな問題ではない。国際ファンドの売買コストは大幅に低下しているし、国際的な上場投信やインデックス型ミューチュアル・ファンドの年間手数料も、米国株のそれに比べて、さほど高いわけではない。しかも最近では、おなじアナリストが国内市場と海外市場を同時に担当するケースが少なくない。したがって米国企業に対する外国企業の情報不足は、大幅に解消されている。

世界市場の相関性上昇

最近、国内株を選好する理由として、新たな説が浮上してきた。世界各国の株式市場の間で、リターンの相関性が高まっているとの説だ。分散投資が奏功するのは、一方が上昇するとき、他方が下落するからにほかならない。市場間でリターンの相関性が高まっているなら、分散は意味を失う。

世界の株式リターンの相関性は、たしかに上昇している。**図16-3**に、1970年以降の9年間の移動平均ベースで、米国市場と米国を除く世界市場の年間リターンの間にみられる相関係数の推移を示した。相関がゼロに近いとき（あるいは逆相関しているとき）、分散は効果を発揮する。だが相関性が100％になって、あらゆる市場が一斉におなじ方向に向かうようになると、分散はまったく意味を失う。図をみればわかるとおり、1996年以降、相関係数は一貫して上昇トレンドを描いている。2003年には0.75まで達した。

世界の金融市場の間で相関性が高まっているとの事実は、意外ではない。通信革命を背景に、金融市場が互いに連動する部分が大きくなり、トレーダーが外国市場のニュースや展開に反応するようになったからだ。たとえば東京市場はたいてい前日の米国市場の材料を手がかりに始まる。欧州市場は、米国市場と日本市場を睨んで進展し、米国の時間外取引は欧州市場の流れを受けて始まる。株価がニュースに反応し、地合いが一変する現象

図16-3
米国市場と非米国市場のリターンの相関性

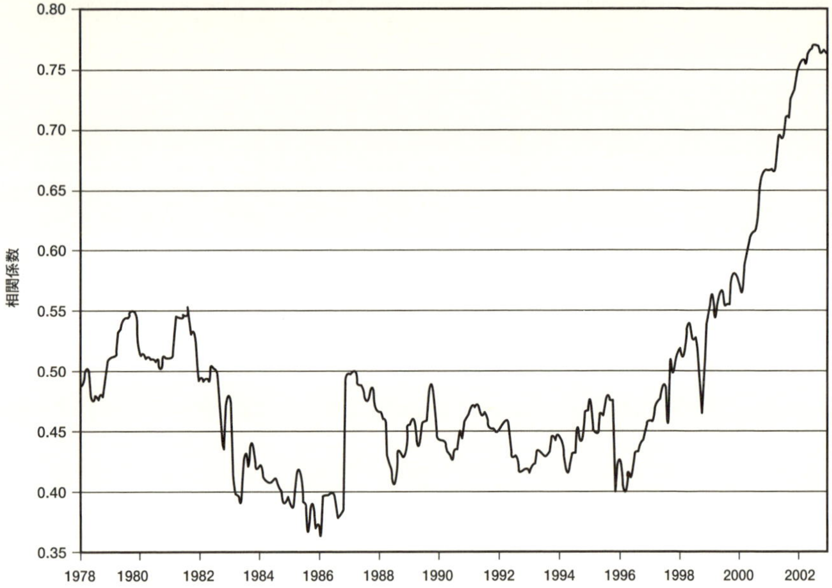

は、かつては各国市場の枠の中に限られていた。いまでは、世界の市場に伝播する。競技場の観客席を、ウェーブが一周するのとよく似ている。

とはいえ、こうした相関性の上昇は、国際的な分散を見合わせる理由にはならない。米国内でも、第4章で取り上げた主要10セクターのリターンはかなり相関し合っているケースが多い。だがたとえば、資本財はやめたほうがいい、素材との相関性が高いから、などという意見は聞いたことがない。それ以上に、これからは本社がどこにあるかは投資家にとってさほど意味をもたなくなる。

セクターの分散と国の分散

これからの時代は、前章で説明したとおり、世界経済の変化を見通して

行動する企業ほど成功する。ここで本社がどの国にあるかは関係ない。もっといえば、「国外投資」という言葉自体、本拠地で企業を色分けする言い方であり、過去の遺物とさえいえる。それがどんな企業か知りたいとき、本社の所在地だけ調べて、どこで生産し、どこで販売しているか調べない人がいるだろうか？

コカ・コーラも、エクソンモービルも、アルトリア（旧フィリップ・モリス）も、テキサス・インスツルメンツも、インテルも、売上の３分の２以上を海外市場で稼いでいるが、すべて米国企業として認識されている。同様に、ユニリーバはオランダ企業で、ネスレはスイス企業で、トヨタやソニーは日本企業で、ＨＳＢＣ（香港上海銀行）は英国企業だ。だが実際にはどれも、国際市場でモノとサービスを売買し、世界各地で生産するグローバル企業としかいえない。Ｓ＆Ｐ500構成企業の平均でみると、売上に占める国外市場の比率は20％台だが、この比率は、世界的解決が実現へと向かえば、まちがいなく上昇する。

モルガン・スタンレーは『グローバル・セクターを奨める理由』と題するリポートで、おなじ見方を示している。「当社の見方では、地域配分は時代遅れだ。それどころか、最近の調査によると、グローバル・セクターの影響はいまや、運用成績を左右する上で、国の影響を上回っている」[注7] セクター別に過去のリターンを解説した章でも触れたとおり、モルガン・スタンレーのリポートは、資産配分にあたりグローバル・セクターを軸とするよう奨めている。残念ながら、グローバル・セクター投資はいまのところ容易ではない。ひとつのセクターとしてみると、投資商品がまだ少なすぎるからだ。[注8]

配分の推奨

以上の要因を考えあわせ、わたしとしては、株式ポートフォリオの40％を国外企業に振り向ける配分を奨めたい。国外銘柄が世界市場で占める比率を、やや下回る水準だ。これはリスク・リターン分析から割り出した結論で、分析にあたっては、為替変動も考慮に含めた。ただし金融市場

で一般的なリスク分析に比べて、投資期間を長めに想定している。

　それでも、その他大勢にならって、国外銘柄をアンダーウェイトとする投資家もいるだろう。経済学者、ジョン・メイナード・ケインズはいみじくもこう語った。「世間的な知恵にしたがうなら、人並みな失敗のほうが、人並みでない成功よりいい」[注9] みんなが買っているおなじ銘柄を買えば、損をしたとしても、不幸を嘆き合う仲間は大勢いる。みじめなとき慰めあうのはいいものだ。だが、だれも買わない銘柄を買って損をしたなら、それはどこまでも自分のせいであり、だれも同情してくれない。[注10]

　他人のするとおりを真似ていれば、なにかと安心ではあるだろう。だが群れから離れて行動することにも、それなりの見返りがある。金融市場の一般通念は、たいていの場合まちがっているからだ。すでにみてきたとおり、わたしたちの将来は、世界市場の成長にかかっている。利益のフローが向かう先は、手を伸ばして、この成長機会を掴む企業だ。おなじ資金を投じるなら、世界市場で活かすのが正解だ。本社がどこにあるかは関係ない。

外国株に投資するなら

　では外国に拠点を置く企業をポートフォリオに組み入れるとして、さて、どんな商品を買えばいいだろう？　国際的に幅広く分散するためには、グローバル・インデックス・ファンドを推奨したい。インデックス・ファンドを買えば、代表的な株価指数とおなじ水準のリターンが、わずかなコストで確保できる。

　インデックス・ファンドは人気を集めており、これからもそうだろう。最小限のコストで、卓越したリターンを達成してきたからだ。いくつもの研究が報告しているとおり、アクティブ型ミューチュアル・ファンドの運用成績は、市場平均を下回っている。この問題については、世界最大のインデックス・ファンド運用会社、バンガード・グループの創設者、ジョン・ボーグルが徹底的に論じているし、わたしも前著『Stocks for the Long Run』で取り上げた。[注11] 以下に紹介するインデックス・ファンドは、2004

第16章　世界市場と国際ポートフォリオ

年半ば現在、購入できるものを対象とした。だが投資家には、これから発売される新商品にも目を光らせておくことを奨めたい。

　国外市場を対象とした中では、モルガン・スタンレー・キャピタル・インターナショナルが開発した一連の株価指数の人気が高い。バンガードの「トータル・インターナショナル・ストック・インデックス・ファンド（ティッカー＝ＶＧＴＳＸ）」は、このモルガン・スタンレーの株価指数を指標として、非米国株をこれ以上なく幅広くカバーしている。地域別の内訳は、欧州先進国が全体の約60％注12)、太平洋地域が同約30％、注13)、新興成長国が同約10％だ。欧州、太平洋地域、新興成長国の株価指数を指標とするミューチュアル・ファンドを個別に購入することもできる。

　バンガードのインターナショナル・ファンドは、新興成長国向けを別にして、モルガン・スタンレーのＥＡＦＥインデックスを指標としている。ＥＡＦＥとは、欧　州、オーストラリア、極　東の略で、米国以外の先進国を対象に、とくに有名で幅広く利用されている株価指数を選んで組み入れている。注14)

　外国株のインデックス投資にかかるコストは、国内株のそれに比べれば割高だが、最近ではかなり低下してきている。たとえばバンガードの「トータル・インターナショナル・ストック・インデックス・ファンド」の年間コストは0.36％だ。これはおなじバンガードの「Ｓ＆Ｐ500インデックス・ファンド」や「トータル・ストック・マーケット・インデックス・ファンド」の公表コストの倍にあたる。注15)

　バンガードはインデックス型ミューチュアル・ファンドの最大手であり、コストはこれまで文句なく格安だった。ところが2004年夏、ミューチュアル・ファンドの世界最大手、フィデリティ・ミューチュアル・ファンズ・オブ・ボストンが、バンガードに対抗して、主要インデックス・ファンドの年間手数料を0.10％に引き下げると発表した。バンガードの公表手数料よりまだ安い。

　投資家にとっては、ありがたい競争だ。ただし、次の点を了解しておきたい。**公表**手数料は、実際の手数料と異なる場合がある。バンガードは独自の売買手法を通じて、公表手数料のかなりの部分を相殺してきた。わず

273

かな差とはいえ、長期的に投資するなら、積もり積もって大きな差になる。

上場投資信託（ＥＴＦ）

　近年、上場投資信託（ＥＴＦ）と呼ばれる新商品が開発され、人気が沸騰している。手数料が安く、仕組みがインデックス商品とおなじでわかりやすい点が人気の理由だ。しかもミューチュアル・ファンドとちがって、株式市場が開いていれば、いつでも売買できる。年間手数料はインデックス・ミューチュアル・ファンドの公表手数料よりさらに安い。ただし市場で売買するには委託手数料がかかる。

　上場投信の中では、モルガン・スタンレーＥＡＦＥインデックスを目標として、きわめて活発に売買され、流動性が高いあるファンド（ティッカー＝ＥＦＡ）は、年間手数料が0.35％となっている。おなじシリーズで、新興成長市場を対象とするファンド（同ＥＥＭ）では0.78％だ。

　残念ながら、北側の隣国カナダは、ＥＡＦＥインデックスに含まれていない。米国市場との連動性が高いためだ。だがカナダには、インコ、アルキャン、ニューモント・マイニングといった企業が本拠を構えており、カナダを外すわけにはいかない。2001年にスタンダード＆プアーズが非米国企業を指数から除外したため、こうしたカナダ企業はＳ＆Ｐ500にも含まれていない。米国を除く世界市場を完全にカバーしたいなら、カナダ市場を指標とする上場投信がある（ティッカー＝ＥＷＣ）。これに含まれる銘柄は、世界の株式市場の約2.6％に相当する。

米国株インデックス・ファンド

　米国株を対象とするインデックス・ファンドで、わたしがとくに奨めたいのは、ダウ・ジョーンズ・ウィルシャー・トータル・ストック・マーケット・インデックスに連動するファンドだ。これは時価総額加重型の株価指数で、米国の主要市場で取引される銘柄をすべてカバーしている。バンガードの「トータル・ストック・マーケット・ファンド」は、ウィルシャ

第16章　世界市場と国際ポートフォリオ

ー・インデックスを目標とするファンドとして1992年4月に設定され、平均リターンとベンチマークとの格差は、手数料をすべて含めてわずか0.19％となっている。[注16]

バンガードでは、インデックス・ミューチュアル・ファンドの買い付け・解約に厳格な規定を設けている。活発に売買したい投資家のためには、「ＶＩＰＥＲ」と呼ばれる上場投信のシリーズがある。実質的に、同社の主要インデックス・ファンドのどれかを上場投信タイプとして購入するのとおなじで、たとえば、「バンガード・トータル・ストック・マーケット・ファンド」も、ＶＩＰＥＲで買うことができる（ティッカー＝ＶＴＩ）。

わたしが「Ｓ＆Ｐ500インデックス」などの市場の一部に連動するファンドより、「トータル・ストック・マーケット・ファンド」を選好する理由はふたつある。第一に、ポートフォリオの分散度をできるだけ高くしたい。そのためには、時価総額でみて小型、中型の銘柄も含めることが大切だ。小・中型株は、米国株式市場の約20％を占めるが、Ｓ＆Ｐ500には含まれていない。第二に、きわめて知名度が高く、幅広く利用され、そして市場の一部しかカバーしていない指数に財産を連動させるリスクを避けたい。第2章で論じたとおり、こうした指数は銘柄の採用や除外をかなり早い時期に発表する。このため投機筋が早めに買い進めて株価を押し上げ、インデックス投資家が不利益を被ることがある。実質的にすべての銘柄に連動するファンドなら、これはあり得ない。

自分で配分を決めたい投資家は、Ｓ＆Ｐ500に小型・中型株の指数を加えれば市場全体を均等にカバーできるし、やや小型株寄り、大型株寄りに調整することもできる。Ｓ＆Ｐ中型株400種平均（時価総額で米国市場全体の約7％に相当）、Ｓ＆Ｐ小型株600種平均（同3％に相当）をＳ＆Ｐ500に加えれば、Ｓ＆Ｐ採用1500種と連動するファンドとなり、上場米国株の約90％をカバーできる。スタンダード＆プアーズはつねに米国市場全体を監視し、採用銘柄の選定にあたっては、時価総額、業界、流動性などの基準を設けている。

あるいは、やはり人気の高いラッセル指数と連動させてもいい。ラッセル指数はＳ＆Ｐ指数とちがって、ほぼ時価総額だけを基準に採用銘柄を選

んでいる。[注17] たとえばラッセル3000種は、米国内で取引される全銘柄の時価総額上位3000銘柄を組み入れ、米国上場株式の時価総額の約97％がこれに含まれる。ラッセル1000種は3000種のうち上位1000銘柄を採用、ラッセル2000種は下位2000銘柄を採用し、小型株指数として人気が高い。ラッセル指数を目標とする上場投信も多数ある。[注18]

米国株を対象とする上場投信の中でとくに人気が高いのは、Ｓ＆Ｐ500をベースとする「スパイダーズ」（Ｓ＆Ｐ Depository Receiptsの略称＝ＳＰＤＲに由来）と、ナスダック100種を指標とする「キューブズ」（ティッカー＝ＱＱＱに由来）だ。ナスダック100種は、ナスダック上場銘柄のうち金融銘柄を除く上位100種で構成され、ハイテク銘柄の比重が高い。スパイダーズもキューブズもきわめて人気が高く、1日の平均売買代金がニューヨーク市場やナスダック市場のどの銘柄よりも高くなることがめずらしくない。またダウ・ジョーンズ工業株30種を指標とする「ダイヤモンズ」も人気が高い（ティッカー＝ＤＩＡに由来）。

国際インデックス運用をポートフォリオのコアに

本章では、株式投資の戦略として、国際的な分散を進めるアプローチを提唱した。それもかなりの部分、ポートフォリオの40％程度を米国外に本拠を置く企業に配分するべきとわたしはみている。そのためには、国際的なインデックス運用を株式ポートフォリオのコアにする方法を奨めたい。

本章ではまた、成長の罠の原則は、個別銘柄とおなじように、各国市場にもあてはめられることを示した。中国の例にみられるとおり、急成長する国の市場が高いパフォーマンスを達成するとはかぎらない。これからの世界市場の成長を収益率に反映させたいなら、幅広い分散こそがカギになる。次の章では、国際インデックス運用をコアとして、さらに高いリターンを狙うための補完戦略を紹介したい。

第17章
未来に向けた戦略
D‐I‐V指針

いい案も、実行しないなら、いい夢と変わらない。

ラルフ・ワルド・エマーソン　1836年

インデックス運用からD‐I‐V指針へ

　投資家を前にして、株式市場をテーマに講演するとき、かならず訊かれる質問がふたつある。「ベビーブーマー世代が退職しはじめれば、経済はどうなり、わたしの投資はどうなるだろう？」「長期的に投資するなら、どの銘柄を買えばいい？」

　本書執筆のための調査を終えて、わたしはいまこう確信している。株式投資家の未来は明るい。途上国世界の成長を通じて、十分なモノが提供され、資産の買い手が生まれて、先進国世界の高齢化の波がもたらす打撃は吸収される。これからの株式のパフォーマンスは、債券や、貴金属や、その他インフレヘッジ型資産のそれをはるかに上回るだろう。

　第二の問い「長期的に投資するなら、どの銘柄を買えばいい？」に対するわたしの答えは、本書のために調査する以前と以降で、変わってしまった。以前は、株式に配分できる資金をすべて、なるべく幅広く市場をカバーする普通株のインデックス・ファンドに注ぎ込むように奨めていた。いくつものデータからみて、アクティブ運用のマネジャーやミューチュアル・ファンドの運用成績は、手数料を差し引けば、低コストのインデックス・ファンドにかなわないことがあきらかだったからだ。長期的に財産を

積み上げたいなら、インデックス運用がいちばんだと思えた。だがいまでは、もっと上を目指せる戦略があると確信している。

　誤解のないよう断っておくが、インデックス運用を株式投資のコアにするべきとの考えに変わりはない。その場合、前章で述べたとおり、世界の市場に連動させることが大切だ。だが今回、Ｓ＆Ｐ500の採用銘柄を追跡し、業界別パフォーマンスを比べ、ＩＰＯ、配当など長期的に調査した結果、こう考えるようになった。インデックス・ポートフォリオに、本書で紹介した補完戦略を組み合わせれば、さらに高いリターンを狙うことができる。

　今回試みた調査の結果から、ポートフォリオ戦略に応用できる部分を選り出し、3つの指針にまとめてみた。頭文字をとって「Ｄ－Ｉ－Ｖ」指針と呼んでいる。株式ポートフォリオの構築にあたり、戦略の柱として、応用しやすいようにまとめたつもりだ。

配当（Dividend）

　個別銘柄の選択にあたっては、持続可能なペースでキャッシュフローを生成し、それを配当として株主に還元する銘柄を選ぶ。

国際（International）

　世界のトレンドを認識する。このままいけば、世界経済の均衡が崩れ、中心は、米国、欧州、日本から、中国、インドをはじめ途上国世界へとシフトする。

バリュエーション（Valuation）

　成長見通しに対してバリュエーションが適正な株を買いつづける。ＩＰＯや人気銘柄は避ける。個別銘柄であれ業界であれ、市場の大勢が「絶対に買い」とみているうちは、買わない。

配　当

高配当戦略

　本書では、株式が高いリターンを生む上で、配当がいかに大切かを繰り返し説いてきた。企業の経営陣の役割とは、突き詰めていえば、現在から将来にかけて株主へのキャッシュフローを最大化することだ。経営陣は配当を支払うことで、株式市場の歴史の大部分を通じて、そうした節度を保ってきた。高い配当を生む銘柄は、これからも卓越したリターンをもたらすとわたしはみている。

　表17-1に、第9章と第10章で紹介した高配当戦略のリスクとリターンをまとめた。ここに挙げた戦略はどれも、Ｓ＆Ｐ500とダウ工業株30種の双方を上回る成績を示している。

　右端の項目「リワード・リスク・レシオ」とは、リスク1単位につきどこまでリターンの上乗せが期待できかを示す指標で、どの戦略をみても、インデックス運用の成績を上回っている。[注1]

　こうした戦略で採用されるのは、どんな銘柄だろう？　高配当・高リターン銘柄としていつも選ばれるのは、垂直統合型の国際石油大手だ。Ｓ＆Ｐ500から配当利回り上位20％を選ぶ「上位20％（トップ・イールダー）」戦略では、ロイヤル・ダッチ・ペトロリアムが29年間にわたり選ばれている。この29年間にかぎれば、同社株の年間リターンは平均17.11％に達する。1957年から現在まで、ただ「買い持ち」した場合の平均リターンを3ポイント以上上回る水準だ。エクソンモービルは、この戦略で23年間にわたって選ばれた。この間の平均リターンは約20％となり、1957年から2003年まで「買い持ち」した場合の平均リターンを6.5％上回る。モービル・オイル（現在はエクソンと合併）は16年間選ばれ、その間の平均リターンは18％だった。

　メジャー以外でも、石油会社はダウ30種とＳ＆Ｐ500を対象とする高配当戦略の常連となっている。スタンダード・オイル・オブ・ニュージャージー（現在のエクソンモービル）は、1957年から2003年にかけて、「ダウ

表17-1
高配当戦略（1957年～2003年）

対象	概要	$1,000を投資した場合の現在価値	年率リターン	リスク	リワード／リスクレシオ
S&P10種	S&P500の大型株100銘柄の配当利回り上位10銘柄	$816,620	15.69%	17.70%	0.645
S&Pコア10種	過去15年間減配していないS&P500の大型株100銘柄の配当利回り上位10銘柄	$811,593	15.68%	18.20%	0.628
ダウ・コア10種	過去15年間減配していないダウ工業株の配当利回り上位10銘柄	$596,084	14.90%	15.82%	0.654
ダウ10種	ダウ工業株の配当利回り上位10銘柄	$493,216	14.43%	15.38%	0.654
上位20%	S&P500の配当利回り上位20%	$462,750	14.27%	19.29%	0.530
S&P500インデックス・ファンド	S&P500に連動	$130,768	11.18%	17.02%	0.405
ダウ30種インデックス・ファンド	ダウ30種に連動	$183,460	12.00%	16.64%	0.458

10種」で38年間にわたって選ばれた。全銘柄の中で最多出場だ。

　石油のほかで高配当戦略の常連は、フィリップ・モリス、フォーチュン・ブランズ（旧アメリカン・タバコ）などのタバコ会社だ。フィリップ・モリスは、配当を一度も引き下げたことがなく、「コア10種」に選ばれた13年間の平均リターンは約32％に達する。

　高配当戦略がなぜここまで成功するのか、理由を掘り下げれば、投資家リターンの基本原則に行き着く。第3章で論じたとおり、この原則にしたがえば、株式のリターンは、企業の増益率そのものではなく、それが期待に対してどうだったかで決まる。配当が高い銘柄はたいてい、投資家が収益見通しに過剰に悲観的になっているので、結果的に株価が適正水準を下回り、リターンは平均を上回る。配当を維持するかぎり、株価の下落は配

第17章 未来に向けた戦略──D-I-V指針

当利回りの上昇を意味するので、株価が下がるほど、投資家の保有株積み増しペースが加速する。やがて株価が戻れば、第10章で説明したとおり、リターン加速装置(アクセル)の魔法が働く。

配当の重要性を示すデータは、米国以外の国でも確認されている。『楽観論者の勝利』の著者、ディムソン、マーシュ、スタートンの3氏は、英国市場で配当利回りがとくに高いグループは、とくに低いグループを、運用成績で上回っている事実をあきらかにした。わたしが米国市場で確認した傾向とまったくおなじだ。両グループの格差は大きく、過去103年間の平均で年率3％の開きがあった。[注2] 今後、研究が進めば、高配当銘柄のリターンの高さは、これ以外の国でも確認されるとわたしはみている。

高配当戦略の実行

「ダウ10種」でも「Ｓ＆Ｐ10種」でも、これを応用したコア戦略でも、組み入れるのはわずか10銘柄だ。したがって個人投資家にも実行できる。個別銘柄を買いたくない向きには、ユニット型投資信託の中に「ダウ10種」やこれに類似する戦略を国外市場で実行するものがある。

2004年に、「ダウ10種」「ダウ・コア10種」「Ｓ＆Ｐ10種」「Ｓ＆Ｐコア10種」に採用された銘柄のリストを**表17-2**に示した。ダウ戦略とＳ＆Ｐ戦略の双方で選ばれた銘柄が4つある。ＳＢＣコミュニケーションズ、アルトリア、ゼネラル・モーターズ、ＪＰモルガン・チェースの4社だ。

ただし、このリストの顔ぶれは、毎年入れ替わる点に注意したい。本書が読者の手元に届く頃、高配当銘柄として選ばれなくなっている銘柄もあるはずだ。「ダウ10種」のいま現在の顔ぶれを知りたいなら、インターネットで調べられる。この戦略は、「ダウの犬」(ドッグズ・オブ・ダウ)とも呼ばれている。

いまのところ、配当を基準とするインデックス・ファンドは数えるほどしかないが、投資家が配当の重要性を理解するようになれば、しだいに増えてくるとわたしはみている。

不動産投資信託（ＲＥＩＴ）

不動産投資信託（ＲＥＩＴ）とは、不動産ないし不動産担保ローンを購

表17-2
「ダウ10種」「ダウ・コア10種」「S&P10種」「S&Pコア10種」の2004年の顔ぶれ

ダウ戦略の採用銘柄				
社名	ティッカー	配当利回り	ダウ10種	ダウ・コア10種
SBC Communications	SBC	5.41%	✔	✔
Altria Group	MO	4.85%	✔	✔
AT&T	T	4.68%	✔	✔
General Motors	GM	3.75%	✔	
J.P. Morgan Chase	JPM	3.70%	✔	✔
Merck	MRK	3.20%	✔	✔
DuPont	DD	3.05%	✔	✔
Citigroup	C	2.88%	✔	✔
General Electric	GE	2.58%	✔	✔
ExxonMobil	XOM	2.44%	✔	✔
International Paper	IP	2.32%		✔

S&P戦略の採用銘柄				
社名	ティッカー	配当利回り	S&P10種	S&Pコア10種
SBC Communications	SBC	5.41%	✔	✔
Altria Group	MO	4.85%	✔	✔
Verizon Communications	VZ	4.39%	✔	✔
Bristol-Myers Squibb	BMY	3.92%	✔	✔
General Motors	GM	3.75%	✔	
J.P. Morgan Chase	JPM	3.70%	✔	✔
Washington Mutual	WM	3.49%	✔	✔
ChevronTexaco	CVX	3.31%	✔	
BellSouth Corp	BLS	3.25%	✔	✔
Schering-Plough	SGP	3.25%	✔	✔
Dow Chemical	DOW	3.22%		✔

入・管理する投資会社だ。純利益の90％を配当として投資家に分配することを条件に、法人税を免除される。このため、株式としてみた場合、利回りがきわめて高くなる。本稿執筆時点で、S&P500の平均配当利回りが1.7％で、REITの利回りはその3倍以上だ。

不動産はふつう、所有者本人が住む住宅はとくに、会社のエクイティとは切り離して考えられる。だが商業用施設、産業用施設、多世帯用住宅施設は、かなりの規模で保有されており、証券の形で市場で売買されている。2004年半ば現在、上場ＲＥＩＴは、商業用不動産市場約4兆ドルのうち4000億ドル以上を保有している。ＲＥＩＴ全体の市場価値は、約2250億ドルにのぼる。

わたしの見方では、株式ポートフォリオの分散を十分にしたいなら、ＲＥＩＴを組み入れるのが正解だ。高配当銘柄の比重が高いポートフォリオでは、とくにそういえる。ＲＥＩＴを対象とするインデックス・ファンドもいくつかある。バンガードのＲＥＩＴ（ティッカー＝ＶＧＳＩＸ）のほか、上場投信では、iSharesダウ・ジョーンズ・ＵＳリアル・エステート・インデックス・ファンド（同ＩＹＲ）、streetTRACKSウィルシャーＲＥＩＴ（同ＲＷＲ）などがある。

国際

これまで述べてきたとおり、わたしは向こう半世紀にかけて、先進国世界と途上国世界の間で富の配分が劇的にシフトするとみている。前章では、ポートフォリオのかなりの部分を、国際的なインデックス・ファンドに振り向けるよう奨めた。ドルベースの投資家なら、米国に本拠を置く企業に60％、そうでない企業に40％程度の配分が適当だろう。

いくつものデータからみて、急成長国に特化した企業の比重を高くする戦略は奨められない。こうした企業は、成長の罠にはまる例が多い。逆に、世界的に事業展開する企業はきわめて魅力的な投資先となるだろう。

表17-3に、米国外に本拠を置き、営業利益のかなりの部分を世界の多様な市場で稼いでいる企業の中から、時価総額上位20社を選んでリストにした。こうしたグローバル企業に投資するなら、「スタンダード＆プアーズ・グローバル100」（ティッカー＝ＩＯＯ）を買うのがひとつの方法だ。これは多国籍企業100社からなる指数を目標とする上場投信で、時価総額が大きく、世界中に拠点を持ち、本質的に事業が世界的で、営業利益のか

表17-3
米国外に本拠を置く大手企業20社（時価総額ベース、2004年9月）

順位	社名	セクター	本社所在国
1	British Petroleum	エネルギー	英国
2	HSBC Holdings	金融	英国
3	Vodafone Group	電気通信	英国
4	Total	エネルギー	フランス
5	GlaxoSmithKline	ヘルスケア	英国
6	Novartis	ヘルスケア	スイス
7	Royal Dutch Petroleum	エネルギー	オランダ
8	Toyota	一般消費財	日本
9	Nestlé	生活必需品	スイス
10	UBS	金融	スイス
11	AstraZeneca	ヘルスケア	英国
12	Telefonica	電気通信	スペイン
13	Barclays	金融	英国
14	Siemens	資本財	ドイツ
15	Nokia	情報技術	フィンランド
16	BNP Paribas	金融	フランス
17	Banco Santander Central Hispano	金融	スペイン
18	Samsung Electronics	情報技術	韓国
19	Banco Bilbao	金融	スペイン
20	Canon Inc	情報技術	日本

なりの部分を世界の多様な市場で稼いでいる企業が組み入れられている。現在の年間手数料は0.40％だ。このほか、グローバル企業を対象とする上場投信としては、「ダウ・ジョーンズ・グローバル・タイタンズ」（同ＤＧＴ）がある。グローバル・タイタンズは時価総額加重型の指数で、多国籍企業上位50社が含まれる。

　2004年現在、このリストの上に、中国に本拠を置く企業は１社もなく、インドに本拠を置く企業もない。だがこれはたんに時間の問題で、中国企業、インド企業はいずれ、こうした世界大手として名を連ねるようになるだろう。中国では、中国移動通信、ハチンソン・ワンポア、恒生銀行、中国石油化工などが候補だ。インドでは、インフォシス、リライアンス・インダストリーズ、ウィプロなどがそうなるだろう。

第17章　未来に向けた戦略──D-I-V指針

　国際銘柄を買うときも、配当とバリュエーションが重要であることに変わりはない。第3部で説明したとおり、配当は企業統治の上で大きな役割を果たす。企業の会計基準は国ごとにかなり異なるため、なるべく目に見える形で収益性を確かめることが大切だ。配当はその点、申し分ない証拠となる。これは海外に拠点を置く企業であっても、米国に拠点を置く企業であってもおなじことだ。

　成長の罠を避けることも、国際銘柄を買う上で決定的に重要だ。新興成長国の急成長企業の場合、とくにそういえる。急成長銘柄を買うなら、株価に十分に注意したい。いくら増益率が高くても、株価には上限がある。ここでも、経営陣の質と、中核的能力(コアコンピタンス)の枠の中で事業展開する姿勢が、投資家を成功に導く条件となる。

表17-4
バリュー戦略（1957年～2003年）

対象	概要	$1,000を投資した場合の現在価値	年率リターン	リスク	リワード／リスクレシオ
バフェット／バークシャー	ウォーレン・バフェットのパートナーシップ及びバークシャー・ハザウェイ株	$51,356,784	26.59%	33.53%	0.753
生き残り上位	S&P500「生き残り」運用成績上位20銘柄	$840,291	15.76%	18.92%	0.619
低PER	S&P500採用銘柄のうちPER（株価収益率）の低い20%	$425,703	14.07%	15.92%	0.600
ヘルスケア	S&P500のヘルスケア・セクター	$375,969	13.76%	21.64%	0.467
生活必需品	S&P500の生活必需品セクター	$319,776	13.36%	18.52%	0.500
エネルギー	S&P500のエネルギー・セクター	$221,230	12.45%	18.01%	0.459
S&P 500	S&P500に連動	$130,768	11.18%	17.02%	0.405

バリュエーション

バリュエーションの重要さを疑う人が、仮にいたとしても、1999年から2000年のインターネット＆ハイテク・バブル後の惨状を経験すれば、考えが変わったはずだ。株を買うとき、バリュエーションはいつだって重要だ。

表17-4に、本書でこれまで取り上げた、バリュエーションに基づく戦略の概要をまとめた。「ヘルスケア」「生活必需品」「エネルギー」の3つは、第4章で説明した理由に基づき、この3業界を対象とするグローバル・セクター・ファンドに投資する。「低PER」は、第3章で紹介したとおり、S&P500からPER（株価収益率）の下位20％を選び、毎年更新する。「生き残り上位（トップ・サバイバー）」は、S&P500当初採用銘柄の生き残りから運用成績上位20銘柄を選んで投資する。わたしが黄金銘柄（エルドラド）と呼ぶグループだ。さらに、ウォーレン・バフェットの運用成績を、パートナーシップ時代からバークシャー・ハザウェイのそれとあわせて紹介した。

セクター戦略

石油

向こう50年にかけて、代替エネルギー源の開発が大きく進むことはまちがいない。とはいえ、石油と石油製品の需要が一気に減少するとも考えにくい。途上国には現在、莫大なエネルギー需要があり、中国とインドの消費量はGDP単位当たりで換算すると先進国を上回っている。経済が拡大するにつれ、需要もまちがいなく増大しつづける。

S&P500の石油セクターの運用成績は、S&P500創設以来の平均で、年率12.45％となっている。S&P500全体の平均を1％以上上回る水準だ。また石油セクターは他のセクターとの相関性が際立って低い点でも目立っている。相関性が低いとはつまり、相場変動に対するヘッジになることを意味する。原油価格の上昇は通常、経済成長の重しとなる。とくに米国などの石油輸入国では、そうなりやすい。だが原油価格上昇は、大量の

備蓄を備える石油会社にとっては追い風だ。エネルギー銘柄のリターンには、このように景気サイクルに逆行する性質があり、ポートフォリオを分散したい投資家にとっては貴重な投資先となる。

米国を本拠とする大手には、エクソンモービル、シェブロン・テキサコなどがある。国外では、英国のＢＰ、フランスのトタール、オランダのロイヤル・ダッチ・ペトロリアム－シェル・トレーディング＆トランスポート、イタリアのＥＮＩなどが挙げられる。

ヘルスケア、生活必需品

過去半世紀、主要10セクターでとくに高い運用成績を示したのは、ヘルスケアと生活必需品の２セクターだった。年間リターンでみると、ヘルスケアが13.76％、生活必需品が13.36％に達し、いずれもＳ＆Ｐ500種平均を２％以上上回っている。第３章で示したとおり、わたしが「黄金銘柄」と呼ぶ運用成績上位20社のうち90％はこの２セクターに集中している。

通信革命を背景に、これからの時代、消費者の嗜好がグローバル・メディアによって形成されることはまちがいない。こんにち世界を旅行すると、各国の消費者の購入パターンのちがいではなく、似たり寄ったりぶりに唖然とする。とくに富裕層の買い物ぶりはどこに行ってもおなじで、高級ショッピング・モールの眺めは、北京でもニューデリーでもサンクトペテルブルクでも、呆れるほどそっくりになった。

文化の均質化を嘆く声は多い。だが出張だのレジャーだので世界を旅する機会が増えるにつれ、人々は文化にも、独自性と親しみやすさの両面を求めるようになる。バッグはグッチで車はベンツといった人物でも、外国人旅行者の目からみれば、独特の歴史や文化を物語るなにかを備えているものだ。

名声と信頼とは、ブランドメーカーの生命線ともいえる財産であり、途上国では高く評価されている。このトレンドが続かないとみる理由はない。ブランドメーカーは米国に本社を置く例が多いが、海外にも、スイスのネスレのほか、英国のアルコール飲料メーカー、ディアジオといった大手がある。ディアジオは「ジョニー・ウォーカー」「シーグラム」「ギネス」な

どのブランドを展開している。

一方のヘルスケア業界は、たしかに、いくつもの課題に直面している。新薬開発コストは増大する一方で、訴訟の脅威がつきまとい、大衆薬との競合から厳しい値下げ圧力にさらされている。とはいえ、社会の高齢化を考えれば、ヘルスケア需要は今後増大するとみてまちがいない。医薬品、病院、介護施設のほか、医療機器の需要も伸びるだろう。さらには老化を遅らせる予防医療の成長も見込まれる。

不安材料を抱えるとはいえ、ヘルスケア業界は、米国のGDPのかなりの部分を占めており、向こう数十年にかけて、この比率が低下するとは考えにくい。バリュエーションが過去の長期的な平均を大きく踏み越さないかぎり、向こう50年にかけて市場平均を上回る公算が高い。とくに医薬品セクターは、英国のグラクソ・スミスクライン、アストラゼネカ、スイスのノバルティス、ロッシュなど、海外に拠点を置く大手が多い。

「低PER」戦略

「低PER」戦略では、毎年12月31日を基準に、S&P 500からPERのとくに低い100銘柄（下位20％）を選んで投資する。いまのところ、この戦略をそのまま実践する投資商品はないが、これから登場するとわたしは期待している。

リターンを比べると、高配当「上位20％」戦略にわずかに及ばないが、それでもS&P 500を年率3％近く上回っているし、リワード・リスク・レシオでは「上位20％」戦略を上回っている。ロイヤル・ダッチ・ペトロリアムは、過去44年間、この戦略で選ばれてきた。公益企業と一般消費財セクターの銘柄も、株価が極端に下落する局面で繰り返し選ばれている。

「低PER」戦略は、仕組みからいえば、高配当戦略とよく似ている。なにか悪材料が出たとき、短期的に売買する投資家はたいてい過剰に反応するので、株価が適正水準を突き抜けて下落する。会社が利益を出しているかぎり、こうした過剰反応はPERの低下となってあらわれる。そうなれば、割安株を拾う好機だ。

「生き残り上位」戦略

　この戦略では、Ｓ＆Ｐ 500の当初銘柄の生き残りから、運用成績上位20銘柄を選んで投資する。第3章で、時の試練に耐えた銘柄として紹介したグループだ。このグループは、配当利回りをＳ＆Ｐ 500の平均に近い水準に維持し、ＰＥＲは平均をわずかに上回る程度でしかない。そして強力で熱心な経営陣が、世界市場の開拓に努めてきた。時に裏打ちされた勝ち組として、半世紀にわたり繁栄してきた。

　ただし、次の点に注意したい。こうした企業はなにも、初めからだれの目にもあきらかな戦略を掲げて、46年にわたって延々実行してきたわけではない。1957年当時、Ｓ＆Ｐ 500のどれが生き残り、どれが高い運用成績を達成するか、だれにもわからなかった。それでも、上位20銘柄のリストをみれば、本書がくどいほど説明してきた「時に裏打ちされた企業」をうまく選別できれば、将来どんなリターンが期待できるか見当がつくはずだ。

バークシャー・ハザウェイ

　「バリュー戦略」リストから、ウォーレン・バフェットの投資会社、バークシャー・ハザウェイを外すわけにはいかない。ちなみに、バフェットが投資パートナーシップを設立したのは、1957年だった。Ｓ＆Ｐ 500種株価指数が創設されたのとおなじ年だ。1957年当時、Ｓ＆Ｐ 500を目標としてコストの発生しないインデックス・ファンドがあったとして、これを1000ドル買ったなら、2003年末には累積で13万700ドルになっている。年間リターンでいうと11.18％だ。ウォーレン・バフェットに託した1000ドルは、現在、5135万6000ドルになっている。年間リターンは26.59％だ。

　バフェットはその主義にしたがって、本書が提唱する健全投資の原則をすべて実践してきた。株主にどこまでも忠実で、つねにバリュエーションに目を光らせ、「夢を語る」銘柄を避け、ＩＰＯを避け、自分の知識経験の枠外にある銘柄を避けてきた。もっとも、バークシャーは配当を支払わない。だが第9章で詳しく述べたとおり、配当支払いはバフェットの投資家にとっては、一般企業の投資家にとってほど大きな意味を持たない。

このバフェットの投資手腕にだれもが夢中になったなら、バークシャーの株価は急騰し、将来の目覚しい成績を織り込んで、資産価値をはるかに上回って伸びていただろう。実際そうなった局面も何度かあったが、その飛び抜けたリターンが示すとおり、バフェットはいつも、まんまと市場を出し抜いて期待を上回ってきた。もっとも、バークシャー株を買うべきかどうかだれかに相談したいなら、ウォーレン・バフェットに訊くのがいちばんだ。株価が割高かそうでないか、考えを率直に語ってくれるだろう。

インデックス投資とリターン補完戦略

　株式ポートフォリオを組むとき、投資家がまず決断を迫られるのは、次の配分だ。国際市場を幅広くカバーするインデックス運用にどこまでを割り当て、上に紹介したリターン補完戦略にどこまでを割り当てればいいだろう。万人に奨められる単純な比率はない。わたしとしては、株式ポートフォリオの半分を国際インデックス・ファンドに、もう半分をリターン補完戦略に充てる配分を推奨する。ただしこれは、おおよその目安であり、正確な比率は投資家それぞれが抱えるいくつもの要因によって決まるはずだ。

　そうした要因のひとつに、税制がある。リターン補完戦略にしたがえば、たいていの場合、配当利回りが高くなり、キャピタルゲインが大きくなるので、税制上の扱いは、つまり課税されるか優遇措置が適用されるかは、かなり大きな要因となる。リターン補完戦略はだいたいにおいて、優遇が適用される商品に適している。もっとも最近の税制改革で配当税率が引き下げられたので、この点は以前ほど重要でなくなったが、キャピタルゲインを狙うなら、引き続き税制優遇商品を選ぶ投資家が多い。

　もうひとつ重要な要因に、投資家のリスク選好度がある。どの戦略にしても、卓越したパフォーマンスが保証されているわけではない。どれを選んでも、ほぼまちがいなく、市場平均を下回る時期があるはずだ。そうした時期に不安に駆られやすい投資家は、リターン補完戦略に充てる比率を引き下げ、インデックス運用の比率を引き上げればいい。これは投資家そ

第17章 未来に向けた戦略──D-I-V指針

れぞれが、投資アドバイザーと相談しながら決めるしかない。ただし、次の点も覚えておきたい。多少のリスクをとらないかぎり、市場平均を上回るリターンは決して手に入らない。ごく一般的なインデックス・ファンドですら、債券市場の成績を下回ることがある。歴史を通じて、株式のリターンが債券をここまで大幅に上回ってきた理由のひとつは、投資家がリスクをとりたがらないからにほかならない。

株式ポートフォリオ

以下の表に、第15章、第16章で紹介したわたしの推奨をまとめた。こ

株式ポートフォリオの配分の例

株式投資: 100%
ワールド・インデックスファンド: 50%
米国株 30%
非米国株 20%
リターン補完戦略: 50%(各10〜15%)

- ■ *高配当戦略*
  - ・配当利回り上位20%
  - ・ダウ10種、S&P10種、ダウ・コア10種、S&Pコア10種
  - ・REIT(不動産投資信託)
- ■ *グローバル戦略*
  - ・S&Pグローバル100
  - ・ダウ・ジョーンズ・グローバル・タイタンズ
  - ・多国籍企業への分散投資
- ■ *セクター戦略*
  - ・石油および天然資源
  - ・医薬品
  - ・有名ブランドの生活必需品
- ■ *バリュー戦略*
  - ・低PER
  - ・生き残り上位(成長率が期待を上回る)
  - ・バークシャー・ハザウェイ

の推奨はどれも、株式ポートフォリオの配分を決める以外の目的には使えない。リターン補完戦略のどれに、どの程度を配分すればいいか、正確な数値を示すことはできない。市場の状態と投資家それぞれのリスク選好度が決める問題だからだ。だが、それぞれに10〜15％程度を配分できれば、妥当といえるだろう。

結　論

　金融市場のリターンを予想するのは、どんな時代でもたやすくはない。だが未来を予見しようとする者にとって、向こう半世紀ほどやっかいな時代はないだろう。世界はいま、ふたつの巨大なトレンドを同時に迎えようとしている。一方で富裕国が急速に高齢化し、もう一方で途上国の急激な成長が始まりかけている。

　さいわい、ふたつのトレンドが同時に進行しているおかげで、退職者が高齢化の波にさらわれ、買い手のいない株式と債券の海に溺れるという未来は避けられそうだ。知識の爆発的な普及を支えに、世界の生産が拡大することで、途上国に金融資産の買い手が生まれる。そうなれば、金融市場は今世紀後半にかけて買い支えられるだろう。

　技術の急速な進歩を背景に、投資家の人気を集めるのは、最先端の技術力を駆使して、これまでにない製品をつくり、画期的なサービスを提供する企業となるだろう。だが、こうした新興業界にあらわれる「夢を語る企業」は、たいていの場合、投資家を失望させるだろう。一方、歴史を振り返ればあきらかなとおり、これといって話題性はないものの、時に価値を裏打ちされた企業は、投資家をさほど失望させることはない。こうした企業は、経営陣が勝利の方程式に忠実で、販路を国外に広げ、世界市場を構築してきた。

　わたしの見方どおり、世界経済が力強く成長すれば、世界の株式市場をカバーするインデックス投資はまちがいなく高いリターンを稼ぎ出す。だが本書で紹介した戦略を取り入れれば、さらに高リターンを達成できる可能性が高い。こうした戦略はどれも、「初物」に気前よく払い、「古株」を

鼻であしらう投資家の生来の傾向を基本としている。

　こうした割安株戦略は、これまでは成功してきたものの、いったん世間に知れ渡れば、株価が調整されて効果を失うとみる向きもある。わたしは、そうは思わない。ウォーレン・バフェットは1985年、いみじくもこう語った。「わたしが割安投資を始めて35年、トレンドがこちらに逆らったことはいちどもない。人間には、簡単なことをむずかしくしようとする、ひねくれた性質があるらしい」[注3]

　たしかに、長期投資で成功を収めるのは、少しもむずかしいことではない。成長の罠を避け、時に裏打ちされた価値にしがみつけばいい。これまではこの戦略が、じつに投資家のためになった。これからはそうならないとみる理由は、どこにもない。

付録

S&P 500当初構成企業の変遷とリターン

　付録後半の表に、S&P 500の当初の採用企業を対象として、その後会社がたどった歴史と株式のリターンを示した。1957年2月28日から2003年12月31日までの累積リターンをベースに、第1位から第500位まで順に並べている。

　以下に、合併した会社、スピンオフした会社も含めた当初銘柄ポートフォリオの運用成績上位20銘柄について解説し（フィリップ・モリスとRJRナビスコにとくにページを割いた）、続いて、1957年当時の時価総額上位20銘柄の運用成績を紹介する。

勝ち馬に乗る
「子孫丸抱え」ポートフォリオ運用成績上位20銘柄

　表A-1に、「子孫丸抱え」ポートフォリオの運用成績上位20銘柄を示した。このポートフォリオには、他社と合併した会社も、当初の形のまま生き残った会社と同様にすべて含まれる。意外にも、上位リストに名乗りを上げた20銘柄のうち3分の2までが、自社の成功のためだけでなく、他社の成功のために、つまり勝ち馬に乗ったためにそうなっている。この場合、投資家の側ですることはなにもない。買収した側の会社の株式が、された側の会社の株主に、自動的に交付される。

　負け馬から勝ち馬へと乗り換えた格好の例のひとつとして、サッチャーグラス社の投資家のその後をたどってみたい。1950年代前半、牛乳瓶メーカーである同社は黒字経営だった。米国がベビーブームを迎えて間もない

頃だ。読者の中にもおそらく、子供の頃に牛乳瓶といえばそれしかなかったあの瓶を憶えておいでの方がいるだろう。サッチャーは牛乳瓶メーカーの草分けで、市場をほぼ独占していた。

　ふつうに考えれば、この会社の株を後生大事に持ちつづけるなら、大損をする。出生率は1957年にピークを打った後、急低下へと転じている。時代はベビーブームからベビー払底(バスト)へと転換しかけていた。グラス社の牛乳瓶は、恐竜とおなじ運命をたどり、じきに牛乳パックに取って代わられた。紙製の容器は瓶に比べてずっと安く、軽く、使い勝手がいい。いまやサッチャーグラスの瓶は、イーベイの収集家向けコーナーでしかお目にか

表A-1　「子孫丸抱え」ポートフォリオの運用成績上位20銘柄

(Rank Returnは運用成績の順位、Rank Market Cap 1957は1957年時点の時価総額の順位、Total Accumulationは累積リターン、Annual Returnは年率リターンを示す)

Rank Return	Rank Market Cap 1957	Original Name — 2003 Name (— Merger; > Name Change)	Total Accumulation	Annual Return
1	215	Philip Morris > Altria (2003)	4,626.40	19.75%
2	473	Thatcher Glass — Rexall Drug (1966) > Dart Industries (1969) — Dart & Kraft (1980) > Kraft (1986) — Philip Morris (1988) > Altria (2003)	2,742.27	18.42%
3	447	National Can — Triangle Industries (1985) — Pechiney SA (1989)	2,628.72	18.31%
4	485	Dr Pepper — Private (1984) — Dr Pepper 7-Up (1993) — Cadbury Schweppes (1995)	2,392.22	18.07%
5	458	Lane Bryant — Limited Stores (1982) > Limited Inc. (1982)	1,997.87	17.62%
6	259	Celanese Corp. — Private (1987) — Celanese AG (1999)	1,520.68	16.93%
7	65	General Foods — Philip Morris (1985) > Altria (2003)	1,467.10	16.85%
8	197	Abbot Labs	1,281.33	16.51%
9	234	Warner-Lambert — Pfizer (2000)	1,225.25	16.40%
10	299	Bristol-Myers > Bristol-Meyers Squibb (1989)	1,209.44	16.36%
11	433	Columbia Pictures — Coca-Cola (1982)	1,154.27	16.25%
12	487	Sweets Co. > Tootsie Roll Industries (1966)	1,090.96	16.11%
13	274	American Chicle — Warner-Lambert (1962) — Pfizer (2000)	1,069.50	16.06%
14	143	Pfizer	1,054.82	16.03%
15	83	Coca-Cola	1,051.65	16.02%
16	267	California Packing Corp — Del Monte (1978) — R.J. Reynolds Industries (1979) — Private (1989) — RJR Nabisco Holdings (1991) — Philip Morris (2000) > Altria (2003)	1,050.10	16.01%
17	348	Lorillard — Loew's Theatres (1968) > Loew's (1971)	1,026.20	15.96%
18	66	National Dairy Products — Dart & Kraft (1980) > Kraft (1986) — Philip Morris (1988) > Altria (2003)	1,011.39	15.92%
19	117	Merck	1,003.41	15.90%
20	218	Standard Brands — Nabisco Brands (1981) — R.J. Reynolds Industries (1985) > RJR Nabisco (1986) — Private (1989) — RJR Nabisco Holdings (1991) — Philip Morris (2000) > Altria (2003)	1,002.98	15.90%

かれない。一瓶に数ドルの値段がついている。

だがサッチャーグラス株を買って47年間保有した投資家の成績が、おなじように振るわなかったかといえばそうではない。この瓶メーカーは、9年後にレクソール・ドラッグに買収され、これがのちにダート・インダストリーズとなり、1980年にクラフトと合併し、最終的に1988年にフィリップ・モリスに買収された。[注1]

1957年にサッチャーグラス株を100株だけ買って1株も売らなかった投資家は、いまフィリップ・モリス株を14万株保有している。現在価値は、1600万ドルを超える。

それはめったにない幸運な例だというかもしれない。幸運にはちがいないが、さほどにめずらしいわけではない。S&P 500当初銘柄の運用成績上位20銘柄のうち、じつに**13銘柄**が、いわゆる勝ち馬に乗った結果そうなっている。サッチャーグラスが運用成績ナンバー2となったのは、自身が成功したためだけでなく後継会社が成功しつづけたためだった。

これからの半世紀、M&Aの買収側はグローバル企業である確率がかなり高くなる。「子孫丸抱え」ポートフォリオの現在の顔ぶれをみると、米国外に本社を構える会社が15％近くある。たとえば世界最大の家電メーカー、スウェーデンのエレクトロラクスが、エマーソン・ラジオを買収した。ブリティッシュ・ペトロリアムが、かつてダウ工業株30種に含まれていたアナコンダ・コッパー、アトランティック・リッチフィールド、アモコを買収した。オーストラリアン・ニューズが、トエンティース・センチュリー・フォックスを買収した。英国を拠点とする世界最大のアルコール飲料メーカー、ディアジオが、リゲット・グループの食品タバコ部門を買収した。まだまだ例はいくらでもある。

RJレイノルズ・タバコとフィリップ・モリス
勝ち組の養殖場

サッチャーグラスがS&P 500当初銘柄の運用成績ナンバー2となったのは、フィリップ・モリスに買収されたからだ。だが、このタバコ大手に買収されることで潤った会社は、サッチャーグラスだけではない。S&P

500当初構成企業のうち4社までが、フィリップ・モリスとその前身のおかげで、運用成績上位20位入りを果たしている。

フィリップ・モリスの沿革は込み入っているが、その株式の目覚しいパフォーマンスをみるかぎり、語る値打ちがあるだろう。同社は買収を繰り返した結果、いまではＳ＆Ｐ500当初構成企業のうち10社を傘下に収める。しかも、その当初構成企業の10社が10社とも、市場平均を上回る運用成績を残している。

第二次世界大戦以降、タバコ業界は大手2社が支配してきた。フィリップ・モリスとＲＪレイノルズ・タバコだ。フィリップ・モリスには、世界最大のタバコ・ブランド、マルボロをはじめ、パーラメント、メリット、バージニア・スリム、Ｌ＆Ｍ（1999年に買収したリゲット＆マイヤーズの看板ブランド）などのブランドがある。レイノルズ・タバコでは、キャメル、ウィンストン、ドーラル、セーレムの4ブランドが、売上上位10位内に名を連ねている。

喫煙率が低下し、タバコメーカーに対する訴訟が相次ぐ中で、両社とも有り余るキャッシュを買収に振り向け、とくに食品業界に狙いを定めた。1985年、フィリップ・モリスはゼネラル・フーズを買収し、ＲＪレイノルズ・タバコはナビスコ・ブランズを買収してＲＪＲナビスコを設立した。
注2)

ナビスコ・ブランズはこれ以前に、Ｓ＆Ｐ500当初企業の2社を吸収している。1971年にクリーム・オブ・ウィートを、1981年にスタンダード・ブランズを買収した。レイノルズ・タバコも、Ｓ＆Ｐ500当初企業の中から、1965年にペニック＆フォードを、1979年にデルモンテ・フーズを買収している。さらにデルモンテ・フーズは、1978年にカリフォルニア・パッキングを買収している。ＲＪＲ本体を含めて、このＲＪＲ一家の6社すべてが、市場平均を年率2％以上上回る成績を残してきた。中でもカリフォルニア・パッキングとスタンダード・ブランズは、Ｓ＆Ｐ500を年率5％以上上回っている。

1988年、フィリップ・モリスは135億ドルでクラフトを買収した。翌年、ＲＪＲナビスコは過去最大のＬＢＯによってコールバーグ・クラビス・ロ

バーツ（ＫＫＲ）に買収され、非上場となった。ＫＫＲは290億ドルでＲＪＲナビスコを買い取り、３年後の1991年、ＲＪＲナビスコ・ホールディングとして一部を放出した。(注3)、(注4)

1999年、ＲＪＲナビスコ・ホールディングズはレイノルズ・タバコの持ち分を株主に分配したが、ナビスコ・ホールディングズの中でＲＪＲが占めるシェアはナビスコよりずっと小さく、株主の保有株の大部分がナビスコ・ホールディングズであることに変わりはなかった。そして2001年、ナビスコ・ホールディングズはフィリップ・モリスに買収された。

買収後、フィリップ・モリスは、ゼネラル・フーズ、クラフト、ナビスコ・ホールディングズの３社をクラフトの名称の下に１社にまとめた。2001年、クラフトの株式の16％が、新規公開株としてフィリップ・モリスから売却された（売却代わり金は80億ドルを超えた）。

フィリップ・モリスの直系子孫の中では、ゼネラル・フーズの運用成績がとくに高く、Ｓ＆Ｐ500当初銘柄の中で第７位につけている。年率リターンは16.85％と、Ｓ＆Ｐ500種平均を６％上回った。クラフト・フーズ

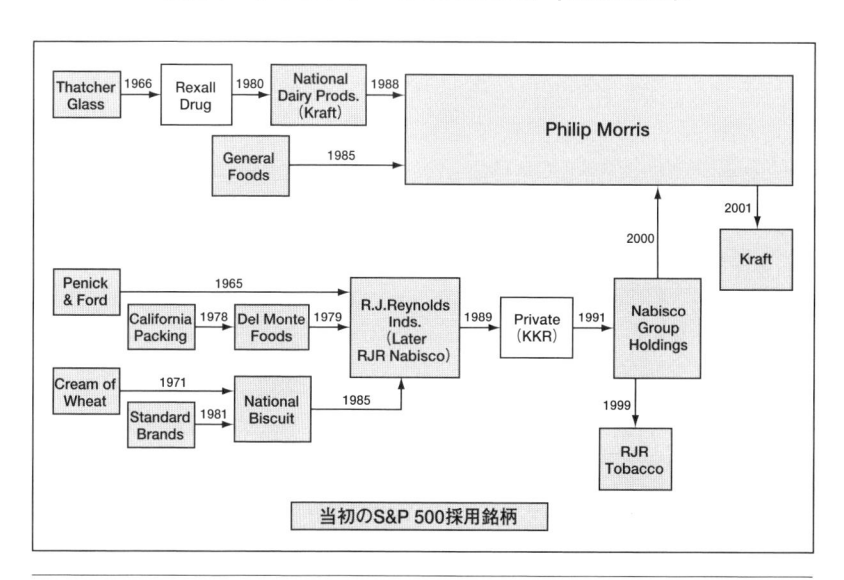

図A-1　フィリップ・モリスの1957年以来の沿革

は、元の親会社をナショナル・デイリー・プロダクツといい、つまり第1章で紹介したとおり、1950年の大型企業50社中、運用成績がとくに高かった4社の中の1社だ。Ｓ＆Ｐ500当初構成銘柄の中では、第18位となった。

こうして、フィリップ・モリスはＳ＆Ｐ500当初構成企業のうち10社の遺産を引き継いだ。ＲＪＲ一家の6社と、ゼネラル・フーズと、クラフトと、サッチャーグラスと、フィリップ・モリス本体のしめて10社だ。この10社すべてがＳ＆Ｐ500種平均を上回る運用成績を残し、そのうち4社が上位20位内に入っている。

1957年の時価総額上位20社の運用成績

Ｓ＆Ｐ500の当初構成銘柄のうち運用成績上位20位入りを果たした企業のリストをみると（第3章表3-1と表A-1を参照）、大半はかなり小さい規模から出発している。1957年の時価総額ランキングでみると、「子孫丸抱え」ポートフォリオの運用成績上位20社の順位は、最高でも第65位にすぎない。Ｓ＆Ｐ500は、大半の株価指数の例にならって、時価総額で組み入れ比率を加重平均しているので、大型株の運用成績がどの程度だったかを理解することの意味は大きい。

答えは、**表A-2**が示すとおり、「かなり良好」だ。1957年の時価総額上位20社は、Ｓ＆Ｐ500全体の47％を占めていた。この20社で均等配分ポートフォリオをつくると、累積リターンは年率11.40％となる。「子孫丸抱え」ポートフォリオのリターンとほぼおなじで、実際のＳ＆Ｐ500を大幅に上回る水準だ。

石油会社の上位独占

1957年の時価総額上位20社のうち、9社がエネルギー・セクターに属している。当時、エネルギー・セクターが市場全体に占めるシェアは、素材セクターについで第2位だった。意外にも、セクターのシェアが急激に縮む中で、時価総額上位20社の運用成績上位5位までを、石油会社が独占している。

第1位は、ロイヤル・ダッチ・ペトロリアムだ。オランダに本拠を構え、

表 A-2　S＆P 500 の当初の時価総額上位 20 社の成績

Rank Return	Rank Market Cap (1957)	Original Name — 2003 Name (— Merger; > Name Change)	Total Accumulation of $1 (including spin-offs)	Annual Return
1	12	Royal Dutch Petroleum	398.84	13.64%
2	14	Shell Oil — Royal Dutch Petroleum (1985)	323.96	13.14%
3	13	Socony Mobil Oil > Mobil (1966) — ExxonMobil (1999)	322.41	13.13%
4	16	Standard Oil of Indiana > Amoco (1985) > BP Amoco (1998)	285.31	12.83%
5	2	Standard Oil of New Jersey > Exxon (1972) > ExxonMobil (1999)	254.00	12.55%
6	5	General Electric	220.04	12.21%
7	6	Gulf Oil > Gulf — Chevron (1984) > ChevronTexaco (2001)	214.12	12.14%
8	11	International Business Machines	196.50	11.94%
9	10	Standard Oil of California > Chevron (1984) > ChevronTexaco (2001)	172.29	11.62%
10	15	Sears, Roebuck	151.51	11.32%
11	8	Texas Co. > Texaco (1959) — ChevronTexaco (2001)	128.63	10.93%
12	20	Phillips Petroleum > ConocoPhillips (2002)	119.61	10.76%
13	1	American Telephone & Telegraph > AT&T (1994)	107.16	10.50%
14	7	Union Carbide & Carbon > Union Carbide (1957) — Dow Chemical (2001)	86.20	9.98%
15	4	DuPont	41.82	8.30%
16	3	General Motors	41.47	8.28%
17	17	Aluminum Company of America > Alcoa (1999)	37.74	8.06%
18	19	Eastman Kodak	35.33	7.91%
19	9	U.S. Steel > USX Corp (1986) > USX Marathon (1991) > Marathon Oil (2000)	8.25	4.61%
20	18	Bethlehem Steel	0.001	–13.54%

　2002年、スタンダード＆プアーズが国外企業を指数から一掃した際に一緒に除外された。第2位はシェル・オイル。米国を拠点とし、1985にロイヤル・ダッチに買収された。ロイヤル・ダッチ株は過去47年間、年率13.6％のリターンを稼ぎだし、シェルは同13.1％を稼ぎだした。どちらもS＆P 500を大幅に上回っている。

　シェルとロイヤル・ダッチの長い歴史は、互いに重なり合いつつ、1892年まで溯る。この時、ロンドンに本拠を構えるシェル・トランスポート＆トレーディングが世界初の石油タンカーを建造し、処女航海で4000トンのロシア産燈油をシンガポールとバンコクに運送した。

　ロイヤル・ダッチはその頃、アジアに油田を開発中で、独自に油送船を配備していた。1903年、ジョン・D・ロックフェラー率いるスタンダード・オイル・トラストとの競争に直面し、欧州の大手2社は、手を結んで

事業を統合するのが得策と判断した。1907年、ロイヤル・ダッチもシェル・トランスポートも独立を維持しながら、共同でロイヤル・ダッチ・シェル・グループを設立し、ロイヤル・ダッチが60％、シェルが40％を保有した。

大型株の運用成績第3位となった石油会社は、ソコニー・モービルだ（当初、社名にソコニーはなく［スタンダード・オイル・カンパニー・オブ・ニューヨーク］、のちにエクソンと合併）。4位はスタンダード・オイル・オブ・インディアナ（のちにBPアモコと合併）、5位はスタンダード・オイル・オブ・ニュージャージーとなった。これは1972年にエクソンと合併している。いずれも、続く46年間、Ｓ＆Ｐ500種平均を年率2～3％上回る成績を達成した。

ガルフ・オイル、スタンダード・オイル・オブ・カリフォルニア、テキサス・カンパニー（テキサコ）の3社は、最終的に合併してシェブロン・テキサコとなった。いずれもＳ＆Ｐ500種平均を上回る成績を残している。フィリップス・ペトロリアムは、のちにコノコフィリップスに吸収された。成績はＳ＆Ｐ500種平均をわずかに下回った。

石油以外の11社では、素材と資本財の企業が多い。ユニオン・カーバイド（現在はダウ・ケミカルの一部）、デュポン、ゼネラル・モーターズ、アルコアなどは、市場平均を大幅に下回っている。ＵＳスチールの運用成績は、マラソン・オイルに買収・吸収されていなければ、もっと低かっただろう。ベスレヘム・スチールはかつてＵＳスチールにつぐ世界第2位の鉄鋼メーカーだったが、2001年に破綻し、Ｓ＆Ｐ500の当初の時価総額上位20社の中で唯一、運用成績がマイナスとなった。

こうした結果をみると、Ｓ＆Ｐ500の当初銘柄ポートフォリオの運用成績が実際のＳ＆Ｐ500を上回ったのは、石油セクターの成績が飛び抜けていたからではないかと考えたくなる。なにしろ石油セクターは当初のＳ＆Ｐ500の4分の1近くを占めていた。だが、実際にはそうではない。石油セクターの企業をすべて除いても、Ｓ＆Ｐ500当初銘柄ポートフォリオの成績は、実際のＳ＆Ｐ500を上回る。

Ｓ＆Ｐ５００当初構成銘柄のリターン

　以下に示すリストに、当初のＳ＆Ｐ５００に含まれていた全銘柄を対象に、運用成績、名称変更、合併、その発生年を紹介する。それぞれに1.00ドルを投資して、配当はすべて再投資し、スピンオフされた部分もすべて保有しつづけることを前提とする。上場を廃止した場合、保有株の売却代わり金で、配当を再投資するタイプのＳ＆Ｐ５００インデックス・ファンドを買うものとする。上場廃止した企業が再上場する場合、ファンドの累積残高で新規公開株を再購入する。こうした企業は、第2章で説明したとおり、「子孫丸抱え」ポートフォリオに含まれている。
　またリストでは、1ドルの投資が生み出したリターンの累積総額に併せて、親会社と子会社の持ち分比に基づく内訳と、それぞれの構成比率を示した。1957年2月28日当時の時価総額の順位も併せて紹介した。

Ｓ＆Ｐ５００当初構成銘柄のリターン

Results of investing $1 in each S&P 500 Company on March 1, 1957.
Returns measured through December 31, 2003

Rank Return	Rank Market Cap 1957	Original Name — 2003 Name (— Merger; > Name Change)	Total Accumulation	Percent Total	Annual Return
1	215	Philip Morris > Altria (2003)	$4,626.40	100.0%	19.75%
2	473	Thatcher Glass — Rexall Drug (1966) > Dart Industries (1969) — Dart & Kraft (1980) > Kraft (1986) — Philip Morris (1988) > Altria (2003)	$2,742.27	100.0%	18.42%
		Altria	$2,701.27	98.5%	
		Premark (1986) — Illinois Tool Works (1999)	$30.43	1.1%	
		Tupperware (1996)	$10.57	0.4%	
3	447	National Can — Triangle Industries (1985) — Pechiney SA (1989)	$2,628.72	100.0%	18.31%
4	485	Dr Pepper — Private (1984) — Dr Pepper 7-Up (1993) — Cadbury Schweppes (1995)	$2,392.22	100.0%	18.07%
5	458	Lane Bryant — Limited Stores (1982) > Limited Inc. (1982)	$1,997.87	100.0%	17.62%
		Limited	$1,399.23	70.0%	
		Too (1999)	$158.52	7.9%	
		Abercrombie (1998)	$20.33	1.0%	
6	234	Warner-Lambert — Pfizer (2000)	$1,225.25	100.0%	16.40%
		Aventis	$1,131.83	92.8%	
		Celanese AG (1999)	$88.33	7.2%	
7	65	General Foods — Philip Morris (1985) > Altria (2003)	$1,467.10	100.0%	16.85%

Rank Return	Rank Market Cap 1957	Original Name — 2003 Name (— Merger; > Name Change)	Total Accumulation	Percent Total	Annual Return
8	197	Abbot Labs	$1,281.33	100.0%	16.51%
9	259	Celanese — Hoechst AG (1987) — Aventis (1999)	$1,220.16	100.0%	16.39%
		Aventis	$1,131.83	92.8%	
		Celanese AG (1999)	$88.33	7.2%	
10	299	Bristol-Myers > Bristol-Myers Squibb (1989)	$1,209.44	100.0%	16.36%
		Bristol-Myers Squibb	$999.26	82.6%	
		Zimmer Holdings (2001)	$210.18	17.4%	
11	433	Columbia Pictures — Coca-Cola (1982)	$1,154.27	100.0%	16.25%
		Coca-Cola	$1,146.51	99.3%	
		Columbia Pictures (1988) — Sony (1989)	$7.76	0.7%	
12	487	Sweets Co. > Tootsie Roll Industries (1966)	$1,090.96	100.0%	16.11%
13	274	American Chicle — Warner-Lambert (1962) — Pfizer (2000)	$1,069.50	100.0%	16.06%
14	143	Pfizer	$1,054.82	100.0%	16.03%
15	83	Coca-Cola	$1,051.65	100.0%	16.02%
		Coca-Cola	$1,044.57	99.3%	
		Columbia Pictures (1988) — Sony (1989)	$7.07	0.7%	
16	267	California Packing Corp — Del Monte (1978) — R.J. Reynolds Industries (1979) — Private (1989) — RJR Nabisco Holdings (1991) — Philip Morris (2000) > Altria (2003)	$1,050.10	100.0%	16.01%
		Altria	$659.90	63.2%	
		R.J. Reynolds Tobacco (1999)	$373.10	35.5%	
		Sealand (1984) — CSX Corp (1986)	$17.10	1.6%	
17	117	Merck	$1,032.64	100.0%	15.97%
		Merck	$949.69	254.5%	
		Medco Health Solutions (2003)	$82.95	485.1%	
18	348	Lorillard — Loew's Theatres (1968) > Loew's (1971)	$1,026.20	100.0%	15.96%
19	66	National Dairy Products — Dart & Kraft (1980) > Kraft (1986) — Philip Morris (1988) > Altria (2003)	$1,011.39	100.0%	15.92%
		Altria	$970.38	95.9%	
		Premark (1986) — Illinois Tool Works (1999)	$30.43	3.0%	
		Tupperware (1996)	$10.57	1.0%	
20	218	Standard Brands — Nabisco Brands (1981) — R.J. Reynolds Industries (1985) >RJR Nabisco (1986) Private (1989) — RJR Nabisco Holdings (1991) — Philip Morris (2000) > Altria (2003)	$1,002.98	100.0%	15.90%
		Altria	$640.73	63.9%	
		R.J. Reynolds Tobacco (1999)	$362.26	36.1%	
21	298	Richardson Merrell — Richardson Vicks (1981) — Procter & Gamble (1985)	$992.50	100.0%	15.87%
		Procter & Gamble	$893.13	90.0%	
		Smuckers (2002)	$8.14	0.8%	
		Dow Chemical (1981)	$91.23	9.2%	
22	421	Houdaille Industries — Private (1979)	$950.02	100.0%	15.77%
23	474	Reeves Brothers — Private (1982)	$941.87	100.0%	15.74%
24	342	R.H. Macy — Private (1986)	$922.48	100.0%	15.69%
25	409	Stokely–Van Camp — Quaker Oats (1983) — Pepsi (2001)	$873.83	100.0%	15.56%
		PepsiCo	$813.10	93.1%	

Rank Return	Rank Market Cap 1957	Original Name — 2003 Name (— Merger; > Name Change)	Total Accumulation	Percent Total	Annual Return
		Fisher-Price (1991) — Mattel (1993)	$60.73	6.9%	
26	216	PepsiCo	$866.07	100.0%	15.54%
		PepsiCo	$761.09	87.9%	
		Tricon Global Restaurants (1997) > Yum Brands (2002)	$104.97	12.1%	
27	481	McCall — Norton Simon (1968) — Esmark (1983) — Beatrice Foods (1984) — Private (1986)	$798.48	100.0%	15.34%
28	239	Colgate-Palmolive	$761.16	100.0%	15.22%
29	60	R.J. Reynolds Industries (1985) >RJR Nabisco (1986) — Private (1989) — RJR Nabisco Holdings (1991) — Philip Morris (2000) > Altria (2003)	$743.83	100.0%	15.16%
		Altria	$467.44	58.5%	
		R.J. Reynolds Tobacco (1999)	$264.28	35.5%	
		Sealand (1984) — CSX Corp (1986)	$12.11	1.6%	
30	275	Crane Co.	$736.80	100.0%	15.14%
		Crane	$491.55	66.7%	
		Medusa Corp (1988) — Southdown (1998) — Cemex SA (2000)	$235.26	31.9%	
		Huttig Building Products (1999)	$9.98	1.4%	
31	441	Consolidated Cigar — Gulf & Western Industries (1968) > Paramount Communications (1989) Viacom (1994)	$697.82	100.0%	15.01%
		Viacom	$694.26	99.5%	
		GW Land/Private (1969)	$3.56	0.5%	
32	376	Penick & Ford — R.J. Reynolds Tobacco (1965) > RJR Nabisco (1986) — Private (1989) RJR Nabisco Holdings (1991) — Philip Morris (2000) > Altria (2003)	$694.81	100.0%	15.00%
		Altria	$436.63	62.9%	
		R.J. Reynolds Tobacco (1999)	$246.87	35.5%	
		Sealand (1984) — CSX Corp (1986)	$11.31	1.6%	
33	303	Bestfoods — Corn Products (1958) > C P C Int'l (1969) > Best Foods (1998) — Unilever (2000)	$688.20	100.0%	14.97%
		Unilever	$659.64	95.9%	
		Corn Products International (1998)	$28.56	4.1%	
34	296	Paramount Pictures — Gulf & Western Industries (1966) > Paramount Communications (1989) Viacom (1994)	$673.56	100.0%	14.92%
		Viacom	$670.12	99.5%	
		GW Land (1969) *	$3.44	0.5%	
35	443	General Cigars >Culbro (1976) — General Cigar Holdings (1997) — Swedish Match (2000)	$668.28	100.0%	14.90%
		Swedish Match	$256.88	59.3%	
		First Financial Caribbean (1988) — Doral Financial (1997)	$396.07	38.4%	
		Griffin Land and Nurseries (1999)	$15.34	2.3%	
36	471	Virginia Carolina Chemical — Socony Vacuum Oil (1963) > Mobil (1966) — ExxonMobil (1999)	$655.05	100.0%	14.85%
37	439	Congoleum-Nairn — Bath Industries (1968) > Congoleum (1975) — Private (1980)	$647.19	100.0%	14.82%
38	378	Truax-Traer Coal — Consolidation Coal (1962) — Continental Oil (1966) > Conoco (1969) —DuPont (1981)	$642.82	100.0%	14.80%
		DuPont	$496.29	77.2%	
		Conoco (1999) — Conoco Phillips (2002)	$146.54	22.8%	
39	374	American Agricultural Chemical— Consolidation Coal (1963) —			

Rank Return	Rank Market Cap 1957	Original Name — 2003 Name (— Merger; > Name Change)	Total Accumu-lation	Percent Total	Annual Return
		Continental Oil (1966) > Conoco (1969) — DuPont (1981)	$640.72	100.0%	14.80%
		DuPont	$494.66	77.2%	
		Conoco (1999) — Conoco Phillips (2002)	$146.06	22.8%	
40	432	Amalgamated Sugar — National City Lines (1982) — Private (1985)	$636.88	100.0%	14.78%
41	277	Heinz	$635.99	100.0%	14.78%
		Heinz	$566.10	89.0%	
		Del Monte (2002)	$69.88	11.0%	
42	148	Corn Products > C P C Int'l (1969) > Best Foods (1998) — Unilever (2000)	$619.00	100.0%	14.71%
		Unilever	$604.31	97.6%	
		Corn Products International (1998)	$26.63	4.3%	
43	188	Wrigley	$603.88	100.0%	14.65%
44	72	American Tobacco > American Brands (1969) > Fortune Brands (1997)	$580.03	100.0%	14.55%
		Fortune Brands	$348.98	60.2%	
		Gallaher Group (1997)	$231.05	39.8%	
45	329	Electric Auto-Lite — Eltra (1963) — Allied Corp.(1979) — Honeywell International (1999)	$572.28	100.0%	14.52%
		Honeywell International	$541.26	94.6%	
		Henley Group (1986) — Wheelaborator Group (1989) — Waste Management (1998)	$16.75	2.9%	
		Fisher Scientific (1987) — Wheelaborator Group (1989) — Waste Management (1998)			
		Henley Manufacturing (1987) — Private (1989)	$14.28	2.5%	
46	467	Bohn Aluminum & Brass (1963) — Gulf & Western Industries (1966) > Paramount Communications(1989) — Viacom (1994)	$571.01	100.0%	14.51%
		Viacom	$568.09	99.5%	
		GW Land (1969) *	$2.92	0.5%	
47	328	Flintkote — Genstar (1980) — Imasco (1986) — British American Tobacco (2000)	$562.93	100.0%	14.48%
48	226	Quaker Oats — PepsiCo (2001)	$556.73	100.0%	14.45%
		PepsiCo	$518.04	93.1%	
		Fisher Price (1991) — Mattel (1993)	$38.69	6.9%	
49	403	Gulf Mobile & Ohio RR — Illinois Central RR (1972) — Illinois Central Industries > Whitman (1988) > PepsiAmericas (2001)	$552.70	100.0%	14.43%
		PepsiAmericas	$59.86	10.8%	
		PetInc (1991) — Grand Metropolitan (1995) > Diageo (1997)	$236.32	42.8%	
		Illinois Central (1990) — Canadian National Railway (1998)	$151.33	27.4%	
		Hussman International (1998) — Ingersoll Rand (2000)	$86.12	15.6%	
		Midas (1998)	$8.21	1.5%	
		Prospect Group (1989) — Private (1997)	$3.16	0.6%	
		Banctec (1990) — Private (1999)	$3.28	0.6%	
		Sylvan Food Holdings (1990) > Sylvan (1994)	$1.46	0.3%	
		Knowledge Universe (1992) *	$2.38	0.4%	
		Forschner Group (1990) > Swiss Army Brands (1990) —			

付録

Rank Return	Rank Market Cap 1957	Original Name — 2003 Name (— Merger; > Name Change)	Total Accumulation	Percent Total	Annual Return
		Victorinox (2002)	$0.58	0.1%	
50	180	Kroger	$546.79	100.0%	14.41%
51	255	Schering — Schering-Plough (1971)	$537.05	100.0%	14.36%
52	178	Container Corp. of America — Marcor (1968) — Mobil (1976) — ExxonMobil (1999)	$519.54	100.0%	14.28%
53	31	Procter & Gamble	$513.75	91.3%	14.26%
		Procter & Gamble	$509.11	99.1%	
		Smuckers (2002)	$4.64	0.9%	
54	164	Swift > Esmark (1973) — Beatrice Foods (1984) — Private (1986)	$513.12	100.0%	14.25%
55	227	Hershey Foods	$507.00	100.0%	14.22%
56	345	Norwich Pharmacal >Morton Norwich Prods (1969) >Morton Thiokol (1982) > Thiokol (1989) > Cordant Tech (1998) — Alcoa (2000)	$498.99	100.0%	14.19%
		Alcoa	$238.54	47.8%	
		Morton International (1989) — Rohm & Haas (1999)	$195.94	39.3%	
		Autoliv (1997)	$64.51	12.9%	
57	262	American Broadcasting Co. — Capital Cities ABC (1986) — Walt Disney Co. (1996)	$493.89	100.0%	14.16%
58	304	Storer Broadcasting — Private (1985)	$493.21	100.0%	14.16%
59	453	Royal Crown Cola — Private (1984)	$489.91	100.0%	14.14%
60	435	Spiegel — Beneficial Financial Corp (1965) > Beneficial (1998) — Household International (1998) HSBC Holdings (2003)	$478.56	100.0%	14.08%
61	372	Wesson Oil — Hunt Foods (1967) — Norton Simon (1968) — Esmark (1983) — Beatrice Foods (1984) — Private (1986)	$476.58	100.0%	14.07%
62	428	Howmet — Pechiney SA (1975)	$472.27	100.0%	14.05%
		Pechiney SA	$201.62	42.7%	
		Pfizer (1970)	$270.65	57.3%	
63	76	American Home Products > Wyeth (2002)	$461.19	100.0%	13.99%
64	241	Chicago Pneumatic Tool — Danaher Corp (1986)	$455.23	100.0%	13.96%
65	133	Safeway Stores — Private (1986) — Safeway Stores (1990)	$453.03	100.0%	13.95%
66	93	C.I.T. Financial — RCA (1980) — General Electric (1986)	$449.43	100.0%	13.93%
67	412	Mergenthaler Linotype — Eltra (1963) — Allied (1979) — Honeywell International (1999)	$444.54	100.0%	13.90%
		Honeywell International	$420.43	94.6%	
		Henley Group (1986) — Wheelabrator Group (1989) — Waste Management (1998)	$13.01	2.9%	
		Fisher Scientific (1987) — Wheelabrator Group (1989) — Waste Management (1998)			
		Henley Manufacturing (1987) — Private (1989)	$11.09	2.5%	
68	437	Elliot Co. — Carrier Corp (1978) — United Technologies (1979)	$434.87	100.0%	13.85%
69	285	Sunshine Biscuits — American Tobacco (1966) > American Brands (1969) > Fortune Brands (1997)	$426.33	100.0%	13.80%
		Fortune Brands	$256.50	60.2%	
		Gallaher Group (1997)	$169.82	39.8%	
70	236	Columbia Broadcasting System > CBS Inc (1974) — Westinghouse (1995) — Viacom (2000)	$425.17	100.0%	13.80%
71	12	Royal Dutch Petroleum	$398.84	100.0%	13.64%
72	400	Mohasco Industries > Mohasco Corp. (1974) — Private (1989) — Mohawk Industries (1992)	$398.78	100.0%	13.64%

307

Rank Return	Rank Market Cap 1957	Original Name — 2003 Name (— Merger; > Name Change)	Total Accumulation	Percent Total	Annual Return
73	118	Texas Gulf Sulphur — Société Nationale Elf Aquitaine (1981) — Total Fina Elf (1991)	$395.86	100.0%	13.62%
74	322	Amstar — Private (1984)	$390.51	100.0%	13.59%
75	198	General Mills	$388.43	100.0%	13.58%
		General Mills	$297.78	76.7%	
		Kenner Parker Toys (1985) — Tonka (1987) — Hasbro (1991)	$6.12	1.6%	
		Crystal Brands (1985)	$0.00	0.0%	
		Darden Restaurants (1995)	$84.52	21.8%	
76	327	Beechnut Life Saver — Squibb Beechnut (1968) > Squibb (1971) — Bristol-Myers Squibb (1989)	$388.30	100.0%	13.58%
		Bristol-Myers Squibb	$308.99	79.6%	
		Zimmer Holdings (2001)	$68.43	17.6%	
		Westmark International (1987) > Advanced Tech Labs (1992) > ATL Ultrasound (1997) — Philips NV (1998) — Koninklijke Philips Elec (1999)	$8.04	2.1%	
		Spacelabs Medical (1992) — Instrumentarium (2002)	$2.33	0.6%	
		Sonosite (1998)	$0.51	0.1%	
77	252	McGraw-Hill	$386.60	100.0%	13.56%
78	132	Consolidation Coal — Continental Oil (1966) > Conoco (1969) — DuPont (1981)	$379.75	100.0%	13.52%
		DuPont	$293.18	77.2%	
		Conoco (1999) — Conoco Phillips (2002)	$86.57	22.8%	
79	354	Dixie Cup — American Can (1957) > Primerica (1987) — Primerica Corp New (1988) > Travelers (1994) > Travelers Group (1995) > Citigroup (1998)	$374.98	100.0%	13.49%
		Citigroup	$369.25	98.5%	
		Travelers Property Casualty (2002)	$5.73	1.5%	
		Transport Holdings (1995) — Conseco (1996)	$0.00	0.0%	
80	278	Melville Shoe > Melville (1976) > CVS (1996)	$370.66	100.0%	13.46%
		CVS	$365.33	98.6%	
		Footstar (1996)	$5.33	1.4%	
81	388	Magnavox — North America Philips (1975) — Philips NV (1987)	$367.19	100.0%	13.44%
82	478	Kayser Roth — Gulf & Western Industries (1975) > Paramount Communications (1989) — Viacom (1994)	$359.42	100.0%	13.39%
83	282	Worthington — Studebaker Worthington (1967) — McGraw Edison (1979) — Cooper Industries (1985)	$353.25	100.0%	13.35%
		Cooper Industries	$340.99	96.5%	
		Gardner Denver (1994)	$12.26	3.5%	
84	142	National Biscuit > Nabisco Brands (1971) — R.J. Reynolds Industries (1985) > RJR Nabisco (1986) — Private (1989) — RJR Nabisco Holdings (1991) — Philip Morris (2000) > Altria (2003)	$352.43	100.0%	13.34%
		Altria	$221.48	62.8%	
		R.J. Reynolds Tobacco (1999)	$125.22	35.5%	
		Sealand (1984) — CSX Corp (1986)	$5.74	1.6%	
85	240	Marathon — American Can (1957) > Primerica (1987) — Primerica New (1988) > Travelers (1994) > Travelers Group (1995) > Citigroup (1998)	$346.66	100.0%	13.30%
		Citigroup	$341.36	98.5%	

Rank Return	Rank Market Cap 1957	Original Name — 2003 Name (— Merger; > Name Change)	Total Accumulation	Percent Total	Annual Return
		Travelers Property Casualty (2002)	$5.30	1.5%	
		Transport Holdings (1995) — Conseco (1996)	$0.00	0.0%	
86	344	Amsted Industries — Private (1986)	$344.31	100.0%	13.28%
87	14	Shell Oil — Royal Dutch Petroleum (1985)	$323.96	100.0%	13.14%
88	367	Masonite — US Gypsum (1984) > USG (1984)	$322.67	100.0%	13.13%
		USG	$0.57	0.2%	
		AP Green (1988) — Global Industrial Techs (1998) — RHI (2000)	$105.85	32.8%	
		Timber Realization (1982) — Private (1983)	$216.25	67.0%	
89	402	Canada Dry — Norton Simon (1968) — Esmark (1983) — Beatrice Foods (1984) — Private (1986)	$329.28	100.0%	13.18%
90	13	Socony Vacuum Oil > Mobil (1966) — ExxonMobil (1999)	$322.41	100.0%	13.13%
91	307	Beatrice Foods — Private (1986)	$312.98	100.0%	13.05%
92	286	Motorola	$310.30	100.0%	13.03%
93	79	American Can > Primerica (1987) — Primerica New (1988) > Travelers (1994) > Travelers Group (1995) > Citigroup (1998)	$309.07	100.0%	13.02%
		Citigroup	$304.35	98.5%	
		Travelers Property Casualty (2002)	$4.72	1.5%	
		Transport Holdings (1995) — Conseco (1996)	$0.00	0.0%	
94	405	Daystrom Inc. > Schlumberger (1962)	$308.05	100.0%	13.02%
		Schlumberger	$216.87	70.4%	
		Transocean Sedco Forex (1999) > Transocean (2002)	$91.18	29.6%	
95	426	Hall Printing — Mobil (1979) — ExxonMobil (1999)	$305.35	100.0%	12.99%
96	141	North American Aviation > North American Rockwell (1967) > Rockwell Int'l (1973) Rockwell Int'l New (1996) > Rockwell Automation (2002)	$300.60	100.0%	12.96%
		Rockwell Automation	$129.97	43.2%	
		Meritor Automovtive (1997) > Arvinmeritor (2000)	$24.11	8.0%	
		Conexant Systems (1999)	$41.14	13.7%	
		Rockwell Collins (2001)	$105.38	35.1%	
97	336	Cannon Mills — Private (1982)	$300.28	100.0%	12.95%
98	77	RCA — General Electric (1986)	$300.01	100.0%	12.95%
99	156	Parke Davis — Warner-Lambert (1970) — Pfizer (2000)	$299.80	100.0%	12.95%
100	389	Miami Copper — Tennesse (1960) — Cities Services (1963) — Occidental Petroleum (1982)	$298.52	100.0%	12.94%
		Occidental Petroleum	$296.63	99.4%	
		IBP (1991) — Tyson Foods (2001)	$1.89	0.6%	
101	310	Equitable Gas > Equitable Resources (1984)	$291.07	100.0%	12.88%
102	442	Cream of Wheat — National Biscuit (1971) > Nabisco Brands (1971) — R.J. Reynolds Industries (1985) > RJR Nabisco (1986) — Private (1989) — RJR Nabisco Holdings (1991) — Philip Morris (2000) > Altria (2003)	$288.85	100.0%	12.86%
		Altria	$181.52	60.5%	
		R.J. Reynolds Tobacco (1999)	$102.63	35.5%	
		Sealand (1984) — CSX Corp (1986)	$4.70	1.6%	
103	16	Standard Oil of Indiana > Amoco (1985) — BP Amoco (1998)	$285.31	100.0%	12.83%
		BP Amoco	$262.02	91.8%	
		Standard Oil of New Jersey (1957–1963) > Exxon (1972) > ExxonMobil (1999)	$20.02	7.0%	

Rank Return	Rank Market Cap 1957	Original Name — 2003 Name (— Merger; > Name Change)	Total Accumulation	Percent Total	Annual Return
		Cyprus Minerals (1985) >Cyprus Amax (1993) >Phelps Dodge (1999)	$3.27	1.1%	
104	460	Bayuk Cigars — Private (1982)	$282.73	100.0%	12.81%
105	362	Associated Dry Goods — May Department Stores (1986)	$279.05	100.0%	12.78%
		May Department Stores	$249.50	82.0%	
		Payless Shoe Source (1996)	$29.55	9.7%	
106	107	Borg Warner — Private (1987) — Borg Warner Automotive (1993) > Borg Warner (2000)	$278.99	100.0%	12.78%
		Borg Warner	$265.64	95.2%	
		York International (1986) — Private (1988) — York Int'l New (1991)	$13.35	4.8%	
107	266	ACF Industries — Private (1984)	$278.81	100.0%	12.78%
108	173	Deere	$276.78	100.0%	12.76%
109	422	United Electric Coal — General Dynamics (1966)	$274.78	100.0%	12.74%
		General Dynamics	$274.76	100.0%	
		Houston Natural Gas (1968) — Internorth (1985) > Enron (1986)	$0.02	0.0%	
110	174	Household Finance > Household International Inc. (1981) — HSBC Holdings (2003)	$271.70	100.0%	12.71%
		HSBC Holdings	$255.77	94.1%	
		Schwitzer (1989) — Kuhlman (1995) — Borg Warner Automotive (1998) > Borg Warner (2000)	$10.56	3.9%	
		Scottsman Industries (1989) — Private (1999)	$3.89	1.4%	
		Enljer Industries (1989) — Zurn Industries (1997) — US Industries (1998)	$1.49	0.5%	
111	209	Rockwell Standard — North American Rockwell (1967) — Boeing (1986)	$270.13	100.0%	12.70%
112	281	Pitney Bowes	$268.50	100.0%	12.68%
		Pitney Bowes	$253.08	94.3%	
		Imagistics Ineternational (2001)	$15.42	5.7%	
113	101	Kimberly-Clark	$267.58	100.0%	12.68%
114	184	Otis Elevator — United Technologies (1976)	$266.20	100.0%	12.66%
115	311	Twentieth-Century-Fox — United Television (1981) — News Corporation (2001)	$264.41	100.0%	12.65%
116	91	Tidewater Oil — Getty Oil (1967) — Texaco (1984) — Chevron Texaco (2001)	$261.66	100.0%	12.62%
117	315	ArcherDaniels-Midland	$258.35	100.0%	12.59%
		ArcherDaniels-Midland	$245.53	95.0%	
		National City Bancorporation (1980) — Marshall & Isley (2001)	$12.82	5.0%	
118	423	Spencer Kellogg — Textron (1961)	$258.28	100.0%	12.59%
119	176	American Standard — Private (1987)	$255.54	100.0%	12.57%
120	2	Standard Oil of New Jersey > Exxon (1972) > ExxonMobil (1999)	$254.00	100.0%	12.55%
121	181	Beneficial — Household International (1998)	$250.03	100.0%	12.51%
122	283	Columbian Carbon — Cities Service (1962) — Occidental Petroleum (1982)	$247.76	100.0%	12.49%
		Occidental	$246.19	99.4%	
		IBP (1991) — Tyson Foods (2001)	$1.57	0.6%	
123	245	Eaton	$246.36	100.0%	12.48%
		Eaton	$223.07	90.5%	

Rank Return	Rank Market Cap 1957	Original Name — 2003 Name (— Merger; > Name Change)	Total Accumulation	Percent Total	Annual Return
		Axcelis Technologies Inc (2001)	$23.30	9.5%	
124	106	Consolidated Natural Gas — Dominion Resources (2000)	$242.17	100.0%	12.44%
125	414	American Brake Shoe > ABEX — Illinois Central RR (1968) — Illinois Central Industries > Whitman (1988) > PepsiAmericas (2001)	$241.77	100.0%	12.43%
		PepsiAmericas	$25.43	10.5%	
		PetInc (1991) — Grand Metropolitan (1995) > Diageo (1997)	$100.38	41.5%	
		Illinois Central (1990) — Canadian National Railway (1998)	$64.28	26.6%	
		Hussman International (1998) — Ingersoll Rand (2000)	$36.58	15.1%	
		Midas (1998)	$9.12	3.8%	
		Prospect Group (1989) — Private (1997)	$1.34	0.6%	
		Banctec (1990) — Private (1999)	$1.39	0.6%	
		Sylvan Food Holdings (1990) > Sylvan (1994)	$0.62	0.3%	
		Knowledge Universe (1992) *	$2.38	1.0%	
		Forschner Group (1990) > Swiss Army Brands (1990) — Victorinox (2002)	$0.25	0.1%	
126	411	Bliss EW — Gulf & Western Industries (1968) — Paramount Communications (1989) — Viacom (1994)	$241.52	100.0%	12.43%
		Viacom	$240.29	99.5%	
		GW Land (1969) *	$1.23	0.5%	
127	292	Cutler-Hammer — Eaton (1979)	$238.77	100.0%	12.40%
		Eaton	$216.19	90.5%	
		Axcelis Technologies Inc (2001)	$22.58	9.5%	
128	73	Montgomery Ward — Marcor (1968) — Mobil (1976) — ExxonMobil (1999)	$238.57	100.0%	12.40%
129	94	Southern Pacific — Santa Fe Southern Pacific (1984) — Burlington Northern Santa Fe (1995)	$233.80	100.0%	12.35%
		Burlington Northern Santa Fe	$143.71	61.5%	
		Santa Fe Energy — Devon Energy (1997)	$11.56	4.9%	
		Catellus Development (1990)	$11.30	4.8%	
		Monterey (1995) — Texaco (1997) > ChevronTexaco (2001)	$25.53	10.9%	
		Santa Fe Gold (1994) — Newmont Mining (1997)	$41.70	17.8%	
130	29	Minnesota Mining & Manufacturing > 3M (2002)	$233.78	100.0%	12.35%
		3M	$229.61	98.2%	
		Imation (1996)	$4.16	1.8%	
131	305	Marshall Field — Private (1982)	$233.62	100.0%	12.35%
132	200	National Gypsum — Private (1986)	$233.00	100.0%	12.34%
133	28	Continental Oil > Conoco (1979) — DuPont (1981)	$232.96	100.0%	12.34%
		DuPont	$179.85	77.2%	
		Conoco (1999) — Conoco Phillips (2002)	$53.11	22.8%	
134	116	Boeing	$229.29	100.0%	12.31%
135	401	Admiral — Rockwell International (1974) > Rockwell Automation (2002)	$225.04	100.0%	12.26%
		Rockwell Automation	$94.83	42.1%	
		Meritor Automovtive (1997) > Arvinmeritor (2000)	$17.59	7.8%	
		Conexant Systems (1999)	$24.50	10.9%	
		Mindspeed Technologies (2003)	$11.24	5.0%	

Rank Return	Rank Market Cap 1957	Original Name — 2003 Name (— Merger; > Name Change)	Total Accumulation	Percent Total	Annual Return
		Rockwell Collins (2001)	$76.88	34.2%	
136	225	Martin-Marietta — Lockheed Martin (1995)	$223.83	100.0%	12.25%
137	314	Yale & Towne — Eaton Manufacturing (1963)	$222.01	100.0%	12.23%
		Eaton	$201.02	90.5%	
		Axcelis Technology (2001)	$20.99	9.5%	
138	5	General Electric	$220.04	100.0%	12.21%
139	162	Associates Investments — Gulf & Western Industries (1969) — Paramount Communications (1989) — Viacom (1994)	$217.92	100.0%	12.18%
		Viacom	$216.80	99.5%	
		GW Land (1969) *	$1.11	0.5%	
140	232	Crucible Steel — Colt Industries (1968) — Private (1988)	$217.31	100.0%	12.18%
141	6	Gulf Oil > Gulf — Chevron (1984) > Chevron-Texaco (2001)	$214.12	100.0%	12.14%
142	261	Denver Rio Grande — Western Rio Grande Industries (1970) — Private (1984)	$211.30	100.0%	12.11%
143	464	American Crystal Sugar — Private (1973)	$208.44	100.0%	12.08%
144	92	Atlantic Richfield — BP Amoco (2000) > BP (2001)	$205.97	100.0%	12.05%
145	64	Continental Can — Continental Group (1976) — Private (1984)	$203.54	100.0%	12.02%
146	375	St. Louis–San Francisco — Burlington Northern (1980) > Burlington Northern Santa Fe (1995)	$201.93	100.0%	12.00%
		Burlington Northern Santa Fe	$121.79	60.3%	
		Burlington Resources (1989)	$73.71	36.5%	
		El Paso Natural Gas (1992) > El Paso Energy (1998) > El Paso (2001)	$6.43	3.2%	
147	189	Illinois Central RR — Illinois Central Industries (1964) > IC Industries (1975) > Whitman (1988) > PepsiAmericas (2001)	$199.64	100.0%	11.97%
		PepsiAmericas	$21.46	10.7%	
		PetInc (1991) — Grand Metropolitan (1995) > Diageo PLC (1997)	$84.71	42.4%	
		Illinois Central (1990) — Canadian National Railway (1998)	$54.24	27.2%	
		Hussman International (1998) — Ingersoll Rand (2000)	$30.87	15.5%	
		Midas (1998)	$2.94	1.5%	
		Prospect Group (1989) — Private (1997)	$1.13	0.6%	
		Banctec (1990) — Private (1999)	$1.17	0.6%	
		Sylvan Food Holdings (1990) > Sylvan (1994)	$0.52	0.3%	
		Knowledge Universe*	$2.38	1.2%	
		Forschner Group (1990) > Swiss Army Brands (1990) — Victorinox AG (2002)	$0.21	0.1%	
148	339	Gimbel Brothers — Private (1973)	$198.90	100.0%	11.96%
149	233	Westinghouse Air Brake — American Standard (1968) — Private (1988)	$198.58	100.0%	11.96%
150	272	American Stores — Albertsons (1999)	$197.99	100.0%	11.95%
151	205	Pullman — Wheelabrator Frye (1980) — Allied (1983) — Honeywell Int'l (1999)	$197.65	100.0%	11.95%
		Honeywell International	$178.81	90.5%	
		Henley Group (1986) — Wheelabrator Group (1989) — Waste Management (1998)	$5.53	4.3%	
		Fisher Scientific (1987) — Wheelabrator Group (1989) — Waste Management (1998)			
		Henley Manufacturing (1987) — Private (1989)	$4.72	2.4%	
		Pullman Transportation (1982) > Pullman Peabody (1985) >			

Rank Return	Rank Market Cap 1957	Original Name — 2003 Name (— Merger; > Name Change)	Total Accumulation	Percent Total	Annual Return
		Pullman (1987) — Private (1988)	$8.59	2.8%	
152	196	Square D — Private (1991)	$197.51	100.0%	11.95%
153	340	Beckman Instruments — SmithKline Beckman (1982) — SmithKline Beecham (1989) — Glaxo SmithKline (2000)	$197.13	100.0%	11.94%
		Glaxo SmithKline	$172.02	86.6%	
		Allergan (1989)	$11.46	5.8%	
		Allergan Specialty Therapy (1998) — Allergan (2001)			
		Advanced Medical Optics (2002)	$0.65	0.3%	
		Beckman Instruments New (1989) > Beckman Coulter (1998)	$13.01	6.6%	
154	11	International Business Machines	$196.50	100.0%	11.94%
155	382	South Puerto Rico Sugar — Gulf & Western Industries (1967) — Paramount Communications (1989) — Viacom (1994)	$196.31	100.0%	11.93%
		Viacom	$195.30	99.5%	
		GW Land (1969) *	$1.00	0.5%	
156	90	United Aircraft > United Technologies (1975)	$195.65	100.0%	11.93%
157	488	Firth Carpet — Mohasco Industries (1962) — Private (1989) — Mohawk Industries (1992)	$193.17	100.0%	11.89%
158	46	Monsanto Chemical > Pharmacia (2000) — Pfizer (2003)	$192.72	100.0%	11.89%
		Pharmacia	$174.95	83.9%	
		Monsanto New (2002)	$17.49	8.4%	
		Solutia (1997)	$0.28	0.1%	
159	335	Scovill Manufacturing — First City Industries (1985) — Private (1989)	$191.91	100.0%	11.88%
160	349	Raytheon	$189.77	100.0%	11.85%
161	295	Armour Co.— Greyhound (1970) > Dial (1991) > Viad (1996)	$188.27	100.0%	11.83%
		Viad	$86.61	43.8%	
		Dial New (1996)	$98.94	50.1%	
		G F C Financial (1992) > Finova Group (1995)	$2.73	1.4%	
162	493	Condé Nast — Private (1965)	$187.16	100.0%	11.82%
163	288	Mack Truck — Signal Oil & Gas (1967) — Signal (1968) — Allied Signal (1985) — Honeywell Int'l (1999)	$186.47	100.0%	11.81%
		Honeywell International	$176.36	94.6%	
		Henley Group (1986) — Wheelaborator Group (1989) — Waste Management (1998)	$5.46	2.9%	
		Fisher Scientific (1987) — Wheelaborator Group (1989) — Waste Management (1998)			
		Henley Manufacturing (1987) — Private (1989)	$4.65	2.5%	
164	54	Consolidated Edison	$185.54	100.0%	11.80%
165	271	Schenley Industries — Glen Alden (1971) — Rapid American (1972) — Private (1981)	$184.29	100.0%	11.78%
166	351	Laclede Gas	$182.54	100.0%	11.76%
167	150	International Telephone & Telegraph > ITT Corp (1983)	$181.81	100.0%	11.75%
		ITT Industries	$48.96	26.0%	
		ITT Hartford Group (1995) > Hartford Financial Services (1997)	$80.12	42.6%	
		ITT Nev (1995) — Starwood Hotels (1998)	$38.74	20.6%	
		Rayonier (1994)	$13.99	7.4%	
168	212	Texas Gulf Producing — Sinclair Oil (1964) — Atlantic Richfield (1969) — BP Amoco (2000)	$178.78	100.0%	11.71%

Rank Return	Rank Market Cap 1957	Original Name — 2003 Name (— Merger; > Name Change)	Total Accumulation	Percent Total	Annual Return
169	223	Foremost Dairies — McKesson (1994)	$174.67	100.0%	11.65%
170	36	Ford Motor	$173.49	100.0%	11.64%
		Ford	$102.53	59.1%	
		Associates First Capital (1998) — Citigroup (2000)	$63.43	36.6%	
		Travelers Property Casualty (2002)	$2.80	1.6%	
		Visteon (2000)	$4.73	2.7%	
171	353	Studebaker Packard — Studebaker Worthington (1967) — McGraw Edison (1979) Cooper Industries (1985)	$173.44	100.0%	11.64%
		Cooper Industries	$167.42	96.5%	
		Gardner Denver (1994)	$6.02	3.5%	
172	356	Moore McCormack Resources — Southdown (1988) — Cemex (2000)	$173.42	100.0%	11.64%
173	10	Standard Oil of California > Chevron (1984) > ChevronTexaco (2001)	$172.29	100.0%	11.62%
174	41	American Cyanamid >American Home Products (1994) > Wyeth (2002)	$171.49	100.0%	11.61%
		Wyeth	$163.51	95.3%	
		Cytec Industries (1994)	$7.98	4.7%	
175	301	Brooklyn Union Gas — Keyspan Energy (1998)	$170.23	100.0%	11.59%
176	98	Campbell Soup	$169.47	100.0%	11.58%
		Campbell Soup	$169.47	100.0%	
		Vlasic Foods International (1998)	$0.00	0.0%	
177	364	Ruberoid — General Aniline & Film Corp (1967) > GAF Corp (1968) — Private (1989)	$169.44	100.0%	11.58%
178	385	American Enka > Akzona (1970) — Akzo (1989) > Akzona Nobel (1994)	$167.75	100.0%	11.56%
179	416	Bath Iron Works — Bath Industries (1968) — Congoleum (1975) — Private (1980)	$166.06	100.0%	11.53%
180	387	Clevite Corp. — Gould (1969) — Nippon Mining (1988)	$164.62	100.0%	11.51%
181	153	Peoples Gas Light Coke > Peoples Gas (1968) > Peoples Energy (1980)	$163.89	100.0%	11.50%
		Peoples Energy	$105.63	64.4%	
		Midcon (1981) — Occidental Petroleum (1986)	$57.60	35.1%	
		IBP (1991) — Tyson Foods (2001)	$0.67	0.4%	
182	477	Diamond T Motor Car > DTM (1958)	$163.23	100.0%	11.49%
		Oliver (1960) > Cletrac (1960) — Hess Oil and Chemical (1960) > Amerada Hess (1969)	$29.58	18.1%	
		Murray (1960) > Wallace Murray (1965) — Household International (1981) HSBC Holdings (2003)	$125.81	77.1%	
		Schwitzer (1989) — Kuhlman (1995) — Borg Warner Automotive (1998) > Borg Warner (2000)	$5.19	3.2%	
		Scottsman Industries (1989) — Private (1999)	$1.91	1.2%	
		Enljer Industries (1989) — Zurn Industries (1997) — US Industries (1998)	$0.73	0.4%	
183	363	Cooper Industries	$163.09	100.0%	11.49%
		Cooper Industries	$156.75	96.1%	
		Gardner Denver (1994)	$6.34	3.9%	
184	452	Crown Cork & Seal	$159.18	100.0%	11.43%
185	125	Florida Power > Florida Progress Group (1982) — CPL			

Rank Return	Rank Market Cap 1957	Original Name — 2003 Name (— Merger; > Name Change)	Total Accumulation	Percent Total	Annual Return
		Energy (2000) > Progress Energy (2000)	$158.05	100.0%	11.42%
186	123	Bendix — Allied (1983) > Allied Signal (1985) — Honeywell Int'l (1999)	$156.45	100.0%	11.39%
		Honeywell International	$147.47	94.3%	
		Henley Group (1986) — Wheelaborator Group (1989) — Waste Management (1998)	$4.56	2.9%	
		Fisher Scientific (1987) — Wheelaborator Group (1989) — Waste Management (1998)			
		Henley Manufacturing (1987) — Private (1989)	$3.89	2.5%	
		Facet Enterprises (1976) — Pennzoil Company (1988) > Pennzenergy (1998) — Devon Energy (1998)	$0.24	0.2%	
		Pennzoil Quaker State (1998) — Royal Dutch Petroleum (2002)	$0.28	0.2%	
187	58	Atchison, Topeka, Santa Fe — Santa Fe Industries (1970) — Santa Fe Southern Pacific (1984) — Burlington Northern Santa Fe (1995)"	$154.55	100.0%	11.36%
		Burlington Northern Santa Fe	$95.00	61.5%	
		Santa Fe Energy (1991) — Devon Energy (1997)	$7.64	4.9%	
		Catellus Development (1990)	$16.87	10.9%	
		Monterey (1995) — Texaco (1997) > ChevronTexaco (2001)	$7.47	4.8%	
		Santa Fe Gold (1994) — Newmont Mining (1997)	$27.56	17.8%	
188	15	Sears Roebuck	$151.51	100.0%	11.32%
		Sears	$33.59	22.2%	
		Dean Witter Discover (1993) — Morgan Stanley (1997)	$60.44	39.9%	
		Allstate (1995)	$57.48	37.9%	
189	53	Cities Service — Occidental Petroleum (1982)	$150.72	100.0%	11.30%
		Occidental Petroleum	$149.77	99.4%	
		IBP (1991) — Tyson Foods (2001)	$0.95	0.6%	
190	294	Oklahoma Natural Gas > Oneok (1980)	$150.53	100.0%	11.30%
191	390	Mercantile Stores — Dillards (1998)	$149.82	100.0%	11.29%
192	126	Southern Railway — Norfolk Southern (1982)	$146.25	100.0%	11.23%
193	291	Gardner-Denver — Cooper Industries (1979)	$146.07	100.0%	11.23%
		Cooper Industries	$141.00	96.5%	
		Gardner Denver (1994)	$5.07	3.5%	
194	469	Emerson Radio & Phonograph — Nat'l Union Electric (1966) — Electrolux AB (1975)	$145.66	100.0%	11.22%
		Electrolux AB	$131.72	90.4%	
		SAPA AB (1997)	$13.94	9.6%	
195	404	Federal Paper Board — International Paper (1996)	$144.80	100.0%	11.21%
196	290	Missouri Pacific — Mississippi River Fuel > Missouri Pacific (1976) — Union Pacific (1982)	$143.16	100.0%	11.18%
		Union Pacific	$117.22	81.9%	
		Anadarko Petroleum (1995)	$25.93	18.1%	
197	155	May Department Stores	$143.09	100.0%	11.18%
		May Department Stores	$127.94	89.4%	
		Payless Shoe Source (1996)	$15.15	10.6%	
198	461	Intertype — Harris Seybold (1957) > Harris Intertype (1957) > Harris (1974)	$143.01	100.0%	11.18%

Rank Return	Rank Market Cap 1957	Original Name — 2003 Name (— Merger; > Name Change)	Total Accumulation	Percent Total	Annual Return
		Harris	$128.89	90.1%	
		Harris Computer Systems (1994) > Cyberguard (1996)	$12.45	8.7%	
		Lanier Worldwide (1999) — Ricoh (2001)	$1.68	1.2%	
199	352	Peninsular Telephone — GTE (1957) — Verizon Communications (2000)	$141.73	100.0%	11.16%
200	498	Jacob Ruppert — Private (1963)	$137.84	100.0%	11.09%
201	211	Texas Pacific Coal & Oil — Private (1963)	$137.72	100.0%	11.09%
202	358	Continental Baking — International Telephone & Telegraph (1968) > ITT (1983)	$136.42	100.0%	11.07%
		ITT Industries	$36.73	26.9%	
		ITT Hartford Group (1995) > Hartford Financial Services (1997)	$60.12	44.1%	
		ITT Nev (1995) — Starwood Hotels (1998)	$29.07	21.3%	
		Rayonier (1994)	$10.49	7.7%	
203	337	Washington Gas Light > WGL Holdings (2000)	$135.16	100.0%	11.04%
204	369	Harris Seybold > Harris Intertype (1957) > Harris (1974)	$134.79	100.0%	11.04%
		Harris	$121.48	90.1%	
		Harris Computer Systems (1994) > Cyberguard (1996)	$1.58	1.2%	
		Lanier Worldwide (1999) — Ricoh (2001)	$11.74	8.7%	
205	85	Southern	$134.18	100.0%	11.03%
		Southern	$133.57	99.5%	
		Mirant (2001)	$0.61	0.5%	
206	182	New England Electric System — National Grid Transco (2001)	$132.61	100.0%	11.00%
207	38	Pittsburgh Plate Glass > PPG Industries (1968)	$129.00	100.0%	10.93%
208	134	Liggett Group — Private (1979) — Grand Metropolitan (1991) > Diageo (1997)	$128.81	100.0%	10.93%
209	256	Combustion Engineering — Private (1989)	$128.78	100.0%	10.93%
210	8	Texas Co > Texaco (1959) — ChevronTexaco (2001)	$128.63	100.0%	10.93%
211	149	Baltimore Gas & Electric — Constellation Energy Group (1999)	$126.93	100.0%	10.90%
212	398	Alco Products > Citadel Industries (1965) — Private (1965)	$126.84	100.0%	10.89%
213	102	Public Service Electric and Gas — Public Service Enterprise (1986)	$126.18	100.0%	10.88%
214	202	Dayton Power & Light > DPL (1986)	$126.15	100.0%	10.88%
215	56	Olin	$126.06	100.0%	10.88%
		Olin	$26.47	21.0%	
		Squibb Beechnut (1968) > Squibb (1971) — Bristol-Myers Squibb (1989)	$74.90	59.4%	
		Westmark International (1987) > Advanced Tech Labs (1992) > ATL Ultrasound (1997) Philips (1998) — Koninklijke Philips Elec (1999)	$1.95	1.5%	
		Spacelabs Medical (1992) — Instrumentarium (2002)	$0.56	0.4%	
		Sonosite (1998)	$0.12	0.1%	
		Zimmer Holdings (2001)	$16.59	13.2%	
		Primex Technologies (1997) — General Dynamics (2001)	$5.47	4.3%	
216	323	Philco — Ford (1961)	$122.49	100.0%	10.81%
		Ford	$71.02	58.0%	
		Associates First Capital (1998) — Citigroup (2000)	$46.01	37.6%	
		Travelers Property Casualty (2002)	$2.03	1.7%	
		Visteon (2000)	$3.43	2.8%	

付録

Rank Return	Rank Market Cap 1957	Original Name — 2003 Name (— Merger; > Name Change)	Total Accumulation	Percent Total	Annual Return
217	158	Seaboard Oil — Texaco (1958) — ChevronTexaco (2001)	$121.32	100.0%	10.79%
218	171	Cincinnati Gas & Electric > Cinergy (1994)	$120.60	100.0%	10.77%
219	20	Phillips Petroleum > Conoco Phillips (2002)	$119.61	100.0%	10.76%
220	399	Celotex — Jim Walter Corp (1964) — Private (1988) — Walter Industries	$119.04	100.0%	10.74%
221	50	Union Pacific Railroad > Union Pacific (1971)	$118.20	29.6%	10.73%
		Union Pacific	$96.79	81.9%	
		Union Pacific Resources (1995) — Anadarko Petroleum (2000)	$21.41	18.1%	
222	74	Philadelphia Electric > Peco Energy (1993) > Exelon (2000)	$117.70	100.0%	10.72%
223	480	Cuneo Press — Private (1974)	$117.69	100.0%	10.72%
224	484	Servel — Clevite (1967) — Gould (1969) — Nippon Mining (1988)	$115.98	100.0%	10.68%
225	445	Smith-Douglas — Borden (1965) — Private (1995)	$115.04	100.0%	10.66%
226	122	Virginia Electric — Dominion Resources (1983)	$114.75	100.0%	10.66%
227	61	General Telephone & Electric > GTE (1982) — Verizon Communications (2000)	$112.19	100.0%	10.60%
228	199	Sylvania Electric Products — General Telephone & Electric (1959) >GTE (1982) Verizon Communications (2000)	$112.13	100.0%	10.60%
229	89	Union Oil of California > Unocal (1985)	$111.62	100.0%	10.59%
230	21	Dow Chemical	$111.51	100.0%	10.59%
231	144	Freeport Sulphur > Freeport Minerals (1971) — Freeport McMoran (1981) — IMC Global (1997)	$110.88	100.0%	10.58%
		IMC Global	$5.46	4.9%	
		Freeport McMoran Energy Partner (1985) — Freeport McMoran (1990) — IMC Global (1997)			
		Freeport McMoran Gold (1985) — Minorco (1990) — Anglo-American (1999)	$6.86	6.2%	
		FM Properties (1992) — Stratus Properties (1998)	$1.24	1.1%	
		McMoran Oil & Gas (1994) > McMoran Exploration (1998)	$1.04	0.9%	
		Freeport McMoran Copper & Gold (1994, 1995)	$96.29	86.8%	
232	78	General Dynamics	$110.71	100.0%	10.57%
		General Dynamics	$110.70	100.0%	
		Houston Natural Gas Corp (1968) — Internorth (1985) > Enron (1986)	$0.01	0.0%	
233	138	Great Northern — Burlington Northern (1970) > Burlington Northern Santa Fe (1995)	$110.39	100.0%	10.57%
		Burlington Northern Santa Fe	$66.58	60.3%	
		Burlington Resources (1989)	$40.30	36.5%	
		El Paso Natural Gas (1992) > El Paso (2001)	$3.51	3.2%	
234	237	New York, Chicago & St. Louis — Norfolow & Western Railway (1964) — Norfolk Southern (1982)	$109.72	100.0%	10.55%
235	35	Caterpillar Tractor Inc. > Caterpillar (1986)	$109.65	100.0%	10.55%
236	326	Grand Union — Private (1977)	$108.86	100.0%	10.53%
237	414	United Biscuit of America > Keebler (1966) — Private (1974) — United Biscuits (1998)	$107.62	100.0%	10.51%
238	1	American Telephone & Telegraph > AT&T (1994)	$107.16	79.9%	10.50%
		AT&T	$2.04	1.9%	
		U.S. West (1984) > MediaOne Group (1998) — AT&T (2000)	$1.89	1.8%	
		U.S. West (New) (1998) — Qwest (2000)	$1.24	1.2%	

317

Rank Return	Rank Market Cap 1957	Original Name — 2003 Name (— Merger; > Name Change)	Total Accumulation	Percent Total	Annual Return
		Southwestern Bell (1984) >SBC Communications (1994)	$12.72	11.9%	
		American Info. Tech. (1984) > Ameritech (1991) — SBC Communications (1999)	$17.33	16.2%	
		Pacific Telesis (1984) — SBC Communications (1997)	$6.66	6.2%	
		AirTouch Communications (1994) — Vodafone (1999)	$8.53	8.0%	
		Bell Atlantic (1984) — Verizon Communications (2000)	$12.13	11.3%	
		NYNEX (1984) — Bell Atlantic (1997) — Verizon (2000)	$9.97	9.3%	
		Bell South (1984)	$19.99	18.6%	
		Lucent (1996)	$1.03	1.0%	
		Agere Systems (2002)	$0.30	0.3%	
		Avaya (2000)	$0.53	0.5%	
		NCR (1997)	$0.66	0.6%	
		AT&T Wireless (2001)	$2.42	2.3%	
		AT&T Broadband Services (2002) — Comcast (2002)	$9.75	9.1%	
239	459	Wayne Pump — Wayne Symington (1966) — Dresser Industries (1968) — Halliburton (1998)	$102.55	100.0%	10.39%
		Halliburton	$97.27	94.8%	
		Indresco (1992) — Global Industrial Techs (1995) — RHI (2000)	$5.28	5.2%	
240	190	McGraw Edison — Cooper Industries (1985)	$102.43	100.0%	10.39%
		Cooper Industries	$98.87	96.5%	
		Gardner Denver Co (1994)	$3.56	3.5%	
241	33	Sinclair Oil — Atlantic Richfield (1969) — BP Amoco (2000)	$101.57	100.0%	10.37%
242	219	Mississippi River — Missouri Pacific (1976) — Union Pacific (1982)	$101.38	100.0%	10.37%
		Union Pacific	$83.02	81.9%	
		Anadarko Petroleum (1995)	$18.37	18.1%	
243	287	Brown Group	$100.68	100.0%	10.35%
244	165	Northern Pacific — Burlington Northern (1970) > Burlington Northern Santa Fe (1995)	$100.16	100.0%	10.34%
		Burlington Northern Santa Fe	$62.05	94.5%	
		Burlington Resources (1989)	$34.83	53.1%	
		El Paso Natural Gas (1992) > El Paso (2001)	$3.27	5.0%	
245	230	St. Joseph Lead — St. Joe Minerals (1970) — Flour (1982) > Massey (2001)	$99.95	100.0%	10.33%
		Massey New	$34.32	34.3%	
		Flour (2001)	$65.63	65.7%	
246	121	American Natural Gas > American Natural Resources (1976) — Coastal — El Paso (2001)	$98.48	100.0%	10.30%
		El Paso	$42.30	42.4%	
		Wisconsin Gas (1975) — Wicor (1980) — Wisconsin Energy (2000)	$30.32	30.4%	
		Michigan Consolidated Gas (1988) > MCN Energy (1997) — DTE Energy (2001)	$18.99	19.1%	
		Primark (1982) — Thomson (2000)	$6.87	6.9%	
247	137	Middle South Utilities > Entergy (1989)	$97.81	100.0%	10.28%
248	220	New York State Electric & Gas > Energy East Corp (1998)	$96.28	100.0%	10.24%
249	413	Dome Mines — Placer Dome (1987)	$93.58	100.0%	10.18%
250	257	Magma Copper — Newmont Mining (1969)	$93.34	100.0%	10.17%

Rank Return	Rank Market Cap 1957	Original Name — 2003 Name (— Merger; > Name Change)	Total Accumulation	Percent Total	Annual Return
		Newmont Mining	$73.84	79.1%	
		Magma Copper New (1987) — Broker Hill Properties (1996) > BHP (2000)	$19.50	20.9%	
251	96	Southern California Edison > SCE (1988) > Edison Int'l (1996)	$92.49	100.0%	10.15%
252	136	Union Bag Camp Paper > Union Bag Camp (1966) — International Paper (1999)	$92.36	100.0%	10.15%
253	297	Jewel Tea > Jewel (1966) — American Stores (1984) — Albertsons (1999)	$91.05	100.0%	10.11%
254	444	Waukesha Motors — Bangor Punta (1968) — Lear Siegler (1984) — Private (1987)	$90.16	100.0%	10.09%
255	27	Pacific Telephone & Telegraph — AT&T (1983)	$89.18	100.0%	10.06%
		AT&T	$1.70	1.9%	
		U.S. West (1984) > MediaOne Group (1998) — AT&T (2000)	$1.57	1.8%	
		U.S. West (New) (1998) — Qwest (2000)	$1.03	1.2%	
		Southwestern Bell (1984) >SBC Communications (1994)	$10.58	11.9%	
		American Info. Tech. (1984) > Ameritech (1991) — SBC Communications (1999)	$14.42	16.2%	
		Pacific Telesis (1984) — SBC Communications (1997)	$5.55	6.2%	
		AirTouch Communications (1994) — Vodafone (1999)	$7.10	8.0%	
		Bell Atlantic (1984) — Verizon Communications (2000)	$10.09	11.3%	
		NYNEX (1984) — Bell Atlantic (1997) — Verizon (2000)	$8.29	9.3%	
		Bell South (1984)	$16.63	18.6%	
		Lucent (1996)	$0.85	1.0%	
		Agere Systems (2002)	$0.25	0.3%	
		Avaya (2000)	$0.44	0.5%	
		NCR (1997)	$0.55	0.6%	
		AT&T Wireless (2001)	$2.01	2.3%	
		AT&T Broadband Services (2002) — Comcast (2002)	$8.12	9.1%	
256	7	Union Carbide & Carbon > Union Carbide (1957) — Dow Chemical (2001)	$86.20	100.0%	9.98%
		Dow Chemical	$44.46	51.6%	
		Praxair (1992)	$41.74	48.4%	
257	381	Beaunit — El Paso Natural Gas (1967) > El Paso (1974) — Burlington Northern (1983) > Burlington Northern Santa Fe (1995)	$85.11	100.0%	9.95%
		Burlington Northern Santa Fe	$39.38	46.3%	
		Northwest Pipeline (1974) > Northwest Energy (1975) — Williams (1983)	$19.82	23.3%	
		Williams Communications Group (2001)		0.0%	
		Burlington Resources (1989)	$23.84	28.0%	
		El Paso Natural Gas (1992) > El Paso (2001)	$2.08	2.4%	
258	427	Lerner Stores — McCrory Stores (1962) — Rapid American (1976) — Private (1981)	$84.74	100.0%	9.94%
		Lerner Stores (1965) — McCrory Stores (1973)			
259	263	Deleware Power & Light > Delmarva Power & Light (1966) > Conectiv (1998) — Pepco Holdings (2002)	$83.31	100.0%	9.90%
260	494	Fajardo Sugar — Private (1958)	$82.29	100.0%	9.87%
261	140	Northern States Power Minn. > XCEL Energy (2000)	$82.23	100.0%	9.87%
262	394	General Signal — SPX (1998)	$82.11	100.0%	9.87%

Rank Return	Rank Market Cap 1957	Original Name — 2003 Name (— Merger; > Name Change)	Total Accumulation	Percent Total	Annual Return
263	168	Sterling Drug — Eastman Chemical (1988)	$81.92	100.0%	9.86%
264	203	Lockheed Aircraft > Lockheed (1977) > Lockheed Martin (1995)	$80.67	100.0%	9.83%
265	40	Commonwealth Edison > Unicom (1994) > Exelon (2000)	$80.60	100.0%	9.83%
		Exelon	$77.62	96.3%	
		Northern Illinois Gas (1970) > Nicor (1976)	$2.99	3.7%	
266	110	Panhandle Eastern > Panenergy (1996) — Duke Energy (1997)	$80.44	100.0%	9.82%
		Duke Energy	$36.97	46.0%	
		Anadarko Petroleum (1986)	$43.47	54.0%	
267	466	Reliance Manufacturing — Puritan Fashions (1965) — Private (1983)	$79.78	100.0%	9.80%
		Private	$75.27	94.3%	
		Technical Tape (1965) — Bieresdorf (1988)	$4.52	6.0%	
268	81	Ingersoll-Rand	$79.49	100.0%	9.79%
269	26	Kennecott Copper > Kennecott (1980) — Standard Oil of Ohio (1981) — BP (1987) — BP Amoco (1999)	$79.40	100.0%	9.79%
270	312	International Minerals & Chemicals > IMCERA (1990) > Mallinckrodt Group (1994) — Tyco International (2000)	$76.95	100.0%	9.72%
271	214	Winn-Dixie Stores	$76.04	100.0%	9.69%
272	175	Air Reduction (1970) — Airco (1977) — BOC (1978)	$75.65	100.0%	9.68%
273	407	Endicott Johnson — McDonough (1970) — Hansen (1981)	$75.11	100.0%	9.66%
		Hansen	$14.94	19.9%	
		US Industries New (1995)	$1.29	1.7%	
		Imperial Tobacco (1996)	$41.08	54.7%	
		Millennium Chemicals (1996)	$2.95	3.9%	
		Energy Co (1997) — Texas Utilities (1998) > TXU (2000)	$14.85	19.8%	
274	135	Borden — Private (1995)	$75.10	100.0%	9.66%
275	75	Scott Paper — Kimberly-Clark (1995)	$74.76	100.0%	9.65%
276	177	Louisville & Nashville — Seaboard Coast Line Industries (1971) — CSX Corp (1981)	$74.55	100.0%	9.64%
277	104	Central & South West — American Electric Power (2000)	$73.39	100.0%	9.61%
278	206	Dana	$72.81	100.0%	9.59%
279	330	United States Lines — Kidde Walter (1969) — Hansen PLC (1987)	$67.76	100.0%	9.42%
		Hansen	$13.48	19.9%	
		US Industries New (1995)	$1.16	1.7%	
		Imperial Tobacco (1996)	$37.07	54.7%	
		Millennium Chemicals (1996)	$2.66	3.9%	
		Energy Co. (1997) — Texas Utilities (1998) > TXU (2000)	$13.40	19.8%	
		Interim Systems (1987) — H&R Block (1991)	$2.52	3.7%	
280	300	Industrial Rayon — Midland Ross (1961) — Private (1985)	$70.00	100.0%	9.50%
281	415	Bond Stores > Bond Industries (1969) — Private (1981)	$68.74	100.0%	9.45%
282	69	Detroit Edison > DTE Energy Co. Holdings (1997)	$68.28	100.0%	9.44%
283	430	CNW (Chicago & North Western) > Northwest Industries (1968) — Lone Star Steel (1985)	$67.54	100.0%	9.41%
284	213	Clark Equipment — Ingersoll Rand (1995)	$67.10	100.0%	9.40%
285	451	Central Aguirre Sugar > Aguirre (1968) — Private (1978)	$66.59	100.0%	9.38%
286	221	Mead — Meadwestvaco (2002)	$66.20	100.0%	9.37%
287	34	Pacific Gas & Electric > P G & E Corp (1997)	$66.08	100.0%	9.36%

付録

Rank Return	Rank Market Cap 1957	Original Name — 2003 Name (— Merger; > Name Change)	Total Accumulation	Percent Total	Annual Return
288	86	United Gas — Pennzoil (1968) > Pennzenergy (1998) — Devon Energy (1998)	$65.31	100.0%	9.33%
		Devon Energy	$13.02	19.9%	
		United Gas Corp (1974) — Midcon Corp (1985) — Occidental Petroleum (1986)	$34.02	52.1%	
		IBP (1991) — Tyson Foods (2001)	$0.22	0.3%	
		Battlemountain Gold (1985) — Newmont Mining (2001)	$2.94	4.5%	
		Pennzoil Quaker State (1998) — Royal Dutch Petroleum (2002)	$15.11	23.1%	
289	270	Cerro De Pasco > Cerro (1960) — Private (1976)	$64.98	100.0%	9.32%
290	100	Columbia Gas System > Columbia Energy Group (1998) — Nisource (2000)	$64.42	100.0%	9.30%
291	397	McCrory Stores — Rapid American (1976) — Private (1981)	$64.41	100.0%	9.30%
		Lerner Stores (1965) — McCrory Stores (1973)			
292	246	Atlantic Coast Line — Seaboard Coastline (1967) — CSX Corp (1980)	$63.87	100.0%	9.28%
293	264	Becor Western — Bucyrus Erie (1988) > Bucyrus International (1997) — Private (1997)	$63.81	100.0%	9.28%
294	84	United States Gypsum > USG (1984)	$63.48	100.0%	9.27%
		USG	$0.34	0.5%	
		AP Green (1988) — Global Industrial Techs (1998) — RHI (2000)	$63.14	99.5%	
295	67	Chesapeake & Ohio Railway > Chessie System (1973) — CSX (1980)	$63.45	100.0%	9.27%
296	128	St. Regis — Champion International (1984) — International Paper (2000)	$62.93	100.0%	9.25%
297	30	Westinghouse Electric > CBS (1997) — Viacom (2000)	$62.68	100.0%	9.24%
298	284	Seaboard Finance — AVCO (1969) — Textron (1985)	$62.65	100.0%	9.24%
299	418	National Sugar Refining — Private (1969)	$62.21	100.0%	9.22%
300	119	Halliburton	$59.73	100.0%	9.13%
301	152	United States Rubber > Uniroyal (1967) — Private (1985)	$59.52	100.0%	9.12%
302	49	Anaconda Copper Mining — Atlantic Richfield (1977) — BP-Amoco (2000)	$58.55	100.0%	9.08%
303	380	Acme Cleveland — Danaher Group (1996)	$57.59	100.0%	9.04%
304	392	Curtis Publishing — Private (1986)	$57.54	100.0%	9.04%
305	166	Thompson Products > Thompson Ramo Woodrige (1958) > TRW (1965) — Northrup Grumman (2002)	$57.32	100.0%	9.03%
306	97	Libbey-Owens-Ford > Trinova (1986) > Aeroquip Vickers (1997) — Eaton (1999)	$56.28	100.0%	8.99%
		Eaton	$50.96	90.5%	
		Axcelis Technologies Inc (2001)	$5.32	9.5%	
307	242	General Cable > G.K. Technologies (1979) — Penn Central (1981) > American Financial Underwriters (1994)	$55.81	100.0%	8.97%
		American Financial Underwriters	$48.16	86.3%	
		Sprague Technologies (1987) > American Annuity Group (1992) > Great American Financial Resources (2000)	$6.12	11.0%	
		General Cable (1992) — Private (1994)	$1.53	2.7%	
308	159	Westvaco Corp. > Meadwestvaco (2002)	$55.44	100.0%	8.95%
309	131	Cleveland Elec. Illuminating — Centerior Energy (1986) — Firstenergy (1997)	$54.87	100.0%	8.93%
310	105	General Public Utilities > GPU (1996) — Firstenergy (2001)	$54.70	100.0%	8.92%
311	45	American Gas & Electric > American Electric Power (1958)	$53.43	100.0%	8.87%

Rank Return	Rank Market Cap 1957	Original Name — 2003 Name (— Merger; > Name Change)	Total Accumulation	Percent Total	Annual Return
312	496	Divco Wayne — Boise Cascade (1968)	$52.66	100.0%	8.83%
313	160	Pacific Enterprises — Sempra Energy (1998)	$50.09	100.0%	8.72%
314	113	Curtiss-Wright	$50.06	100.0%	8.71%
315	331	Lowenstein & Sons — Springs Industries (1985) — Private (2001)	$49.78	100.0%	8.70%
316	318	McIntyre Porcupine > Mines McIntyre Mines (1974) — Private (1989) — Falconbridge (1998)	$48.11	100.0%	8.62%
317	377	Chicago Milwaukee St. Paul Pacific — Chicago Milwaukee (1972) — Private (1990)	$46.60	100.0%	8.55%
		Private	$45.30	97.2%	
		Heartland Partners (1990)	$1.30	2.8%	
318	103	National Cash Register > NCR (1974) — AT&T (1991)	$46.48	100.0%	8.54%
		AT&T	$8.71	18.7%	
		Lucent (1996)	$4.39	9.4%	
		Agere Systems (2002)	$1.26	2.7%	
		Avaya (2000)	$2.28	4.9%	
		NCR (1997)	$2.83	6.1%	
		AT&T Wireless (2001)	$5.36	11.5%	
		AT&T Broadband Services (2002) — Comcast (2002)	$21.65	46.6%	
319	146	Duquesne Light > D Q E (1990)	$45.91	100.0%	8.51%
320	145	West Penn Electric > Allegheny Power Systems (1960) > Allegheny Energy (1997)	$45.51	100.0%	8.49%
321	231	Link Belt — FMC (1967)	$45.15	100.0%	8.48%
		FMC	$20.77	46.0%	
		FMC Technologies (2001)	$24.38	54.0%	
322	490	DWG Cigars >DWG (1967) > Triarc Companies (1993)	$44.41	100.0%	8.44%
		Triarc	$15.72		
		Triarc B Shares (2003)	$28.69		
323	425	Cuban American Sugar > North American Sugar Industries (1963) — Borden (1971) — Private (1995)	$43.49	100.0%	8.39%
324	161	W.R. Grace — W.R. Grace New (1996) — Sealed Air New (1998)	$43.26	100.0%	8.38%
		Sealed Air (New)	$26.29	60.8%	
		Fresenius Medical Care (1996)	$14.64	33.8%	
		W.R. Grace New (1998)	$2.33	5.4%	
325	429	American Zinc Lead & Smelting > American Zinc (1966) — Private (1978)	$42.73	100.0%	8.35%
326	172	Dresser Industries — Halliburton (1998)	$42.66	100.0%	8.34%
		Halliburton	$40.46	94.8%	
		Indresco (1992) — Global Industrial Techs (1995) — RHI (2000)	$2.20	5.2%	
327	258	American Machine & Foundry > AMF (1970) — Minstar (1985) — Private (1988)	$42.15	100.0%	8.32%
328	47	J.C. Penney	$42.06	100.0%	8.31%
329	4	E.I. DuPont de Nemours	$41.82	100.0%	8.30%
		DuPont	$23.42	56.0%	
		Conoco (1999) >Conoco Phillips (2002)	$6.92	16.5%	
		General Motors (1962,1963, 1964)	$9.06	21.7%	
		Delphia Automotive Systems (1999) > Delphi (1999)	$1.03	2.5%	
		Raytheon (1997)	$0.48	1.2%	

Rank Return	Rank Market Cap 1957	Original Name — 2003 Name (— Merger; > Name Change)	Total Accumulation	Percent Total	Annual Return
		Electronic Data Systems (1996) >EDS	$0.48	1.2%	
		GM H Class (1985)	$0.43	1.0%	
330	3	General Motors	$41.47	100.0%	8.28%
		General Motors	$33.41	80.6%	
		Delphia Automotive Systems (1999) > Delphi (1999)	$3.79	9.1%	
		Raytheon (1997)	$1.54	3.7%	
		Electronic Data Systems (1996) >EDS	$1.78	4.3%	
		GM H Class (1985)	$0.96	2.3%	
331	147	Nat'l Dist. & Chem — Quantum Chem (1988) — Hansen PLC (1993)	$41.26	100.0%	8.27%
		Hansen PLC	$8.21	19.9%	
		US Industries New (1995)	$0.71	1.7%	
		Imperial Tobacco (1996)	$22.57	54.7%	
		Millennium Chemicals (1996)	$1.62	3.9%	
		Energy (1997) — Texas Utilities (1998) > TXU (2000)	$8.16	19.8%	
332	82	Owens Illinois Glass — Private (1987) — Owens Illinois Glass (1991)	$40.59	100.0%	8.23%
333	472	Ward Baking > Ward Foods (1964) — Private (1981)	$40.48	100.0%	8.22%
334	386	H.L. Green — McCrory Stores (1961) — Rapid American (1976) — Private (1981)	$40.44	100.0%	8.22%
335	316	Bridgeport Brass — Nat'l Dist. & Chem (1961) — Quantum Chem (1988) — Hansen PLC (1993)	$40.29	100.0%	8.21%
		Hansen PLC	$8.01	19.9%	
		US Industries New (1995)	$0.69	1.7%	
		Imperial Tobacco (1996)	$22.04	54.7%	
		Millennium Chemicals Co. (1996)	$1.58	3.9%	
		Energy Co (1997) — Texas Utilities (1998) > TXU (2000)	$7.96	19.8%	
336	88	F.W. Woolworth > Venator Group (1998) > Foot Locker (2001)	$39.86	100.0%	8.19%
337	87	Corning Glassworks > Corning (1989)	$39.19	100.0%	8.15%
		Corning	$20.27	51.7%	
		Covance (1997)	$5.07	12.9%	
		Quest Diagnostics (1997)	$13.84	35.3%	
338	112	El Paso Natural Gas > El Paso (1974) — Burlington Northern (1983) > Burlington Northern Santa Fe (1995)	$39.11	100.0%	8.14%
		Burlington Northern Santa Fe	$18.09	46.3%	
		Northwest Pipeline (1974) > Northwest Energy (1975) — Williams (1983)	$9.10	23.3%	
		Williams Communications Group (2001)		0.0%	
		Burlington Resources (1989)	$10.95	28.0%	
		El Paso (1992)	$0.95	2.4%	
339	260	Marquette Cement Manufacturing >Marquette (1975) — Gulf & Western Industries (1976) > Paramount Communications (1989) — Viacom (1994)	$38.34	100.0%	8.10%
340	371	Sutherland Paper > Kvp Sutherland (1960) — Brown (1966) — James River (1980) > Ft. James (1997) — Georgia Pacific (2000)	$37.85	100.0%	8.07%
		Georgia Pacific	$37.85	100.0%	
		Crown Vantage (1995) — Georgia Pacific (1999)			
341	17	Aluminum Company of America > Alcoa (1999)	$37.74	100.0%	8.06%

Rank Return	Rank Market Cap 1957	Original Name — 2003 Name (— Merger; > Name Change)	Total Accumulation	Percent Total	Annual Return
342	62	Phelps Dodge	$37.43	100.0%	8.04%
343	446	Bullard Co. — White Consolidated Inds (1968) — AB Electrolux (1986) > Aktiebolaget Electrolux (1989)	$36.63	100.0%	7.99%
		Aktiebolaget Electrolux	$33.13	90.4%	
		SAPA AB (1997)	$3.51	9.6%	
344	313	Blaw Knox — White Consolidated Industries (1968) — AB Electrolux (1986) > Aktiebolaget Electrolux (1989)	$36.46	100.0%	7.98%
		Aktiebolaget Electrolux	$32.97	90.4%	
		SAPA AB (1997)	$3.49	9.6%	
345	419	Universal Pictures — MCA (1966) — Matsushita Electric Industrial (1991)	$35.95	100.0%	7.95%
		Matsushita Electric Industrial	$35.95	100.0%	
		First Columbia Financial (1982 -1987)	$0.00	0.0%	
346	19	Eastman Kodak	$35.33	100.0%	7.91%
		Eastman Kodak	$25.23	71.4%	
		Eastman Chemical (1994)	$10.10	28.6%	
347	71	Texas Utilities > T X U (2000)	$35.09	100.0%	7.89%
348	324	American Bakeries — Private (1986)	$34.40	100.0%	7.85%
349	52	Chrysler — DaimlerChrysler (1998)	$34.13	100.0%	7.83%
350	338	Libby, McNeill & Libby — Nestlé (1976)	$34.01	100.0%	7.82%
351	357	Commercial Solvents — International Mineral & Chemical (1975) > Imcera (1990) > Mallinckrodt (1994) — Tyco (2000)	$32.63	100.0%	7.73%
352	208	General Portland Cement > General Portland (1972) — Private (1982) — Lafarge (1983)	$32.24	100.0%	7.70%
353	32	National Lead > NL Industries (1971)	$32.08	100.0%	7.69%
		NL Industries	$7.72	24.1%	
		Baroid (1988) > Tremont (1990) — Valhi (2003)	$6.61	20.6%	
		Baroid New (1990) — Dresser Industries (1994) — Haliburton (1998)	$17.75	55.3%	
354	24	International Paper	$31.97	100.0%	7.68%
355	424	Jefferson Lake Sulphur — Occidental Petroleum (1964)	$31.00	100.0%	7.61%
		Occidental Petroleum	$30.81	99.4%	
		I B P (1991) — Tyson Foods (2001)	$0.20	0.6%	
356	120	Douglas Aircraft — McDonnell Douglas (1967) — Boeing (1997)	$30.93	100.0%	7.60%
357	32	Allied Chemical & Dye > Allied Chemical (1958) >Allied (1981) > Allied Signal (1985) > Honeywell Int'l (1999)	$29.88	100.0%	7.52%
		Honeywell International	$28.26	94.6%	
		Henley Group (1986) — Wheelabrator Group (1989) — Waste Management (1998)	$0.87	2.9%	
		Fisher Scientific (1987) — Wheelabrator Group (1989) — Waste Management (1998)			
		Henley Manufacturing — Private	$0.75	2.5%	
358	269	Lilly Tulip — Owens Illinois Glass (1968) — Private (1987) — Owens Illinois Glass (1991)	$29.81	100.0%	7.52%
359	253	Indianapolis Power & Light > IPALCO Enterprises (1983) — A E S (2001)	$29.30	100.0%	7.48%
360	187	Climax Molybdenum — American Metal Climax (1957) > Amax (1974) — Cyprus Amax Minerals (1993) — Phelps			

Rank Return	Rank Market Cap 1957	Original Name — 2003 Name (— Merger; > Name Change)	Total Accumulation	Percent Total	Annual Return
		Dodge (1999)	$29.14	100.0%	7.47%
		Phelps Dodge	$6.90	23.6%	
		Alumax (1993) — ALCOA (1998)	$22.04	8.9%	
		AMAX Gold (1993) — Kinross Gold (1998)	$0.20	0.7%	
361	317	Anaconda Wire & Cable — Anaconda (1964) — Atlantic Richfield (1977) — BP Amoco (2000) > BP PLC (2001)	$29.08	100.0%	7.46%
362	42	Firestone Tire & Rubber > Firestone (1988) — Bridgestone-Firestone (1988)	$28.31	100.0%	7.40%
363	235	Baltimore & Ohio — Chesapeake & Ohio RR (1966) >Chessie Systems (1973) — CSX Corp. (1980)	$26.93	100.0%	7.28%
364	248	Island Creek Coal — Occidental Petroleum (1968)	$26.87	100.0%	7.28%
		Occidental Petroleum (1991)	$26.70	99.4%	
		IBP (1991) — Tyson Foods (2001)	$0.17	0.6%	
365	308	Newport News Shipbuilding — Tenneco (1968) — Tenneco New (1997) > Tenneco Automotive (1999)	$26.37	100.0%	7.24%
		Tenneco Automotive	$0.96	3.6%	
		Newport News Shipbuilding New (1996) — Northrup Grumman (2002)	$8.80	33.4%	
		Pactiv (1999)	$16.61	63.0%	
366	185	American Metal Climax > Amax (1974) — Cyprus Amax Minerals (1993) — Phelps Dodge (1999)	$25.95	100.0%	7.20%
		Phelps Dodge	$6.15	75.6%	
		Alumax (1993) — ALCOA (1998)	$19.62	23.7%	
		AMAX Gold (1993) — Kinross Gold (1998)	$0.17	0.7%	
367	247	Chicago R.I. & Pacific — Chicago Pacific (1984) — Maytag (1989)	$25.71	100.0%	7.18%
368	99	Niagara Mohawk Power > Niagara Mohawk Holdings (1999) — National Grid Group (2002)	$25.39	100.0%	7.15%
369	406	Oliver > Cletrac (1960) — Hess Oil & Chemical (1962) > Amerada Hess (1969)	$25.22	100.0%	7.13%
		Amerada Hess	$25.22	100.0%	
		White Motors (1960) — Northeast Ohio Axle (1980) > N E O A X (1986) > Envirosource (1989)	$0.00	0.0%	
370	448	Dayton Rubber > Dayco (1960) > Day International (1987) — M.A. Hanna (1987) — Polyone (2000)	$24.49	100.0%	7.07%
371	436	General Finance — C N A Financial (1968)	$24.42	100.0%	7.06%
372	280	National Tea — Private (1982)	$23.97	100.0%	7.02%
373	25	Aluminum > Alcan Aluminum (1966) > Alcan (2001)	$23.89	100.0%	7.01%
374	293	Homestake Mining — Barrick Gold (2001)	$23.52	100.0%	6.98%
375	194	Champion Paper — U S Plywood Champion (1967) > Champion Int'l (1972) — Int'l Paper (2000)	$22.99	100.0%	6.92%
376	491	Hercules Motors — HUPP (1961) — White Consolidated Industries (1967) — AB Electrolux (1986) > Aktiebolaget Electrolux (1989)	$22.65	100.0%	6.89%
		Aktiebolaget Electrolux	$20.48	90.4%	
		SAPA AB (1997)	$2.17	9.6%	
377	440	Reed Roller Bit > G.W. Murphy Industries (1967) > Reed Tool (1972) — Baker Oil Tools (1975) > Baker Int'l (1976) — Baker Hughes (1987)	$21.98	100.0%	6.82%
378	163	Walker Hiram Gooderham & Worts — Walker Hiram Consumers Home (1980) > Walker Resources (1981) — Gulf Canada (1986) —			

Rank Return	Rank Market Cap 1957	Original Name — 2003 Name (— Merger; > Name Change)	Total Accumulation	Percent Total	Annual Return
		Gulf Canada Resources (1987)	$21.67	100.0%	6.79%
379	191	Southern Natural Gas > Sonat (1982) — El Paso Energy (1999)	$21.10	100.0%	6.73%
380	319	American Chain & Cable — Private (1976) — Babcock (1990)	$20.71	100.0%	6.68%
381	273	First National Stores — Private (1974) — First National Supermarkets (1978) — Private (1985)	$20.59	100.0%	6.67%
382	192	Lehigh Portland Cement — Private (1977)	$19.38	100.0%	6.53%
383	265	Revere Copper & Brass — Private (1986)	$19.12	100.0%	6.50%
384	343	J.J. Newberry — McCrory (1972) — Rapid American (1976) — Private (1981)	$18.62	100.0%	6.44%
385	346	Erie Railroad > Erie Lackawanna RR (1960) — Norfolk & Western Railway (1968) — Norfolk Southern Corp. (1982)	$18.49	100.0%	6.43%
386	456	General Host — Private (1998)	$18.21	100.0%	6.39%
387	59	Reynolds Metal — Alcoa (2000)	$17.31	100.0%	6.28%
388	115	Hercules Powder > Hercules (1966)	$17.04	100.0%	6.24%
389	449	Cudahy Packing — General Host (1972) — Private (1998)	$16.44	100.0%	6.16%
390	368	Chain Belt Co. > Rex Chainbelt (1964) > Rexnord (1973) — Banner Industries (1987) — Fairchild (1990)	$15.88	100.0%	6.08%
		Fairchild	$14.80	93.2%	
		Global Sources Ltd. (2000)	$1.09	6.8%	
391	341	Royal McBee — Litton Industries (1965) — Northrup Grumman (2001)	$15.20	100.0%	5.98%
		Northrup Grumman	$9.78	64.4%	
		Western Atlas (1994) — Baker Hughes (1998)	$4.35	28.6%	
		Unova (1997)	$1.06	7.0%	
392	217	Fruehauf Trailer Corp. > Fruehauf Corp. (1963) — Varity (1989) — Lucasvarity (1996) — TRW (1999) — Northrup Grumman (2002)	$13.89	100.0%	5.78%
393	396	Falstaff Brewing — Private (1989)	$13.66	100.0%	5.74%
394	44	Amerada Petroleum — Amerada Hess (1969)	$13.54	100.0%	5.72%
395	167	Burroughs > Unisys (1986)	$13.23	100.0%	5.67%
396	43	Crown Zellerbach — James River (1986) — Ft. James (1999) — Georgia Pacific (2000)	$11.88	100.0%	5.43%
397	391	American Motors — Chrysler Corp (1987) — DaimlerChrysler (1998)	$11.53	100.0%	5.36%
398	51	Goodrich	$11.11	100.0%	5.28%
		Goodrich	$10.21	91.9%	
		ENPRO Industries (2002)	$0.90	8.1%	
399	457	Briggs Manufacturing — Jim Walter Corp. (1972) — Private (1988) — Walter Industries	$11.12	100.0%	5.28%
400	195	American Airlines > Amr Corp (1982)	$11.04	100.0%	5.26%
		AMR Corp	$4.98	45.1%	
		Sabre Group Holdings (2000)	$6.06	54.9%	
401	309	Alpha Portland Industries > Slattery Group (1985) — Private (1990)	$10.34	100.0%	5.12%
402	183	Illinois Power > Illnova Corp Holding (1994) > Dynegy (2000)	$9.93	100.0%	5.02%
403	124	American Smelting & Refining > Asarco (1975) — Grupo Mexico (1999)	$9.85	100.0%	5.00%
404	157	Babcock & Wilcox — J. Ray McDermott & Co. (1978) > McDermott (1980) — McDermott International (1983)	$9.67	100.0%	4.96%
405	384	Case (Ji) — Tenneco New — Tenneco Automotive (1996)	$9.50	100.0%	4.93%

付録

Rank Return	Rank Market Cap 1957	Original Name — 2003 Name (— Merger; > Name Change)	Total Accumulation	Percent Total	Annual Return
		Tenneco > Tenneco Automotive (1999)	$0.35	3.6%	
		Pactiv Corp. (1999)	$5.98	61.9%	
		Northrup Grumman	$3.17	33.4%	
406	169	Enserch — Texas Utilities (1997) > TXU (2002)	$9.32	100.0%	4.88%
		TXU	$7.06	75.7%	
		Pool Energy Services (1990) — Nabors Industries (1999)	$1.04	11.1%	
		Enserch Exploration Partners (1986) — Newfield Exploration (2002)	$1.23	13.2%	
407	22	International Nickel Co. CDA > Inco (1976)	$9.30	100.0%	4.88%
408	9	U S Steel > USX (1986) > USX Marathon (1991) > Marathon Oil (2000)	$8.25	100.0%	4.61%
		Marathon Oil	$6.87	83.3%	
		United States Steel (1991)	$1.38	16.7%	
409	302	Copper Range — Louisiana Land and Exploration (1977) — LL&E Royalty Trust (1983)	$7.96	100.0%	4.53%
		LL&E Royalty Trust	$6.25	78.6%	
		Burlington Resources (1997)	$1.71	21.4%	
410	39	Goodyear Tire & Rubber	$7.93	100.0%	4.52%
411	365	Republic Aviation > RAC (1966) — Fairchild Hiller (1966) > Fairchild Industries (1971) — Banner Industries (1989) > Fairchild (1990)	$7.93	100.0%	4.52%
		Fairchild	$7.38	93.2%	
		Global Sources (2000)	$0.54	6.8%	
412	455	Bigelow-Sanford — Sperry & Hutchinson (1967) — Baldwin United (1981) — PHLCORP (1986) — Leucadia National (1992)	$7.66	100.0%	4.44%
413	57	Sperry Rand > Sperry (1979) — Unisys (1986)	$7.05	100.0%	4.26%
414	127	Distillers Corp Seagram > Seagram (1974) — Vivendi Universal (2000)	$5.95	100.0%	3.88%
415	438	Motor Wheel — Goodyear Tire & Rubber (1964)	$5.90	100.0%	3.86%
416	289	Cincinnati Milling Machine > Cincinnati Milacron (1970) > Milacron (1998)	$5.45	100.0%	3.69%
417	95	Consumers Power — CMS Energy (1987)	$5.34	100.0%	3.64%
418	373	Great Western Sugar — Great Western United (1968) — Hunt International Resources (1978) — Maxco (1979)	$5.25	100.0%	3.60%
419	154	Commercial Credit — Control Data (1968) > Ceridian Corp (1992)	$3.84	100.0%	2.91%
		C D S I Holdings	$0.00	0.0%	
420	420	Foster Wheeler	$3.64	100.0%	2.80%
421	465	Diana Stores — Daylin (1969) — W.R. Grace (1979) — W.R. Grace New (1996) — Sealed Air New (1998)	$3.55	100.0%	2.74%
		Sealed Air (New)	$2.16	33.8%	
		Fresenius Medical Care (1996)	$1.20	60.8%	
		W.R. Grace New (1998)	$0.19	5.4%	
422	321	Vanadium — Foote Minerals (1967) — Cyprus Minerals (1988) > Cyprus Amax Minerals (1993) — Phelps Dodge (1999)	$3.52	100.0%	2.73%
423	370	Walworth Co. — International Utilities (1972) — Echo Bay Mines (1983) — Kinross Gold (2003)	$3.47	100.0%	2.69%
		Kinross Gold Mines	$3.43	98.9%	
		Gotaas Larsen — Private (1988)	$0.04	1.1%	
424	332	Dan River — Private (1983) — Dan River GA (1997)	$3.44	100.0%	2.67%

327

Rank Return	Rank Market Cap 1957	Original Name — 2003 Name (— Merger; > Name Change)	Total Accumulation	Percent Total	Annual Return
425	495	Pfeiffer Brewing > Associated Brewing (1962) > Armada (1973) — Private (1990)	$3.01	100.0%	2.38%
426	80	Inland Steel — Ryerson Tull New (1999)	$2.51	100.0%	1.99%
427	492	Munsingwear > Premiumwear (1996) — New England Business Service (2000)	$2.05	100.0%	1.54%
428	306	Genesco	$2.01	100.0%	1.50%
429	250	Penn-Dixie Industries — Continental Steel	$2.00	100.0%	1.49%
430	55	Kaiser Aluminum > Kaisertech Inc. (1987) — Maxxam (1988)	$1.98	100.0%	1.47%
431	483	Missouri-Kansas-Texas — Katy Industries (1968)	$1.67	100.0%	1.10%
432	244	United Airlines > UAL Corp. (1969)	$1.65	100.0%	1.08%
433	333	Allied Supermarkets > Vons Companies (1987) — RMI Titanium (1997) > RTI International Metals (1998)	$1.63	100.0%	1.05%
434	207	Armstrong Cork > Armstrong World Industries (1980) > Armstrong Holdings (2000)	$1.62	100.0%	1.03%
435	325	Inspiration Consolidated Copper — Hudson Bay Mining & Smelting (1978) — Inspiration Resources (1983) — Terra Industries Inc. (1993)	$1.27	100.0%	0.52%
436	63	International Harvester > Navistar International (1986)	$0.96	100.0%	-0.09%
437	139	Lone Star Industries	$0.94	100.0%	-0.12%
438	70	S.H. Kress — Genesco (1964)	$0.75	100.0%	-0.62%
439	201	Kresge > Kmart (1977)	$0.74	100.0%	-0.63%
440	210	National Supply — Armco Steel (1958) — A K Steel (1999)	$0.59	100.0%	-1.11%
441	48	Armco Steel > Armco Inc (1978) — A K Steel (1999)	$0.56	100.0%	-1.21%
442	238	Allied Stores — Campeau Corp (1985)	$0.51	100.0%	-1.42%
443	109	Owens Corning	$0.50	100.0%	-1.45%
444	151	Federated Department Stores — Campeau (1988) — Camdev (1990)	$0.47	100.0%	-1.62%
445	186	American Viscose — Raybestos Manhattan (1981) > Raymark (1982) > Raytech (1986)	$0.44	100.0%	-1.73%
446	130	Penn Central > American Financial Underwriters (1994)	$0.40	100.0%	-1.92%
		American Financial Underwriters	$0.32	80.4%	
		Sprague Technologies (1987) > American Annuity Group (1992) > Great American Financial Resources (2000)	$0.04	8.8%	
		General Cable (1992) — Private (1994)	$0.04	10.8%	
447	111	Manville — Berkshire Hathaway (2001)	$0.40	100.0%	-1.95%
448	359	Cone Mills — Private (1984 – 1992) — Cone Mills NC (1992)	$0.39	100.0%	-1.99%
449	179	New York Central — Penn Central (1968) > American Financial Underwriters (1994)	$0.35	100.0%	-2.20%
		American Financial Underwriters	$0.28	80.2%	
		Sprague Technologies (1987) > American Annuity Group (1992) > Great American Financial Resources (2000)	$0.03	8.7%	
		General Cable (1992) — Private (1994)	$0.04	11.1%	
450	482	Holland Furnace — Athlone Industries (1964) — Private (1993)	$0.28	100.0%	-2.72%
		Athlone Industries (private)	$0.16	57.8%	
		Allegheny Ludlum (1993) — Allegheny Teledyne — Allegheny Technologies	$0.08	29.7%	
		Water Pik (1999)	$0.01	2.3%	
		Teledyne Technologies (1999)	$0.03	10.1%	
451	170	Northern Natural Gas > Internorth (1980) > Enron (1986)	$0.25	100.0%	-2.89%

付録

Rank Return	Rank Market Cap 1957	Original Name — 2003 Name (— Merger; > Name Change)	Total Accumulation	Percent Total	Annual Return
452	222	Food Fair Stores — Pantry Pride (1983) > Revlon Group (1986) — Private (1987) — Revlon (1996)	$0.19	100.0%	-3.44%
453	462	Van Raalte — Cluett Peabody (1968) — West Point Pepperell (1986) — Westpoint Stevens (1993)	$0.16	100.0%	-3.87%
454	279	Stevens (JP) — West Point Pepperell (1988) — Westpoint Stevens (1993)	$0.16	100.0%	-3.89%
455	475	Aldens Inc. — Gamble Skogmo (1964) — Wickes Companies (1980) — Private (1989) — Collins & Aikman New (1994)	$0.15	100.0%	-4.01%
456	379	Cluett Peabody — West Point Pepperell (1986) — Westpoint Stevens (1993)	$0.13	100.0%	-4.25%
457	320	Trans World Airlines — Transworld (1979) — Liquidated (1987)	$0.12	100.0%	-4.35%
		TW Services (1987) — TW Holdings (1989) > Flagstar Companies (1993) — Bankrupt (1997)		0.0%	
		UAL Corp. (1987) — Bankrupt (2002)	$0.12	100.0%	
458	114	Jones & Laughlin Steel — LTV (1974) — Ling Temco Vought New (1993)	$0.09	100.0%	-5.02%
		Ling Temco Vought New		0.0%	
		Wilson Foods (1981) — Dockosil Companies (1989) > Foodbrands America (1995) — IBP (1997) — Tyson Foods (2001)	$0.09	100.0%	
459	383	American Export Lines > American Export Isbrandtsen Lines (1964) > American Export Industries (1967) > AEICOR (1978) > Doskocil Cos. (1983) > Foodbran Americas (1995) — IBP Inc (1997) —Tyson Foods (2001)	$0.08	100.0%	-5.18%
460	410	Lees & Sons — Burlington Industries (1960) > Private (1987) — Burlington Industries Equity Inc. (1992) — Burlington Industries Inc. New (1994)	$0.06	100.0%	-5.71%
461	108	Youngstown Sheet & Tube — Lykes Youngstown Corp. (1969) — LTV (1978) — Ling Temco Vought New (1993)	$0.06	100.0%	-5.98%
		Ling Temco Vought New		0.0%	
		Foods (2001)	$0.06	100.0%	
462	347	Warner Brothers — Warnaco Inc. (1967) — Private (1986) — Warnaco New (1992)	$0.05	100.0%	-6.04%
463	395	Wilson Co. — Ling Temco Vought Inc. (1967) — Ling Temco Vought New (1993)	$0.05	100.0%	-6.34%
		Ling Temco Vought New		0.0%	
		Wilson Foods (1981) — Dockosil Companies (1989) > Foodbrands America (1995) — IBP (1997) — Tyson Foods (2001)	$0.05	100.0%	
464	251	Burlington Industries — Private (1987) — Burlington Industries Equity (1992) > Burlington Industries New (1994)	$0.04	100.0%	-6.46%
465	129	Allis Chalmers	$0.03	100.0%	-6.97%
466	361	Reading Co. > Reading Entertainment Co. (1996)	$0.02	100.0%	-7.95%
467	408	Publicker Industries — Publicard Inc. (1998)	$0.02	100.0%	-8.07%
468	350	Family Finance > Aristar (1973) — Gamble Skogmo (1979) — Wickes Companies (1980) — Private (1989) — Collins & Aikman Corp New (1994)	$0.02	100.0%	-8.55%
469	243	Wheeling Steel Corp. — Wheeling-Pittsburgh Steel Corp. (1968) > W H X Corp. (1994)	$0.01	100.0%	-8.72%
470	468	Republic Pictures — Triton Group (1985) — Intermark (1990) — Triton Group (1993) > Alarmguard Holdings (1997) — Tyco International (1999)	$0.00	100.0%	-11.50%
471	18	Bethlehem Steel	$0.00	100.0%	-13.54%
472	224	Addressograph Multigraph > A M International (1979)	$0.00	100.0%	-100%

Rank Return	Rank Market Cap 1957	Original Name — 2003 Name (— Merger; > Name Change)	Total Accumulation	Percent Total	Annual Return
473	476	American Shipbuilding	$0.00	100.0%	-100%
474	254	Colorado Fuel & Iron > CF&I Steel (1966)	$0.00	100.0%	-100%
475	470	Cornell-Dubilier — Federal Pacific Electric Co. (1960) — U V Industries (1972) — Sharon Steel Co. (1980)	$0.00	100.0%	-100%
476	366	Eagle Picher > Eagle Picher Industries (1966)	$0.00	100.0%	-100%
477	228	Eastern Airlines — Texas Air (1986) > Continental Airlines Holdings (1990)	$0.00	100.0%	-100%
478	489	Goebel Brewing	$0.00	100.0%	-100%
479	268	W.T. Grant	$0.00	100.0%	-100%
480	497	Guantanamo Sugar	$0.00	100.0%	-100%
481	463	Holly Sugar — Imperial Sugar Co. (1988) — Bankrupt (2001)	$0.00	100.0%	-100%
482	204	International Shoe > Interco (1966)	$0.00	100.0%	-100%
483	431	Jaeger Machine	$0.00	100.0%	-100%
484	229	Joy Manufacturing — Private (1987) — Joy Technologies (1991) — Harnischfeger Industries (1993)	$0.00	100.0%	-100%
485	499	Manati Sugar	$0.00	100.0%	-100%
486	486	Manhattan Shirt > Manhattan Industries (1968) — Salant (1988)	$0.00	100.0%	-100%
487	479	Monarch Machine Tool > Genesis Worldwide (1999)	$0.00	100.0%	-100%
488	450	Minneapolis Moline > Motec Industries (1961)	$0.00	100.0%	-100%
489	276	G.C. Murphy — Ames Department Stores (1985)	$0.00	100.0%	-100%
490	68	National Steel > National Intergroup (1983) > Foxmeyer Health (1994) > Avatex (1997)	$0.00	100.0%	-100%
491	454	New York, New Haven & Hartford	$0.00	100.0%	-100%
492	249	Pan American World Airways > Pan Am (1984)	$0.00	100.0%	-100%
493	37	Republic Steel — L T V (1984)	$0.00	100.0%	-100%
494	193	Sunbeam — Allegheny International Inc. (1982)	$0.00	100.0%	-100%
495	500	Artloom Carpet > Artloom Industries (1958) > Trans United Industries (1959)	$0.00	100.0%	-100%
496	417	U.S. Hoffman Machinery	$0.00	100.0%	-100%
		Lionel	$0.00		
497	393	United States Smelting and Refining > U V Industries (1972) — Sharon Steel (1980)	$0.00	100.0%	-100%
498	434	Vertientes-Camaguey Sugar	$0.00	100.0%	-100%
499	355	White Motors — Northeast Ohio Axle Co. (1980) > N E O A X (1986) > Envirosource Inc. (1989)	$0.00	100.0%	-100%
500	360	Zenith Radio > Zenith Electronics (1984)	$0.00	100.0%	-100%

各章の注釈一覧

第２章

1. Richard Foster and Sarah Kaplan, Creative Destruction: Why Companies That Are Built to Last Underperform the Market, and How to Successfully Transform Them（New York: Random House, 2001）, 8.（柏木亮二訳『創造的破壊－断絶の時代を乗り越える』翔泳社、2002年）
2. やり遂げられたのは、リサーチ・アシスタントのジェレミー・シュワルツが素晴らしい仕事をしてくれたおかげだ。
3. 「S&P総合株価指数」は、皮肉にも、当時世界最大の企業だったAT&Tを組み入れなかった。１銘柄による指数の独占を避けるためだ。
4. 当時、S&P500採用銘柄はニューヨーク証券取引所の時価総額の約85％を占めていた。
5. S&Pのホームページより。http://www2.standardandpoors.com/spf/pdf/index/500factsheet.pdf.
6. 1993年以来の新規採用の年間平均は時価総額ベースで全体の5％をやや上回る程度。
7. 上場を廃止する場合の想定は以下のとおり。上場廃止銘柄の売却代わり金で実際のS&P500種に連動するインデックス・ファンドを購入する。おなじ銘柄が再上場する場合は、ファンドの残高を使って買い戻す。上場廃止銘柄がポートフォリオに占める比率は時価総額ベースで約3％にすぎない。
8. 空売り筋を含めて売り手が少なく、自動的な需要増加を相殺しきれないことを前提とする。
9. 2004年3月、スタンダード＆プアーズは、2005年以降、指数の加重平均に発行済み株式数ではなく「浮動株」数を用いると発表した。浮動株とは外部の投資家が購入できる株式をいう。こうすれば、オーナーの保有比率が高い企業（たとえばウォルマート）の組み入れ比率が低下し、指数への採用や除外に伴う株価変動が緩和される。
10. "Index Effect Redux," Standard and Poor's September 8, 2004 を参照。ここ数年、S&P500採用による価格変動は縮小傾向にある。だがこれは、投機筋が採用の発表を見越して株価を吊り上げているためでもある。以下も参照されたい。Roger J. Bos, "Event Study: Quantifying the Effect of Being Added to an S&P Index," Standard and Poor's, September 2000.
11. ベビー・ベルの当初の顔ぶれは以下のとおり。サウスウェスタン・ベル、ベル・サウス、ベル・アトランティック、NYNEX、パシフィック・テレシス、アメリテック、USウェスト・コミュニケーションズ。2004年、生き残っているのは、SBCコミュニケーションズ（サウスウェスタン、アメリテック、パシフィック・テレシス）、ベル・サウス、ベリゾン（ベル・アトランティック、NYNEX）、クエスト（USウェスト）。
12. 配当利回りが他のポートフォリオを大幅に上回るなら、税金コストの点で不利になるが、この効果は我々が分析したかぎりさほど大幅ではなかった。
13. IRSの規定の下、株式分配が課税対象となる場合がいくつかある。

第３章

1. Richard Foster and Sarah Kaplan, Creative Destruction, 9.
2. ティッカー・シンボルは「MO」のまま変わらない。トレーダーは親しみを込めて「Big Mo」と呼ぶ。
3. S&Pは指数創設からわずか5か月後に同社を除外した。採用銘柄中、規模が最小に近かったのはたしかだが（時価総額600万ドル）、S&Pに問い合わせても、除外の理由はあきらかでない。
4. 以下を参照。Heinz Web site, http://heinz.com/jsp/about.jsp; Associated Press, "Heinz Enters Talks to Acquire European Company," December 20, 2000; Nikhil Deogun and Jonathan Eig, "Heinz Is Close to a Deal to Buy CSM's Grocery Products Unit," Wall Street Journal Europe, December 20, 2000.
5. クローガーを生活必需品セクターに加えると、18社、全体の80％が生活必需品かヘルスケアの会社となる。両業界の進展については第4章で詳しく解説する。
6. 利益がゼロかマイナスになっている場合は、PERが最高のグループに振り分ける。年間リタ

ーンの算出期間は、投資家が第4四半期の予想ではなく実績を採用できる期間とするため、2月1日から2月1日までとする。
7. 現金配当を支払う代わりに自社株を買い戻す場合にも、同様のリターン押し上げ効果が期待できる。自社株買い戻しについては第9章を参照。
8. Peter Lynch with John Rothchild, One Up on Wall Street（New York: Simon & Schuster, 1989）,198-99.（三原淳雄、土屋安衛訳『ピーター・リンチの株で勝つ—アマの知恵でプロを出し抜け』ダイヤモンド社、2001年）
9. Charles Munger, "A Lesson on Elementary, Worldly Wisdom as It Relates to Investment Management and Business," 1994 speech at USC business school.
10. Jeremy Siegel, "The Nifty Fifty Revisited: Do Growth Stock Ultimately Justify Their Price?" Journal of Portfolio Management 21,4（1995）, 8-20.
11. Peter Lynch with John Rothchild, Beating the Street（New York: Simon & Schuster, 1994）, 139.（酒巻英雄訳『ピーター・リンチの株式投資の法則—全米Ｎｏ．１ファンド・マネジャーの投資哲学』ダイヤモンド社、1994年）
12. Warren Buffett, "Mr. Buffett on the Stock Market," Fortune, November 22, 1999.

第4章

1. Qi Zeng, "How Global Is Your Industry," U.S. and the Americas Investment Perspectives, Morgan Stanley, New York, June 30, 2004.
2. 参考として、以下の週報を参照。"Sector Strategy: Where to Invest Now," Goldman Sachs Equity Research, New York.
3. 株式は従来、政府が開発したSIC（標準産業分類）に従って分類されていた。1997年、政府はSICを拡大してカナダとメキシコの企業も組み入れ、NAICS（北米産業分類）に名称を変更した。
4. "Oil-Gas Drilling and Services Current Analysis," Standard and Poor's Industry Surveys, August 14, 1980, 103.
5. 2004年3月現在、S&P500に残っているのはデルタとサウスウエストのみ。TWA、イースタン、パンナム、ユナイテッドは破綻した。
6. 1977年から1997年にかけて、実質エネルギー価格はインフレ調整ベースで約30%下落した。

第5章

1. Alan Greenspan, opening remarks at the symposium "Rethinking Stabilization Policy," sponsored by the Federal Reserve Bank of Kansas City, Jackson Hole, Wyoming, August 29-31, 2002.
2. Robert Shiller, Irrational Exuberance, 2nd ed.（Princeton: Princeton University Press, 2005）, 87.
3. Ralph C. Merkle, "Nanotechnology: What Will It Mean?" IEEE Spectrum, January 2001.
4. Gregory Zuckerman, "Nanotech Firms Turn Tiny Fundamentals into Big Stock Gains," Wall Street Journal, January 20, 2004.
5. これを含めて本章で紹介したわたしの論文は、以下のサイトで閲覧できる。http://www.jeremysiegel.com.
6. ブルームバーグ・ニュースの報道によると、モルガン・スタンレーのアナリストでインターネット投資の導師、メアリー・ミーカーも、ニューヨーカー誌に寄稿した記事でインターネット銘柄について警告していた。
7. 空売りとは、自分のものではない株式、実質的に「借りて」きた株式を売却する投資手法をいう。売り側は、借りたときの価格より安く買い戻すことで、利益を得る。いうまでもなく、値上がりしていれば、損をする。

第6章

1. こうした企業のうち約3分の1が、2003年12月31日まで、当時の企業構造のまま生き残っている。そうでない場合は、イボットソンの小型株指数のリターンを代用した（本章の注2を参照）。

2. この小型株指数は、ニューヨーク証券取引所かナスダック証券取引所に上場する株式を規模に従って五等分した最下位のグループの銘柄で構成され、イボットソン社が発表する。
3. Jay Ritter, "The 'Hot Issue' Market of 1980," Journal of Business 57,2（1984）, 215-40.
4. Jay Ritter, "Big IPO Runups of 1975-September 2002," 以下のサイトで閲覧できる。http://bear.cba.ufl.edu/ritter/RUNUP750.pdf.
5. ザ・グローブ・ドットコムの株価は、のちに2セントまで下落した。VAリナックスは54セントに下落した。
6. Burton G. Malkiel, A Random Walk Down Wall Street, 8th ed.（New York: W. W. Norton, 2003）, 77.（井手正介訳『ウォール街のランダム・ウォーカー——株式投資の不滅の真理（新版）』日本経済新聞社、2004年）
7. Christopher Palmeri and Steven V. Brull, "If You've Got It, Spend It: Gary Winnick Is Spreading His Millions Around with Gusto," Business Week, October 16, 2000.
8. Denis Berman, "Dialing for Dollars," Wall Street Journal, August 12, 2002, A1.
9. 同上。
10. Randall E. Stross, eBoys: The First Inside Account of Venture Capitalists at Work（New York: Crown Business, 2000）.（春日井晶子訳『eボーイズ——ベンチャーキャピタル成功物語』日本経済新聞社、2001年）
11. Ariana Eunjung Cha, "Johnny Appleseed' for a Risky Field," Washington Post, November 13, 2002.
12. 以下を参照。Jay Ritter, "Some Factoids about the 2003 IPO Market," August 2004, 9. 同教授のホームページで閲覧できる。http://bear.cba.ufl.edu/ritter/IPOs2003.pdf.
13. Benjamin Graham, The Intelligent Investor（New York: HarperCollins, 1984）.（土光篤洋、増沢和美、新美美葉訳『賢明なる投資家』パンローリング、2000年）
14. Charles Mackay, Extraordinary Popular Delusions and the Madness of Crowds, Martin Fridson, editor（New York: John Wiley & Sons,1996）.（塩野未佳、宮口尚子訳『狂気とバブル——なぜ人は集団になると愚行に走るのか』パンローリング、2004年）
15. 同上。
16. 当時の1万ドル、現在価値に換算すると約15万ドル。
17. 『バブルの歴史——チューリップ恐慌からインターネット投機へ』の著者、エドワード・チャンセラーによると、マッケイによるこの秘密会社の記述は典拠が疑わしいという。だがわたしとしては、ジェイソン・ツワイクの意見に全面的に賛成する。ツワイクはわたしに宛てたeメールでこう述べている。この逸話が事実でないとすれば、「残念だ。"ブラインドプール"の危うさを語る格好の材料になったのに」。ブラインドプールとは、資金の運用先を特定しない完全委任型の運用組合をいう。1920年代に一般向けに販売されていたが、現在は禁止されている。
18. マイケル・ルイスに感謝する。ブルームバーグ・ニュースでこの会社を紹介してくれたおかげで、注目するようになった。
19. Malkiel, A Random Walk Down Street, 56.

第7章

1. Scott Thurm, "Costly Memories, Behind TiVo, iPod, and Xbox: An Industry Struggles for Profits," Wall Street Journal, October 14, 2004, A1.
2. Yochi J. Dreazen, "Telecom Carriers Were Driven by Wildly Optimistic Data on Internet's Growth Rate," Wall Street Journal, September 26, 2002, B1.
3. ウォールストリート・ジャーナル紙前掲記事。
4. "The Great Telecom Crash," The Economist, July 18, 2002.
5. ここで紹介したデータは、以下の記事で報道された。Dennis K. Berman, "Behind the Fiber Glut--Innovation Outpaced the Marketplace," Wall Street Journal, September 26, 2002, B1.
6. Dennis K. Berman, "Telecom Investors Envision Potential in Failed Networks," Wall Street Journal, August 14, 2003. 1.

7. "Too Many Debts; Too Few Calls," The Economist, July 20, 2002, 59.
8. インターネット利用量の正確なデータは入手しにくいが、評価の高いある推計によると、需要の伸びは2001年に107％、2002年に87％、2003年に76％とされている。以下を参照。Andrew Odlyzko, "Internet Traffic Growth: Sources and Implications," n.d. 参照。以下のサイトで閲覧できる。http://www.dtc.umn.edu/~odlyzko/doc/itcom.internet.growth.pdf.
9. "The Great Telecom Crash," The Economist, July 18, 2002, 59.
10. Dennis K. Berman, "Technology Races Far Ahead of Demand and the Workplace," Wall Street Journal, September 26, 2002.
11. 以下のサイトを参照。http://www.bankruptcydata.com.
12. Berman, "Telecom Investors Envision Potential in Failed Networks."
13. 以下を参照。Dreazen, "Telecom Carriers Were Driven by Wildly Optimistic Data"; "Too Many Debts; Too Few Calls"; Odlyzko, "Internet Traffic Growth."
14. バークシャー・ハザウェイ1985年年次報告書、会長からの手紙。
15. 同上。
16. モルガン・スタンレーが以下のリポートで、対象期間を短くして、同様の分析を行っている。"Watch Their Feet, Not Their Mouths," U.S. and the Americas Investment Perspectives, New York, October 7, 2002.
17. Mark Odell, "Carriers Relish Some Big Net Savings," Financial Times, July 24, 2000.
18. Scott McCartney, "Web Effect Is Greater on Airline Revenue Than Costs," Wall Street Journal, October 17, 2002, B2.
19. Jim Collins, Good to Great: Why Some Companies Make the Leap...and Others Don't（New York: HarperBusiness, 2001）, 163.（山岡洋一訳『ビジョナリー・カンパニー2――飛躍の法則』日経BP出版センター、2001年）

第8章

1. PBS Home Video, "Warren Buffett Talks Business," filmed in 1994 at the Keenan Flagler Business School at the University of North Carolina.
2. バークシャー・ハザウェイ1996年年次報告書。
3. Jim Corridore, Industry Surveys: Airlines, Standard & Poor's, New York, May 20, 2004.
4. バークシャー・ハザウェイ1999年年次報告書。ハイテク銘柄を避ける理由についての言及。
5. Sam Walton, Sam Walton: Made in America（New York: Bantam, 1993）, 91.（渥美俊一、桜井多恵子訳『私のウォルマート商法――すべて小さく考えよ』講談社プラスアルファ文庫、2002年）
6. Branford Johnson, "Retail: The Wal-Mart Effect," McKinsey Quarterly, 2002, no. 1.
7. Walton, Sam Walton: Made in America, 262.
8. Jim Collins, Good to Great, 155-56.
9. 同上、156p。
10. 同上。
11. Ken Iverson, Plain Talk（New York: Wiley, 1997）, 54-59.（岡戸克、東沢武人訳『真実が人を動かす――ニューコアのシンプル・マネジメント』ダイヤモンド社、1998年）
12. Pankaj Ghemawat and Henricus Stander, "Nucor at a Crossroads," case study 9-793-039, Harvard Business School, 1992（revised 1998）, 7.
13. Fortune, December 13, 1988, 58, cited in Ghemawat and Stander, "Nucor at a Crossroads," 9.
14. Jim Collins, Good to Great, 138.

第9章

1. 対象期間を1871年からとしたのは、これ以降、コールズ財団の研究から入手できる配当に関するデータの信頼性がきわめて高くなるため。Jeremy Siegel, Stock for the Long Run, 3rd ed.

(New York: McGraw-Hill, 2002).
2. Andy Kessler, "I Hate Dividends," Wall Street Journal, December 30, 2002.
3. Sara B. Moller, Frederik Schlingemann, and Rene Stulz, "Wealth Destruction on a Massive Scale? A Study of Acquiring-Firm Returns in the Recent Merger Wave," NBER working paper no. 10200, December 2003.
4. Jarrad Harford, "Corporate Cash Reserves and Acquisitions," School of Business Administration, University of Washington, November 1998, 要録より引用。
5. ロジャー・ローウェンスタインの以下の著書での記述に基づく。Buffett: The Making of An American Capitalist （New York: Random House, 1996), 133n.（ビジネスバンク訳『ビジネスは人なり 投資は価値なり──ウォーレン・バフェット』総合法令出版、1998年)
6. Nightline, ABC News, May 21, 2003.
7. バークシャー・ハサウェイ1999年年次報告書、17p。
8. Jeremy Siegel, "The Dividend Deficit," Wall Street Journal, February 19, 2001.
9. Raj Chetty and Emmanuel Saez, Dividend Taxes and Corporate Behavior: Evidence from the 2003 Dividend Tax Cut, NBER Working Paper, 10841.
10. Blaine Harden, "For Years, Many Microsoft Millionaires Hit the Options Key," Washington Post, August 5, 2003.
11. わたしも参加する円卓会議、The Financial Economists Roundtableは、毎年会合を開き、金融機関とこんにちの経済が直面する重要な問題について討議している。2003年の議題は「経営幹部の報酬」だった。会議は結論として、過剰なストックオプション発行によって経営陣のインセンティブが歪み、損益計算書が不明確になっているとの意見をまとめ、内国歳入法第162条 (m) の廃止を求めた。

第10章

1. 1954年の企業利益は、実際に、1871年から1929年までの実質EPS成長率の趨勢線から予想される水準とほぼ一致している。
2. Hubert B. Herring, "Marlboro Man Rides a Bit Lower in the Saddle," New York Times, April 4, 1993.
3. 原告が勝ちかけた唯一の例として、ローズ・チポリーネがフィリップ・モリスを訴えた1988年の訴訟がある。この裁判でタバコ会社が初めて敗訴した。チポリーネは17歳から喫煙しており、陪審団はチポリーネの夫への40万ドルの賠償金支払いを命じた。だが控訴の結果、評決は覆された。
4. 懲罰的損害賠償の総額は1450億ドルで、フィリップ・モリスはそのうち約半分を課せられた。同社は米国で消費されるタバコの約半分を販売しているため。
5. 金融ライターのジェームズ・グラスマンの説によると、クリーブランドの投資アドバイザー兼ライター、ジョン・スラッターが、1980年代にダウ10種のシステムを考案した。その後、以下の本で紹介されて有名になった。Harvey Knowles and Damon Petty, The Dividend Investor: A Safe, Sure Way to Beat the Market （Chicago: Probus, 1992), Michael O'Higgins with John Downes, Beating the Dow: A High-Return, Low Risk Method for Investing in the Dow Jones Industrial Stocks with as Little as $5,000 （New York: HarperCollins, 1991). 以下を参照。John R. Dorfman, "Study of Industrial Averages Finds Stocks with High Dividends Are Big Winners," Wall Street Journal, August 11, 1988, C2.
6. 以下を参照。Alon Braz, John R. Graham, Campbell R. Harvey, and Roni Michaely, "Payout Policy in the 21st Century," NBER working paper no. 9657, April 2003, Franklin Allen and Roni Michaely, "Payout Policy," Wharton Financial Institutions Center, April 2002.
7. Byron Wien and Frances Lim, "Lessons from Buyback and Dividend Announcements," October 4, 2004.
8. このため、REITの支払う配当は、連邦配当税の15％への引き下げを適用されない。

第11章

1. 2004年4月29日、フォーブス誌でのロバート・アーノットとの対談。Ira Carnahan, "Should You Still Be a Bull?," Forbes, April 19, 2004.
2. 内国歳入庁に提出する利益はこれとは異なることがある。
3. 償却加速を求める投資家の声に経営陣が応じた結果でもある。1990年～91年の景気後退期、償却費が多額な企業が買われたのは、赤字事業の売却による収益性改善が期待されたためだった。
4. バークシャー・ハザウェイ1992年年次報告書。
5. Bear Sterns Reserch, "Stock Option Valuation: Evolving to Better Valuation Models," June 2004.
6. David Stires, "The Breaking Point," Fortune, February 18, 2003.
7. Tim Carvell, "The Year in Ideas: Core Earnings," New York Times Magazine, December 15, 2002, 76.
8. ウォーレン・バフェットからスタンダード＆プアーズのマネージング・ディレクター、デビッド・ブリッツァーへの2002年3月15日付け公開書簡。
9. "Do Stock Prices Reflect Information in Accruals and Cash Flows About Future Earnings?" Richard Sloan, The Accounting Review, 71, 1996.
10. "Do Analysts and Auditors Use Information in Accruals," Richard Sloan, Mark T. Bradshaw, and Scott A. Richardson, Journal of Accounting Research, 39, 2001.
11. Leonard Nakamura, "What Is the U.S. Gross Investment in Intangibles: (At least) One Trillion Dollars a Year," Working Paper no. 01-15, Federal Reserve Bank of Philadelphia, October 2001.

第12章

1. Jeremy Siegel, Stocks for the Long Run, 3rd ed.（New York: McGraw-Hill, 2002）, 13.
2. 以下を参照。S. J. Brown, W. N. Goetzmann,and S. A. Ross, "Survival," Journal of Finance 50, 1995, 853-73.
3. 以下の著書のデータを再編集した。Elroy Dimson, Paul Marsh, and Mike Staunton, Triumph of the Optimists: 101 Years of Global Investment Returns（Princeton: Princeton University Press, 2002）.
4. Elroy Dimson, Paul Marsh, and Mike Staunton, "Global Investment Returns, Yearbook 2004," ABN-AMRO, February 2004.
5. Elroy Dimson, Paul Marsh, and Mike Staunton, Triumph of the Optimists, 175. しかも、同書は世界的な株式市場の長期的リターンを過小評価している可能性がある。米国市場をはじめデータが入手可能な国々をみるかぎり、同書が調査を開始する1900年までの30年間、株式市場はきわめて好調に推移している。米国市場の場合、1871年以来のリターンは、1900年以来のリターンを32bp上回っている。英国でも極めてよく似たパターンが観察される。
6. 同上。
7. Robert Arnott in Ira Carnahan, "Should You Still be a Bull?" Forbes, April 19, 2004.

第13章

1. Peter Peterson, Gray Dawn: How the Coming Age Wave Will Transform America--and the World（New York: Three Rivers Press, 2000）, cover of book.（山口峻宏訳『老いてゆく未来—少子高齢化は世界をこう変える』ダイヤモンド社、2001年）
2. 同上、18p。
3. データはピーター・ドラッカーの以下のエッセーに基づく。"The Next Society," The Economist, November 3, 2001, page 5 of survey.
4. 20歳で就労し65歳で退職するとの前提に基づく。したがって、図で示した比率は、20歳から64歳までの人口を、65歳以上の人口で割った数値。
5. 以下での言及に基づく。Paul Wallace, Agequake: Riding the Demographic Rollercoaster Shaking Business, Finance, and Our World（London: Nicholas Brealey Publishing, 1999）, 31.
6. Peterson, Gray Dawn, 20.

7. Gary Becker, in Wallace, Agequake, 135-144.
8. Wallace、同上、21p。
9. James Vaupel, "Setting the Stage: A Generation of Centenarians?" Washington Quarterly 23,3（2000）: 197-200.
10. Gina Kolata, "Could We Live Foever?" New York Times, November 11, 2003.
11. Testimony before the Senate Special Committee on Aging, Hearing on "The Future of Human Longevity: How Important Are Markets and Innovation?" June 3, 2003.
12. "Forever Young," The Economist, March 27, 2004, 6.
13. National Vital Statistics Reports 51, 3（2002）, Centers for Disease Control and Prevention, National Center for Health Statistics.
14. Peterson, Gray Dawn, 34.
15. 社会保障制度は2002年からから2027年にかけて、全額給付開始年齢を65歳から67歳まで段階的に引き上げる予定だが、給付を受けられる最低年齢は62歳のまま変更されない。
16. "Forever Young," 前掲引用誌、15p。
17. Nicholas Vanston, "Maintaining Prosperity," Washington Quarterly 23, 3（2000）: 225-38.
18. Pauline Givord, "The Decline in Participation Rates Among the Older Age Groups in France," paper presented at the conference "Ageing, Skills and Labour," sponsored by the European Network of Economic Policy Research Institutes, Nantes, France, September 7-8, 2001.
19. 社会保障制度への拠出に充てる税率は、所得が所定の水準を超えるまで、雇用者と従業員が半分ずつ負担する。現在の上限は国民平均所得のほぼ倍にあたる。2004年の社会保障税率は所得が8万7900ドルを超えるまで12.4％だった。
20. Paul Samuelson, "Social Security," Newsweek, February 13, 1967.
21. FRBがインフレ抑制を目的にマネーサプライを減少させれば、賃金の大幅な低下につながり、やはり世代間の対立の種となる。

第14章

1. Peter Peterson, Running on Empty（New York: Farrar, Straus and Giroux, 2004）, 195.
2. 以下、生産性とは労働生産性を指す。生産性の指標には他に、労働や資本の量と質を考慮したものがある。
3. 重要な例外のひとつとして、英国の公的年金があげられる。英国は1995年に給付金算定基準を変更し、平均賃金との連動を廃止してインフレ率だけに連動させるようになった。結果的に、英国の年金制度は、先進国ではめずらしく、長期的な支払い能力を保っている。ただし、退職までまだ何年もある人の場合、給付金は退職直前の賃金の水準を大幅に下回ることになる。
4. 以下を参照。Robert M. Solow, "A Contribution to the Theory of Economic Growth," Quarterly Journal of Economics 70（1956）: 65-94.
5. Albert Ando, Dimitrios Christelis, and Tsutomu Miyagawa, "Inefficiency of Corporate Investment and Distortion of Savings Behavior in Japan," NBER working paper no. 9444.
6. Paul S. Hewitt, "The Gray Roots of Japan's Cririsis," Asia Program Special Report, Woodrow Wilson International Center for Scholars, January 2003.
7. "A Shrinking Giant," The Economist, January 8, 2004.
8. Pierre Sicsic and Charles Wyplosz, "French Post-War Growth from（Indicative）Planning to（Administered）Market," Center for Economic Policy Research, discussion paper no. 1023, 1994.
9. 社会保障制度の管財団は、制度の収支感応度を生産性の伸びに合わせて試算している。向こう75年間、収支均衡を保つために必要とされる生産性の伸びは7％よりずっと低い。だが21世紀半ばまで収支を均衡させるためには、それを上回る生産性の伸びが必要だ。推計には制度で向こう20年にかけて見込まれる黒字がすべて含まれているからだ。
10. 2003年、11月6日、フロリダ州ボカラトンで開催された証券業協会年次総会でのアラン・グリーンスパン議長の発言に基づく。

11. Edward Prescott, "Why Do Americans Work So Much More Than Europeans," Federal Reserve Bank of Minneapolis Quarterly Review 28, 1（2004）: 2-13.
12. Jeremy Rifkin, The European Dream: How Europe's Vision of the Future Is Quietly Eclipsing the American Dream（New York: Penguin Books, 2004）, 14.
13. Steven J. Davis and magnus Henrekson, "Tax Effects on Work Activity, Industry Mix and Shadow Economy Size: Evidence from Rich-Country Comparisons," NBER working paper series no. 10509.; National Bureau of Economic Research, 2004.
14. Helvering vs. Davis（1937）and Fleming vs. Netor（1960）.

第15章

1. Joel Mokyr, The Lever of Riches: Technological Creativity and Economic Progress（New York: Oxford University Press, 1990）, 20.
2. 同上、29p。
3. Michael Kremer, "Population Growth and Technological Change: 1,000,000 B.C. to 1990." Quarterly Journal of Economics, 108（August 1993）: 681-716.
4. William D. Nordhaus, "Do Real Output and Real Wage Measures Capture Reality? The History of Lighting Suggests Not," in Timothy F. Bresnahan and Robert J. Gordon, eds., The Economics of New Goods（Chicago: University of Chicago Press, 1997）, 29-66.
5. Roy Porter, "The Eighteenth Century," in Lawrence Konrad et al., eds., The Western Medical Tradition, 800 BC to AD 1800（Cambridge: Cambridge University Press, 1995）.
6. Michael Hart, The 100: A Ranking of the Most Influential Persons in History（New York: Citadel Press, 1994）, 38.（松原俊二訳『歴史を創った100人 増補改訂版』開発社、1990年）
7. 以下での引用に基づく。Julian Simon, The Ultimate Resource 2: People, Materials, and Environment（Princeton: Princeton University Press, 1996）, Chapter 26.
8. 以下を参照。Applied History Research Group, University of Calgary, "The Ming Dynasty's Maritime History," 以下のサイトで閲覧できる。
 http://www.ucalgary.ca/applied_history/tutor/eurvoya/ming.html.
9. 同書が生き残ったのは、日本で再版されたからにほかならない。
10. Charles Jones, Introduction to Economic Growth, 2nd ed.（New York: W. W. Norton & Company, 2002）, 16.
11. E. Einstein, The Printing Press as Agent of Change: A Communications and Cultural Transformation in Early Modern Europe（Cambridge: Cambridge University Press, 1979）, 11.
12. Michael Rothchild, Bionomics（New York: Henry Holt, 1990）, 8-9.（石関一夫訳『バイオノミックス―進化する生態系としての経済』ティビーエスブリタニカ、1995年）
13. 以下での引用に基づく。Simon, Ultimate Resource 2, Chapter 26
14. Jared Diamond, Guns, Germs, and Steel: The Fates of Human Societies（New York: W. W. Norton, 1997）, 412.
15. Jones, Introduction to Economic Growth, 88.
16. 英国の科学、物理学、天文学者、ロバート・フックへの1676年2月5日付け書簡。
17. Lee Gomes, "A Beatiful Mind from India Puts Internet on Alert," Wall Street Journal, November 4, 2002.
18. 以下での引用に基づく。Thomas Friedman, "Is Google God?" New York Times, June 29, 2003.
19. 情報産業部「第10期5か年計画（2001-2005）」は以下のサイトで英語で閲覧できる。
 http://www.trp.hku.hk/infofile/china/2002/10-5-yr-plan.pdf.
20. Mary Meeker, Lina Choi, Yoshiko Motoyama, "The China Internet Report," April 14, 2004, Morgan Stanley Research, 6.
21. Vogelstein, Fred, "How Intel Got Inside," Fortune, October 4, 2004, 134.
22. Thomas Friedman, "Origin of Species," New York Times, March 14, 2004.

23. 購買力平価に基づく評価。
24. Yasheng Huang, "China Is Just Catching Up," Financial Times, June 7, 2004.
25. Dominic Wilson and Roopa Purushothaman, "Dreaming with BRICs: The Path to 2050," Global Economics Research Paper no.99, Goldman Sachs, October 1, 2003.
26. Michael Shari, "Indonesia: Consumer Heaven?" Business Week, March 24, 2003.
27. Thomas Hout and Jim Hemerling, "China's Next Great Thing," Fast Company, March 2004; Dennis Eng, "Levi's, Pillowtex Deals Worth Billions to Li & Fung," The Standard: Great China's Business Newspaper, January 9, 2004.
28. 以下を参照。Gabriel Kahn, "Chinese Firms Buy Rights to Famous Trademarks," Wall Street Journal, December 26, 2003.
29. 以下を参照。George Wehrfritz, "China: Going Global," Newsweek International, March 1, 2004; Clay Chandler, "Inside the New China," Fortune, October 4, 2004, 98.
30. 以下を参照。Constance Sorrentino and Joyanna Moy, "U.S. Labor Market Performance: International Perspective," Monthly Labor Review (Bureau of Labor Statistics), June 2002, Bureau of Labor Statistics, "Comparative Civilian Labor Force Statistics: Ten Countries, 1959-2003," June 2004.
31. 以下を参照。Bureau of Labor Statistics, "Occupational Employment and Wages, 2002."
32. Matthew Spiegelman and Robert H. McGuckin III, "China's Experience with Productivity and Jobs," report R-1352-04-RR, The Conference Board, New York, June 2004.
33. Allan Blinder, "Free Trade," The Concise Encyclopedia of Economics, 以下のサイトで閲覧できる。http://www.econlib.org/library/Enc/FreeTrade.html.
34. Thomas Friedman, "What Goes Around..." New York Times, February 26 2004.

第16章

1. このうち18社が、国外投資家が購入できるB株を発行していた。
2. Marc Levinson, "China's Now the Straw That Stirs the Asian Drink," Newsweek, December 13, 1993.
3. 経済成長率と株式リターンの逆相関については、先進国と新興国の双方を対象に、わたしの前著で紹介している。Stocks for the Long Run (New York: McGraw-Hill, 1998), Figures 9-2, 130.
4. Elroy Dimson, Paul Marsh, and Michael Staunton, Triumph of the Optimists. 同書によると、いまのところこの現象を説明する理由はあきらかでない。考えられる要因として、初期のGDPデータの質の問題のほか、急成長国では株主の権利を守る制度が整備されていなかった可能性が挙げられている。
5. Alison Rogers, "China's Stock Market Crush," Fortune, September 7, 1992, 8.
6. Charles P. Thomas, Francis E. Warnock, and Jon Wongswan, "The Performance of International Portfolios," Federal Reserve Working Paper 2004-817, September 2004.
7. Qi Zeng, "How Global Is Your Industry," U.S. and the Americas Investment Perspectives, Morgan Stanley, New York, June 30, 2004.
8. グローバル・セクターのファンドにはたとえば以下がある（かっこ内はティッカー・シンボル）。エネルギー（IXC）、金融（IXG）、ヘルスケア（IXJ）、ハイテク（IXN）、電気通信（IXP）。以上はすべてS&Pグローバル1200に基づく。S&Pグローバル1200は、世界の主要大型株1200種をカバーする株価指数。
9. John Maynard Keynes, The General Theory of Employment, Interest and Money (London: Macmillan, 1936), 158.
10. しかも、だれもが失敗したなら、おそらく政府が救済に駆けつけてくれる。米国では株式市場の急激な下落は景気後退につながる場合が多く、諸外国に比べて減税策が実施される可能性が高い。外国では米国ほど投資家層が広くないためだ。たとえば米国では2000年から2002年の相場下落の後、配当税とキャピタルゲイン税が引き下げられた。日本では、1989年にバ

ブルが弾け、株式市場が暴落したが、米国とちがって投資家救済策はとられなかった。
11. 以下を参照。John Bogle, Common Sense of Mutual Funds（New York : John Wiley and Sons, 1999）; John Bogle, John Bogle on Investing（New York: McGraw-Hill, 2001）; Jeremy Siegel, Stocks for the Long Run, 3rd ed.（New York: McGraw-Hill, 2002）.
12. 12.欧州先進国には、オーストリア、ベルギー、デンマーク、フィンランド、フランス、ドイツ、アイルランド、イタリア、オランダ、ノルウェー、ポルトガル、スペイン、スウェーデン、スイス、英国が含まれる。構成比率は2004年4月30日現在のもので、適宜変更される。
13. 日本とアジア先進国としてオーストラリア、ニュージーランド、香港、シンガポール。
14. 各市場の時価総額の80％をカバーすることを目標としているので、各国の大型株のほとんどが含まれる。このためS&P500やラッセル2000種と同様、銘柄入れ替えに伴う投機的な売買の標的となりやすい。2002年、モルガン・スタンレーはこの影響を抑える目的で、銘柄入れ替えを減らすための措置をとった。
15. 以下のファンドは個別に購入できる。かっこ内は年間コスト。ヨーロピアン・ファンド（0.32％）、パシフィック・ファンド（0.29％）、新興成長市場ファンド（0.53％）。
16. 実際にウィルシャー指数の銘柄をすべて組み入れているわけではなく、高度な統計的手法を用いて、おなじ水準のリターンを目標としている。ある程度の誤差は生じるものの、この誤差は最近では大幅に縮小してきた。
17. ある意味、スタンダード＆プアーズの指数以上に基準が厳しいともいえる。タイコやシュルンベルジュなど、バミューダ籍の企業が排除されるためだ。
18. 近ラッセル2000種も、S&P500と同様に、銘柄入れ替えに先だって売買を仕掛ける投機筋の「ゲーミング」の標的となっている。

第17章

1. ウィリアム・シャープが開発したシャープ・レシオとおなじ。各戦略で期待されるリターン（算術平均）から安全資産利子率を差し引き、おなじ戦略のリスク（リターンの変動性を標準偏差で測定）で割ることで算出する。以下を参照。William Sharpe, "The Sharpe Ratio," Journal of Portfolio Management, Fall 1994.
2. E. Dimson, P. Marsh, and M. Staunton, Global Investment Returns Yearbook 2004, ABN-AMRO, February, 2004, p.34.
3. 以下での引用。David Eisner, "It Works: Buying $1 for 40 cents," Chicago Tribune, December 8, 1985, section 7,1.

付録

1. サッチャーグラスは実際には、牛乳瓶の時代の終わりを見越して、医薬品向けプラスチック容器や瓶容器に切り替えていた。これを大きな理由として、1966年にレクソールに買収された。
2. ナビスコは1989年、ナショナル・ビスケット・カンパニーとして設立された。
3. 「子孫丸抱え」ポートフォリオのリターン算出手順では、上場を廃止した場合、保有株の売却代わり金でＳ＆Ｐ500のインデックス・ファンドを買う。再上場される場合は、ファンドの累積残高で新規発行株を再購入する。
4. 報道によると、2004年7月、ＫＫＲはボーデン・ケミカル株を売却し、ＲＪＲナビスコへの投資からの撤退を完了した。同社の1987年ファンドの投資家はこの買収で7億3000万ドルの損失を被ったといわれるが、他の案件が好調だったため、総合リターンは10％前後を確保した。これはおなじ期間中のＳ＆Ｐ500のインデックス・ファンドとおなじ水準だ。参考として、以下を参照されたい。"A Long Chapter Ends for Kohlberg Kravis: Fund Books Loss on RJR after 15 Years," International Herald Tribune," July 9, 2004.s

主要企業名索引

[A-Z、数字]

AIG　63
AOL　32-33　83-86　89-90　107
AOLタイムワーナー　86
AT&T　7　12　32-33　70　87-88　124
BATインダストリーズ　171
BJKインベストメンツ　115
BP　287
CITグループ　30
CVS　125
DEC　52-53　61
DLJ　64
EMC　53　89　101
ENI　287
eトイズ　81
eベイ　104
GE　5　12　25　52　67-68　87-88　153
GEキャピタル　12　68
GEメディカル・システムズ　251
GM　66　87　143　149　153　281
HSBC　271
IBM　6　8-12　23　25　28　31　46　52-53　60　62　72　84　88　235　251　260　263
ITT　52
JCペニー　66
JDSユニフェーズ　30　62　89　106-107
JPモルガン・チェース　63　149　281
KKR　166
Kマート　25　125　134-135
LTV　251
NBC　12　68
NETJ・ドットコム　112-115
P&G　42　65-66　87　124
RJレイノルズ・タバコ　13　40　43　162　171
SBCコミュニケーションズ　149　281
TCL　252
TWA　67
T・ロウ・プライス　64
USエアウェイズ　131　133
USグローバル・エアロスペース　82
USグローバル・ナノスペース　82
USスチール　69　87　136-138
VAシステムズ　104
VAリナックス　104
3M　67-68
360networks　118　120

[ア行]

アカマイ・テクノロジーズ　109-110
アジア・モービル　252
アストラゼネカ　288
アチソン・トペカ・サンタフェ鉄道　34
アット・ホーム　107
アデルフィア　153
アドビシステムズ　101
アフィリエーテッド・パブリケーションズ　99
アボット・ラボラトリーズ　44
アマゾン・ドットコム　81　180
アムジェン　64
アメリカン航空　67　133
アメリカン・タバコ　43　280
アメリカン・パワー・コンバージョン　100
アメリカン・ホーム・プロダクツ　44-45
アメリカン・ホスピタル・サプライ　65
アライド・ストアーズ　125
アルトリア・グループ　37　164　271　281
イースタン航空　67
イーストマン・コダック　149
インクトミ　104
インテル　23　61　97　99　101　176　247　271
インデテル　252
インフォシス・テクノロジーズ　247　252　284

主要企業名索引

ヴァージン・アトランティック航空 131
ヴィテッセ・セミコンダクター 62
ウィプロ 251-252 284
ウィリアム・リグレー・ジュニア・カンパニー 41-42
ウェスタン・カンパニー・オブ・ノース・アメリカ 61
ウエスタン・デジタル 118
ウールワース 66 125
ウェルズ・ファーゴ 63
ウォルマート 23 65-66 99 133-136 139 251
エキサイト 107
エクスペディア 127
エクソンモービル 6 271 279 287
エリー・ラカウァナ 68
エレクトロニック・アーツ 100
エンロン 92 153
オービッツ 127
オールステート 34
オラクル 89 101

[カ行]
カーディナルヘルス 64
ガイダント 64
キャタピラー 68
ギャラハー・グループ 43
キャリア 254
キャンベル・スープ 250
キング・ファーマシューティカル 30
クアルコム 89
グーグル 245
クエスト・コミュニケーションズ 71
グッドイヤー 66
クライスラー 66
グラクソ・スミスクライン 288
クラフト・フーズ 13 40 162
クレーン 167
クレスギ 135
クローガー 125 166
グローバル・クロッシング 71 106 118 120

グローバル・トート・リミテッド 114
グローバル・マリーン 61
グロッツ 51
恒生銀行 284
コービス・コーポレーション 109-110
コール 251
コールバーグ・クラビス・ロバーツ→ＫＫＲ
コカ・コーラ 13 25 41 52 65 184 250 254 271
コミュニティー・サイキアトリック・センターズ 65
コムキャスト 66
コルゲート・パルモライブ 42
コンコード・コンピューティング 102
コンパック 254

[サ行]
サウスウエスト航空 99 101 131-133 136 139
ザグローブ・ドットコム 104 108
サッチャー・グラス 38
サン・マイクロシステムズ 89 101 107
シアーズ・ローバック 34 66 135
シーゲイト・テクノロジー 118
ジェネンテック 64 107
シェブロン 153
シェブロン・テキサコ 287
シェリング 44
シェリング・プラウ 44-45 166
ジオシティーズ 104
シカモア・ネットワークス 109-110
シスコ（食品会社） 99
シスコシステムズ 23 61 86-90 100 109-110 180
シティグループ 63
シノペック 252
シュルンベルジュ 61
シュワブ 64
ジョンソン＆ジョンソン 52 64
ジレット 52 125
スウィーツ・カンパニー・オブ・アメリカ 41
スクイブ 44

343

スタンダード・オイル・オブ・ニュージャージー
　　　6　8-13　28　31　46　59-60　87
　　　260　263　279
ストライカー　99
スペリー・ランド　61
スリーエム→3M
ゼネラル・エレクトリック→GE
ゼネラル・フーズ　40　162
ゼネラル・ミルズ　43
ゼネラル・モーターズ→GM
ゼロックス　7　52　61
セントジュードメディカル　99　102
創科実業→テクトロニック
ソニー　271

[タ行]
ターゲット　251
タイコ　68　153
ダイナーズ・クラブ　7
タイムワーナー　32-33　66
ダウ・ケミカル　69-70
タタ・ティー　235　251
タンデム　53
中国移動通信　284
中国石油化工　284
ディアジオ　287
ディーン・ウィッター　64
ディジタル・イクイップメント→DEC
ディズニー　66
テキサス・インスツルメンツ　53　271
テクトロニック　252
テトリー・ティー　235　251
デューク・エナジー　148-149
デュポン　69
デルコンピュータ　23　61　97　100　102
デルタ航空　133
トイザラス　81
トタール　287
トッツィー・ロール・インダストリーズ　41
ドナルドソン・ラフキン＆ジェンレット→DLJ
トムソン　252

トヨタ　271

[ナ行]
ナショナル・セミコンダクター　53
ナショナル・デイリー・プロダクツ　12
ナノジェン　82
ナノフェーズ・テクノロジーズ　82
ナビスコ・ホールディングズ　40
ニューコア　136-139
ニューヨーク・タイムズ　99
ネスレ　42　271　287
ネットスケープ　104　111
ノーテル・ネットワークス　89
ノバルティス　288

[ハ行]
バークシャー・ハザウェイ　51　121-122　131
　　　134　150-152　286　290
ハーシー・フーズ　42　167
パーム　62
バーリントン・インダストリーズ　122
バーリントン・ノーザン・サンタ・フェ　69
バーンズ＆ノーブル　81
バイアコム　66
ハインツ　42　250
バクスター・インターナショナル　65
バクスター・トラベノル　65
ハチンソン・ワンポア　284
ハネウェル　68
ハロイド　7
バローズ　52　61-62
パワー・ワン　30
バンガード　272-275　283
バンク・オブ・アメリカ　63
パンナム　67
ビーコ・インスツルメンツ　82
ビバリー・エンタープライジズ　65
ヒューズ・トゥール　61
ヒューブライン　52
ファイアストン　66
ファイザー　25　44　52　64　167　188

主要企業名索引

ファウンドリー・ネットワーク 107
ファニー・メイ 63
フィデリティ 273
フィリップ・モリス 25 37 45 49-52 65
　　　162-165 170-171 271 280
フォーチュン・ブランズ 43 280
フォード・モーター 66 143 149 153
プライスライン・ドットコム 81
プラックスエア 34
ブリストル・マイヤーズ・スクイブ 44-45 52
ブリティッシュ・アメリカン・タバコ 43 171
フレディー・マック 63
ブロードコム 104
ブロードビジョン 30 62
プロクター＆ギャンブル→Ｐ＆Ｇ
ベアー・スターンズ 64
ベーカー・インターナショナル 61
ベクトン・ディキンソン 65
ベスレヘム・スチール 25 69 136-138 251
ベッド・バス＆ビヨンド 251
ペプシコ 41 52 66
ベライゾン 149
ヘルスサウス 65 153
ベル・テレフォン・ラボラトリーズ 7
ペン・セントラル 68
ボーイング 67-68
ボーダーズ 81
ホームデポ 66 99
ボシュロム 65
ポラロイド 52
香港上海銀行→ＨＳＢＣ

[マ行]

マース 42
マイクロソフト 23 30-31 61 88 97 100-101
　　　143-144 155-156 180 184 254
マイクロン・テクノロジー 53
マイラン・ラブズ 99
マクスター・コーポレーション 118
ミード・ジョンソン 44
ミネソタ・マイニング＆マニュファクチャリング 67

メディミューン 30
メトリコム 107
メリル・リンチ 64
メルク 44 52 64 167
モービル・オイル 279
モトローラ 53
モルガン・スタンレー 34

[ヤ行]

ヤフー 29-30 89 104
ユナイテッド・エアクラフト 67
ユナイテッド航空 25 133
ユナイテッド・(ステーツ・)スチール→ＵＳスチール
ユナイテッド・テクノロジーズ 67
ユナイテッドヘルス 64
ユニオン・カーバイド 34 69
ユニシス 53
ユニバーサル 68
ユニリーバ 250 271

[ラ行]

リ＆ファン 251
リーディング 68
リーバイ・ストラウス 251
リーマン・ブラザーズ 64
リグレー 51 167
リゲット＆マイヤーズ 43
リゲット・グループ 164
リミテッド・ストアーズ 99 101
リライアンス・インダストリーズ 284
ルーセント 254
聯想集団（レノボ） 235 251
ロイヤル・アプライアンス・マニュファクチャリング 252
ロイヤル・ダッチ・ペトロリアム 166 167
　　　279 287-288
ロッシュ 288
ロリラード 43

[ワ行]

ワールドコム 71 120 153

[著者]

ジェレミー・シーゲル（Jeremy J. Siegel）

ペンシルベニア大学ウォートン・スクール教授（金融学）。コロンビア大学卒業、マサチューセッツ工科大学（MIT）で経済学博士取得。金融市場に詳しく、CNN、CNBCなどでコメンテーターとしてたびたび登場。ウォール・ストリート・ジャーナル、バロンズ、フィナンシャル・タイムズ（FT）のコラムニスト。JPモルガンでの教育研修トレーニングを担当。著書に、株式長期投資の名著としてロングセラーを続ける『株式投資』（日経BP社）。

[訳者]

瑞穂のりこ（Mizuho Noriko）

翻訳者。1968年生まれ。主な訳書に『天才たちの誤算——ドキュメントLTCM破綻』（共訳、日本経済新聞社）、『すぐに利益を急上昇させる21の方法』（東洋経済新報社）、『なぜ選ぶたびに後悔するのか——「選択の自由」の落とし穴』（ランダムハウス講談社）など。

本書（『株式投資の未来』第 21 刷）を発行するにあたり、翻訳者の瑞穂のりこ氏を捜しています。
連絡先をご存じの方は下記宛先までご一報いただければ幸いです。

〒 105-8308 東京都港区虎ノ門 4-3-12
日経 BP 日経 BOOKS ユニット 第 1 編集部
電話 03-6811-8650
https://nkbp/booksQA

株式投資の未来

2005年11月28日　第1版第1刷発行
2023年 6 月23日　　　　第21刷発行

著　　　者	ジェレミー・シーゲル
訳　　　者	瑞穂のりこ
装　　　幀	松田行正
本文設計	中野穂波
発 行 者	中川ヒロミ
発　　　行	日経BP社
発　　　売	日経BPマーケティング
	〒105-8308　東京都港区虎ノ門4-3-12
	本書籍に関するお問い合わせ、ご連絡は下記にて承ります。
	https://nkbp.jp/booksQA
印刷・製本	図書印刷株式会社

Printed in Japan
ISBN978-4-8222-4457-6

本書の無断転写・複製（コピー等）は著作権法上の例外を除き、禁じられています。
購入者以外の第三者による電子データ化及び電子書籍化は、私的使用を含め一切認められておりません。